电力建设工程定额估价表

热力设备安装工程

电力工程造价与定额管理总站 编

图书在版编目（CIP）数据

2013年版电力建设工程定额估价表. 热力设备安装工程/电力工程造价与定额管理总站编. —北京：中国电力出版社，2016.12
ISBN 978-7-5198-0079-6

Ⅰ. ①2… Ⅱ. ①电… Ⅲ. ①电力工程－预算定额－中国②电力工程－热力系统－设备安装－预算定额－中国 Ⅳ. ①F426.61

中国版本图书馆CIP数据核字（2016）第279411号

2013年版电力建设工程定额估价表　热力设备安装工程

中国电力出版社出版、发行　三河市万龙印装有限公司印刷　各地新华书店经售
（北京市东城区北京站西街19号　100005　http://www.cepp.sgcc.com.cn）
2016年12月第一版　2016年12月北京第一次印刷　印数0001—6000册
850毫米×1168毫米　横32开本　17.5印张　456千字　定价**150.00**元

电力工程造价与定额管理总站关于发布电力工程计价依据营业税改征增值税估价表的通知

定额〔2016〕45 号

各有关单位：

按照国务院有关规范税制、实现结构性减税的总体战略部署，根据财政部、住房城乡建设部及国家税务总局的相关要求，为保证营业税改征增值税在电力工程计价中的顺利实施，我站结合电力工程计价依据的特点，反复研究与测算，并与有关各方多次沟通协调，形成了电力工程计价依据营业税改征增值税估价表，现正式发布。为保证本套估价表的正确使用，将有关问题明确如下：

一、本套估价表主要内容

（一）《2009 年版 20kV 及以下配电网工程预算定额估价表》；

（二）《2013 年版电力建设工程定额估价表　建筑工程》《2013 年版电力建设工程定额估价表　热力设备安装工程》《2013 年版电力建设工程定额估价表　电气设备安装工程》《2013 年版电力建设工程定额估价表　输电线路工程》《2013 年版电力建设工程定额估价表　调试工程》《2013 年版电力建设工程定额估价表　通信工程》；

（三）《2013 年版西藏地区电网工程概算定额估价表》《2013 年版西藏地区电网工程预算定额估

价表》；

（四）《2015年版电网技术改造工程概算定额估价表》《2015年版电网技术改造工程预算定额估价表》《2015年版电网拆除工程预算定额估价表》；

（五）《2015年版电网检修工程预算定额估价表》。

二、估价表主要编制依据

（一）《关于做好建筑业营改增建设工程计价依据调整准备工作的通知》（建办标〔2016〕4号）；

（二）《关于全面推开营业税改征增值税试点的通知》（财税〔2016〕36号）；

（三）《营业税改征增值税试点方案》（财税〔2011〕110号）；

（四）《关于发布电力工程计价依据适应营业税改增值税调整过渡实施方案的通知》（定额〔2016〕9号）；

（五）现行电力工程计价依据，包括概预算定额及费用计算规定、工程造价管理办法等。

三、营改增后电力工程发承包及实施阶段的计价活动，适用一般计税方法计税的电力工程执行“价税分离”的计价规则，按照本套估价表进行工程计价；适用简易计税方法计税的电力工程参照原合同价或营改增前的计价依据执行，并执行财税部门的相关规定。

四、适用一般计税方法计税的电力工程各项费用组成

（一）工程造价（建筑安装工程费）＝税前工程造价×（1＋11%）。其中，11%为建筑业增值税税率，税前工程造价为人工费、材料费、施工机械使用费、措施费、规费、企业管理费和利润等费用之和，各费用项目均以不包含增值税可抵扣进项税额的价格计算。

（二）建筑安装工程费中的税金是指按照国家税法规定应计入建筑安装工程造价内的增值税销项

税额。

税金=税前造价（不含进项税）×增值税税率（11%）

（三）营改增后各套电力工程计价依据的建筑安装工程费用的组成内容除本通知另有规定外，均与原各套概预算定额配套使用的“预规”中规定的内容一致。

（四）企业管理费除包括原组成内容外，本次新增城市维护建设税、教育费附加、地方教育费附加，以及营改增后增加的管理费等。

五、适用一般计税方法计税的电力工程计价规定

（一）本套估价表基于“价税分离”的原则进行编制，即在不改变现行计价依据体系、适用范围及其作用的前提下，分别对定额基价和建筑安装工程各项取费费率进行调整。

1．扣除定额基价中材料费与施工机械使用费的进项税额，给出除税后定额基价，详见各册估价表的定额价目表。

2．扣除建筑安装工程各取费项目所包含的进项税额，给出增值税下各取费项目的费率，详见各册估价表的附录。

（二）《电力建设工程装置性材料预算价格》《电力建设工程装置性材料综合预算价格》《西藏地区电网工程装置性材料综合预算价格及单项预算价格》（不含税版）中的价格为除税后的价格。以上除税价格本已在“中国电力工程造价信息网”上公布。

（三）可研估算和初设概算阶段，材料和建筑设备（给排水、暖气、通风、空调、照明、消防等设备）一般按照乙供计算，所有材料和建筑设备均按除税价格计取。若需区分材料和建筑设备供给方式，则单独将甲供材料和甲供建筑设备的含税价格汇总计入建筑安装工程费，但甲供材料的除税价格仍是建

筑安装工程各项费用的取费基数，不作为税金的取费基数。

可研估算和初设概算阶段，工艺设备（即安装设备）一般按照甲供计算，将设备含税价格计入设备购置费。若需区分工艺设备供给方式，则将乙供工艺设备除税价格汇入建筑安装工程税前造价，作为税金的取费基数；将甲供工艺设备的含税价格计入设备购置费。

（四）编制基准期价差

1．价差是建筑安装工程费的组成部分，凡以建筑安装工程费为取费基数的费用项目，计取时应将价差作为其计费的基数。

2．材料和施工机械进行价差调整时均应按除税价格计算，甲供材料除外。现行各套定额调整办法和调整系数，均按照扣除进项税处理，以电力工程造价与定额管理总站发布的相关文件为准。

3．2013 年版电力建设工程定额和西藏地区电网工程定额中建筑工程的材料价差根据不同材料除税定额单价（详见相应估价表的附录）与实际除税单价计算；建筑工程的施工机械除税定额单价已在相应估价表的附录中给出。

（五）营改增后，凡以建筑安装工程费作为取费基数的其他费用及基本预备费等费用项目，取费标准暂不做调整。

六、各套电力建设工程工程量清单计价规范以本套估价表作为计费依据。

（一）税前工程造价组成为分部分项工程、措施项目、其他项目、规费之和，各费用项目均以不包含增值税（可抵扣进项税）的价格计算。

（二）风险幅度确定原则：风险幅度均以材料、施工机械台班等对应的除税单价为计价依据。

七、本套估价表自 2017 年 1 月 1 日起生效，原《关于发布电力工程计价依据适应营业税改增值税调整过渡实施方案的通知》（定额〔2016〕9 号）停止使用。现行电力工程造价管理办法中与本套估价表内容不一致之处，以估价表为准。

八、本套估价表由中国电力出版社出版发行，宣贯工作由电力工程造价与定额管理总站统一组织和安排。

九、各单位应严格执行本套估价表，适时调整或修订企业内部相关管理规定。各单位在执行过程中遇有问题，请及时与电力工程造价与定额管理总站联系。

电力工程造价与定额管理总站

2016 年 11 月 30 日

目　　录

第一部分　热力设备安装工程概算定额估价表

第二部分 热力设备安装工程预算定额估价表

第三部分 加工配置品预算定额估价表

第一部分

热力设备安装工程概算定额估价表

总 说 明

一、《2013年版电力建设工程定额估价表》共分六册，包括：

第一册　建筑工程　　　　第二册　热力设备安装工程

第三册　电气设备安装工程　　　　第四册　调试工程

第五册　通信工程　　　　第六册　输电线路工程

二、本册为第二册《热力设备安装工程》（以下简称“本定额”）。适用于单机容量为50～1000MW级火力发电厂、单机容量为36～275MW燃气—蒸汽联合循环电厂和燃气轮机简单循环电厂新建或扩建的热力设备安装工程。

三、本定额是以《电力建设工程预算定额》（2013年版）为基础，按照现行的技术规程、规范，对热力设备按系统作合理划分后综合编制而成，适用于火力发电厂、燃气—蒸汽联合循环电厂及燃气轮机简单循环电厂建设工程初步设计概算的编制。

四、本定额主要编制依据有：

1.《电力建设工程预算定额》（2013年版）第二册：热力设备安装工程。

2.《火力发电工程建设预算编制与计算规定》（2013年版)。

3．火力发电工程施工图设计图纸。

4．火力发电工程施工组织设计、施工技术标准及施工措施等。

五、本定额是由预算定额综合扩大而成，综合权重采用相关典型工程的施工图工程量。除定额规定可以调整或换算外，不因具体工程实际施工组织、施工方法、劳动力组织与水平、材料消耗种类与数量、施工机械规格与配置等不同而调整或换算。

六、定额基价计算依据按人工费、材料费、机械费说明如下。

1．人工费：

（1）人工用量包括施工基本用工和辅助用工（包括机械台班定额所含人工以外的机械操作用工），分为安装普通工和安装技术工。

（2）工日为八小时工作制，安装普通工单价为34元/工日，安装技术工单价为53元/工日。

2．材料费：

（1）计价材料用量包括合理的施工用量和施工损耗、场内运搬损耗、施工现场堆放损耗。其中，周转性材料按摊销量计列。

（2）计价材料为现场出库价格，按照“电力行业2013年定额基准材料库”价格取定。

3．机械费：

（1）机械台班用量包括场内运搬、合理施工用量、必要间歇消耗量以及机械幅度差等。

（2）不构成固定资产的小型机械或仪表，未计列机械台班用量，包括在《火力发电工程建设预算编制与计算规定》（2013年版）的施工工具用具使用费中。

（3）机械台班价格按照“电力行业2013年定额基准施工机械台班库”价格取定。

七、水压、酸洗、吹管、烘炉时燃油及除盐水每台机组的使用量按表 0-1 计列：

表 0-1　　水压、酸洗、吹管、烘炉时燃油及除盐水每台机组的使用量

机组容量等级（MW）	50	135	250	300	600	1000
燃油使用量（t） （循环流化床锅炉烘炉增加量)	134 （140）	332 （240）	534 （320）	739 （400）	1450	1698
除盐水使用量（t）	11660	19880	29400	35000	52500	73500

注　1．表中燃油使用量是按常规的点火方式，按两台机组用油量的平均值取定。

2．管道冲洗所需蒸汽（折算为燃油）或除盐水包括在总量内。

3．当工程为以下情况时，应做如下调整：

（1）600MW 级机组为亚临界时，分部试运燃油使用量按本表相应数量减少 12%；

（2）300MW 机组为超临界时，分部试运燃油使用量按本表相应数量增加 12%；

（3）当工程设计采用挥发分（V_{daf}）不大于 5%的无烟煤时，按本表相应数量增加 10%；

（4）新建、扩建一台机组时，燃油使用量按相应规定数量增加 10%；

（5）采用等离子及其他节油点火方式时，燃油使用量按相应规定数量乘以 0.2 的系数计算；

（6）锅炉与汽轮机数量不同时，按锅炉台数计算。

八、蒸汽管道吹洗临时管道使用量按表 0-2 计列：

表 0-2　　蒸汽管道吹洗临时管道使用量

机组容量等级（MW）	50	135	250	300	600	1000
管道使用量（t）	15	30	55	78	152	260

九、本定额除各章节的说明外，还包括以下工作内容：

1．脚手架搭拆；

2．超高增加因素。

十、本定额除各章另有说明外，均未包括下列工作内容：

1．设备的联络平台、梯子、栏杆、支架安装；

2．设备、管道保温和油漆。

十一、本定额配套使用装置性材料综合预算价格，其数量以设计需要量为准。

十二、本定额按在正常的气候、地理条件和施工环境条件下考虑，未考虑在高原、高寒、沙漠等特殊自然条件下施工因素，发生费用时按照《火力发电工程建设预算编制与计算规定》（2013 年版）执行。

十三、本定额中凡采用“××以内”或“××以下”者，均已包括“××”本身；凡采用“××以外”或“××以上”者，均不包括“××”本身。

十四、总说明内未尽事宜，按各章说明执行。

第1章 锅炉机组安装

说　明

一、锅炉本体组合安装

锅炉本体组合安装按钢炉架、钢炉架油漆、炉本体、空气预热器及等离子点火装置附属设备和管道设置子目。

1．项目范围

（1）钢炉架包括锅炉钢架、本体平台扶梯、锅炉厂设计范围以内的露天防护措施等。

（2）钢炉架油漆包括锅炉本体钢架和需要油漆的金属结构、平台、扶梯。

（3）炉本体包括汽包或启动分离器、水冷系统、过热系统、再热系统、省煤器系统、本体管路系统、强制循环泵、循环流化床锅炉旋风分离器、回料器、外置床壳体、布风板及风帽、各种金属结构（包括联箱及炉顶罩壳）、燃烧装置、除灰装置、吹灰器、本体排汽消声器等。

（4）空气预热器包括空气预热器本体及整套附件安装。

（5）等离子点火装置附属设备和管道包括等离子点火装置附属设备、管道安装。

2．未包括的内容

（1）锅炉之间以及锅炉与厂房之间的联络平台扶梯安装。

（2）锅炉炉墙敷设、保温及保温面油漆。

（3）锅炉紧身封闭。

3．其他说明

（1）计算锅炉质量时，不包括包装材料、运输加固件和炉墙材料。

（2）循环流化床锅炉本体安装按人工定额乘以系数 1.05，材料定额乘以系数 1.02 调整。

二、锅炉本体试验

项目范围：锅炉本体及主蒸汽管道、主给水管道、再热蒸汽管道的水压试验、风压试验和锅炉本体的蒸汽严密性试验及安全门调整。

三、酸洗

1．项目范围

盐酸清洗、氢氟酸清洗、EDTA 钠铵盐清洗，包括锅炉本体和高、低压给水管道的清洗。

2．其他说明

（1）锅炉化学清洗：定额内已包括了酸洗临时管道及设备的摊销。

（2）未包括酸洗废液的中和及中和池后的排放系统工程施工。

四、风机安装

1．项目范围

风机及随本体配套供应的平台、扶梯、栏杆和送风机及一次风机入口消声器安装。

轴流式风机还包括润滑油系统（含润滑油管路内部处理）及空气冷却器、联轴器外套、罩壳的安装以及冷油器和空气冷却器的水压检漏。

2．其他说明

轴流式风机油循环系统的润滑油，按设备供货考虑，未计入定额。

五、除尘装置安装

1．项目范围

电除尘器所有零部件，以及配套供应平台、梯子、栏杆及起吊设施的安装。

2．未包括的内容

（1）由制造厂扩大供货的烟道安装，应另执行烟、风、煤管道安装相应子目。

（2）由制造厂供货的电气装置安装。

（3）保温油漆。

六、制粉系统安装

1．项目范围

给煤机、磨煤机、粗粉分离器、细粉分离器、排粉风机、给粉机、输粉机、回收风机、密封风机、消声器和随设备本体配套供应平台扶梯栏杆及围栅、润滑油站设备及润滑油站管道的安装。

2．其他说明

（1）钢球磨煤机中间贮仓式制粉系统包括磨煤机、粗粉分离器、细粉分离器、排粉风机、给煤机、给粉机、输粉机、设备本体平台扶梯栏杆及围栅、润滑油站设备及润滑油站管道安装，定额是按一台炉考虑的。

（2）双进双出钢球磨煤机、中速磨煤机及风扇磨煤机安装均包括煤粉分离器及附件安装，中速磨煤机安装还包括石子煤排放装置和密封风机安装。

（3）电子重力式给煤机安装包含了煤斗导流装置的安装。

七、烟、风、煤管道安装

1．项目范围

各类管道、防爆门、人孔门、伸缩节、挡板、闸板、锁气器、测粉装置、传动操作装置、木块及木屑分离器、配风箱、法兰、补偿器、混合器、原煤管道的空气炮、维护平台及支吊架等的安装。

2．未包括的内容

制粉系统的蒸汽消防管道安装及原煤管道上空气炮的压缩空气气源管道安装。

3．其他说明

锅炉本体、除尘器本体扩大供货的烟、风、煤管道安装应属本章有关子目。

八、锅炉辅助设备安装

1．项目范围

箱类、定期排污扩容器、暖风器、金属结构组合安装。

2．其他说明

（1）需现场加工配制的容积大于 45m^3 的水箱按设备考虑。

（2）设备平台、扶梯、栏杆、支架的安装适用于全厂各系统。

定额号	项　目　名　称	单位	基价（元）	其中（元）		
				人工费	材料费	机械费
1.1　锅炉本体组合安装						
1.1.1　钢炉架						
GJ1-1	钢炉架　3050t/h	t	891.23	165.73	45.33	680.17
GJ1-2	钢炉架　1900t/h	t	907.97	162.39	49.59	695.99
GJ1-3	钢炉架　1025t/h	t	886.49	176.70	61.20	648.59
GJ1-4	钢炉架　670t/h	t	853.88	205.16	79.06	569.66
GJ1-5	钢炉架　420t/h	t	821.50	211.13	81.92	528.45
GJ1-6	钢炉架　220t/h	t	814.17	233.30	88.51	492.36
GJ1-7	钢炉架油漆　3050t/h	t	104.43	39.15	56.13	9.15
GJ1-8	钢炉架油漆　1025～2008t/h	t	109.22	43.94	56.13	9.15
GJ1-9	钢炉架油漆　420～670　t/h	t	120.00	48.29	61.60	10.11
GJ1-10	钢炉架油漆　220t/h	t	123.04	49.16	61.60	12.28
1.1.2　炉本体						
GJ1-11	炉本体　3050t/h	t	1539.25	405.59	238.94	894.72
GJ1-12	炉本体　2008t/h　亚临界	t	1502.10	357.44	213.64	931.02
GJ1-13	炉本体　1900t/h　超临界	t	1592.37	399.24	236.14	956.99

续表

定额号	项 目 名 称	单位	基价（元）	其中（元）		
				人工费	材料费	机械费
GJ1-14	炉本体　1795t/h　超超临界	t	1647.69	433.46	257.24	956.99
GJ1-15	炉本体　1025t/h　亚临界	t	1654.52	415.14	276.88	962.50
GJ1-16	炉本体　1025t/h　超临界	t	1739.83	457.63	303.27	978.93
GJ1-17	炉本体　670t/h	t	1438.07	406.36	275.16	756.55
GJ1-18	炉本体　420t/h	t	1536.35	458.65	304.56	773.14
GJ1-19	炉本体　220t/h	t	1344.34	407.47	278.42	658.45
1.1.3　空气预热器						
GJ1-20	空气预热器　回转式　ϕ16800	台	233636.46	78291.00	25464.24	129881.22
GJ1-21	空气预热器　回转式　ϕ15000	台	203679.27	68112.00	22407.79	113159.48
GJ1-22	空气预热器　回转式　ϕ10330	台	159806.15	56760.00	19542.31	83503.84
GJ1-23	空气预热器　回转式　ϕ9500	台	132312.13	49332.00	17519.83	65460.30
GJ1-24	空气预热器　回转式　ϕ8500	台	109269.18	42903.00	15212.60	51153.58
GJ1-25	空气预热器　回转式　ϕ6200	台	86995.09	36334.00	12319.28	38341.81
GJ1-26	空气预热器　回转式　ϕ2700	台	53259.83	18167.00	7790.75	27302.08
GJ1-27	空气预热器　管式	t	409.27	143.30	90.46	175.51

续表

定额号	项 目 名 称	单位	基价（元）	其中（元）		
				人工费	材料费	机械费
1.1.4 等离子点火装置附属设备及管道						
GJ1-28	等离子点火装置附属设备和管道 3050t/h	台炉	182733.53	87802.67	61936.93	32993.93
GJ1-29	等离子点火装置附属设备和管道 1900t/h	台炉	150590.60	70258.48	51620.72	28711.40
GJ1-30	等离子点火装置附属设备和管道 1025t/h	台炉	91770.50	41491.83	31727.91	18550.76
1.2 锅炉本体试验及酸洗						
GJ1-31	锅炉本体试验 3050t/h	台	633649.12	46759.00	556047.53	30842.59
GJ1-32	锅炉本体试验 1900t/h	台	536203.93	42225.00	464858.63	29120.30
GJ1-33	锅炉本体试验 1025t/h	台	473059.39	34932.00	411284.26	26843.13
GJ1-34	锅炉本体试验 670t/h	台	317532.24	29520.00	268383.74	19628.50
GJ1-35	锅炉本体试验 420t/h	台	226578.87	24653.00	184860.47	17065.40
GJ1-36	锅炉本体试验 220t/h	台	129123.66	18397.00	98060.17	12666.49
GJ1-37	锅炉本体酸洗 EDTA 钠铵盐 3050t/h	台	1603491.55	136596.00	1415778.93	51116.62
GJ1-38	锅炉本体酸洗 EDTA 钠铵盐 1900t/h	台	1164864.40	114006.00	1004358.20	46500.20
GJ1-39	锅炉本体酸洗 EDTA 钠铵盐 1025t/h	台	946632.74	78906.00	828359.97	39366.77
GJ1-40	锅炉本体酸洗 EDTA 钠铵盐 670t/h	台	752988.44	59734.00	668408.17	24846.27
GJ1-41	锅炉本体酸洗 EDTA 钠铵盐 420t/h	台	402230.25	19770.00	361919.94	20540.31

续表

定额号	项 目 名 称	单位	基价（元）	其中（元）		
				人工费	材料费	机械费
GJ1-42	锅炉本体酸洗　EDTA 钠铵盐　220t/h	台	310026.21	13956.00	278023.09	18047.12
GJ1-43	锅炉本体酸洗　氢氟酸　1025t/h	台	850181.71	120649.00	678443.29	51089.42
GJ1-44	锅炉本体酸洗　氢氟酸　670t/h	台	637285.92	98782.00	507373.55	31130.37
GJ1-45	锅炉本体酸洗　氢氟酸　420t/h	台	336634.99	27999.00	285266.32	23369.67
GJ1-46	锅炉本体酸洗　盐酸　2008t/h	台	942394.03	133072.00	755012.81	54309.22
GJ1-47	锅炉本体酸洗　炉管前柠檬酸　2008t/h	台	518649.64	77733.18	401640.99	39275.47
GJ1-48	锅炉本体酸洗　盐酸　1025t/h	台	731974.17	131221.00	549892.45	50860.72
GJ1-49	锅炉本体酸洗　盐酸　670t/h	台	541405.39	97654.00	409087.08	34664.31
GJ1-50	锅炉本体酸洗　盐酸　420t/h	台	273545.32	38325.00	210896.34	24323.98
GJ1-51	锅炉本体酸洗　盐酸　220t/h	台	165037.74	20141.00	127817.43	17079.31
1.3　风机安装						
1.3.1　离心式风机						
GJ1-52	离心式引风机　Y4-73-11　No14D　63954～111920m^3/h	台	10633.25	5076.00	2444.59	3112.66
GJ1-53	离心式引风机　Y4-73-11　No16D　95466～167065m^3/h	台	12901.92	6045.00	2791.16	4065.76

续表

定额号	项目名称	单位	基价（元）	其中（元）		
				人工费	材料费	机械费
GJ1-54	离心式引风机 Y4-73-11 No18D 135927～237872m^3/h	台	15124.99	7491.00	3055.10	4578.89
GJ1-55	离心式引风机 Y4-73-11 No20D 186457～326300m^3/h	台	18980.96	9323.00	3470.07	6187.89
GJ1-56	离心式引风机 Y4-73-11 No22D 248174～434305m^3/h	台	22669.28	12056.00	4478.18	6135.10
GJ1-57	离心式引风机 Y4-73-11 No25D 364174～637304m^3/h	台	27724.92	15137.00	5105.41	7482.51
GJ1-58	离心式引风机 Y4-73-11 No28D 435000～810000m^3/h	台	33006.59	19172.00	5785.16	8049.43
GJ1-59	离心式引风机 Y4-73-11 No29.5D 511638～895367m^3/h	台	35214.30	19505.00	7449.76	8259.54
GJ1-60	双吸双速离心式引风机 Y4-2×73 No28.5F 668116～1336233m^3/h	台	36945.55	21568.00	7045.70	8331.85
GJ1-61	双吸双速离心式引风机 Y4-2×73 No37F 1385800～2836800m^3/h	台	42671.99	24017.00	8130.69	10524.30
GJ1-62	离心式送风机 G4-73-11 No14D 67467～111925m^3/h	台	12446.92	4907.40	2548.02	4991.50

续表

定额号	项 目 名 称	单位	基价（元）	其中（元）		
				人工费	材料费	机械费
GJ1-63	离心式送风机 G4-73-11 No16D 100709～167072m^3/h	台	14361.66	6317.40	2883.97	5160.29
GJ1-64	离心式送风机 G4-73-11 No18D 143392～237882m^3/h	台	17434.99	7744.40	3252.11	6438.48
GJ1-65	离心式送风机 G4-73-11 No20D 196697～326312m^3/h	台	20261.59	8925.40	3938.51	7397.68
GJ1-66	离心式送风机 G4-73-11 No22D 261804～434322m^3/h	台	23645.86	10969.40	4983.72	7692.74
GJ1-67	离心式送风机 G4-73-11 No25D 384174～637329m^3/h	台	28334.46	13342.60	5763.95	9227.91
GJ1-68	离心式送风机 G4-73-11 No28D 410425～680878m^3/h	台	31591.66	15598.60	6560.95	9432.11
GJ1-69	离心式送风机 G4-73-11 No29.5D 446484～781347m^3/h	台	37039.07	19016.60	8489.22	9533.25
GJ1-70	离心式一次风机 70000～120000m^3/h	台	19961.69	9277.40	2581.05	8103.24
GJ1-71	离心式一次风机 170000m^3/h	台	23858.12	12131.40	3359.39	8367.33
GJ1-72	离心式一次风机 222274m^3/h	台	28196.86	15004.40	4562.41	8630.05
GJ1-73	离心式点火、扫描风机 Q≤3200m^3/h	台	1312.49	579.00	107.73	625.76

续表

定额号	项 目 名 称	单位	基价（元）	其中（元）		
				人工费	材料费	机械费
GJ1-74	离心式点火、扫描风机 Q>3200m³/h	台	1577.73	796.60	146.29	634.84
GJ1-75	密封风机安装 综合	台	2766.30	1421.00	495.05	850.25
1.3.2 轴流式风机						
GJ1-76	轴流式引风机（静叶可调） 325m³/s	台	50801.30	28370.00	14486.82	7944.48
GJ1-77	轴流式引风机（静叶可调） 485～700m³/s	台	55532.98	30395.00	15874.92	9263.06
GJ1-78	轴流式引风机（静叶可调） 720m³s	台	57900.86	31330.00	16960.80	9610.06
GJ1-79	轴流式送风机（动叶可调） 112～150m³/s	台	45984.76	25988.80	10583.83	9412.13
GJ1-80	轴流式送风机（动叶可调） 214～350m³/s	台	55163.37	29107.80	15403.19	10652.38
GJ1-81	轴流式送风机（动叶可调） 369m³/s	台	57531.27	29406.80	16400.72	11723.75
GJ1-82	轴流式一次风机（动叶可调） 80～92m³/s	台	37898.69	23134.80	7784.57	6979.32
GJ1-83	轴流式一次风机（动叶可调） 100～160m³/s	台	44609.16	25882.80	10265.32	8461.04
GJ1-84	轴流式一次风机（动叶可调） 177m³/s	台	49846.35	27979.80	11746.37	10120.18
GJ1-85	轴流式点火、扫描风机 Q≤6000m³/h	台	1471.42	728.10	116.78	626.54
GJ1-86	轴流式点火、扫描风机 Q>6000m³/h	台	1736.21	940.40	160.45	635.36
1.4 除尘装置安装						
GJ1-87	电气除尘器 （锅炉容量） 670t/h	t	878.56	413.28	147.41	317.87

续表

定额号	项 目 名 称	单位	基价（元）	其中（元）		
				人工费	材料费	机械费
GJ1-88	电气除尘器 （锅炉容量） 1025t/h	t	941.71	393.60	144.39	403.72
GJ1-89	电气除尘器 （锅炉容量） 1900t/h	t	971.91	369.00	143.36	459.55
GJ1-90	电气除尘器 （锅炉容量） 3050t/h	t	1004.73	344.40	142.76	517.57
GJ1-91	电袋除尘器安装	t	1024.07	350.72	137.98	535.37
GJ1-92	布袋除尘器安装	t	1070.83	370.40	145.47	554.96
1.5 制粉系统安装						
GJ1-93	钢球磨煤机 30t/h 每炉四磨	炉	455269.14	231611.20	85229.82	138428.12
GJ1-94	钢球磨煤机 35t/h 每炉四磨	炉	506769.45	240930.70	94979.45	170859.30
GJ1-95	钢球磨煤机 42t/h 每炉两磨	炉	261496.27	126137.46	53334.56	82024.25
GJ1-96	钢球磨煤机 35t/h 每炉两磨	炉	268720.15	124447.32	47359.60	96913.23
GJ1-97	钢球磨煤机 25t/h 每炉两磨	炉	211839.92	106641.55	35739.54	69458.83
GJ1-98	钢球磨煤机 20t/h 每炉两磨	炉	189869.78	94490.93	31570.48	63808.37
GJ1-99	钢球磨煤机 16t/h 每炉两磨	炉	158183.32	84502.25	25111.02	48570.05
GJ1-100	钢球磨煤机 14t/h 每炉两磨	炉	155022.62	82428.25	24474.45	48119.92
GJ1-101	双进双出钢球磨煤机 105t/h	台	129031.46	70942.00	29056.07	29033.39

续表

定额号	项目名称	单位	基价（元）	其中（元）		
				人工费	材料费	机械费
GJ1-102	双进双出钢球磨煤机　90t/h	台	119372.27	64193.00	26484.14	28695.13
GJ1-103	双进双出钢球磨煤机　60t/h	台	101582.21	61320.00	19869.56	20392.65
GJ1-104	双进双出钢球磨煤机　22t/h	台	49830.73	34210.00	10610.84	5009.89
GJ1-105	中速磨煤机≤100t/h	台	46982.29	29181.63	6392.38	11408.28
GJ1-106	中速磨煤机≤80t/h	台	45254.03	28159.63	5842.83	11251.57
GJ1-107	中速磨煤机≤60t/h	台	41322.52	26838.63	5494.06	8989.83
GJ1-108	中速磨煤机≤50t/h	台	39539.84	25551.63	5063.06	8925.15
GJ1-109	中速磨煤机≤40t/h	台	37975.18	24529.63	4585.40	8860.15
GJ1-110	风扇磨煤机　FM340.880	台	31315.39	15489.00	6126.01	9700.38
GJ1-111	风扇磨煤机　FM340.820	台	30368.12	14766.00	5920.65	9681.47
GJ1-112	风扇磨煤机　FM340.760	台	26481.07	11806.00	4993.60	9681.47
GJ1-113	风扇磨煤机　FM318.644	台	22681.89	10678.00	4297.87	7706.02
GJ1-114	风扇磨煤机　FM318.630	台	20346.36	8494.00	4200.10	7652.26
GJ1-115	风扇磨煤机　FM275.760	台	14520.16	5428.00	3415.35	5676.81
GJ1-116	风扇磨煤机　FM275.590	台	13307.53	4353.00	3331.49	5623.04

续表

定额号	项 目 名 称	单位	基价（元）	其中（元）		
				人工费	材料费	机械费
GJ1-117	皮带式给煤机	台	3728.38	1866.80	734.37	1127.21
GJ1-118	电子重力式给煤机 8218 型 ≤25t/h	台	3252.39	1582.60	537.84	1131.95
GJ1-119	电子重力式给煤机 8224 型 ≤100t/h	台	3747.10	1891.40	713.06	1142.64
GJ1-120	电子重力式给煤机 8236 型 ≤150t/h	台	3963.20	2045.80	760.86	1156.54
GJ1-121	电子重力式给煤机 ＞150t/h	台	4181.37	2200.20	804.31	1176.86
1.6 烟、风、煤管道安装						
GJ1-122	直吹式系统 3050t/h	t	877.85	371.48	131.09	375.28
GJ1-123	直吹式系统 1900t/h	t	926.01	378.24	147.34	400.43
GJ1-124	直吹式系统 1025t/h	t	948.64	395.38	136.98	416.28
GJ1-125	直吹式系统 670t/h	t	966.80	396.84	142.68	427.28
GJ1-126	直吹式系统 420t/h	t	944.52	383.55	143.26	417.71
GJ1-127	直吹式系统 220t/h	t	971.52	383.94	141.41	446.17
GJ1-128	中间贮仓式系统 1025t/h	t	952.00	398.14	141.53	412.33
GJ1-129	中间贮仓式系统 670t/h	t	973.45	401.56	145.98	425.91
GJ1-130	中间贮仓式系统 420t/h	t	971.82	402.28	149.06	420.48

续表

定额号	项 目 名 称	单位	基价（元）	其中（元）		
				人工费	材料费	机械费
GJ1-131	中间贮仓式系统 220t/h	t	978.05	402.36	152.51	423.18
1.7 锅炉辅助设备安装						
GJ1-132	箱类 $V \leqslant 10m^3$	台	680.50	299.00	149.96	231.54
GJ1-133	箱类 $V \leqslant 20m^3$	台	847.61	439.00	177.07	231.54
GJ1-134	箱类 $V \leqslant 30m^3$	台	1082.96	492.00	340.44	250.52
GJ1-135	箱类 $V \leqslant 45m^3$	台	1666.76	685.00	388.35	593.41
GJ1-136	定期排污扩容器 $V \leqslant 5m^3$	台	1594.44	482.20	134.20	978.04
GJ1-137	定期排污扩容器 $V \leqslant 10m^3$	台	1811.70	661.60	168.41	981.69
GJ1-138	定期排污扩容器 $V \leqslant 15m^3$	台	2271.02	721.40	206.61	1343.01
GJ1-139	定期排污扩容器 $V > 15m^3$	台	2441.45	842.90	251.34	1347.21
GJ1-140	暖风器 管排数 2	台炉	2433.01	1180.80	234.88	1017.33
GJ1-141	暖风器 管排数 2.5	台炉	2800.28	1377.60	292.92	1129.76
GJ1-142	暖风器 管排数 3	台炉	3164.40	1574.40	349.82	1240.18
GJ1-143	设备平台、扶梯、栏杆、支架安装	t	1139.37	471.60	140.19	527.58

第2章 汽轮发电机组安装

说　明

一、汽轮发电机组本体安装

1. 项目范围

（1）汽轮机、汽轮发电机、励磁机、副励磁机（无刷励磁装置）、发电机冷却系统和 EH 抗燃油系统的设备安装。

（2）随汽轮机本体设备供应的导汽管、本体油管、汽封（包括门杆漏汽、轴封漏汽）、疏水、低压缸喷水管道及其管件、阀门的安装及无损检验。

（3）汽轮机、汽轮发电机空负荷试运转配合。

（4）蒸汽管道的蒸汽吹洗。

（5）桥式起重机超负荷起吊时的加固措施及负荷试验费用。

（6）汽轮机罩壳的整修、安装。

（7）300、600、1000MW 机组还包括基础预埋框架和 EH 系统的安装。

2. 未包括的内容

（1）发电机及励磁机电气部分的检查、干燥、接线及电气调整试验。

（2）由设计部门设计的非厂供的本体管道（整套设计或补充设计）的安装。

（3）随汽轮机本体设备供应的抽汽止回阀的安装。

（4）蒸汽管道蒸汽吹扫的临时管道和消声器的安装和拆除。

3．未计列材料

汽轮发电机组油系统的汽轮机油充油量（含滤油损耗），见表2-1，按设备性材料对待。

表2-1 **汽轮发电机组油系统充油量**

容量等级（MW）	50	100	125	200	300	600	1000
充油量（t）	18	22	26	26	50	80	112

二、汽轮机附属机械及辅助设备安装

1．项目范围

汽轮机排汽装置及内置设备、凝汽器、高压加热器、低压加热器、凝结水泵、凝结水补充水箱、凝结水补充水泵、轴封冷却器、低压加热器疏水泵、油系统设备、抽真空设备、冷却水系统设备、胶球清洗系统设备、闭式冷却水系统、开式冷却水系统设备的安装。

2．其他说明

（1）凝汽器安装的供货形式：7000m^{2}以下整体供货，7000m^{2}以上按现场组合考虑。

（2）凝汽器是按铜管考虑的，若采用钛管时，其安装基价增加5.10元/m^2，其中人工费增加2.50元/m^2；若采用不锈钢管时，其安装基价增加6.10元/m^2，其中人工费增加3.00元/m^2。

三、旁路系统安装

1．项目范围

制造厂供应的高、低压旁路阀门及装置的安装，减温器、扩散管等系统设备的焊接（包括焊前预热和焊后热处理）和安装。

2．其他说明

未包括由设计单位设计的管道、阀门、支架的安装。

四、除氧器及水箱安装

项目范围包括除氧器、给水箱及其附件的安装。

五、起重设备安装

1．项目范围

起重机械、工字钢轨道的安装。

过轨起重机安装每套包括2台电动大车及10台手动小车。

2．其他说明

工字钢轨道安装，适用于机务专业设计的项目，定额中未包含工字钢的材料费。

六、水泵安装

1．项目范围

（1）300、600、1000MW 机组给水泵组为成套设备安装定额，以每台汽轮机所配水泵为一“套”设置子目。包括汽动给水泵及驱动用汽轮机、汽动给水泵的前置泵组、电动给水泵、同轴前置泵、液力耦合器、最小流量装置、给水泵汽轮机排汽管安装以及给水泵汽轮机的空负荷试运转工作。

（2）其他水泵均为单项定额。杂质泵安装另执行相应章节子目。

2．其他说明

给水泵汽轮机的试运转一般与主机、主炉同时进行，锅炉不必专门点火配合。因此，给水泵汽轮机试运时不另行增加试运所耗燃油费用。

定额号	项 目 名 称	单位	基价（元）	其中（元）		
				人工费	材料费	机械费
2.1 汽轮发电机本体安装						
2.1.1 凝汽式汽轮发电机组						
GJ2-1	凝汽式汽轮发电机组 桥式起重机起吊法 1000MW	套	2269352.55	891574.98	464105.62	913671.95
GJ2-2	凝汽式汽轮发电机组 静子液压提升法 600MW	套	2285925.67	799585.94	503319.67	983020.06
GJ2-3	凝汽式汽轮发电机组 桥式起重机起吊法 600MW	套	1974394.82	794581.94	410676.78	769136.10
2.1.2 供热式汽轮发电机组						
GJ2-4	供热式汽轮发电机组 静子液压提升法 300MW	套	1629041.02	664712.01	345011.07	619317.94
GJ2-5	供热式汽轮发电机组 桥式起重机起吊法 300MW	套	1422166.71	652236.01	274235.74	495694.96
GJ2-6	供热式汽轮发电机组 200MW	套	946972.59	402449.58	188527.62	355995.39
GJ2-7	供热式汽轮发电机组 125MW	套	703073.57	342368.69	147076.09	213628.79
GJ2-8	供热式汽轮发电机组 100MW	套	495154.20	229121.46	122705.12	143327.62
GJ2-9	供热式汽轮发电机组 50MW	套	284319.20	132566.83	66053.68	85698.69
2.2 汽轮机附属机械及辅助设备安装						
GJ2-10	汽轮机辅助及附属设备 湿冷机组 1000MW	套	904789.68	460613.70	146902.81	297273.17
GJ2-11	汽轮机辅助及附属设备 湿冷机组 600MW	套	684695.59	346416.30	103548.03	234731.26
GJ2-12	汽轮机辅助及附属设备 湿冷机组 300MW	套	547254.90	274321.50	75145.37	197788.03

续表

定额号	项 目 名 称	单位	基价（元）	其中（元）		
				人工费	材料费	机械费
GJ2-13	汽轮机辅助及附属设备　湿冷机组　200MW	套	399702.23	200015.80	57807.34	141879.09
GJ2-14	汽轮机辅助及附属设备　湿冷机组　125MW	套	298916.57	136482.20	47381.67	115052.70
GJ2-15	汽轮机辅助及附属设备　湿冷机组　100MW	套	221654.54	95373.60	35021.01	91259.93
GJ2-16	汽轮机辅助及附属设备　湿冷机组　50MW	套	153998.76	57674.60	25331.20	70992.96
GJ2-17	汽轮机辅助及附属设备　湿冷机组　CC50MW	套	168702.97	67632.40	27825.88	73244.69
GJ2-18	汽轮机辅助及附属设备　空冷机组　600MW	套	443985.47	182825.34	91422.06	169738.07
GJ2-19	汽轮机辅助及附属设备　空冷机组　300MW	套	340956.45	145558.99	65918.98	129478.48
GJ2-20	汽轮机辅助及附属设备　空冷机组　200MW	套	251973.05	103909.03	58618.59	89445.43
GJ2-21	汽轮机辅助及附属设备　空冷机组　125MW	套	173878.83	71931.70	40934.55	61012.58
GJ2-22	汽轮机辅助及附属设备　空冷机组　100MW	套	147957.50	59960.90	36047.94	51948.66
GJ2-23	汽轮机辅助及附属设备　空冷机组　50MW	套	136983.93	54858.90	33537.01	48588.02
GJ2-24	汽轮机辅助及附属设备　空冷机组　CC50MW	套	144882.22	59207.90	35285.38	50388.94
2.3　旁路系统安装						
GJ2-25	高低压旁路系统　机组容量　1000MW	机组	62865.40	9446.40	8675.91	44743.09
GJ2-26	高低压旁路系统　机组容量　600MW	机组	48906.96	6691.20	6283.89	35931.87

续表

定额号	项　目　名　称	单位	基价（元）	其中（元）		
				人工费	材料费	机械费
GJ2-27	高低压旁路系统　机组容量　300MW	机组	34976.76	5116.80	4336.52	25523.44
GJ2-28	高低压旁路系统　机组容量　200MW	机组	27727.17	4329.60	3371.58	20025.99
GJ2-29	高低压旁路系统　机组容量　125MW	机组	22999.19	4231.20	2620.85	16147.14
2.4　除氧器及水箱安装						
GJ2-30	除氧器及水箱　大气式　$V=75m^3$	台	8888.19	4132.80	1867.43	2887.96
GJ2-31	除氧器及水箱　高压式　$V\leq70m^3$	台	9757.24	4674.00	1833.10	3250.14
GJ2-32	除氧器及水箱　高压式　$V\leq100m^3$	台	11243.84	5018.40	2189.66	4035.78
GJ2-33	除氧器及水箱　高压式　$V\leq140m^3$	台	12486.35	5707.20	2549.33	4229.82
GJ2-34	除氧器及水箱　高压式　$V\leq160m^3$	台	15956.39	6789.60	2970.36	6196.43
GJ2-35	除氧器及水箱　高压式　$V\leq180m^3$	台	17154.27	7822.80	3117.07	6214.40
GJ2-36	除氧器及水箱　高压式　$V\leq200m^3$	台	21385.97	8511.60	3444.06	9430.31
GJ2-37	除氧器及水箱　高压式　$V\leq300m^3$	台	25048.37	9249.60	3856.44	11942.33
GJ2-38	除氧器及水箱　高压式　$V>300m^3$	台	29219.83	9544.80	5048.06	14626.97
GJ2-39	内置式除氧器　出力　800t/h	台	19433.22	7486.00	2961.12	8986.10
GJ2-40	内置式除氧器　出力　1200t/h	台	24369.06	9435.00	3701.40	11232.66

续表

定额号	项　目　名　称	单位	基价（元）	其中（元）		
				人工费	材料费	机械费
GJ2-41	内置式除氧器　出力　2100t/h	台	35017.16	10207.00	5170.61	19639.55
GJ2-42	内置式除氧器　出力　3300t/h	台	38926.66	10873.00	6061.95	21991.71
2.5　汽轮机其他附属设备安装						
GJ2-43	连续排污扩容器　$V\leqslant1.5m^3$	台	1541.82	601.80	102.86	837.16
GJ2-44	连续排污扩容器　$V\leqslant3m^3$	台	1825.68	852.55	132.27	840.86
GJ2-45	连续排污扩容器　$V\leqslant5m^3$	台	2055.42	1053.15	160.78	841.49
GJ2-46	连续排污扩容器　$V\leqslant10m^3$	台	2813.42	1203.60	206.51	1403.31
GJ2-47	连续排污扩容器　$V>10m^3$	台	3097.97	1454.35	239.42	1404.20
GJ2-48	疏水扩容器　$V\leqslant0.5m^3$	台	825.29	250.75	92.39	482.15
GJ2-49	疏水扩容器　$V\leqslant1.5m^3$	台	1190.32	401.20	129.12	660.00
GJ2-50	疏水扩容器　$V\leqslant5m^3$	台	1866.48	551.65	182.86	1131.97
GJ2-51	疏水扩容器　$V\leqslant10m^3$	台	2376.54	702.10	243.04	1431.40
GJ2-52	疏水扩容器　$V\leqslant30m^3$	台	3412.43	1103.30	364.34	1944.79
GJ2-53	疏水扩容器　$V\leqslant70m^3$	台	5413.75	1805.40	601.11	3007.24
GJ2-54	疏水扩容器　$V\leqslant100m^3$	台	7077.47	2357.05	781.46	3938.96

续表

定额号	项 目 名 称	单位	基价（元）	其中（元）		
				人工费	材料费	机械费
GJ2-55	减温减压装置 60t/h	套	2437.83	1131.60	394.33	911.90
GJ2-56	减温减压装置 120t/h	套	3979.35	1820.40	436.79	1722.16
GJ2-57	减温减压装置 180t/h	套	5390.72	2361.60	529.36	2499.76
2.6 起重设备安装						
GJ2-58	电动双梁桥式起重机 5t $L_k=19.5$m	台	4796.22	2838.00	459.11	1499.11
GJ2-59	电动双梁桥式起重机 5t $L_k=31.5$m	台	5249.93	3121.80	468.21	1659.92
GJ2-60	电动双梁桥式起重机 10t $L_k=19.5$m	台	5092.99	3027.20	482.46	1583.33
GJ2-61	电动双梁桥式起重机 10t $L_k=31.5$m	台	5770.07	3452.90	492.40	1824.77
GJ2-62	电动双梁桥式起重机 15/3t $L_k=19.5$m	台	5551.12	3311.00	516.79	1723.33
GJ2-63	电动双梁桥式起重机 15/3t $L_k=31.5$m	台	6152.51	3736.70	529.30	1886.51
GJ2-64	电动双梁桥式起重机 20/5t $L_k=19.5$m	台	5882.76	3452.90	538.53	1891.33
GJ2-65	电动双梁桥式起重机 20/5t $L_k=31.5$m	台	6691.06	3925.90	547.49	2217.67
GJ2-66	电动双梁桥式起重机 30/5t $L_k=19.5$m	台	6338.86	3642.10	556.53	2140.23
GJ2-67	电动双梁桥式起重机 30/5t $L_k=31.5$m	台	7188.89	4257.00	570.72	2361.17
GJ2-68	电动双梁桥式起重机 50/10t $L_k=19.5$m	台	8235.55	4682.70	925.48	2627.37

续表

定额号	项 目 名 称	单位	基价（元）	其中（元）		
				人工费	材料费	机械费
GJ2-69	电动双梁桥式起重机 50/10t L_k=31.5m	台	10116.44	5628.70	941.04	3546.70
GJ2-70	电动双梁桥式起重机 75/20t L_k=19.5m	台	14292.90	6905.80	1337.18	6049.92
GJ2-71	电动双梁桥式起重机 75/20t L_k=31.5m	台	16317.55	7804.50	1359.31	7153.74
GJ2-72	电动双梁桥式起重机 100/20t L_k=22m	台	18838.93	8845.10	1674.87	8318.96
GJ2-73	电动双梁桥式起重机 100/20t L_k=31m	台	21606.63	9601.90	1687.32	10317.41
GJ2-74	电动双梁桥式起重机 235/25t L_k=33m	台	33070.43	11115.50	2643.61	19311.32
GJ2-75	电动双梁悬挂过轨式 12.5t L_k=8m	台	38163.96	28805.70	2022.12	7336.14
GJ2-76	吊钩门式起重机 5t L_k=26m	台	8504.39	5628.70	548.82	2326.87
GJ2-77	吊钩门式起重机 5t L_k=35m	台	9197.05	6054.40	563.53	2579.12
GJ2-78	吊钩门式起重机 10t L_k=26m	台	10034.27	6149.00	568.36	3316.91
GJ2-79	吊钩门式起重机 10t L_k=35m	台	10741.63	6574.70	582.90	3584.03
GJ2-80	吊钩门式起重机 15/3t L_k=26m	台	10622.11	6432.80	591.22	3598.09
GJ2-81	吊钩门式起重机 15/3t L_k=35m	台	11867.21	7284.20	613.13	3969.88
GJ2-82	吊钩门式起重机 20/5t L_k=26m	台	12704.52	7473.40	621.48	4609.64
GJ2-83	吊钩门式起重机 20/5t L_k=35m	台	14123.48	8419.40	641.60	5062.48

续表

定额号	项 目 名 称	单位	基价（元）	其中（元）		
				人工费	材料费	机械费
GJ2-84	电动单梁起重机 3t $L_k=17m$	台	1241.83	804.10	141.27	296.46
GJ2-85	电动单梁起重机 10t $L_k=17m$	台	1763.88	1229.80	195.14	338.94
GJ2-86	电动单梁起重机 20t $L_k=20m$	台	2712.25	1797.40	278.70	636.15
GJ2-87	电动单梁起重机 30t $L_k=20m$	台	3711.66	2743.40	327.88	640.38
GJ2-88	电动单梁起重机 40t $L_k=20m$	台	4055.17	2979.90	356.67	718.60
GJ2-89	手动单梁起重机 3t $L_k=14m$	台	970.09	473.00	238.31	258.78
GJ2-90	手动单梁起重机 10t $L_k=14m$	台	1448.83	898.70	248.56	301.57
GJ2-91	电动单梁悬挂起重机 3t $L_k=12m$	台	1256.70	709.50	236.70	310.50
GJ2-92	手动单梁悬挂起重机 3t $L_k=12m$	台	1138.44	614.90	236.70	286.84
GJ2-93	手动双梁起重机 10t $L_k=13m$	台	1508.83	946.00	247.82	315.01
GJ2-94	手动双梁起重机 10t $L_k=17m$	台	1685.76	1087.90	248.98	348.88
GJ2-95	手动双梁起重机 20t $L_k=13m$	台	1888.29	1229.80	250.89	407.60
GJ2-96	手动双梁起重机 20t $L_k=17m$	台	1903.58	1229.80	253.71	420.07
GJ2-97	电动葫芦 2t	台	478.85	180.21	122.98	175.66
GJ2-98	电动葫芦 5t	台	828.37	454.08	133.21	241.08

续表

定额号	项　目　名　称	单位	基价（元）	其中（元）		
				人工费	材料费	机械费
GJ2-99	电动葫芦　10t	台	1203.00	756.80	143.33	302.87
GJ2-100	电动葫芦　20t	台	1380.98	898.70	145.57	336.71
GJ2-101	电动葫芦　30t	台	1470.96	974.38	149.95	346.63
GJ2-102	电动葫芦　40t	台	1562.86	1023.08	161.54	378.24
GJ2-103	单轨小车　5t	台	622.55	383.13	99.59	139.83
GJ2-104	单轨小车　10t	台	784.63	449.35	141.63	193.65
GJ2-105	工字钢轨道　I20	m	66.09	40.21	9.03	16.85
GJ2-106	工字钢轨道　I28	m	82.74	47.30	11.23	24.21
GJ2-107	工字钢轨道　I40	m	102.36	52.03	14.10	36.23
GJ2-108	工字钢轨道　I50	m	133.77	68.59	17.45	47.73
GJ2-109	工字钢轨道　I63	m	168.84	82.78	23.31	62.75
2.7　水泵安装						
GJ2-110	1000MW 给水泵组　2×50%汽动+1×30%电动	套	182648.07	96087.00	48129.01	38432.06
GJ2-111	600MW 给水泵组　2×50%汽动+1×50%电动	套	173206.20	97574.00	38805.99	36826.21
GJ2-112	600MW 给水泵组　2×50%汽动+1×30%电动	套	153882.73	92676.00	25936.56	35270.17

续表

定额号	项目名称	单位	基价（元）	其中（元）		
				人工费	材料费	机械费
GJ2-113	600MW 给水泵组　2×50%电动+1×50%电动	套	161499.90	67452.00	79659.05	14388.85
GJ2-114	600MW 给水泵组　2×50%电动+1×30%电动	套	145431.99	61532.00	70987.13	12912.86
GJ2-115	600MW 给水泵组　3×35%电动	套	130065.44	63909.00	54424.52	11731.92
GJ2-116	300MW 给水泵组　1×100%汽动+1×50%电动	套	112624.47	58307.00	33130.46	21187.01
GJ2-117	300MW 给水泵组　2×50%汽动+1×50%电动	套	175633.99	116640.20	39296.25	19697.54
GJ2-118	300MW 给水泵组　2×50%汽动+1×30%电动	套	177186.91	117001.28	39686.75	20498.88
GJ2-119	300MW 给水泵组　2×50%电动+1×50%电动	套	154540.69	60741.00	79516.80	14282.89
GJ2-120	300MW 给水泵组　2×50%电动+1×30%电动	套	137536.97	58080.00	66694.80	12762.17
GJ2-121	电动给水泵　DG-270-140B	台	23144.46	12211.00	9218.76	1714.70
GJ2-122	电动给水泵　DG-400-180B	台	34509.83	17586.00	13683.59	3240.24
GJ2-123	电动给水泵　DG-500-200	台	37765.39	16564.00	17881.10	3320.29
GJ2-124	电动给水泵　DG-500-240	台	51513.56	20247.00	26505.60	4760.96
GJ2-125	电动给水泵　40CHTA/6	台	43355.15	21303.00	18141.51	3910.64
GJ2-126	电动给水泵　50CHTA/8	台	53833.30	22484.00	26553.02	4796.28
GJ2-127	电动给水泵　CHTC6/6	台	50152.33	32704.00	2779.23	14669.10

续表

定额号	项 目 名 称	单位	基价（元）	其中（元）		
				人工费	材料费	机械费
GJ2-128	卧式循环水泵　$Q \leqslant 6000m^3/h$	台	4729.58	3066.00	1346.55	317.03
GJ2-129	卧式循环水泵　$Q \leqslant 12000m^3/h$	台	7348.28	4898.00	2083.16	367.12
GJ2-130	卧式循环水泵　$Q \leqslant 20000m^3/h$	台	12152.30	5621.00	6042.93	488.37
GJ2-131	卧式循环水泵　$Q \leqslant 30000m^3/h$	台	18778.48	6995.00	10823.69	959.79
GJ2-132	卧式循环水泵　$Q > 30000m^3/h$	台	24443.37	9410.00	14024.78	1008.59
GJ2-133	立式循环水泵　$Q \leqslant 12000m^3/h$	台	10571.55	6344.00	2395.86	1831.69
GJ2-134	立式循环水泵　$Q \leqslant 20000m^3/h$	台	17971.00	9251.00	6374.23	2345.77
GJ2-135	立式循环水泵　$Q \leqslant 30000m^3/h$	台	25238.72	11295.00	11227.54	2716.18
GJ2-136	立式循环水泵　$Q \leqslant 50000m^3/h$	台	30661.98	13074.00	14536.09	3051.89
GJ2-137	立式循环水泵　$Q > 50000m^3/h$	台	40024.83	20122.00	15774.62	4128.21
GJ2-138	单级离心式耐腐蚀泵　$N \leqslant 7.5kW$	台	283.44	196.80	39.19	47.45
GJ2-139	单级离心式耐腐蚀泵　$N \leqslant 15kW$	台	360.73	246.00	66.43	48.30
GJ2-140	单级离心式耐腐蚀泵　$N \leqslant 25kW$	台	439.79	295.20	95.54	49.05
GJ2-141	单级离心式耐腐蚀泵　$N \leqslant 35kW$	台	517.57	344.40	123.61	49.56
GJ2-142	单级离心式耐腐蚀泵　$N \leqslant 45kW$	台	802.09	590.40	160.70	50.99

续表

定额号	项　目　名　称	单位	基价（元）	其中（元）		
				人工费	材料费	机械费
GJ2-143	单级离心式耐腐蚀泵　$N \leqslant 55$kW	台	953.65	678.20	195.90	79.55
GJ2-144	单级离心式耐腐蚀泵　$N \leqslant 75$kW	台	1080.00	738.00	241.98	100.02
GJ2-145	单级离心式耐腐蚀泵　$N \leqslant 100$kW	台	1285.47	885.60	280.16	119.71
GJ2-146	单级离心式耐腐蚀泵　$N \leqslant 135$kW	台	1455.28	984.00	331.88	139.40
GJ2-147	多级离心泵　$N \leqslant 10$kW	台	776.46	180.54	195.25	400.67
GJ2-148	多级离心泵　$N \leqslant 20$kW	台	1514.66	1230.00	177.78	106.88
GJ2-149	多级离心泵　$N \leqslant 50$kW	台	2094.95	1525.20	274.27	295.48
GJ2-150	多级离心泵　$N \leqslant 100$kW	台	3526.44	2263.20	593.79	669.45
GJ2-151	多级离心泵　$N \leqslant 200$kW	台	4809.02	2952.00	1064.08	792.94
GJ2-152	多级离心泵　$N \leqslant 300$kW	台	6542.78	3936.00	1444.43	1162.35
GJ2-153	油泵　$N \leqslant 5$kW	台	634.89	541.20	51.77	41.92
GJ2-154	油泵　$N \leqslant 10$kW	台	650.23	541.20	68.35	40.68
GJ2-155	油泵　$N \leqslant 20$kW	台	789.01	639.60	107.80	41.61
GJ2-156	油泵　$N \leqslant 50$kW	台	1189.75	934.80	192.87	62.08
GJ2-157	油泵　$N \leqslant 100$kW	台	1801.26	1328.40	409.09	63.77

续表

定额号	项　目　名　称	单位	基价（元）	其中（元）		
				人工费	材料费	机械费
GJ2-158	油泵　N≤150kW	台	2641.21	2066.40	488.86	85.95
GJ2-159	油泵　N≤200kW	台	4004.83	3099.60	778.24	126.99
GJ2-160	计量泵	台	329.57	193.00	81.66	54.91
2.8　锅炉用电梯安装						
GJ2-161	交流自动、直流自动快速电梯　50m6 站	部	23971.80	17564.40	2057.64	4349.76
GJ2-162	交流自动、直流自动快速电梯　70m6 站	部	30133.66	22632.00	2508.78	4992.88
GJ2-163	交流自动、直流自动快速电梯　80m6～8 站	部	36737.25	28093.20	3008.04	5636.01
GJ2-164	交流自动、直流自动快速电梯　100m6～8 站	部	40762.51	31389.60	3269.29	6103.62

第3章 热力系统汽水管道安装

说　明

1．项目范围

管道、管件、阀门、支吊架、阀门传动装置等的安装、热处理及无损检验，并包括管道的冲洗。

（1）主蒸汽管道。300、600、1000MW 机组由锅炉过热器出口联箱至汽轮机主汽门接口止，50～200MW 机组由锅炉出口联箱至汽轮机本体定型设计界线接口止（包括主蒸汽母管、减温减压器入口侧蒸汽管及上述管道的疏水、放气管道）。

（2）再热蒸汽管道。

再热冷段管道：从汽轮机高压缸两侧排汽口，或从汽轮机本体定型设计界线外接至锅炉低温再热器两侧进口集箱，包括上述管道的疏水、放气管道；对于汽包炉再热器，进口安全阀装在冷段管道时，包括安全阀及其引出管道。

再热热段管道：从锅炉高温再热器两侧集箱出口至汽轮机中压缸联合汽门进口或汽轮机本体定型设计界线接口止，包括上述管道的疏水、放气管道；对于汽包炉，如再热器出口安全阀安装在热段管道时，包括安全阀及其引出管。

（3）旁路系统管道。主蒸汽接至高压旁路阀进口管道、高压旁路阀出口接至再热蒸汽冷段的旁路蒸汽管道，包括上述管道的疏水、放气管道，但不包括旁路减温减压装置。

（4）主给水管道。由给水泵出口至锅炉入口的全部给水管道，并包括给水母管、给水再循环管道、减温水管道、给水杂项管道，以及上述管道的放水、放气管道。

（5）锅炉排污管道。锅炉定期排污管道、连续排污管道、高压给水管道至锅炉定期排污孔板反冲洗管道、不随锅炉本体供应的锅炉充放水管道。直流锅炉启动系统有关管道也可使用本定额。

（6）主蒸汽至汽动泵蒸汽管道。主蒸汽至给水泵汽轮机高压进汽管道，给水泵汽轮机高压供汽疏水及暖管管道。

（7）中、低压管道。抽汽管道，厂用辅助蒸汽管道，低压旁路阀出口接至凝汽器（汽轮机排汽装置）进口的蒸汽管道，中、低压给水管道，凝结水相关管道（含空冷凝汽器凝结水管道），加热器疏水、排气、除氧器溢放水管道，主厂房热网疏水管道，凝汽器（含空冷凝汽器）抽真空管道，疏放水管道，对空排汽管道，给水泵汽轮机低压进汽管道，有压及无压放水管道，厂房内的压缩空气、氢气、事故排油管道，锅炉暖风器汽水管道，锅炉空气预热器冲洗水管道及厂区汽、水管道等。

（8）循环水管道。主厂房内全部循环水管道，闭、开式循环冷却水管道，空冷、氢冷、水冷发电机冷却器的全部冷却水管道，胶球清洗管道。

（9）发电机外部水冷管道。包括冷却水箱至发电机及回冷却水箱全部管道，并包括水箱的补充水、溢放水、定子水内冷反冲洗及冷却水导电度测量管道。

（10）汽轮机本体定型管道。汽轮机本体定型设计范围内的主蒸汽、再热蒸汽、凝结水、空气、油、抽汽、疏水、轴封、氢冷却水、汽缸疏水、射水、汽缸法兰及螺栓加热系统管道，轴封及门杆漏气管道，汽轮机快速冷却装置管道。不含随设备本体供应的管道。

（11）空冷汽轮机排汽管道。汽轮机排汽装置至空冷凝汽器蒸汽分配管管道，包括真空蝶阀、补偿器、薄膜安全阀等。

2．未包括的内容

管道的煨弯加工及煨弯的热处理费用，此部分费用为主材费。

3．其他说明

（1）循环水管道定额按普通碳钢管考虑，当采用 10CrMoAl 时，其材料和机械定额乘以系数 1.4。

（2）300、600、1000MW 机组汽轮机由于无本体定型设计，相应管道包括在主蒸汽管道、再热蒸汽管道及中、低压管道子目中。

（3）包括蒸汽管道吹扫临时管道和消声器安装与拆除。

（4）本定额不适用于热工仪表与自动控制装置管道的安装。

定额号	项　目　名　称	单位	基价（元）	其中（元）		
				人工费	材料费	机械费
3.1　主蒸汽管道安装						
GJ3-1	主蒸汽管道　1000MW　超超临界	t	2412.82	424.69	1291.99	696.14
GJ3-2	主蒸汽管道　600MW　超超临界	t	2450.40	433.19	1317.84	699.37
GJ3-3	主蒸汽管道　600MW　超临界	t	2067.68	450.70	791.01	825.97
GJ3-4	主蒸汽管道　600MW　亚临界	t	1897.52	463.58	684.73	749.21
GJ3-5	主蒸汽管道　300MW　超临界	t	2229.31	501.76	800.34	927.21
GJ3-6	主蒸汽管道　300MW　亚临界	t	1926.12	422.73	656.15	847.24
GJ3-7	主蒸汽管道　200MW	t	1809.26	527.68	332.23	949.35
GJ3-8	主蒸汽管道　125MW	t	1854.90	501.42	375.75	977.73
GJ3-9	主蒸汽管道　100MW	t	2023.88	619.54	408.64	995.70
GJ3-10	主蒸汽管道　50MW	t	2076.68	601.84	422.80	1052.04
3.2　再热蒸汽管道安装						
GJ3-11	再热蒸汽热段管道　1000MW　超超临界	t	2243.63	407.65	1007.95	828.03
GJ3-12	再热蒸汽热段管道　600MW　超超临界	t	2283.59	414.92	1025.97	842.70
GJ3-13	再热蒸汽热段管道　600MW　超临界	t	1967.72	391.79	795.33	780.60
GJ3-14	再热蒸汽热段管道　600MW　亚临界	t	1768.90	383.60	583.57	801.73

续表

定额号	项 目 名 称	单位	基价（元）	其中（元）		
				人工费	材料费	机械费
GJ3-15	再热蒸汽热段管道　300MW　超临界	t	2011.23	381.90	758.71	870.62
GJ3-16	再热蒸汽热段管道　300MW　亚临界	t	1807.88	424.15	448.30	935.43
GJ3-17	再热蒸汽热段管道　200MW	t	1757.00	429.14	444.99	882.87
GJ3-18	再热蒸汽冷段管道　1000MW	t	1520.73	372.81	209.91	938.01
GJ3-19	再热蒸汽冷段管道　600MW	t	1540.54	401.90	235.32	903.32
GJ3-20	再热蒸汽冷段管道　300MW	t	1634.20	412.56	376.10	845.54
GJ3-21	再热蒸汽冷段管道　200MW	t	1540.96	389.52	304.01	847.43
3.3　主给水管道安装						
GJ3-22	主给水管道　1000MW	t	1953.42	450.66	604.75	898.01
GJ3-23	主给水管道　600MW	t	2033.29	511.86	607.98	913.45
GJ3-24	主给水管道　300MW	t	2191.73	518.12	745.44	928.17
GJ3-25	主给水管道　200MW	t	2482.24	697.57	696.79	1087.88
GJ3-26	主给水管道　125MW	t	2521.80	710.30	885.00	926.50
GJ3-27	主给水管道　100MW	t	2787.07	752.17	961.32	1073.58
GJ3-28	主给水管道　50MW	t	2744.29	673.71	1006.46	1064.12

续表

定额号	项　目　名　称	单位	基价（元）	其中（元）		
				人工费	材料费	机械费
3.4　锅炉排污管道安装						
GJ3-29	启动分离器有关管道　超临界及超超临界	t	2110.39	951.44	653.95	505.00
GJ3-30	锅炉排污管道	t	2013.58	860.85	611.13	541.60
3.5　蒸汽管道吹洗临时管道安装与拆除						
GJ3-31	蒸汽管道吹洗临时管道安装与拆除　1000MW	t	2264.73	608.04	420.02	1236.67
GJ3-32	蒸汽管道吹洗临时管道安装与拆除　600MW	t	2144.24	573.36	399.72	1171.16
GJ3-33	蒸汽管道吹洗临时管道安装与拆除　300MW	t	2037.62	678.13	419.36	940.13
3.6　中、低压管道安装						
GJ3-34	中、低压管道　1000MW	t	1819.96	741.18	573.98	504.80
GJ3-35	中、低压管道　600MW	t	1847.21	744.80	591.24	511.17
GJ3-36	中、低压管道　300MW	t	1937.44	867.31	587.96	482.17
GJ3-37	中、低压管道　200MW	t	1959.11	920.99	570.43	467.69
GJ3-38	中、低压管道　125MW	t	2024.91	1022.35	606.10	396.46
GJ3-39	中、低压管道　100MW	t	2064.33	1008.67	655.04	400.62
GJ3-40	中、低压管道　50MW	t	1978.14	978.31	600.84	398.99
GJ3-41	中、低压管道　2×C50MW	t	1826.11	892.06	513.03	421.02

续表

定额号	项目名称	单位	基价（元）	其中（元）		
				人工费	材料费	机械费
3.7　循环水管道安装						
GJ3-42	循环水管道　1000MW	t	922.61	455.83	247.46	219.32
GJ3-43	循环水管道　600MW	t	945.24	478.16	255.27	211.81
GJ3-44	循环水管道　300MW	t	689.09	338.87	139.12	211.10
GJ3-45	循环水管道　200MW	t	751.04	381.37	168.39	201.28
GJ3-46	循环水管道　125MW	t	594.47	326.23	119.38	148.86
GJ3-47	循环水管道　100MW	t	714.66	385.67	133.74	195.25
GJ3-48	循环水管道　50MW	t	815.53	436.15	156.11	223.27
3.8　发电机外部水冷管道安装						
GJ3-49	发电机外部水冷管道　300MW	t	8270.91	3811.02	3245.15	1214.74
GJ3-50	发电机外部水冷管道　200MW	t	8384.44	3796.07	4095.96	492.41
GJ3-51	发电机外部水冷管道　125MW	t	9135.14	4031.92	3609.58	1493.64
GJ3-52	发电机外部水冷管道　100MW	t	8054.22	3820.75	3349.66	883.81
GJ3-53	发电机外部水冷管道　50MW	t	8902.95	3955.45	3758.79	1188.71

续表

定额号	项 目 名 称	单位	基价（元）	其中（元）		
				人工费	材料费	机械费
3.9 汽轮机本体定型管道安装						
GJ3-54	汽轮机本体定型管道 200MW	t	2150.62	788.50	620.84	741.28
GJ3-55	汽轮机本体定型管道 125MW	t	2084.84	885.96	714.90	483.98
GJ3-56	汽轮机本体定型管道 100MW	t	2106.62	876.00	667.34	563.28
GJ3-57	汽轮机本体定型管道 50MW	t	2273.23	877.43	763.17	632.63
GJ3-58	汽轮机本体定型管道 C50MW	t	2038.42	875.93	537.53	624.96
3.10 空冷汽轮机排汽管道安装						
GJ3-59	空冷汽轮机排汽管道 1000MW	t	1302.04	354.50	214.51	733.03
GJ3-60	空冷汽轮机排汽管道 600MW	t	1367.19	372.23	225.24	769.72
GJ3-61	空冷汽轮机排汽管道 ≤300MW	t	1157.44	401.72	164.27	591.45

第4章 热网系统安装

说　明

1．项目范围

（1）热网站设备安装。只考虑了热网加热器单项定额子目，热网站内热网循环水泵、热网凝结水泵、中继水泵、补充水泵、补给水除氧器、减温减压器、滤水器、起重机械等设备的安装可执行其他章节相关定额子目。

（2）热网站管道安装。指独立热网站内所有管道、管件、阀门、支吊架、阀门传动装置等的安装。

（3）启动蒸汽管道适用于新老厂之间及厂区内启动锅炉至主厂房之间的启动用蒸汽管道及其疏水管道的安装。

（4）厂区热网管道适用于主厂房外至电厂围墙外 1km 内热网管道的安装，其他范围的热网管道安装也可参考使用，但超过厂区围墙外 1km 时，其超过部分的人工和机械定额应乘以系数 1.1。

2．其他说明

扩建工程新、老厂之间的蒸汽联络管道已包括在热力系统中、低压汽水管道安装定额中。

定额号	项　目　名　称	单位	基价（元）	其中（元）		
				人工费	材料费	机械费
4.1　热网站设备安装						
GJ4-1	热网加热器　换热面积 $F \leqslant 200mm^2$	台	3211.35	1180.80	345.85	1684.70
GJ4-2	热网加热器　换热面积 $F \leqslant 500m^2$	台	3540.15	1426.80	419.58	1693.77
GJ4-3	热网加热器　换热面积 $F \leqslant 800m^2$	台	6338.69	1722.00	560.78	4055.91
GJ4-4	热网加热器　换热面积 $F \leqslant 1100m^2$	台	10969.68	1869.60	651.76	8448.32
GJ4-5	热网加热器　换热面积 $F \leqslant 1400m^2$	台	13322.81	2066.40	733.77	10522.64
4.2　热网站管道及热网厂区管道安装						
GJ4-6	热网站管道	t	745.10	375.88	154.74	214.48
GJ4-7	热网厂区管道	t	351.18	179.48	67.60	104.10

第5章
炉墙敷设及保温油漆

说　明

1．项目范围

锅炉炉墙耐火耐磨材料、保温材料、填料、抹面材料、密封材料的安装；全厂范围内设备及管道的保温；炉墙及保温工程热态测试、炉墙敷设脚手架搭拆工作。

2．未包括的内容

保温层金属护壳材料费。

3．其他说明

（1）锅炉本体炉墙敷设与保温的工作范围以锅炉制造厂的设计为准。

（2）锅炉炉墙敷设所需的自锁保温钉按制造厂设备成套供货考虑，未列入计价材料内。

（3）锅炉炉墙敷设不包括炉墙金属密封件及炉墙金属护板（波型板）、支撑连接件安装，已包含在钢炉架安装中。

（4）硬质保温材料指使用时基本保持原形的硬质成型绝热制品，如微孔硅酸钙、珍珠岩制品等。

（5）矿纤保温材料指矿物纤维毡状绝热制品，如岩棉、矿棉、硅酸铝棉、玻璃棉、复合硅酸盐等制品。

（6）抹面、玻璃丝布、油漆定额子目中已包括其材料费。

（7）设备管道油漆（含除锈）适用于全厂（钢炉架油漆除外）设备管道及平台扶梯、栏杆、支架金属结构，1kg 油漆按刷 $7m^2$ 折算。

定额号	项　目　名　称	单位	基价（元）	其中（元）		
				人工费	材料费	机械费
5.1　锅炉炉墙敷设						
GJ5-1	锅炉炉墙敷设　3050t/h	m^3	300.50	152.43	73.61	74.46
GJ5-2	锅炉炉墙敷设　1900t/h	m^3	310.26	157.26	76.02	76.98
GJ5-3	锅炉炉墙敷设　1025t/h	m^3	326.96	165.47	82.59	78.90
GJ5-4	锅炉炉墙敷设　670t/h	m^3	337.95	185.19	87.85	64.91
GJ5-5	锅炉炉墙敷设　420t/h	m^3	393.06	206.06	114.22	72.78
GJ5-6	锅炉炉墙敷设　220t/h	m^3	378.12	191.10	109.33	77.69
GJ5-7	锅炉炉墙敷设　循环流化床锅炉炉墙敷设	m^3	623.45	304.88	227.51	91.06
5.2　保温油漆						
GJ5-8	设备保温　硬质材料	m^3	359.66	163.81	107.85	88.00
GJ5-9	设备保温　矿纤材料	m^3	284.75	117.76	93.80	73.19
GJ5-10	管道保温　硬质材料	m^3	287.20	154.90	87.38	44.92
GJ5-11	管道保温　矿纤材料	m^3	172.44	113.73	20.07	38.64
GJ5-12	设备抹面敷设	m^2	8.01	6.34	0.13	1.54
GJ5-13	管道抹面敷设	m^2	10.40	8.73	0.13	1.54
GJ5-14	微孔硅酸钙制品抹面敷设	m^2	12.87	11.28	0.13	1.46

续表

定额号	项　目　名　称	单位	基价（元）	其中（元）		
				人工费	材料费	机械费
GJ5-15	保温层金属护壳安装	m^2	7.00	5.07	0.23	1.70
GJ5-16	保温层波形板、压条安装	m^2	8.07	4.40	2.25	1.42
GJ5-17	刷色环、介质流向箭头　50MW	台	17563.69	12162.24	5401.45	
GJ5-18	刷色环、介质流向箭头　100MW	台	19217.81	13520.16	5697.65	
GJ5-19	刷色环、介质流向箭头　125MW	台	20157.88	13909.82	6248.06	
GJ5-20	刷色环、介质流向箭头　200MW	台	21855.39	15081.18	6774.21	
GJ5-21	刷色环、介质流向箭头　300MW	台	23698.76	15763.68	7935.08	
GJ5-22	刷色环、介质流向箭头　600MW	台	26144.89	17121.60	9023.29	
GJ5-23	刷色环、介质流向箭头　1000MW	台	29510.01	19365.12	10144.89	
GJ5-24	设备管道油漆	m^2	6.46	1.35	2.51	2.60
GJ5-25	设备管道缠玻璃丝布	m^2	4.33	1.31	3.02	

第6章 燃料供应系统安装

说　明

1. 项目范围

（1）翻车机室成套设备安装子目包括翻车机、给煤机、各种起重机设备及各种支承梁的安装。

（2）碎煤机不分设备型号，统一按设备出力设置定额子目。碎煤机安装子目中包括减震装置的安装。

（3）皮带机是按整台机长度 10m考虑的，实际长度不同时，可另执行皮带机中间构架定额。皮带机中间构架定额每节长度按 12m考虑，不足 12m时，也按增加一节计算。皮带机安装子目中包括中间构架，压轮装置，各种保护（如胶带断裂保护、胶带打滑保护等）的安装。

（4）电动犁式卸料器包括犁煤器、落煤斗及电动推杆及锁气器挡板的安装。

（5）落煤管（含内衬）安装包括各转运站、碎煤机室、卸料车等处的落煤管，三通挡板的安装。

（6）冲洗水系统管道安装包括输煤栈桥、碎煤机室、翻车机室、卸煤沟等输煤建筑物内的冲洗水管道的安装。

（7）燃油泵房设备安装包括卸油泵、供油泵、污油泵、污油箱、滤油器、加热器、油水分离器、排污泵、起重机械等的安装。

（8）卸油管道包括卸油鹤管的安装。

2. 未包括的内容

（1）叶轮给煤机不包括轨道安装，需要时，另执行第 2 章有关子目。

（2）钢制燃油罐的制作安装。

（3）属电气安装的各种信号装置（如胶带跑偏开关、煤流信号、堵煤信号、双向拉绳开关等）的安装。

3．其他说明

（1）卸煤系统及上煤系统联动定额只适用于该系统为全套新建的工程中，若卸煤系统或上煤系统只进行局部扩建的工程，不使用本定额。

（2）除杂物装置、除三块等可参考除木器安装定额。

（3）入炉（厂）煤取样装置安装可参考机械采煤样装置定额。

（4）落煤管耐磨衬板按由工厂化衬砌好后运至现场考虑，若由现场衬砌，其定额应增加65%。

（5）当皮带机为头尾双驱动时，按相应定额乘以系数1.4调整。

定额号	项　目　名　称	单位	基价（元）	其中（元）		
				人工费	材料费	机械费
6.1　卸煤机械设备安装						
GJ6-1	翻车机系统　C 型单车	套	151870.95	103366.90	20581.49	27922.56
GJ6-2	翻车机系统　C 型双车	套	279437.69	190705.38	39930.35	48801.96
GJ6-3	门式螺旋卸车机　LK-13.5	台	16987.75	8171.00	2939.98	5876.77
GJ6-4	桥式螺旋卸车机　12.5m	台	19819.40	9734.00	2926.20	7159.20
GJ6-5	斗链式卸煤机　二排斗	台	26352.04	13390.00	4022.73	8939.31
GJ6-6	斗链式卸煤机　四排斗	台	34145.73	17852.00	4928.06	11365.67
6.2　煤场机械设备安装						
GJ6-7	斗轮堆取料机　DQ3025	台	132049.97	61500.00	17186.84	53363.13
GJ6-8	斗轮堆取料机　DQ5030	台	167336.40	76892.00	21205.25	69239.15
GJ6-9	斗轮堆取料机　DQ8030	台	195241.70	82304.00	26626.75	86310.95
GJ6-10	斗轮堆取料机　DQL1250/ 1250 • 30	台	247178.63	103812.00	33294.23	110072.40
GJ6-11	斗轮堆取料机　DQ15050	台	278226.11	106817.00	35860.79	135548.32
GJ6-12	斗轮堆取料机　DQ2400/ 3000 • 35	台	338682.32	145931.00	40326.14	152425.18
GJ6-13	斗轮堆取料机　DQ1500/ 3600 • 38	台	348516.27	153205.00	41313.18	153998.09
GJ6-14	斗轮堆取料机　DQ1500/ 3600 • 45	台	378414.28	168563.00	43985.24	165866.04

续表

定额号	项　目　名　称	单位	基价（元）	其中（元）		
				人工费	材料费	机械费
GJ6-15	门式滚轮堆取料机　MDQ1500/ 3000 • 50	台	166779.94	82603.00	21549.78	62627.16
GJ6-16	门式滚轮堆取料机　XDQM1200/ 1200 • 41	台	105621.47	57371.00	14378.51	33871.96
GJ6-17	门式滚轮堆取料机　MQ15050	台	137498.71	71938.00	18905.08	46655.63
GJ6-18	圆形堆取料机　1500/3600	台	256246.01	139880.00	24749.49	91616.52
6.3　碎煤机械设备安装						
GJ6-19	碎煤机　Q=100t/h	台	4199.97	1862.00	1040.82	1297.15
GJ6-20	碎煤机　Q=200t/h	台	5175.39	2513.00	1272.22	1390.17
GJ6-21	碎煤机　Q=400t/h	台	11637.95	5764.00	2953.16	2920.79
GJ6-22	碎煤机　Q=600t/h	台	14952.57	7433.00	3777.99	3741.58
GJ6-23	碎煤机　Q=800t/h	台	19004.12	9454.00	4855.45	4694.67
GJ6-24	碎煤机　Q=1000t/h	台	24155.44	11861.00	6077.71	6216.73
GJ6-25	碎煤机　Q=1200t/h	台	27970.41	14215.00	6859.50	6895.91
GJ6-26	碎煤机　Q=1400t/h	台	31454.02	15831.00	7758.59	7864.43
GJ6-27	碎煤机　Q=1800t/h	台	34911.57	17606.00	8551.03	8754.54
GJ6-28	碎煤机　Q=2000t/h	台	40900.52	20963.00	10086.64	9850.88
GJ6-29	滚轴筛　GS-600A	台	4234.67	2017.20	921.01	1296.46

续表

定额号	项 目 名 称	单位	基价（元）	其中（元）		
				人工费	材料费	机械费
GJ6-30	滚轴筛　GS-800A	台	5116.24	2410.80	1011.16	1694.28
GJ6-31	滚轴筛　GS-1000	台	7811.65	2853.60	1191.38	3766.67
GJ6-32	滚轴筛　GS-1200	台	9563.35	3493.20	1390.95	4679.20
GJ6-33	滚轴筛　GS-1400	台	11820.02	4477.20	1635.84	5706.98
GJ6-34	概率筛　ZGS-300	台	3633.98	1672.80	851.34	1109.84
GJ6-35	概率筛　ZGS-600	台	4546.04	2066.40	1113.33	1366.31
GJ6-36	概率筛　ZGS-1000	台	5536.42	2460.00	1445.15	1631.27
GJ6-37	概率筛　GGS-1335	台	6664.07	2952.00	1784.26	1927.81
GJ6-38	概率筛　GGS-1535	台	7522.46	3247.20	2160.40	2114.86
GJ6-39	概率筛　GGS-2035	台	8977.04	3837.60	2740.01	2399.43
GJ6-40	共振筛　GLM2075	台	9562.29	3050.40	1063.87	5448.02
GJ6-41	共振筛　2GLM2075	台	10084.95	3493.20	1120.07	5471.68
GJ6-42	共振筛　2GLM4075	台	12605.19	4182.00	1439.24	6983.95
GJ6-43	共振筛　DDM1756	台	4145.40	2066.40	648.14	1430.86
GJ6-44	共振筛　DDM2056	台	4439.33	2312.40	687.17	1439.76
GJ6-45	共振筛　ZDM2056	台	4152.53	1968.00	801.66	1382.87

续表

定额号	项　目　名　称	单位	基价（元）	其中（元）		
				人工费	材料费	机械费
GJ6-46	惯性共振筛　SZZ1500×3000	台	3821.93	1623.60	667.52	1530.81
GJ6-47	惯性共振筛　SZZ1500×4000	台	3964.88	1672.80	749.37	1542.71
GJ6-48	惯性共振筛　SZZ1800×3600	台	4199.47	1820.40	829.22	1549.85
GJ6-49	惯性共振筛　SZZ2000×4000	台	4630.35	1918.80	896.91	1814.64
GJ6-50	惯性共振筛　SZZ21500×4000	台	5641.41	2214.00	1172.96	2254.45
6.4　给煤机安装						
GJ6-51	门式叶轮拨给煤机　MYG-1000	台	6584.51	3550.00	967.81	2066.70
GJ6-52	双侧叶轮拨给煤机　SYG-1000	台	5488.99	3058.00	917.50	1513.49
GJ6-53	活化式给煤机　≤1000t/h	台	20280.26	10105.00	3722.98	6452.28
GJ6-54	活化式给煤机　＞1000t/h	台	26785.42	15025.00	4721.91	7038.51
GJ6-55	电磁振动给煤机　ZG-20	台	3374.28	1254.50	604.83	1514.95
GJ6-56	电磁振动给煤机　ZG-50	台	3759.08	1630.85	613.28	1514.95
GJ6-57	电磁振动给煤机　ZG-100	台	4131.54	1756.30	852.77	1522.47
GJ6-58	电磁振动给煤机　ZG-200	台	4440.46	2007.20	901.55	1531.71
GJ6-59	电磁振动给煤机　ZG-300	台	5049.53	2475.23	973.84	1600.46
GJ6-60	皮带式给煤机	台	4846.89	2426.84	954.68	1465.37

续表

定额号	项目名称	单位	基价（元）	其中（元）		
				人工费	材料费	机械费
6.5　计量设备安装						
GJ6-61	电子轨道衡　GGG-30B　150t/节	台	21488.29	7380.00	1865.14	12243.15
GJ6-62	电子轨道衡　GGG-35　100t/节	台	18101.91	6256.00	1428.55	10417.36
GJ6-63	电子轨道衡　GGG-40　100t/节	台	16144.39	5658.00	1244.28	9242.11
GJ6-64	电子皮带秤　GGP-50	台	1061.41	738.00	75.06	248.35
GJ6-65	动态链码校验装置	台	890.98	492.00	174.92	224.06
GJ6-66	汽车衡　30t	台	2400.24	632.00	145.90	1622.34
GJ6-67	汽车衡　50t	台	2823.05	870.10	164.24	1788.71
GJ6-68	汽车衡　100t	台	5395.91	1037.00	225.64	4133.27
6.6　皮带输煤机安装						
GJ6-69	皮带机安装　B=650mm	套/10m	4580.18	2846.00	952.58	781.60
GJ6-70	皮带机安装　B=800mm	套/10m	5124.35	3198.00	1060.83	865.52
GJ6-71	皮带机安装　B=1000mm	套/10m	6625.98	3690.00	1598.95	1337.03
GJ6-72	皮带机安装　B=1200mm	套/10m	7896.90	4235.00	1792.43	1869.47
GJ6-73	皮带机安装　B=1400mm	套/10m	8810.24	4727.00	1912.65	2170.59
GJ6-74	皮带机安装　B=1600mm	套/10m	10500.26	5412.00	2591.37	2496.89

续表

定额号	项 目 名 称	单位	基价（元）	其中（元）		
				人工费	材料费	机械费
GJ6-75	皮带机安装　B=1800mm	套/10m	11858.70	6256.00	2731.57	2871.13
GJ6-76	皮带机安装　B=2000mm	套/10m	18230.98	11861.00	3022.60	3347.38
GJ6-77	皮带中间构架安装　12m/节　B=650mm	节	666.28	378.40	69.94	217.94
GJ6-78	皮带中间构架安装　12m/节　B=800mm	节	737.01	425.70	90.74	220.57
GJ6-79	皮带中间构架安装　12m/节　B=1000mm	节	848.27	520.30	101.85	226.12
GJ6-80	皮带中间构架安装　12m/节　B=1200mm	节	943.52	567.60	118.01	257.91
GJ6-81	皮带中间构架安装　12m/节　B=1400mm	节	1063.89	662.20	135.05	266.64
GJ6-82	皮带中间构架安装　12m/节　B=1600mm	节	1203.13	756.80	158.05	288.28
GJ6-83	皮带中间构架安装　12m/节　B=1800mm	节	1399.17	851.40	206.82	340.95
GJ6-84	皮带中间构架安装　12m/节　B=2000mm	节	1733.39	1087.90	266.70	378.79
6.7　卸煤、上煤系统联动						
GJ6-85	卸煤、上煤系统联动　2×50MW	套	17806.61	10438.00	7325.01	43.60
GJ6-86	卸煤、上煤系统联动　2×100MW	套	19755.27	10438.00	9264.26	53.01
GJ6-87	卸煤、上煤系统联动　2×125MW	套	25955.52	10438.00	15448.31	69.21
GJ6-88	卸煤、上煤系统联动　2×200MW	套	32410.22	10438.00	21877.73	94.49
GJ6-89	卸煤、上煤系统联动　2×300MW	套	41988.98	14321.00	27554.32	113.66

续表

定额号	项　目　名　称	单位	基价（元）	其中（元）		
				人工费	材料费	机械费
GJ6-90	卸煤、上煤系统联动　2×600MW	套	54606.59	14321.00	40136.00	149.59
GJ6-91	卸煤、上煤系统联动　2×1000MW	套	60627.04	14321.00	46140.92	165.12
6.8　皮带机附属设备、冲洗水管道安装						
GJ6-92	机械采煤样装置　CYJ-12	台	1372.51	738.00	340.00	294.51
GJ6-93	除木器　CDM-10	台	1454.23	844.00	257.35	352.88
GJ6-94	除木器　CDM-12	台	1900.82	878.00	282.36	740.46
GJ6-95	除木器　CDM-14	台	2479.55	1177.00	361.86	940.69
GJ6-96	电动卸料车　500～650mm	台	3772.91	2066.40	165.82	1540.69
GJ6-97	电动卸料车　800～1000mm	台	4822.60	2656.80	218.43	1947.37
GJ6-98	电动卸料车　1200～1400mm	台	6101.44	3247.20	298.70	2555.54
GJ6-99	电动卸料车　1600～1800mm	台	7316.89	4034.40	390.96	2891.53
GJ6-100	电动犁式卸料器　500～650mm	台	824.93	442.80	203.67	178.46
GJ6-101	电动犁式卸料器　800～1000mm	台	1046.54	541.20	303.81	201.53
GJ6-102	电动犁式卸料器　1200～1400mm	台	1391.36	738.00	355.98	297.38
GJ6-103	电动犁式卸料器　1600～1800mm	台	1675.28	885.60	455.50	334.18
GJ6-104	两工位头部伸缩装置　1000mm	台	2509.29	1722.00	143.22	644.07

续表

定额号	项　目　名　称	单位	基价（元）	其中（元）		
				人工费	材料费	机械费
GJ6-105	两工位头部伸缩装置　1400mm	台	3095.66	2164.80	156.12	774.74
GJ6-106	两工位头部伸缩装置　1600mm	台	3483.14	2509.20	175.12	798.82
GJ6-107	两工位头部伸缩装置　＞1600mm	台	3797.99	2804.40	191.52	802.07
GJ6-108	三工位头部伸缩装置　1000mm	台	2844.20	1918.80	151.67	773.73
GJ6-109	三工位头部伸缩装置　1400mm	台	3305.38	2361.60	168.04	775.74
GJ6-110	三工位头部伸缩装置　1600mm	台	3880.39	2706.00	183.08	991.31
GJ6-111	三工位头部伸缩装置　＞1600mm	台	4334.50	3001.20	210.32	1122.98
GJ6-112	带式电磁除铁器　DDC-8	台	2257.49	1377.60	404.28	475.61
GJ6-113	带式电磁除铁器　DDC-10	台	2512.05	1525.20	433.76	553.09
GJ6-114	带式电磁除铁器　DDC-12	台	2694.80	1574.40	441.03	679.37
GJ6-115	带式电磁除铁器　DDC-14	台	3097.62	1820.40	462.64	814.58
GJ6-116	带式电磁除铁器　DDC-16	台	3703.15	2066.40	481.84	1154.91
GJ6-117	带式电磁除铁器　DDC-18	台	4315.27	2312.40	602.35	1400.52
GJ6-118	悬挂式电磁除铁器　CF-60	台	1186.92	492.00	281.41	413.51
GJ6-119	悬挂式电磁除铁器　CF-90	台	1348.89	541.20	284.52	523.17
GJ6-120	悬挂式电磁除铁器　CF-130	台	1689.90	688.80	296.87	704.23

续表

定额号	项　目　名　称	单位	基价（元）	其中（元）		
				人工费	材料费	机械费
GJ6-121	落煤管	t	926.83	351.50	223.89	351.44
GJ6-122	输煤冲洗水管道	t	2621.31	1729.83	710.94	180.54
6.9　燃油系统设备安装						
GJ6-123	燃油系统设备安装　3050t/h	套/2 台炉	21859.60	16807.25	3900.70	1151.65
GJ6-124	燃油系统设备安装　1900t/h	套/2 台炉	20866.17	15341.29	3693.79	1831.09
GJ6-125	燃油系统设备安装　1025t/h	套/2 台炉	13666.83	9346.61	2634.16	1686.06
GJ6-126	燃油系统设备安装　670t/h	套/2 台炉	7659.60	5556.47	1238.35	864.78
GJ6-127	燃油系统设备安装　420t/h	套/2 台炉	6572.09	4606.61	1095.30	870.18
GJ6-128	燃油系统设备安装　220t/h	套/2 台炉	6174.26	4411.74	1017.97	744.55
6.10　燃油系统管道安装						
GJ6-129	燃油系统管道安装　卸油管道	t	3171.14	1306.26	1415.67	449.21
GJ6-130	燃油系统管道安装　燃油泵房管道	t	2360.18	1043.35	883.19	433.64
GJ6-131	燃油系统管道安装　油罐区管道	t	2980.87	1286.34	1304.48	390.05
GJ6-132	燃油系统管道安装　厂区燃油管道	t	4568.84	1846.75	1984.89	737.20
GJ6-133	燃油系统管道安装　锅炉房燃油管道	t	4640.05	2072.46	1872.70	694.89

第7章　除灰系统安装

说　　明

1．项目范围

（1）捞渣机含液压关断门的安装，渣的输送距离不同时，定额不作调整。

（2）水力除石子煤设备安装包括 4 台石子煤斗、8 台水力喷射器、1 台刮板捞石子煤机的安装。

（3）机械除石子煤设备安装包括 6 台石子煤斗、1 台石子煤仓、1 台斗式提升机、3 台振动输送机及 1 台排污泵的安装。

（4）石子煤系统、渣仓系统、脱水仓系统管道安装子目适用于任何容量机组。

（5）冲洗除尘水系统管道安装子目适用于任何容量机组，包括锅炉房内外的冲灰、冲渣用冲洗水管道以及省煤器、空气预热器的落灰管道。

（6）除灰泵房管道安装子目适用各种型号灰渣泵房管道。

（7）室外除灰管道安装包括管接头等管件的安装。

（8）仓泵气力除灰系统设备安装包括仓泵，空气压缩机系统设备，除尘器下输灰设备，灰斗、灰库的气化设备和电加热器、灰库的收尘设备，锁气器，三通装置，湿式搅拌器，干灰散装机，排污器，起重设备等的安装。

（9）负压气力除灰系统设备安装包括负压风机，流化风机，E 型除灰阀，灰库的收尘、流化、气化和电加热设备，压力真空释放阀，湿式搅拌机，锁气器，干灰散装机，起重设备的安装。

（10）飞灰分选系统设备安装包括高压风机、变频给料机、涡轮式分选机、布袋除尘器、排气风机、旋风收集器、辅旋风收集器、球型锁气器起重设备等的安装。

（11）气力除灰系统管道安装子目适用于任何容量机组，包括电除尘器气力除灰管道、省煤器下除灰管道、除灰空气压缩机房管道、气化风机房及气化风管道、卸灰管道、脉冲反吹管道、厂区气力除灰管道等。

2．未包括的内容

室外除灰管道安装不包括油漆或防腐工作。

3．其他说明

（1）内衬铸石管按由工厂化衬砌好后运至现场考虑。

（2）厂区外除灰管道安装超出 1km 时，其超出部分人工和机械定额乘以系数 1.10。

定额号	项　目　名　称	单位	基价（元）	其中（元）		
				人工费	材料费	机械费
7.1　碎渣、除渣、除石子煤设备安装						
GJ7-1	螺旋捞渣机　≤10t/h	台	3833.32	2214.00	846.03	773.29
GJ7-2	螺旋捞渣机　≤20t/h	台	5473.20	3251.00	1212.27	1009.93
GJ7-3	刮板捞渣机　≤30t/h	台	9070.99	3304.00	2576.41	3190.58
GJ7-4	刮板捞渣机　≤80t/h	台	12350.59	5060.00	3635.91	3654.68
GJ7-5	干式排渣机　8～20t/h　30m	台	65531.44	41222.00	4533.14	19776.30
GJ7-6	干式排渣机　12～35t/h　45m	台	73023.26	47039.00	4880.15	21104.11
GJ7-7	干式排渣机　50～55t/h　55m	台	82986.44	53768.00	5680.42	23538.02
GJ7-8	碎渣机　20t/h	台	1568.47	878.00	379.64	310.83
GJ7-9	碎渣机　25t/h	台	1751.77	984.00	423.37	344.40
GJ7-10	碎渣机　40t/h	台	2066.98	1177.00	486.35	403.63
GJ7-11	碎渣机　65t/h	台	2405.16	1370.00	568.82	466.34
GJ7-12	斗式提升机　提升高度 25m	台	13168.78	5479.95	2120.00	5568.83
GJ7-13	斗式提升机　提升高度 30m	台	14424.02	5940.90	2353.49	6129.63
GJ7-14	斗式提升机　提升高度 35m	台	25419.65	6513.15	2723.59	16182.91
GJ7-15	斗式提升机　提升高度 40m	台	27461.15	7029.75	2955.41	17475.99

续表

定额号	项　目　名　称	单位	基价（元）	其中（元）		
				人工费	材料费	机械费
GJ7-16	斗式提升机　提升高度>40m	台	29673.06	7637.70	3215.27	18820.09
GJ7-17	高效浓缩机　ϕ10	台	17496.99	4132.80	3522.12	9842.07
GJ7-18	高效浓缩机　ϕ20	台	22605.42	5264.40	4943.45	12397.57
GJ7-19	加湿搅拌机　100t/h	台	2452.54	1426.80	303.24	722.50
GJ7-20	加湿搅拌机　200t/h	台	3311.42	1820.40	394.66	1096.36
GJ7-21	干灰散装机　100t/h	台	2277.94	984.00	629.34	664.60
GJ7-22	干灰散装机　200t/h	台	2764.54	1230.00	747.46	787.08
GJ7-23	空气炮	台	353.65	246.00	29.16	78.49
GJ7-24	真空释放阀	台	163.10	83.64	27.42	52.04
GJ7-25	水力除石子煤系统设备	套	13746.70	6082.06	2589.05	5075.59
GJ7-26	机械除石子煤系统设备	套	30318.05	14172.05	4005.01	12140.99
GJ7-27	石子煤仓、渣仓、脱水仓、粉仓	t	1114.91	401.51	209.77	503.63
GJ7-28	石子煤系统管道	t	2906.62	837.16	754.63	1314.83
GJ7-29	渣仓系统管道	t	1709.35	922.45	496.35	290.55
GJ7-30	脱水仓系统管道	t	1530.00	731.36	479.52	319.12

定额号	项 目 名 称	单位	基价（元）	其中（元）		
				人工费	材料费	机械费
7.2 冲洗除尘水系统设备及管道安装						
GJ7-31	水力喷射器	台	566.89	393.60	90.76	82.53
GJ7-32	箱式冲灰器	台	333.93	157.44	73.59	102.90
GJ7-33	电动锁气器	台	395.30	197.33	80.74	117.23
GJ7-34	锥式锁气器	台	126.07	75.20	29.36	21.51
GJ7-35	空气斜槽安装 B=250mm	m	53.47	21.27	11.20	21.00
GJ7-36	空气斜槽安装 B=400mm	m	64.79	24.14	14.71	25.94
GJ7-37	插板门	台	94.24	83.64	5.53	5.07
GJ7-38	闸板门	台	164.09	144.61	12.71	6.77
GJ7-39	电动三通门	台	195.62	167.28	17.30	11.04
GJ7-40	渣缓冲罐	台	718.35	265.68	91.76	360.91
GJ7-41	灰渣沟镶板 Ro150	m	49.53	42.57	4.93	2.03
GJ7-42	灰渣沟镶板 Ro225	m	61.85	52.03	6.89	2.93
GJ7-43	灰渣沟镶板 Ro300	m	72.42	59.83	9.29	3.30
GJ7-44	冲洗除尘水管道	t	1610.85	818.04	437.54	355.27

续表

定额号	项 目 名 称	单位	基价（元）	其中（元）		
				人工费	材料费	机械费
7.3 除灰（渣）泵房设备及管道						
GJ7-45	除灰专用泵 ≤15kW	台	1143.47	885.60	165.14	92.73
GJ7-46	除灰专用泵 ≤75kW	台	1560.09	1082.40	384.48	93.21
GJ7-47	除灰专用泵 ≤180kW	台	2927.70	2017.20	644.73	265.77
GJ7-48	除灰专用泵 ≤300kW	台	4415.74	2902.80	1163.17	349.77
GJ7-49	除灰专用泵 ≤500kW	台	4829.25	2460.00	2006.48	362.77
GJ7-50	柱塞泵 N=230kW	台	9473.68	5362.80	2041.53	2069.35
GJ7-51	柱塞泵 N=310kW	台	12763.85	6888.00	2663.19	3212.66
GJ7-52	除灰泵房管道	t	1217.60	557.55	373.75	286.30
GJ7-53	快装接头管道 ϕ219×10	m	40.42	22.56	6.02	11.84
GJ7-54	快装接头管道 ϕ273×10	m	54.50	27.70	7.10	19.70
GJ7-55	快装接头管道 ϕ325×10	m	62.56	30.91	7.88	23.77
GJ7-56	快装接头管道 ϕ377×12	m	84.05	38.87	13.31	31.87
GJ7-57	快装接头管道 ϕ426×12	m	95.10	44.08	14.02	37.00
GJ7-58	焊接钢管（衬 DN225 铸石） ϕ325×6 以内	m	64.93	21.93	10.05	32.95

续表

定额号	项 目 名 称	单位	基价（元）	其中（元）		
				人工费	材料费	机械费
GJ7-59	焊接钢管（衬 DN225 铸石） ϕ351×7	m	78.13	26.09	13.84	38.20
GJ7-60	焊接钢管（衬 DN225 铸石） ϕ426×7	m	93.85	31.31	16.37	46.17
GJ7-61	焊接钢管（衬 DN225 铸石） ϕ529×7	m	116.44	42.86	19.63	53.95
GJ7-62	焊接钢管（衬 DN225 铸石） ϕ630×7	m	141.98	53.75	23.16	65.07
GJ7-63	焊接钢管（衬 DN225 铸石） ϕ630×7	m	159.91	59.02	28.13	72.76
GJ7-64	耐磨钢管 ϕ125× 12.5	m	232.30	49.20	53.40	129.70
GJ7-65	耐磨钢管 ϕ150× 12.5	m	290.37	61.50	66.75	162.12
GJ7-66	耐磨钢管 ϕ230×15	m	177.36	40.21	47.30	89.85
GJ7-67	耐磨钢管 ϕ286×16	m	197.68	38.30	55.19	104.19
7.4 气力除灰系统设备及管道安装						
GJ7-68	气力除灰系统设备 配 2×1000MW 机组	套	329419.06	183044.35	61548.15	84826.56
GJ7-69	气力除灰系统设备 配 2×600MW 机组	套	239863.38	131679.55	44343.71	63840.12
GJ7-70	气力除灰系统设备 配 2×300MW 机组	套	196399.59	106516.58	37601.55	52281.46
GJ7-71	气力除灰系统设备 配 2×200MW 机组	套	114971.83	64295.16	20452.74	30223.93
GJ7-72	气力除灰系统设备 配 2×135MW 机组	套	90833.77	46272.84	16962.74	27598.19

续表

定额号	项 目 名 称	单位	基价（元）	其中（元）		
				人工费	材料费	机械费
GJ7-73	气力除灰系统设备 配 2×50MW 机组	套	55642.74	29829.18	11064.98	14748.58
GJ7-74	负压气力除灰系统设备	套	113798.28	61555.43	21005.87	31236.98
GJ7-75	飞灰分选系统设备 40t/h	套	32960.06	16517.05	5449.08	10993.93
GJ7-76	气力除灰系统管道安装	t	1321.89	625.41	395.67	300.81

第 8 章　化学水处理系统安装

说　明

1．项目范围

（1）电除盐装置成套设备安装包括：电除盐装置、电除盐浓水循环泵、电除盐浓水回用泵、溶盐箱、氯化钠箱、氯化钠泵安装。

（2）超滤、反渗透处理系统安装包括：叠片式过滤器、超滤装置、超滤水泵、超滤水箱、保安（精密）过滤器、反渗透装置、生水箱、清水箱、淡水箱、反洗水泵、生水泵、淡水泵、高压泵、清洗水泵、清洗过滤器、废水泵、加热器、起重设备等的安装。

（3）超滤、反渗透处理系统加药装置安装包括：溶液箱及计量泵安装，适用于超滤、反渗透处理系统加氧化剂、凝聚剂、还原剂、碱、阻垢剂等。

（4）锅炉补给水除盐系统成套设备安装包括：机械过滤器，离子交换器，除二氧化碳器，中间水箱，除盐水箱，生水箱，中间水泵，除盐水泵，生水泵，反洗水泵，中和水泵，罗茨风机，酸碱的计量、喷射和贮存设备、起重设备等的安装，树脂的预处理和填装。但不包括空气压缩机系统的设备安装，需要时另执行第 10 章有关定额子目。

（5）凝结水处理系统包括高速混床凝结水处理系统、阴阳分床凝结水处理系统、粉末树脂覆盖过滤凝结水处理系统。设备安装包括：高速混床，再生设备，树脂捕捉设备，酸碱计量、喷射、贮存设备，冲洗泵，中和泵，再循环水泵，旋风分离器，粉末树脂覆盖过滤器，覆膜系统等设备的安装。

不同容量机组酸碱计量、喷射、贮存及再生设备为两机合用一套。

2×50MW 机组为凝结水过滤处理系统。

（6）循环水石灰预处理系统成套设备安装包括：生水的输送、软化、过滤、加酸中和、酸的贮存、软化水的贮存、再输送至补水系统所有设备的安装；反应器内碳酸钙渣的排出、脱水、贮存，送入回转窑煅烧成高纯度石灰，石灰的输送、贮存、消化、制乳、添加入反应器过程中所有设备的安装；本系统用空气压缩机设备、检修设备、起重设备的安装。

（7）循环水弱酸处理系统成套设备安装包括：循环水的弱酸离子交换、除碳，树脂贮存，硫酸的卸车、输送、贮存、计量、添加，碱的计量、添加，本系统用空气压缩机设备、污水排放设备、起重设备的安装。

（8）循环水加酸、加氯处理系统及凝汽器铜管镀膜成套设备安装子目适用于任何容量机组，不作调整。

2．未包括的内容

（1）设备内部各种填料。

（2）设备及管道内部的防腐衬里。

3．其他说明

（1）定额的标称出力均指系统的正常运行出力，定额中已包括系统备用出力所选用设备的安装。

（2）定额中涉及的钢筋混凝土池、罐设备的安装，仅包括内部搅拌装置及设备本体范围内的金属附件的安装。

（3）化水系统中的衬胶、衬塑管道、管件是按成品考虑的，不包括管道的衬胶、衬塑费用。

（4）超滤、反渗透处理系统安装按反渗透处理系统出力选择子目。

定额号	项　目　名　称	单位	基价（元）	其中（元）		
				人工费	材料费	机械费
8.1　预处理系统设备安装						
8.1.1　凝聚、澄清过滤系统						
GJ8-1	凝聚、澄清过滤系统　澄清池　200t/h	套	8559.12	4492.60	2159.62	1906.90
GJ8-2	凝聚、澄清过滤系统　澄清器　270t/h	套	27583.16	7426.00	3627.04	16530.12
8.1.2　电除盐装置						
GJ8-3	电除盐装置　Q=50t/h	套	1519.37	738.00	168.80	612.57
GJ8-4	电除盐装置　Q=80t/h	套	1585.88	791.00	179.07	615.81
GJ8-5	电除盐装置　Q=100t/h	套	1897.93	844.00	209.40	844.53
8.1.3　超滤、反渗透处理系统						
GJ8-6	反渗透处理系统　90t/h	套	26304.60	8311.18	3959.27	14034.15
GJ8-7	超滤、反渗透处理系统　60t/h	套	39707.56	12710.66	5634.97	21361.93
GJ8-8	超滤、反渗透处理系统　80t/h	套	42955.99	13664.23	6872.95	22418.81
GJ8-9	超滤、反渗透处理系统　100t/h	套	58695.66	22987.60	9075.44	26632.62
GJ8-10	超滤、反渗透处理系统　120t/h	套	68744.25	29399.00	9713.12	29632.13
GJ8-11	超滤、二级反渗透处理系统　65t/h	套	68128.50	23437.15	9862.81	34828.54
GJ8-12	超滤、反渗透加药装置	套	1712.11	981.80	360.75	369.56

续表

定额号	项 目 名 称	单位	基价（元）	其中（元）		
				人工费	材料费	机械费
8.2 补充水除盐系统设备安装						
GJ8-13	一级除盐加混床 60t/h	套	116425.14	31952.07	69365.61	15107.46
GJ8-14	一级除盐加混床 90t/h	套	132333.52	39852.41	75682.62	16798.49
GJ8-15	一级除盐加混床 120t/h	套	148704.13	23597.13	110979.15	14127.85
GJ8-16	一级除盐加混床 160t/h	套	163236.29	31128.52	112912.98	19194.79
GJ8-17	一级除盐加混床 180t/h	套	174616.34	34902.38	119363.04	20350.92
GJ8-18	一级除盐加混床 240t/h	套	219436.09	38591.73	155342.82	25501.54
GJ8-19	一级除盐加混床 280t/h	套	244319.78	60843.72	151032.75	32443.31
8.3 凝结水处理系统设备安装						
GJ8-20	凝结水处理系统 2×50MW	套	3112.28	1934.00	222.33	955.95
GJ8-21	凝结水处理系统 2×100MW	套	10645.68	6430.65	1477.10	2737.93
GJ8-22	凝结水处理系统 2×200MW	套	14416.09	8800.39	1902.64	3713.06
GJ8-23	高速混床凝结水处理系统 2×300MW	套	22334.11	13840.76	2867.12	5626.23
GJ8-24	阴阳分床凝结水处理系统 2×300MW	套	48337.40	29501.39	6336.97	12499.04
GJ8-25	粉末树脂覆盖过滤凝结水处理系统 2×300MW	套	12819.63	7160.60	1988.65	3670.38

续表

定额号	项 目 名 称	单位	基价（元）	其中（元）		
				人工费	材料费	机械费
GJ8-26	高速混床凝结水处理系统 2×600MW	套	37888.91	22662.69	3940.27	11285.95
GJ8-27	阴阳分床凝结水处理系统 2×600MW	套	61163.25	35405.39	6540.04	19217.82
GJ8-28	粉末树脂覆盖过滤凝结水处理系统 2×600MW	套	15743.81	8922.40	2104.06	4717.35
GJ8-29	凝结水处理系统（超临界空冷） 2×600MW	套	48270.03	29884.29	5615.64	12770.10
GJ8-30	高速混床凝结水处理系统 2×1000MW	套	54911.50	32844.48	5710.54	16356.48
GJ8-31	阴阳分床凝结水处理系统 2×1000MW	套	88642.41	51312.16	9478.31	27851.94
GJ8-32	粉末树脂覆盖过滤凝结水处理系统 2×1000MW	套	22817.30	12931.02	3049.37	6836.91
GJ8-33	凝结水处理系统 （空冷） 2×1000MW	套	69956.62	43310.57	8138.62	18507.43
8.4 循环水处理系统设备安装						
GJ8-34	循环水石灰预处理系统 450t/h	套	49191.25	25518.40	10145.18	13527.67
GJ8-35	循环水石灰预处理系统 1500t/h	套	140379.16	72292.43	24903.15	43183.58
GJ8-36	循环水曝气生物滤池处理系统 3000t/h	套	200287.68	86966.29	37277.50	76043.89
GJ8-37	循环水弱酸处理系统 1700t/h	套	79566.92	40292.37	12979.02	26295.53
GJ8-38	循环水弱酸处理系统 1200t/h	套	76564.42	38771.89	12489.25	25303.28
GJ8-39	循环水弱酸处理系统 810t/h	套	76375.84	45995.57	6281.48	24098.79

续表

定额号	项 目 名 称	单位	基价（元）	其中（元）		
				人工费	材料费	机械费
GJ8-40	加酸处理系统	套	13059.87	6150.00	4468.44	2441.43
GJ8-41	加氯处理系统	套	9340.03	4924.00	2444.82	1971.21
GJ8-42	凝汽器铜管镀膜	套	2307.77	1280.81	529.43	497.53
8.5　给水炉水校正处理设备安装						
GJ8-43	炉内水处理装置　50MW	套	3925.03	2320.00	278.60	1326.43
GJ8-44	炉内水处理装置　100MW	套	4541.08	2778.00	323.48	1439.60
GJ8-45	炉内水处理装置　125MW	套	4866.15	3024.00	354.28	1487.87
GJ8-46	炉内水处理装置　200MW	套	5844.00	3709.00	431.37	1703.63
GJ8-47	炉内水处理装置　300MW	套	6846.58	4553.00	504.83	1788.75
GJ8-48	炉内水处理装置　600MW	套	7321.70	4712.00	636.96	1972.74
GJ8-49	炉内水处理装置　1000MW	套	8413.88	5397.00	742.03	2274.85
GJ8-50	汽水取样装置　50MW	套	1593.48	492.00	189.00	912.48
GJ8-51	汽水取样装置　100MW	套	1850.26	685.00	240.85	924.41
GJ8-52	汽水取样装置　125MW	套	1947.42	719.25	257.54	970.63
GJ8-53	汽水取样装置　200MW	套	2184.53	844.00	299.63	1040.90

续表

定额号	项　目　名　称	单位	基价（元）	其中（元）		
				人工费	材料费	机械费
GJ8-54	汽水取样装置　300MW	套	3392.45	950.00	375.79	2066.66
GJ8-55	汽水取样装置　600MW	套	3560.01	1056.00	429.11	2074.90
GJ8-56	汽水取样装置　1000MW	套	4025.12	1249.00	489.31	2286.81
8.6　水处理系统管道安装						
GJ8-57	凝聚、澄清过滤系统管道	t	1510.68	776.24	388.42	346.02
GJ8-58	超滤、反渗透处理系统管道　80t/h	t	1731.21	1020.23	438.10	272.88
GJ8-59	超滤、反渗透处理系统管道　120t/h	t	1317.35	778.25	293.65	245.45
GJ8-60	过滤、一级除盐加混床管道　50t/h	t	4157.00	2015.15	1458.00	683.85
GJ8-61	过滤、一级除盐加混床管道　100t/h	t	3548.07	1715.43	1146.27	686.37
GJ8-62	过滤、一级除盐加混床管道　200t/h	t	3346.70	1681.88	1021.95	642.87
GJ8-63	过滤、一级除盐加混床管道　300t/h	t	2940.41	1403.32	899.23	637.86
GJ8-64	过滤、一级除盐加混床管道　＞300t/h	t	2922.45	1371.45	900.67	650.33
GJ8-65	凝结水处理系统管道　2×50MW	t	3090.95	1420.78	1151.33	518.84
GJ8-66	凝结水处理系统管道　2×100MW	t	2483.03	1284.17	621.19	577.67
GJ8-67	凝结水处理系统管道　2×200MW	t	2210.98	1053.97	561.06	595.95

续表

定额号	项　目　名　称	单位	基价（元）	其中（元）		
				人工费	材料费	机械费
GJ8-68	凝结水处理系统管道　2×300MW	t	5437.68	2310.56	2242.71	884.41
GJ8-69	凝结水处理系统管道　2×600MW	t	4551.95	2023.65	1522.42	1005.88
GJ8-70	凝结水处理系统管道　2×1000MW	t	4327.17	1923.71	1447.24	956.22
GJ8-71	循环水石灰预处理系统管道	t	1476.92	663.61	537.71	275.60
GJ8-72	循环水弱酸预处理系统管道	t	966.19	483.77	272.95	209.47
GJ8-73	循环水加药处理管道	t	5128.37	2668.33	1814.56	645.48
GJ8-74	循环水加氯处理管道	t	6245.77	3342.41	1812.49	1090.87
GJ8-75	凝汽器铜管镀膜管道	t	12720.27	5740.00	6305.38	674.89
GJ8-76	给水、凝结水联氨处理管道	t	25861.21	12121.65	12245.87	1493.69
GJ8-77	给水、凝结水加氨处理管道	t	18659.48	9320.28	8126.09	1213.11
GJ8-78	炉内水处理管道	t	7268.55	3018.83	3339.76	909.96
GJ8-79	汽水取样系统管道	t	25358.86	10472.31	13307.67	1578.88
GJ8-80	厂区碳钢管道	t	1042.41	671.46	227.15	143.80
GJ8-81	厂区衬里管道	t	1108.42	772.26	174.92	161.24
GJ8-82	厂区不锈钢管道	t	6171.11	2462.37	2561.44	1147.30

第9章 供水系统安装

说　明

1．项目范围

（1）供水系统水泵房管道安装适用于岸边水泵房、循环水泵房、补充水升压泵房、综合水泵房等管道的安装，包括泵房内各种管道、管件、阀门、支吊架的安装。

（2）深井泵的安装包括泵本体、滤网、扬水管、测量仪表的安装；深井泵房管道包括泵房内各种管道、管件、阀门、支吊架的安装。

（3）供水管道安装已综合考虑了阀门的安装。

（4）直接空冷管束“A”型支撑架、单元分隔墙及蒸汽分配管安装子目适用于任何容量机组，不作调整。

（5）间接空冷散热器系统安装包括间接空冷散热设备、冷却三角支架、空冷钢结构等的安装。间接空冷散热设备安装包括冷却三角、清洗装置的安装；空冷钢结构的安装包括封闭平台、支撑系杆、封闭墙板、支撑架、大门、加固钢架等的安装。

（6）间接空冷系统中所包括的水泵、水箱和管道等项目可参照本册其他章节中相关定额执行。补充水泵、清洗水泵安装根据泵结构形式、电动机容量执行水泵安装相应定额；充氮装置安装根据设备出力与储罐容量执行空压机安装相应的定额；膨胀水箱、储存水箱安装执行相应容量的除氧器安装定额。

2．未包括的内容

（1）室外压力水管道钢管外壁防腐、钢管内壁的特殊防腐，需要时应另执行本章有关子目。

（2）间冷塔百叶窗执行机构电气控制部分的安装、调试。

3．其他说明

（1）空冷排汽管道属于热机工作范畴，另执行第 3 章有关定额子目。

（2）ϕ1620 及以上的焊接钢管包括加固圈的安装。

（3）室外压力水管道均按埋地敷设考虑。若采用地面支墩架设，应另计支架安装费。

（4）厂区围墙 1km 外施工钢管的降效及机械增加，按超过围墙 1km 外部分人工和机械的定额乘以系数 1.10 计算。

（5）间接空冷散热器管束进、出口至地下环形母管之间的管道执行热力系统中低压管道定额，地下环形母管（冷、热水）管道执行热力系统中的循环水管道定额；以上管道的安装定额均按管道由设备厂提供考虑，如为非厂供时，对人工定额进行 1.1 倍的系数调整。

（6）地下环形母管（冷、热水）管道与厂区循环水管道的分界点为间冷塔环基外 1m。

（7）百叶窗安装已综合考虑了百叶窗执行机构的安装。

（8）空冷散热器管束组件组合安装，包括组合平台的搭拆安装。

定额号	项　目　名　称	单位	基价（元）	其中（元）		
				人工费	材料费	机械费
9.1　泵房内管道安装						
GJ9-1	供水泵房内管道	t	653.41	307.20	123.51	222.70
GJ9-2	深井泵房内管道	t	1204.94	638.14	327.62	239.18
9.2　供水设备安装						
GJ9-3	旋转滤网　C-2000　*H*=30	台	15468.95	7675.20	1100.70	6693.05
GJ9-4	旋转滤网　C-2000　*H*=20m	台	11492.65	5707.20	890.23	4895.22
GJ9-5	旋转滤网　C-2000　*H*=10m	台	7526.40	3788.40	679.38	3058.62
GJ9-6	旋转滤网　C-2500　*H*=30m	台	15866.12	7921.20	1141.33	6803.59
GJ9-7	旋转滤网　C-2500　*H*=20m	台	11843.74	5953.20	928.70	4961.84
GJ9-8	旋转滤网　C-2500　*H*=10m	台	7782.19	3985.20	715.66	3081.33
GJ9-9	旋转滤网　C-3000　ZH-3000　*H*=30m	台	16049.64	8216.40	1182.00	6651.24
GJ9-10	旋转滤网　C-3000　ZH-3000　*H*=20m	台	12043.71	6248.40	967.26	4828.05
GJ9-11	旋转滤网　C-3000　ZH-3000　*H*=10m	台	7749.55	4034.40	745.16	2969.99
GJ9-12	旋转滤网　ZH-3500　*H*=30m	台	16781.89	8511.60	1193.60	7076.69
GJ9-13	旋转滤网　ZH-3500　*H*=20m	台	12383.49	6297.60	963.47	5122.42
GJ9-14	旋转滤网　ZH-3500　*H*=10m	台	7993.23	4132.80	729.68	3130.75

续表

定额号	项 目 名 称	单位	基价（元）	其中（元）		
				人工费	材料费	机械费
GJ9-15	旋转滤网 ZH-4000 H=30m	台	17846.27	8905.20	1208.12	7732.95
GJ9-16	旋转滤网 ZH-4000 H=20m	台	13123.67	6592.80	990.54	5540.33
GJ9-17	旋转滤网 ZH-4000 H=10m	台	8452.28	4329.60	764.65	3358.03
GJ9-18	清污机 IPQ25-G7.5	台	25410.22	12644.40	1652.54	11113.28
GJ9-19	清污机 IPQ-400	台	20174.15	9249.60	1236.59	9687.96
GJ9-20	清污机 ZSB-250	台	16387.40	6445.20	1006.22	8935.98
GJ9-21	格栅	t	237.81	123.00	30.30	84.51
GJ9-22	钢闸板	t	186.84	73.80	28.53	84.51
GJ9-23	机械加速澄清池 出力≤1000t/h	台	10168.65	4258.00	3476.58	2434.07
GJ9-24	机械加速澄清池 出力≤400t/h	台	6410.41	3062.00	1639.77	1708.64
GJ9-25	机械加速澄清池 出力≤1500t/h	台	13502.86	5420.00	5054.48	3028.38
GJ9-26	重力式无阀滤池 出力≤160t/h	台	3457.85	2199.00	344.44	914.41
GJ9-27	重力式无阀滤池 出力≤200t/h	台	4558.78	2657.00	507.03	1394.75
GJ9-28	重力式无阀滤池 出力≤300t/h	台	6296.79	3766.00	693.30	1837.49
GJ9-29	气浮池安装 Q=100m^3/h	台	1524.67	1056.00	145.53	323.14

续表

定额号	项 目 名 称	单位	基价（元）	其中（元）		
				人工费	材料费	机械费
GJ9-30	气浮池安装 $Q=150m^3/h$	台	1731.20	1215.00	155.42	360.78
GJ9-31	气浮池安装 $Q=200m^3/h$	台	2090.20	1408.00	168.91	513.29
GJ9-32	气浮池安装 $Q=250m^3/h$	台	2476.72	1707.00	198.90	570.82
GJ9-33	气浮池安装 $Q=300m^3/h$	台	3443.69	2392.00	268.11	783.58
GJ9-34	浓缩机 DN30	台	42727.61	11857.20	3925.90	26944.51
GJ9-35	浓缩机 DN40	台	54021.62	15202.80	5221.80	33597.02
GJ9-36	浓缩机 DN50	台	65508.04	18400.80	6078.43	41028.81
GJ9-37	深井泵 6JD	台	2153.58	442.80	86.32	1624.46
GJ9-38	深井泵 10JD	台	2644.95	590.40	100.03	1954.52
GJ9-39	深井泵 14JD	台	3704.78	885.60	115.54	2703.64
GJ9-40	深井泵 16JD	台	5771.09	1328.40	140.21	4302.48
9.3 焊接钢管安装						
GJ9-41	焊接钢管安装 $\phi273\times5$	m	40.93	21.61	8.96	10.36
GJ9-42	焊接钢管安装 $\phi325\times5$	m	47.19	25.66	10.03	11.50
GJ9-43	焊接钢管安装 $\phi377\times5$	m	54.20	28.99	11.13	14.08

续表

定额号	项　目　名　称	单位	基价（元）	其中（元）		
				人工费	材料费	机械费
GJ9-44	焊接钢管安装　φ426×6	m	61.13	31.98	12.55	16.60
GJ9-45	焊接钢管安装　φ478×6	m	65.73	34.97	13.18	17.58
GJ9-46	焊接钢管安装　φ529×7	m	71.27	36.37	13.86	21.04
GJ9-47	焊接钢管安装　φ630×8	m	84.68	42.35	16.73	25.60
GJ9-48	焊接钢管安装　φ720×10	m	101.04	48.67	20.23	32.14
GJ9-49	焊接钢管安装　φ820×10	m	112.35	54.12	22.39	35.84
GJ9-50	焊接钢管安装　φ920×10	m	123.71	59.57	24.71	39.43
GJ9-51	焊接钢管安装　φ1020×10	m	131.48	64.49	26.40	40.59
GJ9-52	焊接钢管安装　φ1220×12	m	149.23	71.34	29.55	48.34
GJ9-53	焊接钢管安装　φ1420×12	m	163.41	77.32	32.07	54.02
GJ9-54	焊接钢管安装　φ1620×12	m	190.91	83.64	34.79	72.48
GJ9-55	焊接钢管安装　φ1840×12	m	211.56	97.34	37.16	77.06
GJ9-56	焊接钢管安装　φ2040×14	m	255.58	121.60	43.07	90.91
GJ9-57	焊接钢管安装　φ2240×14	m	287.42	131.78	48.94	106.70
GJ9-58	焊接钢管安装　φ2440×14	m	295.99	134.24	48.77	112.98

续表

定额号	项 目 名 称	单位	基价（元）	其中（元）		
				人工费	材料费	机械费
GJ9-59	焊接钢管安装 φ2640×14	m	322.31	154.45	50.29	117.57
GJ9-60	焊接钢管安装 φ2840×14	m	336.94	161.83	52.85	122.26
GJ9-61	焊接钢管安装 φ3040×16	m	387.35	185.37	60.40	141.58
GJ9-62	焊接钢管安装 φ3240×16	m	403.94	193.81	63.13	147.00
GJ9-63	焊接钢管安装 φ3440×16	m	425.38	204.18	66.49	154.71
GJ9-64	焊接钢管安装 φ3640×16	m	447.18	214.55	69.81	162.82
9.4 钢骨架复合管安装						
GJ9-65	钢骨架复合管安装 DN100	m	19.55	13.36	3.61	2.58
GJ9-66	钢骨架复合管安装 DN150	m	24.45	16.69	4.16	3.60
GJ9-67	钢骨架复合管安装 DN200	m	32.10	21.61	4.70	5.79
GJ9-68	钢骨架复合管安装 DN250	m	41.77	26.53	5.54	9.70
GJ9-69	钢骨架复合管安装 DN300	m	47.32	29.52	6.13	11.67
GJ9-70	钢骨架复合管安装 DN350	m	62.94	36.90	10.40	15.64
GJ9-71	钢骨架复合管安装 DN400	m	70.92	41.82	10.93	18.17
9.5 管道防腐						
GJ9-72	热沥青 人工除锈 二底二面	m^2	17.45	6.79	10.66	

续表

定额号	项 目 名 称	单位	基价（元）	其中（元）		
				人工费	材料费	机械费
GJ9-73	环氧煤沥青　人工除锈　普通防腐　一底一布三油	m^2	31.29	9.63	20.28	1.38
GJ9-74	环氧煤沥青　人工除锈　加强防腐　一底二布三油	m^2	40.20	12.24	26.58	1.38
GJ9-75	环氧煤沥青　人工除锈　特加强防腐　一底三布四油	m^2	54.14	16.59	36.17	1.38
GJ9-76	环氧煤沥青　喷砂除锈　普通防腐（内壁）　一底一布三油	m^2	57.26	11.99	21.61	23.66
GJ9-77	环氧煤沥青　喷砂除锈　普通防腐（外壁）　一底一布三油	m^2	50.91	11.06	21.51	18.34
GJ9-78	环氧煤沥青　喷砂除锈　加强防腐（内壁）　一底二布三油	m^2	66.18	14.60	27.92	23.66
GJ9-79	环氧煤沥青　喷砂除锈　加强防腐（外壁）　一底二布三油	m^2	59.83	13.67	27.82	18.34
GJ9-80	环氧煤沥青　喷砂除锈　特加强防腐（内壁）　一底三布四油	m^2	80.11	18.95	37.50	23.66
GJ9-81	环氧煤沥青　喷砂除锈　特加强防腐（外壁）　一底三布四油	m^2	73.76	18.02	37.40	18.34
GJ9-82	环氧富锌漆防水防锈漆防腐　两遍　人工除锈	m^2	16.11	3.54	12.57	

续表

定额号	项 目 名 称	单位	基价（元）	其中（元）		
				人工费	材料费	机械费
GJ9-83	环氧富锌漆防水防锈漆防腐 两遍 喷砂防锈内壁	m^2	42.07	5.90	13.90	22.27
GJ9-84	环氧富锌漆防水防锈漆防腐 两遍 喷砂防锈外壁	m^2	35.73	4.97	13.80	16.96
GJ9-85	氯磺化聚乙烯防腐 一底二面 人工除锈	m^2	19.58	4.71	10.72	4.15
GJ9-86	氯磺化聚乙烯防腐 一底二面 喷砂除锈 内壁	m^2	45.55	7.07	12.05	26.43
GJ9-87	氯磺化聚乙烯防腐 一底二面 喷砂除锈 外壁	m^2	39.20	6.14	11.95	21.11
9.6 直接空气冷却系统设备安装						
9.6.1 冷却风机组安装						
GJ9-88	冷却风机组安装 风机直径 8m	台	10017.82	1855.55	1864.60	6297.67
GJ9-89	冷却风机组安装 风机直径 9m	台	11446.11	1855.55	2032.83	7557.73
GJ9-90	冷却风机组安装 风机直径 10m	台	13879.72	1905.70	2461.36	9512.66
GJ9-91	冷却风机组安装 风机直径 ＞10m	台	15801.78	2006.00	2844.87	10950.91
9.6.2 空冷凝汽器管束及联箱安装						
GJ9-92	单排管	片	3501.51	551.65	298.20	2651.66
GJ9-93	双排管	片	4251.92	651.95	384.25	3215.72

续表

定额号	项　目　名　称	单位	基价（元）	其中（元）		
				人工费	材料费	机械费
GJ9-94	三排管	片	4923.76	702.10	416.21	3805.45
9.6.3　管束“A”型支撑架安装						
GJ9-95	管束“A”型支撑架安装	t	1134.27	300.90	179.91	653.46
9.6.4　单元分隔墙安装						
GJ9-96	单元分隔墙安装	t	1371.64	426.28	331.05	614.31
9.6.5　清洗装置安装						
GJ9-97	清洗装置安装	台	697.67	140.00	58.66	499.01
9.6.6　蒸汽分配管安装						
GJ9-98	蒸汽分配管	t	632.83	294.70	132.72	205.41
9.6.7　严密性试验						
GJ9-99	严密性试验　135MW	机组	13860.80	7372.05	3910.66	2578.09
GJ9-100	严密性试验　200MW	机组	15468.59	8274.75	4345.20	2848.64
GJ9-101	严密性试验　300MW	机组	18921.06	8926.70	5645.81	4348.55
GJ9-102	严密性试验　600MW	机组	23215.55	9729.10	6948.83	6537.62
GJ9-103	严密性试验　1000MW	机组	30572.31	12086.15	7855.00	10631.16

续表

定额号	项 目 名 称	单位	基价（元）	其中（元）		
				人工费	材料费	机械费
9.7 间接空冷散热器系统安装						
GJ9-104	间接空冷散热设备 钢质	万 m^2	20177.60	4743.69	2549.67	12884.24
GJ9-105	间接空冷散热设备 铝质	万 m^2	20754.27	5344.71	3509.03	11900.53
GJ9-106	冷却三角支架	t	620.29	209.28	119.30	291.71
GJ9-107	空冷钢结构	t	1061.60	337.61	192.39	531.60
9.8 机力通风冷却塔设备安装						
GJ9-108	机力通风冷却塔风机安装 ϕ4.7m	台	7012.48	1298.89	1305.22	4408.37
GJ9-109	机力通风冷却塔风机安装 ϕ8.53m	台	10301.51	1670.00	1829.55	6801.96

第10章 脱硫装置安装

说　　明

一、石灰石浆液制备系统安装

1．石灰石卸料装置安装

（1）项目范围：石灰石卸料斗入口至石灰石储仓入口全部设备及金属结构的安装。包括石灰石卸料斗及金属格栅、振动给料机、卸料斗袋式除尘器及风机、石灰石皮带输送机、金属分离器、石灰石斗式提升机、仓顶皮带输送机、仓顶布袋除尘器及风机等设备的组合、安装；随设备供货的管道、阀门、管件、金属结构等安装。

（2）未包括的内容：衬里防腐；石灰石卸料斗及格栅，按设备供货考虑。

（3）其他说明：石灰石卸料装置定额按单台炉的容量划分，二台炉公用一套系统。定额单位为 1 套/2 炉。

2．石灰石贮仓制作安装

（1）项目范围：指石灰石贮仓入口至石灰石下料口止全部设备及金属结构的制作安装。包括仓壳体及衬里金属结构、金属支架、平台及扶梯配制、组合、安装；壳体外壁、金属支架、平台及扶梯的底漆。

（2）其他说明：石灰石贮仓（粉仓）、石灰石浆液箱包括仓（箱）金属结构仓（箱）体、金属支架、平台及扶梯的制作安装。

3．湿式制浆系统

（1）项目范围：指石灰石下料口（含石灰石下料阀）至石灰石浆液泵出口止除石灰石浆液箱外的全部设备的安装。包括石灰石下料阀、称重给料机、皮带输送机、湿式球磨机、磨机浆液箱、磨机浆液箱搅拌器、磨机浆液泵、石灰石浆液水力旋流器、石灰石浆液箱搅拌器、石灰石浆液泵的设备组合、安装；随设备供货的地脚螺栓及框架、金属支架、管道、阀门及平台、扶梯和栏杆等安装。

（2）未包括的内容：浆液箱、搅拌器衬里防腐施工及材料费用；石灰石浆液箱制作安装，其费用计算按设计图纸和相应定额规定。

（3）其他说明：湿式制浆系统安装按湿磨机出力和磨机数量划分，二（四）炉公用一套系统，一套系统配置二（三）台湿磨机，定额单位为1套/2炉或1套/4炉。

4．干式制粉系统

（1）项目范围：指石灰石下料口（含石灰石下料阀）至石灰石浆液泵出口止除石灰石浆液箱、石灰石粉仓外的全部设备的安装。包括石灰石下料阀、称重给料机、皮带输送机、引风机、蒸汽加热器、流化风加热器、干磨机、除尘器中间粉仓、提升双仓泵（石灰石粉斗式提升机）、仓顶除尘器及风机、送粉空气压缩机、石灰石浆液箱（池）搅拌器、石灰石浆液泵等设备的组合、安装；随设备供货的地脚螺栓及框架、金属支架、管道、阀门及平台、扶梯和栏杆等安装。

（2）未包括的内容：石灰石粉仓、石灰石浆液箱制作安装，其制作安装费按设计图纸和相应定额规定。

（3）其他说明：干式制粉系统安装按磨机出力和磨机数量划分，二（四）炉公用一套系统，一套系统配置一（二）台干磨，定额单位为1套/2炉或1套/4炉。

5．石灰石粉仓制作安装

项目范围：包含仓壳体及衬里金属结构、金属支架、平台及扶梯配制、组合、安装；壳体外壁、金属支架、平台及扶梯的底漆。

6．石灰石浆液箱制作安装

（1）项目范围：箱体金属结构、金属支架、平台及扶梯配制、组合、安装；箱体外壁、金属支架、平台及扶梯的油漆。

（2）未包括的内容：箱内衬里。

二、吸收塔系统安装

1．吸收塔本体制作安装

（1）项目范围：指吸收塔烟气入口法兰至吸收塔烟气出口法兰止金属结构的制作安装。包括基础预埋件、地脚螺栓、塔壳体、塔内金属梁、隔板、滤网、人孔门、接管座等金属结构的配制、组合安装。入口烟道金属衬里的焊接及塔内安装焊口的打磨；吸收塔本体范围内的平台、扶梯和栏杆，以及吸收塔搅拌器支架钢结构的制作安装；吸收塔外壳体、金属平台、扶梯和栏杆的底漆。

（2）未包括的内容：吸收塔面漆、内衬防腐及保温；

（3）其他说明：吸收塔本体质量按吸收塔壳体（含底板、不包含预埋件）、塔体范围内的支架、平台及扶梯设计成品质量计算。

2．吸收塔内部装置安装

（1）项目范围：包括支撑件、塔内除雾器、喷淋层、喷嘴、氧化空气管等全部内部件（含 FRP 内部件、合金钢内部件）的安装和内部连接的各类管道的安装。

（2）未包括的内容：吸收塔内部搅拌器的安装。

（3）其他说明：吸收塔内部装置全部按设备供货考虑，定额子目以入塔烟气对应的锅炉容量和三层喷淋层为 1 套，当设计的喷淋层数发生变化时，每增减一层，相应定额基价增减 20%。

3．搅拌器安装

（1）项目范围：搅拌器的组合安装、变速箱和电动机就位安装。顶进式搅拌器已包含了解体检查、分件吊装、就位组装的费用。

（2）未包括的内容：搅拌器的防腐衬里。

4．外置式除雾器本体制作安装

（1）项目范围：指除雾器入口法兰至除雾器出口法兰止金属结构的制作安装。包括除雾器壳体、内部金属加固、支撑等配制、组合、安装；与壳体连接的接管座、人孔门、平台扶梯金属结构等安装。

（2）未包括的内容：除雾器内部件的安装，壳体防腐衬里。

（3）其他说明：按除雾器壳体设计成品质量计算，单位为吨。

5．外置式除雾器内部件安装

（1）项目范围：指外置式除雾器入口法兰至出口法兰间，壳体内全部设备及结构（含非金属的部件）的安装。包括除雾器内部件、冲洗系统、水槽的组合、安装；随设备供货的管道、阀门、管件、金属结构等安装。

（2）未包括的内容：除雾器壳体防腐衬里。

6．浆液循环泵安装

项目范围：浆液循环泵、电动机、基础地脚螺栓安装。

7．氧化风机安装

项目范围：氧化风机本体、润滑系统、进口消音器、声音吸收室、吸气管罩、过滤器、电动机、基础地脚螺栓安装。

三、烟气系统安装

1．离心式烟气冷却泵安装

项目范围：烟气冷却泵本体设备、电动机、基础地脚螺栓安装。

2．烟气换热器（GGH）安装

（1）项目范围：烟道法兰至吸收塔法兰及除雾器出口法兰止换热设备及其金属结构的安装。包含GGH 本体、传动装置、密封装置、传热元件、进出口短管及连接法兰、油循环系统、干燥装置、冲洗装置、吹灰装置的安装；需防腐部位的焊缝打磨、清理。

（2）未包括的内容：壳体防腐衬里及外保温。

3．增压风机安装

（1）项目范围：指增压机本体、电动机及润滑油系统、液压系统、冷却器、密封风机安装及地脚螺栓、预埋铁件安装。

（2）未包括的内容：增压风机外保温。

4．脱硫烟道安装

（1）项目范围：脱硫岛内烟道系统中包括膨胀节、挡板门在内的全部烟道组件的安装。包括：烟道直管段、异管段、弯头、法兰及支架、吊架等的安装及安装焊口的打磨。

（2）未包括的内容：烟道内壁衬里防腐施工及材料费用。

（3）其他说明：脱硫烟道安装以“吨”为计量单位，包括烟道直管段、异管段、弯头、法兰、支吊架、膨胀节及挡板门等。

四、石膏脱水及储存系统安装

1．石膏脱水系统

（1）项目范围：石膏浆液旋流器至石膏仓（库）入口全部设备的组合、安装。包括：石膏旋流器、真空皮带脱水机、真空泵、气液分离器、滤液水回收水箱、石膏冲洗水箱、石膏冲洗水泵、滤布冲洗水箱、滤布冲洗水泵、滤液水泵、滤液箱、滤液箱搅拌器、废水旋流器、废水箱、废水泵、石膏浆液缓冲箱、石膏输送皮带机、石膏输送皮带卸料小车等设备组合安装。

（2）未包括的内容：箱罐组合安装后的衬里防腐施工及材料费用、设备之间的连接管道安装及保温、油漆。

（3）其他说明：石膏脱水系统以 2 炉或 4 炉公用一套石膏脱水及储存系统，按系统所配设备以“套”为子目单位，执行定额时按配置真空脱水机的出力选用定额子目。各类箱罐按设备供货。

2．石膏贮仓制作安装

（1）项目范围：壳体金属结构、石膏减压锥、金属支架、平台及扶梯配制、组合、安装；壳体外壁、金属支架、平台及扶梯的底漆。

（2）未包括的内容：壳体衬里防腐。

（3）其他说明：石膏贮存仓制作安装按壳体金属结构、石膏减压锥、金属支架、平台及扶梯的设计图纸成品重量计算，单位为吨。

3．石膏仓卸料装置安装

项目范围：指筒仓排放装置、平面滑动板、液压系统、传动系统等组合安装。

五、事故排放系统安装

1．事故浆液箱制作安装

（1）项目范围：箱体金属结构、金属支架、平台及扶梯配制、组合、安装；箱体外壁、金属支架、平台及扶梯的底漆。

（2）未包括的内容：箱内衬里防腐。

2．事故排放系统安装

（1）项目范围：吸收塔区、石灰石浆液制备区、石膏脱水区排水坑范围内除事故浆液箱外的全部设备安装。包括吸收塔排水坑泵及搅拌器、石灰石浆液制备区排水坑泵及搅拌器、石膏脱水区排水坑泵及搅拌器、事故浆液搅拌器及事故浆液返回泵的安装。

（2）未包括的内容：排水坑、事故浆液箱及搅拌器衬里防腐施工及材料费用、设备之间的连接管道安装及保温、油漆；事故浆液箱的制作安装，其费用计算按设计图纸和相应定额规定。

（3）其他说明：事故排放系统以2炉公用一套事故排放系统，按系统所配设备以“套”为子目单位。若为4炉公用一套事故排放系统，相应定额基价增加40%。

六、脱硫废水处理系统安装

（1）项目范围：脱硫废水处理系统成套设备安装，包括中和箱及箱体搅拌器、沉降箱及箱体搅拌器、絮凝箱及箱体搅拌器、澄清池、旋转刮泥机、污泥循环泵、出水箱及箱体搅拌器、出水排放泵、助凝剂加药装置（包括助凝剂制备箱、助凝剂制备箱搅拌器、隔膜计量泵、干粉投加装置等）、盐酸加药装置（包括HCl贮罐、隔膜计量泵、酸雾吸收器、制酸泵等）、聚铁加药装置（$FeClSO_4$制备箱、$FeClSO_4$制备箱搅拌器、隔膜计量泵）、有机硫加药装置（包括有机硫制备箱、有机硫制备箱搅拌器、隔膜计量泵）、石灰加药装置（石灰粉仓、螺旋输送机、石灰乳制备箱、石灰乳制备箱搅拌器、石灰乳循环泵、石灰手动加药装置、石灰溶解箱、石灰溶解箱搅拌器、石灰乳循环泵、石灰乳计量箱、石灰乳计量箱搅拌器、石灰乳计量泵）、离心脱水机、排污泵、溢流坑搅拌器等安装，随设备供货的地脚螺栓及框架、金属支架、管道、阀门及平台、扶梯和栏杆等安装。

（2）未包括的内容：箱内衬里防腐、设备之间的连接管道安装及保温、油漆。

（3）其他说明：脱硫废水处理系统以 2 炉或 4 炉公用一套废水处理系统，按系统所配设备以“套”为子目单位，执行定额时按废水处理量选用定额子目。各类箱罐按设备供货。

七、脱硫系统管道安装

（1）项目范围：管道、管件、阀门、支吊架、阀门传动装置等的安装、管道的冲洗、水压试验，包括石灰石浆液制备系统管道、吸收塔系统浆液管道、石膏脱水系统管道、事故排放系统管道、废水处理系统管道的安装。

（2）未包括的内容：不包括管道及阀门的保温及油漆。

（3）其他说明：各种材质管道按“吨”计算，内部衬胶的重量计算在内；衬胶管道是按成品考虑的，材料价格已包括内部衬里的费用。

八、脱硫设备及烟道防腐

项目范围：按照玻璃鳞片的施工工艺要求，由金属面喷砂除锈至完成设计要求玻璃鳞片厚度各工序的费用；设备及烟道底部、侧壁、内部支撑、导流板、滤网和人孔门、接管座等防腐，及局部加强防腐；防腐面喷砂除锈、焊口的打磨或补修、防腐脚手脚的搭拆和防毒、防尘和防火设施的搭设。

定额号	项 目 名 称	单位	基价（元）	其中（元）		
				人工费	材料费	机械费
10.1 石灰石浆液制备系统安装						
10.1.1 石灰石卸料装置安装						
GJ10-1	石灰石卸料装置 二炉一套 125MW	套	46587.63	23187.28	7413.74	15986.61
GJ10-2	石灰石卸料装置 二炉一套 200MW	套	48536.34	23942.34	7590.14	17003.86
GJ10-3	石灰石卸料装置 二炉一套 300MW	套	90934.68	45412.37	14410.00	31112.31
GJ10-4	石灰石卸料装置 二炉一套 600MW	套	108315.04	54353.55	17407.18	36554.31
GJ10-5	二炉一套 1000MW	套	119033.00	58506.38	18377.39	42149.23
GJ10-6	石灰石贮仓 制作安装	t	2685.71	1027.53	421.98	1236.20
10.1.2 湿式制浆系统						
GJ10-7	湿式制浆系统（二炉一套） 配湿磨二台 2×8.2t/h 以下	套	96962.39	54598.87	19346.99	23016.53
GJ10-8	湿式制浆系统（二炉一套） 配湿磨二台 2×12.2t/h 以下	套	114970.77	64271.58	23525.18	27174.01
GJ10-9	湿式制浆系统（二炉一套） 配湿磨二台 2×15t/h 以下	套	141718.45	79776.26	29609.33	32332.86
GJ10-10	湿式制浆系统（二炉一套） 配湿磨二台 2×18t/h 以下	套	161680.06	91069.14	31613.21	38997.71

续表

定额号	项 目 名 称	单位	基价（元）	其中（元）		
				人工费	材料费	机械费
GJ10-11	湿式制浆系统（四炉一套）配湿磨三台 3×18t/h以下	套	257746.78	144334.35	57230.51	56181.92
10.1.3 干式制粉系统						
GJ10-12	干式制粉系统（二炉一套） 配卧式干磨机一台 N=450kW	套	110329.05	56165.69	17676.57	36486.79
GJ10-13	干式制粉系统（四炉一套） 配立式干磨机二台 N=355kW	套	190556.84	104059.26	29360.54	57137.04
10.1.4 石灰石粉仓及浆液箱						
GJ10-14	石灰石粉仓 制作安装	t	2685.71	1027.53	421.98	1236.20
GJ10-15	石灰石浆液箱 制作安装	t	2568.51	982.85	403.62	1182.04
10.2 吸收塔系统安装						
10.2.1 吸收塔本体						
GJ10-16	吸收塔 本体制作安装	t	2998.20	1053.90	513.99	1430.31
GJ10-17	吸收塔内部装置 机组容量 125MW	套	98623.75	59409.00	20559.57	18655.18
GJ10-18	吸收塔内部装置 机组容量 200MW	套	132298.10	79246.44	27435.58	25616.08
GJ10-19	吸收塔内部装置 机组容量 300MW	套	171581.91	99910.44	38690.61	32980.86

续表

定额号	项 目 名 称	单位	基价（元）	其中（元）		
				人工费	材料费	机械费
GJ10-20	吸收塔内部装置　机组容量　600MW	套	216133.26	119851.20	53255.80	43026.26
GJ10-21	吸收塔内部装置　机组容量　1000MW	套	249687.22	143821.44	60838.61	45027.17
GJ10-22	搅拌机　侧进式　N=15kW	台	2087.72	1446.48	187.07	454.17
GJ10-23	搅拌机　侧进式　N=18.5kW	台	2305.13	1601.46	204.09	499.58
GJ10-24	搅拌机　侧进式　N=22kW	台	2455.08	1704.78	218.88	531.42
GJ10-25	搅拌机　侧进式　N=30kW	台	2672.38	1859.76	235.79	576.83
GJ10-26	搅拌机　侧进式　N=37kW	台	2765.03	1911.42	249.53	604.08
GJ10-27	搅拌机　侧进式　N=55kW	台	3044.72	2118.06	268.08	658.58
GJ10-28	搅拌机　螺旋桨式　ϕ=800　N=35kW	台	1570.46	1084.86	140.67	344.93
GJ10-29	搅拌机　螺旋桨式　ϕ=1600　N=55kW	台	2305.13	1601.46	204.09	499.58
GJ10-30	搅拌机　斜片涡轮式　ϕ=4000　N=18.5kW	台	3440.77	2376.36	310.73	753.68
GJ10-31	搅拌机　斜片涡轮式　ϕ=2700　N=11.5kW	台	3048.99	2118.06	268.08	662.85
GJ10-32	搅拌机　斜片涡轮式　ϕ=1000　N=2.5kW	台	2005.19	1394.82	174.60	435.77
GJ10-33	搅拌机　顶进式　7450QC-90　N=90kW	台	25180.25	13999.86	3750.11	7430.28
10.2.2　外置式除雾器						
GJ10-34	外置式除雾器　本体制作安装	t	2417.27	1103.31	436.92	877.04

续表

定额号	项 目 名 称	单位	基价（元）	其中（元）		
				人工费	材料费	机械费
GJ10-35	外置式除雾器　内部件　机组容量　125MW	套	20462.92	10951.92	4724.43	4786.57
GJ10-36	外置式除雾器　内部件　机组容量　200MW	套	23888.56	12811.68	5491.28	5585.60
GJ10-37	外置式除雾器　内部件　机组容量　300MW	套	29039.92	15549.66	6702.79	6787.47
GJ10-38	外置式除雾器　内部件　机组容量　600MW	套	32671.24	17564.40	7600.11	7506.73
GJ10-39	外置式除雾器　内部件　机组容量　1000MW	套	37273.42	20095.74	8682.91	8494.77
10.2.3　浆液循环泵安装						
GJ10-40	浆液循环泵　$N \leqslant 420$kW	台	7819.74	5535.60	1387.94	896.20
GJ10-41	浆液循环泵　$N \leqslant 630$kW	台	9378.05	6457.50	1965.77	954.78
GJ10-42	浆液循环泵　$N \leqslant 1000$kW	台	11106.01	7176.75	2895.20	1034.06
GJ10-43	浆液循环泵　$N > 1000$kW	台	11883.00	7435.05	3376.27	1071.68
10.2.4　氧化风机安装						
GJ10-44	氧化风机（离心式，标况下）　$Q=1900\text{m}^3/\text{h}$，$N=$ 5kW	台	4971.03	2730.00	1596.72	644.31
GJ10-45	氧化风机（离心式，标况下）　$Q=5200\text{m}^3/\text{h}$，$N=185$kW	台	5660.38	3155.25	1821.43	683.70
GJ10-46	氧化风机（离心式，标况下）　$Q=6500\text{m}^3/\text{h}$，$N=220$kW	台	5980.02	3302.25	1942.50	735.27

续表

定额号	项 目 名 称	单位	基价（元）	其中（元）		
				人工费	材料费	机械费
GJ10-47	氧化风机（离心式，标况下） $Q=8650m^3/h$，$N=700kW$	台	6275.63	3413.55	2082.35	779.73
GJ10-48	氧化风机（离心式，标况下） $Q=9600m^3/h$，$N=315kW$	台	6603.50	3469.20	2326.72	807.58
GJ10-49	氧化风机（离心式，标况下） $Q=10500m^3/h$，$N=400kW$	台	6990.97	3671.85	2466.41	852.71
GJ10-50	氧化风机（离心式，标况下） $Q=12651m^3/h$，$N=160kW$	台	8189.68	3985.80	3321.93	881.95
GJ10-51	氧化风机（离心式，标况下） $Q=19100m^3/h$，$N=500kW$	台	9809.58	4649.40	4247.33	912.85
GJ10-52	氧化风机（罗茨型，标况下） $Q=2900m^3/h$，$N=119kW$	台	5203.71	2841.30	1680.24	682.17
GJ10-53	氧化风机（罗茨型，标况下） $Q=6500m^3/h$，$N=250kW$	台	5554.00	3043.95	1785.04	725.01
GJ10-54	氧化风机（罗茨型，标况下） $Q=8650m^3/h$，$N=315kW$	台	6196.25	3302.25	2180.97	713.03
GJ10-55	氧化风机（罗茨型，标况下） $Q=14600m^3/h$，$N=500kW$	台	9755.01	4649.40	4245.44	860.17
10.3 烟气系统安装						
GJ10-56	离心式烟气冷却泵 $Q=1150m^3/h$，$N=185kW$	台	3164.99	1601.46	1338.92	224.61

续表

定额号	项　目　名　称	单位	基价（元）	其中（元）		
				人工费	材料费	机械费
GJ10-57	离心式烟气冷却泵　Q=2550m^3/ h，N=315kW	台	5520.07	2118.06	3114.66	287.35
GJ10-58	GGH　换热面积≤6540m^2	套	170988.08	90663.30	23902.95	56421.83
GJ10-59	GGH　换热面积≤10387m^2	套	199027.75	113032.08	24539.17	61456.50
GJ10-60	GGH　换热面积≤14620m^2	套	263730.66	137157.30	37491.42	89081.94
GJ10-61	GGH　换热面积≤18082m^2	套	305287.45	159112.80	44142.89	102031.76
GJ10-62	增压风机　机组容量　125MW	台	45697.69	35787.89	6540.56	3369.24
GJ10-63	增压风机　机组容量　200MW	台	59745.81	46787.16	8562.69	4395.96
GJ10-64	增压风机　机组容量　300MW	台	72056.75	54191.55	11354.39	6510.81
GJ10-65	增压风机　机组容量　600MW	台	86053.17	64654.28	13613.23	7785.66
GJ10-66	增压风机　机组容量　1000MW	台	99366.87	75009.69	15107.05	9250.13
GJ10-67	脱硫烟道安装	t	911.98	353.14	140.02	418.82
10.4　石膏脱水及储存系统安装						
GJ10-68	石膏脱水及储存系统（二炉一套）　配真空皮带脱水机　2×12t/h　F=14m^2	套	88818.73	50453.43	16780.64	21584.66
GJ10-69	石膏脱水及储存系统（二炉一套）　配真空皮带脱水机　2×16t/h　F=18m^2	套	96924.84	56010.86	17933.09	22980.89

续表

定额号	项目名称	单位	基价（元）	其中（元）		
				人工费	材料费	机械费
GJ10-70	石膏脱水及储存系统（二炉一套） 配真空皮带脱水机 2×19.5t/h $F=26m^2$	套	106440.02	61995.31	19357.38	25087.33
GJ10-71	石膏脱水及储存系统（二炉一套） 配真空皮带脱水机 2×22t/h $F=26m^2$	套	121265.55	67316.40	21141.64	32807.51
GJ10-72	石膏脱水及储存系统（二炉一套） 配真空皮带脱水机 2×40t/h $F=36m^2$	套	180693.59	99743.42	31128.76	49821.41
GJ10-73	石膏脱水及储存系统（四炉一套） 配真空皮带脱水机 2×45t/h $F=36m^2$	套	185095.90	98203.47	32097.21	54795.22
GJ10-74	石膏脱水及储存系统（四炉一套） 配真空皮带脱水机 2×65t/h $F=65m^2$	套	272356.62	139019.63	46377.53	86959.46
GJ10-75	石膏贮仓 制作安装	t	2867.16	1109.66	475.22	1282.28
GJ10-76	石膏仓卸料装置 100t/h $N=45kW$	台	7037.26	3409.56	453.08	3174.62
GJ10-77	石膏仓卸料装置 120t/h $N=90kW$	台	8474.49	4081.14	539.35	3854.00
10.5 事故排放系统安装						
GJ10-78	事故浆液箱 制作安装	t	2568.51	982.85	403.62	1182.04
GJ10-79	事故排放系统	套	25985.40	12905.16	2408.09	10672.15
10.6 脱硫废水处理系统安装						
GJ10-80	脱硫废水处理系统 废水处理量 $Q=5m^3/h$	套	55392.39	28229.20	10672.49	16490.70

续表

定额号	项　目　名　称	单位	基价（元）	其中（元）		
				人工费	材料费	机械费
GJ10-81	脱硫废水处理系统　废水处理量 $Q=8m^3/h$	套	55578.15	28327.60	10717.31	16533.24
GJ10-82	脱硫废水处理系统　废水处理量 $Q=10m^3/h$	套	56093.73	28622.80	10767.28	16703.65
GJ10-83	脱硫废水处理系统　废水处理量 $Q=12m^3/h$	套	56547.86	29016.40	10795.38	16736.08
GJ10-84	脱硫废水处理系统　废水处理量 $Q=16m^3/h$	套	57460.32	29508.40	10969.57	16982.35
GJ10-85	脱硫废水处理系统　废水处理量 $Q=20m^3/h$	套	58235.23	30000.40	11093.52	17141.31
GJ10-86	脱硫废水处理系统　废水处理量 $Q=24m^3/h$	套	59182.76	30590.80	11229.56	17362.40
10.7　脱硫系统管道安装						
GJ10-87	衬胶管道安装	t	1494.99	772.26	420.38	302.35
GJ10-88	碳钢管道安装	t	1337.13	671.46	427.61	238.06
GJ10-89	不锈钢管道安装	t	6171.11	2462.37	2561.44	1147.30
10.8　脱硫设备及烟道防腐						
GJ10-90	玻璃鳞片内衬	m^2	58.26	40.05	2.55	15.66

第11章 脱硝装置安装

说　　明

一、脱硝区设备安装

1．项目范围

（1）SCR 反应器本体制作安装：壳体的下料、配制、组合、拼装，吊装就位，反应器内金属梁、烟气整流装置、密封装置、隔板、滤网、人孔门、接管座等的组合安装及标识牌安装。

（2）催化剂模块安装：催化剂装运、就位，反应器内催化剂定位及密封等。

（3）脱硝区其他装置安装：除脱硝反应器和催化剂模块外的全部设备的安装，包括氨气—热空气混合器、稀释风机、喷射格栅、喷嘴、吹灰器、起吊设施安装，设备本体的安装、就位，随设备供应的混合器、加热器、烟道的连接管道、阀门和附件等的安装。

2．未包括的工作内容

脱硝区钢支架、平台扶梯、烟道的安装。

3．其他说明

脱硝区其他装置安装以每台炉为一套，按系统所配设备以“台”为子目单位，执行定额时按机组容量选用定额子目。

脱硝区钢支架、平台扶梯、烟道的安装执行第 1 章相应的定额。

二、氨区设备安装

1．项目范围

制氨区装置安装：液氨卸料压缩机组安装，液氨储罐、液氨蒸发器、氨气缓冲罐、氨气稀释罐、氮气存储罐、液氨供应泵、废水泵、废水加热器的安装，随设备供应的平台扶梯、连接管道、阀门和附件等的安装。

2．未包括的工作内容

各种罐按照设备成品供货考虑，不包括设备之间的连接管道安装及保温、油漆。

3．其他说明

制氨区装置安装以 2 炉或 4 炉公用一套制氨系统，按系统所配设备以“套”为子目单位。执行定额时按配备的液氨储罐容积大小选用定额子目。

三、脱硝系统管道安装

脱硝系统各种管道安装执行第 10 章相应的定额。

定额号	项 目 名 称	单位	基价（元）	其中（元）		
				人工费	材料费	机械费
11.1 脱硝区装置安装						
GJ11-1	SCR 反应器　本体制作安装	t	2818.12	1157.67	446.05	1214.40
GJ11-2	催化剂模块	m^3	136.61	64.94	17.34	54.33
GJ11-3	脱硝区其他装置安装　机组容量　125MW	台	117215.15	50905.85	16704.27	49605.03
GJ11-4	脱硝区其他装置安装　机组容量　200MW	台	124526.52	53994.94	17656.04	52875.54
GJ11-5	脱硝区其他装置安装　机组容量　300MW	台	139149.52	60173.13	19559.59	59416.80
GJ11-6	脱硝区其他装置安装　机组容量　600MW	台	160387.77	70324.52	22373.32	67689.93
GJ11-7	脱硝区其他装置安装　机组容量　1000MW	台	175010.78	76502.72	24276.87	74231.19
11.2 氨制备供应系统安装						
GJ11-8	制氨区装置　配液氨储罐　$60m^3$	套	30480.76	15054.69	5305.33	10120.74
GJ11-9	制氨区装置　配液氨储罐　$80m^3$	套	31905.46	15614.48	5618.45	10672.53
GJ11-10	制氨区装置　配液氨储罐　$100m^3$	套	34126.50	16438.86	6009.43	11678.21
GJ11-11	制氨区装置　配液氨储罐　$120m^3$	套	36034.63	17263.24	6403.34	12368.05
GJ11-12	制氨区装置　配液氨储罐　$150m^3$	套	38098.67	18087.63	6795.28	13215.76

第12章 附属生产工程设备及管道安装

说　明

项目范围：

（1）机、炉、输煤检修间设备安装包括：各种机加工设备安装及起重设备的安装。

（2）空气压缩机室设备安装包括：空压机、各种气罐、净化干燥装置、电加热装置、起重设备、罗茨风机等的安装，但不包括冷却水及其连接管路安装；管道安装包括空压机室至主厂房之间的厂区管道安装。

（3）制氢站设备安装包括：制氢设备、各种气罐及起重设备安装，系统试运转，但不包括气体分析仪器、仪表的安装；管道安装包括制氢站至主厂房之间的厂区管道安装。

（4）油处理室设备安装包括：滤油机、过滤器中间油箱、移动式油罐、油泵的安装。

（5）启动锅炉房设备安装包括：锅炉本体及本体范围的管道、阀门、管件、仪表、水位计等附件的安装；与锅炉配套的附属机械、辅助设备及相关的配件、附件的安装；锅炉水压试验、风压试验、烘煮炉、蒸汽严密性试验、安全阀校验，以及上述各种试验相关的安装工作。

定额号	项 目 名 称	单位	基价（元）	其中（元）		
				人工费	材料费	机械费
12.1 机、炉、输煤检修间设备						
GJ12-1	机、炉、输煤检修间设备 2×1000MW	套	30083.15	23008.87	4724.32	2349.96
GJ12-2	机、炉、输煤检修间设备 2×600MW	套	25856.93	19174.22	4724.32	1958.39
GJ12-3	机、炉、输煤检修间设备 2×300MW	套	22455.28	16847.06	4087.90	1520.32
GJ12-4	机、炉、输煤检修间设备 2×200MW	套	19903.59	14947.45	3486.58	1469.56
GJ12-5	机、炉、输煤检修间设备 2×100MW	套	19120.88	14786.57	3136.62	1197.69
GJ12-6	机、炉、输煤检修间设备 2×50MW	套	18116.94	14083.50	3024.85	1008.59
12.2 空气压缩机室设备及管道安装						
GJ12-7	空气压缩机室设备 1.5m^3/min 0.7MPa	套	3113.06	1771.20	401.65	940.21
GJ12-8	空气压缩机室设备 3m^3/min 0.8MPa	套	4030.78	2361.60	473.03	1196.15
GJ12-9	空气压缩机室设备 6m^3/min 0.8MPa	套	5562.28	3247.20	592.75	1722.33
GJ12-10	空气压缩机室设备 10m^3/min 0.7MPa	套	6540.45	3936.00	658.64	1945.81
GJ12-11	空气压缩机室设备 22m^3/min 0.7MPa	套	7662.21	4624.80	720.47	2316.94
GJ12-12	空气压缩机室设备 35m^3/min 0.8MPa	套	8712.31	5362.80	793.30	2556.21
GJ12-13	空气压缩机室设备 50m^3/min 0.8MPa	套	9902.50	6150.00	894.96	2857.54
GJ12-14	氢气汇流排架	套	3540.95	1112.90	367.70	2060.35

续表

定额号	项 目 名 称	单位	基价（元）	其中（元）		
				人工费	材料费	机械费
GJ12-15	空气压缩机室管道	t	4371.88	2077.57	1628.41	665.90
12.3 制氢站设备及管道安装						
GJ12-16	制氢站设备 2×DQ-4	套	18440.30	12316.00	4086.13	2038.17
GJ12-17	制氢站设备 2×DQ-10	套	24241.85	15556.00	5990.16	2695.69
GJ12-18	制氢站设备 2×ZHDQ-32/10	套	27681.62	17032.00	7581.67	3067.95
GJ12-19	制氢站管道	t	11677.34	4924.43	5761.52	991.39
12.4 油处理室设备及管道安装						
GJ12-20	硅胶过滤器 2 台 滤油机 2 台 油箱 2×3m^3	套	4701.78	3092.00	765.89	843.89
GJ12-21	硅胶过滤器 1 台 滤油机 2 台 油箱 3×3m^3	套	4106.05	2796.80	692.46	616.79
GJ12-22	滤油机 3 台 油箱 1×3m^3	套	4614.73	3489.40	774.69	350.64
GJ12-23	油处理室及露天油库管道	t	3384.08	1603.53	1448.59	331.96
12.5 露天油库设备安装						
GJ12-24	露天油箱 ϕ2500mm $V\leqslant 10m^3$	台	680.50	299.00	149.96	231.54
GJ12-25	露天油箱 ϕ3000mm $V\leqslant 20m^3$	台	847.61	439.00	177.07	231.54
GJ12-26	露天油箱 ϕ3500mm $V\leqslant 30m^3$	台	1082.96	492.00	340.44	250.52

续表

定额号	项　目　名　称	单位	基价（元）	其中（元）		
				人工费	材料费	机械费
GJ12-27	露天油箱　ϕ3500mm　$V\leqslant40m^3$	台	1666.76	685.00	388.35	593.41
GJ12-28	露天油箱　ϕ4000mm　$V\leqslant60m^3$	台	1879.43	791.00	495.02	593.41
GJ12-29	露天油箱　ϕ4500mm　$V\leqslant80m^3$	台	2155.27	897.00	552.11	706.16
12.6　启动锅炉房设备及管道安装						
GJ12-30	燃油炉　2×10t/h	套	199837.88	69667.20	23933.90	106236.78
GJ12-31	燃油炉　2×20t/h	套	249797.35	87084.00	29917.38	132795.97
GJ12-32	燃油炉　2×35t/h	套	477450.66	199154.00	54303.01	223993.65
GJ12-33	燃油炉　2×50t/h	套	614513.99	250956.30	69562.32	293995.37
GJ12-34	煤粉炉　2×10t	套	356680.51	147082.42	167742.33	41855.76
GJ12-35	煤粉炉　2×20t	套	651387.03	270368.76	301900.48	79117.79
GJ12-36	煤粉炉　2×35t	套	814235.21	337961.20	377375.65	98898.36
GJ12-37	烟、风、煤管道	t	1738.12	842.80	321.67	573.65
GJ12-38	烟、风、油管道	t	2398.98	992.42	988.67	417.89
GJ12-39	汽水管道	t	2032.22	984.49	721.44	326.29
GJ12-40	炉墙砌筑	m^3	499.30	357.19	120.17	21.94

第13章 燃气—蒸汽联合循环机组安装

说　明

1．项目范围

（1）燃气轮机间（本体）安装包括：燃气轮机间（本体）、隔音罩安装。

（2）燃气轮发电机间（本体）安装包括：发电机、励磁机、发电机冷却系统、密封油系统的设备安装。

（3）燃气轮机进气装置安装包括：进气装置钢结构、空气过滤装置、进气室、进气风道的安装。

（4）附属设备安装。

燃用液体燃料附属设备安装包括：轻（重）油前置装置、轻（重）油加热装置、轻（重）油过滤装置、抑钒装置、双联滤网、二氧化碳灭火保护装置、闭式冷却水装置、水—水热交换装置、冷却风机装置、注水装置、水清洗装置、清洗水箱、排污装置的安装。

燃用气体燃料附属设备安装包括：天然气前置装置、天然气过滤装置、二氧化碳灭火保护装置、闭式冷却水装置、水—水热交换装置、冷却风机装置、注水装置、水清洗装置、清洗水箱、排污装置的安装。

双燃料附属设备安装包括：轻（重）油前置装置、轻（重）油加热装置、轻（重）油过滤装置、抑钒装置、双联滤网、天然气前置装置、天然气过滤装置、二氧化碳灭火保护装置、闭式冷却水装置、水—水热交换装置、冷却风机装置、注水装置、水清洗装置、清洗水箱、排污装置的安装。

（5）燃气轮发电机组整套空负荷试运包括：燃气轮发电机组整套空负荷试运（包括：附属设备启动投入、暖管、暖机、升速、超速试验；调速系统动态试验和调整；配合发电机的电气试验，以及停机后的清扫检查等）。

（6）燃气—蒸汽轮发电机组（同轴）整套空负荷试运包括：燃气—蒸汽轮发电机组（同轴）整套空负荷试运（包括附属设备启动投入、暖管、暖机、升速、超速试验，调速系统动态试验和调整，配合发电机的电气试验，以及停机后的清扫检查等）。

（7）钢旁路烟囱安装包括：烟气挡板门、钢旁路烟囱安装。

（8）余热锅炉本体安装包括：钢结构、出口钢烟道、平台、扶梯、栏杆、其他金属结构、受热面、汽包、本体管道、本体油漆。

（9）余热锅炉本体分部试验及试运包括：风压或烟气密闭试验、蒸汽严密性试验及安全门调整、水压试验、碱煮或酸洗。

（10）凝汽式蒸汽轮发电机组安装包括：凝汽式蒸汽轮机本体安装，汽轮机本体管道安装，发电机、励磁机、发电机冷却系统、密封油系统的安装。

（11）凝汽式蒸汽轮发电机组整套空负荷试运包括：凝汽式蒸汽轮发电机组整套空负荷试运（包括各附属机械启动投入，暖管、暖机、升速、超速试验，调整系统动态试验，配合发电机的电气试验，以及停机后的清扫、检查等）。

（12）重油处理设备安装包括：重油输送模块，洗涤模块和水箱，加药破乳装置和储存箱，一、二级油水混合分离过滤装置，渣水分离模块，污水分离模块，抽油悬浮装置，吸油泵，抽水泵，抽渣泵，加药装置及疏水膨胀箱的安装；随设备供应的各种管道、管架、盖板、平台、扶梯及仪表控制柜的就位与安装。

（13）天然气调压装置安装包括：变频离心式压缩机、旋风分离装置、计量装置、过滤分离装置、调压装置检查，垫铁与基础接触面凿平，垫铁配置，吊装就位与安装；设备本体的管道及支撑吊架安装；设备本体的平台、栏杆、扶梯安装；水压试验、气密性试验；随设备供应的附件和一次仪表安装。

2．未计价材料

（1）燃气轮发电机组整套空负荷试运（液体燃料时）所消耗的液体燃料及除盐水量参照表13-1。

表 13-1　　燃气轮发电机组整套空负荷试运（液体燃料时）所消耗的液体燃料及除盐水量

机组容量等级（MW）	单位	燃油（t）	除盐水（t）
36～56	套	43	70
115～130	套	100	85
145～165	套	126	95

（2）燃气轮发电机组、燃气—蒸汽轮发电机组（同轴）整套空负荷试运（气体燃料时）所消耗的气体燃料及除盐水量参照表13-2。

表 13-2 燃气轮发电机组、燃气—蒸汽轮发电机组整套空负荷试运（气体燃料时）所消耗的气体燃料及除盐水量

机组容量等级（MW）	单位	天然气（万 m^3 标况下）	除盐水（t）
36～56	套	4.536	70
115～130	套	10.530	85
145～165	套	13.365	95
230～275	套	22.275	155

（3）余热锅炉本体水压试验、碱煮或酸洗、蒸汽严密性试验时蒸汽、除盐水使用量按表 13-3 的数量计列。

表 13-3 余热锅炉本体水压试验、碱煮或酸洗、蒸汽严密性试验时蒸汽、除盐水使用量

蒸发量	单位	项　　目	蒸汽（t）	除盐水（t）
60～70	台炉	水压试验、碱煮、蒸汽严密性试验	55	1300
170～210	台炉	水压试验、碱煮、蒸汽严密性试验	150	3650

续表

蒸发量	单位	项　　目	蒸汽（t）	除盐水（t）
170～210	台炉	水压试验、盐酸酸洗、蒸汽严密性试验	160	4100
170～210	台炉	水压试验、EDAT 酸洗、蒸汽严密性试验	230	2860
360～420	台炉	水压试验、盐酸酸洗、蒸汽严密性试验	235	6100
360～420	台炉	水压试验、EDAT 酸洗、蒸汽严密性试验	340	4230

（4）凝汽式蒸汽轮发电机组启动空负荷试运所消耗的蒸汽及除盐水量按表 13-4 的数量计列。

表 13-4　　凝汽式蒸汽轮发电机组启动空负荷试运所消耗的蒸汽及除盐水量

机组容量等级（MW）	单位	蒸汽（t）	除盐水（t）
10～18	套	650	35
20～30	套	1200	65

3．未包括的内容

设备管道保温及保温面油漆。

4．其他说明

计算余热锅炉质量时，不包括包装材料、运输加固件。

定额号	项 目 名 称	单位	基价（元）	其中（元）		
				人工费	材料费	机械费
13.1 燃气轮发电机组及其附属设备安装						
13.1.1 燃气轮机本体设备安装						
GJ13-1	燃气轮机间（本体） 36～56MW	套	159422.89	74116.00	14913.16	70393.73
GJ13-2	燃气轮机间（本体） 115～130MW	套	263330.89	123762.60	29127.65	110440.64
GJ13-3	燃气轮机间（本体） 145～165MW	套	290071.88	128225.00	30699.93	131146.95
GJ13-4	燃气轮机间（本体） 230～275MW	套	390295.18	228472.42	30421.98	131400.78
GJ13-5	燃气轮发电机间（本体） 36～56MW	套	55009.04	19558.50	7114.40	28336.14
GJ13-6	燃气轮发电机间（本体） 115～130MW	套	85565.92	27436.40	10569.40	47560.12
GJ13-7	燃气轮发电机间（本体） 145～165MW	套	97238.91	31849.60	12729.33	52659.98
GJ13-8	燃气轮发电机间（本体） 230～275MW	套	154279.16	51505.00	21660.80	81113.36
13.1.2 燃气轮机进气装置安装						
GJ13-9	燃气轮机进气装置 36～56MW	t	888.89	274.90	136.03	477.96
GJ13-10	燃气轮机进气装置 115～130MW	t	830.19	240.65	122.20	467.34
GJ13-11	燃气轮机进气装置 145～165MW	t	806.36	238.21	119.09	449.06
GJ13-12	燃气轮机进气装置 230～275MW	t	724.19	216.45	101.64	406.10
13.1.3 燃气轮机附属设备安装						
GJ13-13	燃气轮机附属设备 燃用液体燃料 36～56MW	套	39377.20	10531.50	9723.80	19121.90

续表

定额号	项 目 名 称	单位	基价（元）	其中（元）		
				人工费	材料费	机械费
GJ13-14	燃气轮机附属设备　燃用液体燃料　115～130MW	套	65623.49	16248.60	18533.50	30841.39
GJ13-15	燃气轮机附属设备　燃用液体燃料　145～165MW	套	69144.52	17753.10	19464.23	31927.19
GJ13-16	燃气轮机附属设备　燃用气体燃料　36～56MW	套	34362.84	8625.80	6322.32	19414.72
GJ13-17	燃气轮机附属设备　燃用气体燃料　115～130MW	套	58578.35	14693.95	13821.34	30063.06
GJ13-18	燃气轮机附属设备　燃用气体燃料　145～165MW	套	62310.41	16098.15	14790.14	31422.12
GJ13-19	燃气轮机附属设备　燃用气体燃料　230～275MW	套	80424.44	21113.15	19154.21	40157.08
GJ13-20	燃气轮机附属设备　双燃料　36～56MW	套	52992.29	12988.85	12035.70	27967.74
GJ13-21	燃气轮机附属设备　双燃料　115～130MW	套	89904.35	21313.75	24351.70	44238.90
GJ13-22	燃气轮机附属设备　双燃料　145～165MW	套	96036.04	23864.75	25843.81	46327.48
GJ13-23	燃气轮机附属设备　双燃料　230～275MW	套	105897.79	26679.80	27566.03	51651.96
13.1.4　燃气轮机试运配合						
GJ13-24	燃气轮发电机组整套空负荷试运配合　36～56MW	套	19931.49	16198.45	3016.19	716.85

续表

定额号	项目名称	单位	基价（元）	其中（元）		
				人工费	材料费	机械费
GJ13-25	燃气轮发电机组整套空负荷试运配合 115～130MW	套	33641.49	26579.50	5891.65	1170.34
GJ13-26	燃气轮发电机组整套空负荷试运配合 145～165MW	套	39875.87	31494.20	7181.93	1199.74
GJ13-27	燃气轮发电机组整套空负荷试运配合 230～275MW	套	61626.74	46689.65	12869.16	2067.93
GJ13-28	燃气轮发电机组整套空负荷试运配合（同轴）360～420MW	套	73952.09	56027.58	15442.99	2481.52
13.2 余热锅炉及其附属设备安装						
13.2.1 烟气旁路装置安装						
GJ13-29	排气装置 36～56MW	t	717.11	283.35	124.07	309.69
GJ13-30	排气装置 115～130MW	t	671.09	236.21	97.23	337.65
GJ13-31	排气装置 145～165MW	t	652.97	236.21	91.79	324.97
GJ13-32	排气装置 230～275MW	t	567.92	189.07	86.15	292.70
GJ13-33	钢旁路烟囱 36～56MW	t	658.84	224.59	144.19	290.06
GJ13-34	钢旁路烟囱 115～130MW	t	623.08	218.95	130.71	273.42
GJ13-35	钢旁路烟囱 145～165MW	t	615.40	222.61	127.74	265.05

续表

定额号	项目名称	单位	基价（元）	其中（元）		
				人工费	材料费	机械费
GJ13-36	钢旁路烟囱　230～275MW	t	598.08	220.09	125.53	252.46
13.2.2　余热锅炉本体安装						
GJ13-37	余热锅炉本体　蒸发量 60～70t/h	t	1327.13	409.05	231.84	686.24
GJ13-38	余热锅炉本体　蒸发量 170～210t/h	t	1095.32	316.81	224.54	553.97
GJ13-39	余热锅炉本体　蒸发量 360～420t/h	t	910.28	259.07	205.24	445.97
GJ13-40	余热锅炉本体钢烟囱　立式锅炉	t	1161.88	200.60	144.05	817.23
GJ13-41	余热锅炉本体钢烟囱　卧式锅炉	t	940.33	196.09	142.50	601.74
13.2.3　余热锅炉本体分部试验及试运						
GJ13-42	碱煮　蒸发量 60～70t/h	套	53058.15	10581.65	38717.02	3759.48
GJ13-43	碱煮　蒸发量 170～210t/h	套	65305.25	13139.30	47804.65	4361.30
GJ13-44	盐酸　蒸发量 170～210t/h	套	153359.61	21714.95	122858.99	8785.67
GJ13-45	盐酸　蒸发量 360～420t/h	套	210692.60	26178.30	173717.34	10796.96
GJ13-46	EDTA　蒸发量 170～210t/h	套	225621.57	28685.80	182418.40	14517.37
GJ13-47	EDTA　蒸发量 360～420t/h	套	321595.36	34152.15	269980.34	17462.87
13.3　凝汽式蒸汽轮发电机组安装						
GJ13-48	凝汽式蒸汽轮发电机组　10～18MW	套	86357.92	36960.55	19086.62	30310.75

续表

定额号	项目名称	单位	基价（元）	其中（元）		
				人工费	材料费	机械费
GJ13-49	凝汽式蒸汽轮发电机组 20～30MW	套	134231.80	60330.45	30575.15	43326.20
GJ13-50	汽轮发电机组整套空负荷试运配合 10～18MW	套	29917.03	11785.25	15208.03	2923.75
GJ13-51	汽轮发电机组整套空负荷试运配合 20～30MW	套	34449.04	12637.80	17825.27	3985.97
13.4 重油处理站、天然气调压站设备安装						
GJ13-52	离心式重油处理设备 ≤15t/h	套	16789.24	6218.60	4220.41	6350.23
GJ13-53	离心式重油处理设备 ≤30t/h	套	20665.75	7923.70	5043.54	7698.51
GJ13-54	离心式重油处理设备 ≤40t/h	套	25425.31	10030.00	5764.31	9631.00
GJ13-55	静电式重油处理设备 ≤40t/h	套	16789.24	6218.60	4220.41	6350.23
GJ13-56	静电式重油处理设备 ≤60t/h	套	20665.75	7923.70	5043.54	7698.51
GJ13-57	静电式重油处理设备 ≤80t/h	套	25425.31	10030.00	5764.31	9631.00
GJ13-58	天然气调压装置 容量 1.6 万 Nm^3/h 35～56MW	套	22838.73	7370.12	3170.04	12298.57
GJ13-59	天然气调压装置 容量 3.9 万 Nm^3/h 115～130MW	套	35299.09	10189.08	6753.62	18356.39
GJ13-60	天然气调压装置 容量 4.9 万 Nm^3/h 145～165MW	套	39385.10	11601.45	7462.80	20320.85
GJ13-61	天然气调压装置 容量 8.2 万 Nm^3/h 230～275MW	套	51095.92	14596.45	10395.60	26103.87

第二部分

热力设备安装工程预算定额估价表

总　说　明

一、《2013年版电力建设工程定额估价表》共六册，包括：

第一册　建筑工程	第二册　热力设备安装工程
第三册　电气设备安装工程	第四册　调试工程
第五册　通信工程	第六册　输电线路工程

二、本册为第二册《热力设备安装工程》（以下简称本定额）。适用于容量为50～1000MW级燃煤机组的锅炉、汽轮发电机及其附属机械和辅助设备，相应的化水、供水、燃料（煤、油）、除灰等配套系统及管道、炉墙、保温、油漆、防腐等新建、扩建的安装工程。同时，也适用于燃机单机为36～275MW燃气—蒸汽联合循环电厂和燃气轮机简单循环电厂的新建和扩建工程。

三、本定额是编制施工图预算的依据，是编制概算定额的基础，也是编制标底、最高投标限价和投标报价的参考依据。

四、本定额主要编制依据有：

1．DL/T 820—2002　管道焊接接头超声波检验技术规程

2．DL/T 821—2002　钢制承压管道对接焊接接头射线检验技术规范

3．DL/T 869—2012　火力发电厂焊接技术规程

4．DL 5009.1—2002　电力建设安全工作规程　第1部分：火力发电厂部分

5．DL 5190.4—2004　电力建设施工及验收技术规范　第4部分：电厂化学

6. DL/T 5210.2—2009　电力建设施工质量验收及评价规程　第2部分：锅炉机组

7. DL/T 5210.3—2009　电力建设施工质量验收及评价规程　第3部分：汽轮发电机组

8. DL/T 5210.5—2009　电力建设施工质量验收及评价规程　第5部分：管道及系统

9. DL/T 5437—2009　火力发电建设工程启动试运及验收规程

10. 电力建设工程工期定额（2012年版）

五、本定额是在设备、装置性材料等施工主体完整无损、符合质量标准和设计要求，并附有制造厂出厂检验合格证和试验记录的前提下，在正常的气候、地理条件和施工环境条件下，按照施工图阶段合理的施工组织设计，选择常用的施工方法与施工工艺，考虑合理交叉作业条件下进行编制。定额工作内容中所列设备检测是指按施工技术验收规范要求而对质量合格设备所做必要的检查、测量和调整工作，不包括因设备质量缺陷而做的解体、检修等处理工作。

六、本定额是完成规定计量单位子目工程所需人工、计价材料、施工机械台班的消耗量标准，反映了电力建设行业施工技术与管理水平，代表着社会平均生产力水平。除定额规定可以调整或换算外，不因具体工程实际施工组织、施工方法、劳动力组织与水平、材料消耗种类与数量、施工机械规格与配置等不同而调整或换算。

七、本定额包括的工作内容，除各章另有说明外，均包括施工准备，设备开箱检查，场内搬运，脚手架搭拆、设备及装置性材料安装，施工结尾、清理，整理、编制竣工资料，配合分系统试运、质量检验及竣工验收等。场内搬运是指设备、装置性材料及器材从施工组织设计规定的现场仓库或堆放地点运至施工操作地点的水平及垂直搬运。

八、定额中已包括单体试转和配合分系统试运时施工方面的人工、材料、机械的消耗。单体试转、水压试验、风压试验、酸洗、蒸汽管道吹洗、蒸汽严密性试验及安全门调整、汽轮发电机组整套空负荷试运配合、输煤系统空载联动、化水与制氢系统试运所消耗的电量包含在本定额中。

九、电动机及设备操作系统的检查接线等电气性工作、设备地脚螺栓孔的浇灌、设备基础的二次灌浆、起重设备轨道预埋件等建筑性工作，以及机组整套启动的联合试运转工作，不在本册的考虑范围内。

十、定额基价计算依据按人工费、材料费、机械费说明如下。

1．人工费：

（1）人工用量包括施工基本用工和辅助用工（包括机械台班定额所含人工以外的机械操作用工），分为安装普通工和安装技术工。

（2）工日为八小时工作制，安装普通工单价为 34 元/工日，安装技术工单价为 53 元/工日。

2．材料费：

（1）计价材料用量包括合理的施工用量和施工损耗、场内搬运损耗、施工现场堆放损耗。其中，周转性材料按摊销量计列。

（2）计价材料为现场出库价格，按照“电力行业 2013 年定额基准材料库”价格取定。

（3）定额中对施工搬运、组合、安装用的脚手架、枕木、模板、校正组合平台、组合支架、加固构件、专用工具，水压、酸洗用的临时管道、管件、阀门、表计、箱罐，热处理用的导线等，按周转性材料摊销计列。

（4）构成工程实体的装置性材料，其损耗率见各章有关说明。

（5）水压试验、酸洗、吹管的燃油及除盐水使用量按表 0-1 计：

表 0-1　　水压试验、酸洗、吹管的燃油及除盐水使用量

机组容量等级（MW）	50	135	250	300	600	1000
燃油使用量（t） （循环流化床锅炉烘炉增加量）	134 （140）	332 （240）	534 （320）	739 （400）	1450	1698
除盐水使用量（t）	11660	19880	29400	35000	52500	73500

注 1. 表中燃油使用量是按酸洗、常规的点火方式，600MW 等级为超临界机组、1000MW 等级及以上为超超临界机组，按两台机组用油量的平均值取定。

2. 管道冲洗所需蒸汽（折算为燃油）或除盐水包括在总量内。

3. 当工程为下述情况时，应做如下调整：

（1）600MW 等级机组为亚临界时，燃油使用量按本表相应数量减少 12%；

（2）300MW 等级机组为超临界时，燃油使用量按本表相应数量增加 12%；

（3）当工程设计采用挥发分（V_{daf}）≤5%的无烟煤时，按本表相应数量增加 10%；

（4）新建、扩建一台机组或两台及以上机组的第一台机组调试时，燃油使用量按相应规定数量增加 10%；

（5）采用节油点火方式时，燃油使用量按相应规定数量乘以 0.2 的系数计算；

（6）锅炉与汽轮机数量不同时，按锅炉台数计算。

3．机械费：

（1）机械台班用量包括场内搬运、合理施工用量、必要间歇消耗量以及机械幅度差等。

（2）不构成固定资产的小型机械或仪表，未计列机械台班用量，包括在《火力发电工程建设预算

编制与计算规定》（2013 年版）的施工工具、用具使用费中。

（3）机械台班价格按照“电力行业 2013 年定额基准施工机械台班库”价格取定。

十一、定额中对若干材料及施工机械的名称、规格作了简化或合并，综合确定定额消耗量。

十二、定额中凡采用“××以内” 或“××以下” 的，均包括“××”本身；采用“××以上”或“××以外”的，均不包括“××”本身。

十三、总说明内未尽事宜，按各章说明执行。

第1章 锅炉本体设备安装

说　明

1．工作内容：

（1）基础检查验收、纵横中心线校核、基础铲平、垫铁配制。

（2）设备开箱、清点、编号、分类、复核、运搬，制造焊口的抽检，校正、组合，焊接或螺栓连接，吊装、找正、固定。

（3）管材、管件及焊缝的无损检验（光谱、射线、超声波等），受热面焊缝的质量抽验。

（4）合金钢部件及厚壁碳钢管的焊前预热及焊后热处理。

（5）校管平台、组装平台及组合支架的搭拆、修整。

（6）组合件的临时加固及加强铁构件的制作。

（7）钢架和需要油漆的金属结构、平台、扶梯的油漆。

（8）锅炉外装板安装。

（9）整体试验、点火、蒸汽严密性试验及安全门调整。

2．未包括的工作内容：

（1）露天锅炉的特殊防护措施。

（2）炉墙砌筑、保温及保温面的油漆。

3．锅炉本体设备质量以制造厂供货的金属质量为准，不包括设备的包装材料、加固件以及炉墙、保温等的质量。

4．其他说明：

（1）本章 1025t/h 锅炉是按亚临界参数考虑的。如为超临界参数时，水冷系统、过热系统、再热系统、省煤器系统、本体管路系统安装的相关子目按材料定额乘 1.1 系数，人工和机械定额乘 1.05 系数调整。

（2）本章 600MW 机组的 1900t/h 锅炉是按超临界参数考虑的。如为亚临界参数 2008t/h 锅炉时，水冷系统、过热系统、再热系统、省煤器系统、本体管路系统安装的相关子目按定额乘 0.95 系数调整。如为超超临界参数时，水冷系统、过热系统、再热系统、省煤器系统、本体管路系统安装的相关子目按人工和材料定额乘 1.15 系数调整。

（3）循环流化床锅炉水冷系统安装的相关子目按人工定额乘 1.15 系数，材料定额乘 1.1 系数调整。

（一）炉架结构安装

1．工程范围：

（1）锅炉本体燃烧室及尾部对流井的立柱、横梁、垂直与水平支撑及其连接件的安装。质量以制造厂供应的图纸为准。

（2）悬吊结构锅炉炉顶［包括大板梁、横梁、次梁、过渡梁、吊杆装置（吊杆梁）、水平及垂直支撑、大板梁下部垫铁等］的安装。

2．工作内容：

基础清理、划线，垫铁配制，临时设施制作、安装、拆除，钢结构核对、组合、加固、吊装、找正及固定。

（二）汽包、启动分离器安装

1．工程范围：汽包及其内部装置、外置式汽水分离器及连接管道、底座或吊架的安装。

2．工作内容：汽包及启动分离器的内外壁检查、中心线复核、吊装、找正、固定，内部装置的拆装，底座或吊架的修正，人孔门的研磨、封闭，膨胀指示器的安装及支架的配制。

（三）水冷系统安装、过热系统安装、再热系统安装、省煤器系统安装

1．工程范围：

（1）水冷系统：敷管式或膜式水冷壁组件及联箱、降水母管及支管、汽水引出管、管系支吊架、联箱支座或吊杆、水冷壁固定装置、刚性梁及其连接件、防磨装置、炉水循环泵及其系统、外置式分离系统等的安装。膜式水冷壁刚性梁按全炉刚性梁总量的2/3计算。

（2）过热系统：蛇形管排及组件（包括循环流化床锅炉外置式换热器低温过热器管排）、顶棚管、包墙管、联箱、减温器、蒸汽联络管、联箱支座或吊杆、管排定位或支吊铁件、刚性梁及其联接件等的安装。包覆过热器刚性梁按全炉刚性梁总量的1/3计算。

（3）再热系统：蛇形管排及组件（包括循环流化床锅炉外置式换热器高温再热器管排）、管段、联箱、减温器及事故喷水装置、汽—汽加热系统、蒸汽联络管、联箱支座或吊杆、管排定位或支吊铁件、管系支吊装置等的安装。

（4）省煤器系统：蛇形管排及组件、包墙及悬吊管、联箱、联络管、联箱支座或吊杆、管排支吊铁件、防磨装置、管系支吊架等的安装。

2．工作内容：

（1）管子或管排在校管平台上划线、校正。

（2）管件、蛇形管排通球及单排水压试验，联箱内部清理、检查、划线。

（3）管子及管排组合、对口焊接，组件水压试验（如包墙组件等），组件或管排吊装、找正、固定，整体外形尺寸的检查、调整。

（4）表面式减温器抽芯检查、水压，混合式减温器的内部清理，汽—汽加热器的组合、水压试验。

（5）组合起吊加固铁构或桁架的制作、安装及拆除。

（6）水冷壁、顶棚管、穿墙管处铁件及密封板的焊接，省煤器防磨装置的安装。

（7）膨胀指示器的安装及其支架的配制。

（四）空气预热器安装

1．工程范围：

（1）管式：预热器本体（管箱）、框架、护板、伸缩节、连通箱及连接法兰、本体烟道挡板及其操作装置、防磨套管及密封结构的安装。

（2）回转式：预热器本体、传动装置、密封装置、检测装置、传热元件、进出口短管（烟风道接口）及连接法兰、检查平台、油循环系统及吹灰、清洗、消防装置的安装。

2．工作内容：

（1）管式：管箱、护板、框架等的整理，管箱渗油试验、组装、吊装、找正及连接。

（2）回转式：基础清理，垫铁配制，转子隔舱组件和外壳组件的组合，进、出口短管的组合，吊装、找正，传热元件及传动装置安装，密封装置安装、调整，油系统及吹灰、清洗、消防装置的安装、调整，检查平台安装，整体冷态试转。

3．未包括的工作内容：

（1）管箱上防磨套管间的耐火可塑料浇灌工作。

（2）转子隔舱和外壳为散件供货时的现场拼装。

（3）空气预热器内特殊消防系统安装。

（五）本体管路系统安装

1．工程范围：锅炉本体系统图范围内属制造厂定型设计并随炉供应的省煤器至汽包的给水管、事故放水管、再循环管、定期排污管、连续排污管、汽水取样管、加药管、联箱疏水管、放水及冲洗管、放空气管、减温水管、启动加热管、安全门及排汽管、点火排汽管、吹灰管、水位计、汽水阀门及传动装置、法兰孔板、过滤器、吹灰器及其压力表和支架等的安装。

2．工作内容：管段的切割、连接，管件、阀门、支吊架的安装，阀门、安全门、水位计的检查、水压，阀门的检查、安装、调整，吹灰器及其压力表和支架的安装、调整。

3．未包括的工作内容：

（1）重油及轻油点火管路、阀门的安装。

（2）排汽消声器的安装。

（3）制造厂供货的给水操作台阀门及管件的安装。

（4）制造厂供货的主蒸汽及再热蒸汽连接管段的安装。

（六）锅炉本体金属结构安装

1．工程范围：护板、框架、桁架、金属内外墙皮、密封条、联箱罩壳、炉顶罩壳、循环流化床锅炉的外置床罩壳、布风板和风帽、灰斗、连接烟风道、各类门孔及其他零星小件的安装。

2．工作内容：护板及框架的组合、安装，外装板及罩壳框架的安装，灰斗、连接烟风道的拼装，各类门孔的安装，循环流化床锅炉的外置式换热器（外置床）罩壳、布风板和风帽的安装。

3．当金属墙皮为铝合金材质时，可另按本定额第四章的保温层金属护壳安装定额执行。

（七）旋风分离器安装

工程范围及工作内容：

（1）适用于循环流化床锅炉的旋风分离器的组合安装。

（2）旋风分离器外筒壳板清理、拼装组合、吊装就位、固定。

（3）中心筒拼装组合、吊装就位、间距测定。

（4）回料器组合、连接。

分离器内衬的耐火耐磨材料及砌筑按设备供货考虑。

（八）本体平台扶梯安装

1．工程范围：属制造厂定型设计范围内的锅炉本体所属平台、扶梯、栏杆及围护板的安装。

2．工作内容：平台、支撑、扶梯的清点、组合、安装，栏杆及围护板配制、安装，全炉平台、扶梯、栏杆的工艺性校正。

3．未包括锅炉之间及锅炉与厂房之间的连接平台、扶梯的安装。

（九）燃烧装置安装

工程范围及工作内容：煤粉燃烧器及其支吊架、平衡装置、火焰检测器、助燃风机、蒸汽加热器的检查、安装，喷嘴的摆动调整、校对，点火油枪及等离子点火装置的检测、安装、位置调整。

未包括燃油及等离子点火装置的附属设备与管道。

（十）除渣装置安装

工程范围及工作内容：除渣室（包括出灰门、湿式的水封、浇淋设备和干式的密封设备）的拼装、就位、固定。

（十一）水压试验

1．工程范围：

（1）锅炉本体及四大管道（指主蒸汽管，主给水管，再热蒸汽的冷段、热段，下同）的气压试验、水压试验。

（2）气压试验、水压试验用临时管系的安装、拆除，设备恢复。

2．工作内容：

（1）临时上水、放水、升压、加药，加热管的安装、拆除，临时压缩空气设备及管系的安装、拆除。

（2）安全门、恒力吊架的锁定，临时固定件的检查、割除，四大管道及旁路系统的临时封堵及支吊架加固、拆除。

（3）气压试验及缺陷处理。

（4）上水、冲洗、升压、稳压、检查、卸压，水压后的缺陷处理。

（5）系统恢复。

（十二）风压试验

1．工程范围：锅炉本体燃烧室及尾部烟道（包括空气预热器）的风压试验。

2．工作内容：

（1）炉膛及烟风道内部清理检查。

（2）炉膛及烟风道门孔的封闭。

（3）风压试验。

（4）试验后的缺陷处理。

（十三）酸洗

1．工程范围：

（1）盐酸清洗：锅炉本体的省煤器、水冷系统的清洗，2008t/h 锅炉炉前柠檬酸清洗。

（2）氢氟酸或 EDTA 钠铵盐清洗：锅炉本体和高、低压给水管道的清洗。

2．工作内容：

（1）临时的水汽管路、阀门、流量装置等安装，清洗用容器的加工制作、衬胶、安装，法兰及管路附件的配制，清洗泵的检查、安装，临时系统与永久性设备的接口处理，临时系统的保温。

（2）临时系统的水压试验、升温试验、试运及缺陷消除，药液防溅设施设置。

（3）锅炉本体汽侧保护液填充，清洗效果检查、鉴定，汽包及联箱内部的清理；高、低压给水系统的弱酸（或碱）清洗。

（4）临时系统的拆除，永久性设备恢复。

（5）余物清除，废液中和处理及排放。

3．未包括废液中和池后的排放系统工程施工。

（十四）蒸汽严密性试验及安全门调整

1．工程范围：点火、升压、蒸汽严密性试验、安全门调整。

2．工作内容：

（1）炉膛及烟、风道内部清理检查，各膨胀指示器的检查、调整。

（2）点火、升压、蒸汽严密性试验、安全门锁定及恢复。

（3）安全门调整。

（4）停炉后的缺陷消除。

（十五）本体油漆

1．工程范围：锅炉本体钢架和需要油漆的金属结构、平台、扶梯的油漆。

2．工作内容：表面清理、除污垢，调漆、底漆修补及刷面漆。

定额号	项 目 名 称	单位	基价（元）	其中（元）		
				人工费	材料费	机械费
1.1 炉架结构安装						
YJ1-1	钢炉架 锅炉容量 220t/h	t	752.06	196.77	70.34	484.95
YJ1-2	钢炉架 锅炉容量 420t/h	t	763.09	168.39	64.13	530.57
YJ1-3	钢炉架 锅炉容量 670t/h	t	780.45	145.21	58.39	576.85
YJ1-4	钢炉架 锅炉容量 1025t/h	t	831.74	140.29	49.70	641.75
YJ1-5	钢炉架 锅炉容量 1900t/h	t	862.91	138.06	41.85	683.00
YJ1-6	钢炉架 锅炉容量 3050t/h	t	841.70	129.13	35.34	677.23
1.2 汽包、启动分离器安装						
1.2.1 汽包						
YJ1-7	锅炉容量 220t/h	台	18424.71	4716.00	3635.05	10073.66
YJ1-8	锅炉容量 420t/h	台	30208.57	8323.00	7557.11	14328.46
YJ1-9	锅炉容量 670t/h	台	41606.32	8834.00	10025.63	22746.69
YJ1-10	锅炉容量 1025t/h	台	69759.65	16506.00	16487.27	36766.38
YJ1-11	锅炉容量 2008t/h	台	89827.29	17948.00	24486.94	47392.35
1.2.2 启动分离器						
YJ1-12	锅炉容量 1025t/h	台	48193.99	11753.00	2472.13	33968.86

续表

定额号	项　目　名　称	单位	基价（元）	其中（元）		
				人工费	材料费	机械费
YJ1-13	锅炉容量　1900t/h	台	56720.40	12775.00	2908.74	41036.66
YJ1-14	锅炉容量　3050t/h	台	69588.19	16651.00	3765.70	49171.49
1.3　水冷系统安装						
YJ1-15	锅炉容量　220t/h	t	1766.15	477.24	358.77	930.14
YJ1-16	锅炉容量　420t/h	t	1658.37	453.17	319.00	886.20
YJ1-17	锅炉容量　670t/h	t	1620.55	430.50	284.42	905.63
YJ1-18	锅炉容量　1025t/h	t	1736.02	408.36	248.51	1079.15
YJ1-19	锅炉容量　1900t/h	t	1702.98	387.81	226.37	1088.80
YJ1-20	锅炉容量　3050t/h	t	1569.74	369.00	202.98	997.76
1.4　过热系统安装						
YJ1-21	锅炉容量　220t/h	t	1863.59	490.07	450.10	923.42
YJ1-22	锅炉容量　420t/h	t	1764.61	479.70	401.47	883.44
YJ1-23	锅炉容量　670t/h	t	1720.22	464.94	392.94	862.34
YJ1-24	锅炉容量　1025t/h	t	1843.48	432.96	372.43	1038.09
YJ1-25	锅炉容量　1900t/h	t	1807.33	411.35	331.71	1064.27

续表

定额号	项　目　名　称	单位	基价（元）	其中（元）		
				人工费	材料费	机械费
YJ1-26	锅炉容量　3050t/h	t	1627.23	390.61	291.74	944.88
1.5　再热系统安装						
YJ1-27	锅炉容量　420t/h	t	1898.08	496.39	354.43	1047.26
YJ1-28	锅炉容量　670t/h	t	1844.95	471.26	328.25	1045.44
YJ1-29	锅炉容量　1025t/h	t	1929.04	447.72	291.13	1190.19
YJ1-30	锅炉容量　1900t/h	t	1903.16	425.58	255.57	1222.01
YJ1-31	锅炉容量　3050t/h	t	1880.28	403.97	275.37	1200.94
1.6　省煤器系统安装						
YJ1-32	锅炉容量　220t/h	t	1257.89	503.24	238.46	516.19
YJ1-33	锅炉容量　420t/h	t	1206.49	487.61	217.77	501.11
YJ1-34	锅炉容量　670t/h	t	1150.89	463.54	198.05	489.30
YJ1-35	锅炉容量　1025t/h	t	1246.82	440.34	176.74	629.74
YJ1-36	锅炉容量　1900t/h	t	1212.63	418.73	152.92	640.98
YJ1-37	锅炉容量　3050t/h	t	1176.55	397.12	133.62	645.81
1.7　空气预热器安装						
YJ1-38	回转式　ϕ2700	台	53259.83	18167.00	7790.75	27302.08

续表

定额号	项　目　名　称	单位	基价（元）	其中（元）		
				人工费	材料费	机械费
YJ1-39	回转式　ϕ6200	台	86995.09	36334.00	12319.28	38341.81
YJ1-40	回转式　ϕ8500	台	109269.18	42903.00	15212.60	51153.58
YJ1-41	回转式　ϕ9500	台	132312.13	49332.00	17519.83	65460.30
YJ1-42	回转式　ϕ10330	台	159806.15	56760.00	19542.31	83503.84
YJ1-43	回转式　ϕ15000	台	203679.27	68112.00	22407.79	113159.48
YJ1-44	回转式　ϕ16800	台	233636.46	78291.00	25464.24	129881.22
YJ1-45	管式	t	409.27	143.30	90.46	175.51
1.8　本体管路系统安装						
YJ1-46	锅炉容量　220t/h	t	2314.26	1087.32	481.20	745.74
YJ1-47	锅炉容量　420t/h	t	2113.70	945.17	429.96	738.57
YJ1-48	锅炉容量　670t/h	t	2052.06	859.94	409.85	782.27
YJ1-49	锅炉容量　1025t/h	t	2096.53	807.41	397.47	891.65
YJ1-50	锅炉容量　1900t/h	t	2068.78	777.36	384.90	906.52
YJ1-51	锅炉容量　3050t/h	t	2120.66	760.14	436.95	923.57
YJ1-52	蒸汽吹灰器　短管	套	410.40	186.20	107.23	116.97

续表

定额号	项　目　名　称	单位	基价（元）	其中（元）		
				人工费	材料费	机械费
YJ1-53	蒸汽吹灰器　长管	套	469.70	221.40	112.74	135.56
YJ1-54	振动除灰器	套	257.87	152.90	48.87	56.10
1.9　锅炉本体金属结构安装						
YJ1-55	锅炉容量　220t/h	t	1193.07	382.26	229.67	581.14
YJ1-56	锅炉容量　420t/h	t	1058.95	356.15	198.88	503.92
YJ1-57	锅炉容量　670t/h	t	1029.15	338.63	185.69	504.83
YJ1-58	锅炉容量　1025t/h	t	1089.09	323.66	161.82	603.61
YJ1-59	锅炉容量　1900t/h	t	1059.95	311.36	141.75	606.84
YJ1-60	锅炉容量　3050t/h	t	1007.84	305.04	127.40	575.40
1.10　旋风分离器安装						
YJ1-61	旋风分离器安装	t	1248.47	401.20	167.41	679.86
1.11　本体平台扶梯安装						
YJ1-62	锅炉容量　220t/h	t	1134.50	421.15	181.97	531.38
YJ1-63	锅炉容量　420t/h	t	1068.44	392.12	157.27	519.05
YJ1-64	锅炉容量　670t/h	t	1072.44	383.76	140.66	548.02

续表

定额号	项 目 名 称	单位	基价（元）	其中（元）		
				人工费	材料费	机械费
YJ1-65	锅炉容量　1025t/h	t	1180.32	370.97	122.57	686.78
YJ1-66	锅炉容量　1900t/h	t	1154.73	357.68	112.20	684.85
YJ1-67	锅炉容量　3050t/h	t	1142.85	354.24	96.77	691.84
1.12　燃烧装置安装						
YJ1-68	锅炉容量　220t/h	台	11014.71	2261.10	1686.73	7066.88
YJ1-69	锅炉容量　420t/h	台	16397.44	4603.20	4224.05	7570.19
YJ1-70	锅炉容量　670t/h	台	18857.05	5009.70	5021.12	8826.23
YJ1-71	锅炉容量　1025t/h	台	26683.86	7538.40	6890.87	12254.59
YJ1-72	锅炉容量　1900t/h	台	41424.27	12613.20	9713.81	19097.26
YJ1-73	锅炉容量　3050t/h	台	55561.38	20973.30	12557.12	22030.96
YJ1-74	对冲式燃烧器	只	2253.54	1293.30	160.42	799.82
1.13　除渣装置安装						
YJ1-75	锅炉容量　220t/h	t	1231.62	516.60	150.04	564.98
YJ1-76	锅炉容量　420t/h	t	1102.39	492.00	123.70	486.69
YJ1-77	锅炉容量　670t/h	t	920.50	344.40	102.15	473.95

续表

定额号	项　目　名　称	单位	基价（元）	其中（元）		
				人工费	材料费	机械费
YJ1-78	锅炉容量　1025t/h	t	883.46	334.03	92.51	456.92
YJ1-79	锅炉容量　1900t/h	t	851.74	326.65	76.84	448.25
YJ1-80	锅炉容量　3050t/h	t	823.48	307.50	72.98	443.00
1.14　水压试验						
YJ1-81	锅炉容量　220t/h	台	17430.75	7380.00	5509.82	4540.93
YJ1-82	锅炉容量　420t/h	台	25345.65	10684.00	9578.55	5083.10
YJ1-83	锅炉容量　670t/h	台	32612.90	13337.00	13624.39	5651.51
YJ1-84	锅炉容量　1025t/h	台	43865.60	15744.00	19382.40	8739.20
YJ1-85	锅炉容量　1900t/h	台	53909.74	18855.00	25744.36	9310.38
YJ1-86	锅炉容量　3050t/h	台	64982.15	21667.00	32736.38	10578.77
1.15　风压试验						
YJ1-87	锅炉容量　220t/h	台	9951.26	4182.00	5582.20	187.06
YJ1-88	锅炉容量　420t/h	台	17120.49	6150.00	10740.26	230.23
YJ1-89	锅炉容量　670t/h	台	22463.12	7380.00	14845.61	237.51
YJ1-90	锅炉容量　1025t/h	台	32197.87	8856.00	23031.06	310.81

续表

定额号	项　目　名　称	单位	基价（元）	其中（元）		
				人工费	材料费	机械费
YJ1-91	锅炉容量　1900t/h	台	33805.63	9840.00	23620.28	345.35
YJ1-92	锅炉容量　3050t/h	台	35987.90	10824.00	24801.29	362.61
1.16　酸洗						
1.16.1　盐酸清洗						
YJ1-93	盐酸清洗　锅炉容量　220t/h	台	165037.74	20141.00	127817.43	17079.31
YJ1-94	盐酸清洗　锅炉容量　420t/h	台	273545.32	38325.00	210896.34	24323.98
YJ1-95	盐酸清洗　锅炉容量　670t/h	台	541405.39	97654.00	409087.08	34664.31
YJ1-96	盐酸清洗　锅炉容量　1025t/h	台	731974.17	131221.00	549892.45	50860.72
YJ1-97	盐酸清洗　锅炉容量　2008t/h	台	942394.03	133072.00	755012.81	54309.22
YJ1-98	炉前管柠檬酸清洗　锅炉容量　2008t/h	台	508480.04	76209.00	393765.68	38505.36
1.16.2　氢氟酸清洗						
YJ1-99	锅炉容量　420t/h	台	336634.99	27999.00	285266.32	23369.67
YJ1-100	锅炉容量　670t/h	台	637285.92	98782.00	507373.55	31130.37
YJ1-101	锅炉容量　1025t/h	台	850181.71	120649.00	678443.29	51089.42
1.16.3　EDTA 钠铵盐清洗						
YJ1-102	锅炉容量　220t/h	台	310026.21	13956.00	278023.09	18047.12

续表

定额号	项 目 名 称	单位	基价（元）	其中（元）		
				人工费	材料费	机械费
YJ1-103	锅炉容量 420t/h	台	402230.25	19770.00	361919.94	20540.31
YJ1-104	锅炉容量 670t/h	台	752988.44	59734.00	668408.17	24846.27
YJ1-105	锅炉容量 1025t/h	台	946632.74	78906.00	828359.97	39366.77
YJ1-106	锅炉容量 1900t/h	台	1164864.40	114006.00	1004358.20	46500.20
YJ1-107	锅炉容量 3050t/h	台	1603491.55	136596.00	1415778.93	51116.62
1.17 蒸汽严密性试验及安全门调整						
YJ1-108	锅炉容量 220t/h	台	101741.65	6835.00	86968.15	7938.50
YJ1-109	锅炉容量 420t/h	台	184112.73	7819.00	164541.66	11752.07
YJ1-110	锅炉容量 670t/h	台	262456.20	8803.00	239913.73	13739.47
YJ1-111	锅炉容量 1025t/h	台	396995.91	10332.00	368870.79	17793.12
YJ1-112	锅炉容量 1900t/h	台	448488.57	13530.00	415493.99	19464.58
YJ1-113	锅炉容量 3050t/h	台	532679.07	14268.00	498509.86	19901.21
1.18 本体油漆						
YJ1-114	锅炉容量 220 t/h	t	123.04	49.16	61.60	12.28
YJ1-115	锅炉容量 410～670 t/h	t	120.00	48.29	61.60	10.11

续表

定额号	项 目 名 称	单位	基价（元）	其中（元）		
				人工费	材料费	机械费
YJ1-116	锅炉容量　1025～2008　t/h	t	109.22	43.94	56.13	9.15
YJ1-117	锅炉容量　3050　t/h	t	104.43	39.15	56.13	9.15

第2章 锅炉附属设备安装

说　明

1．工作内容：

（1）基础检查验收、中心线校核、划线、基础铲平或基础预埋框架安装。

（2）设备开箱、清点、整理、搬运、检查、安装、中心复校、单体试运。

（3）垫铁的配制、安装及联轴器保护罩等安装。

（4）配合二次浇灌。

（5）随设备供货的平台、扶梯、栏杆的安装。

2．未包括的工作内容：

（1）电动机冷却风筒的制作、安装。

（2）冷却水管路安装。

（3）平台、扶梯、栏杆、地脚螺栓的配制。

（4）设备本体表面底漆修补及表面油漆。

3．其他说明：

带有油循环系统的润滑油和附机轴承箱用油等按设备供货考虑。

（一）磨煤机安装

工程范围及工作内容：

1．钢球磨煤机安装：

（1）主轴承检修平台搭拆，平台板、球面台板研磨及组装，传动机、减速机检查、组装，顶轴及盘车系统检查、安装，端盖与筒体组装。

（2）筒体内衬瓦、出入口短管及密封装置的安装。

（3）主轴承研刮及冷却水室检查、清理、水压试验。

（4）台板、筒体、传动齿轮、传动机、减速机及电动机的安装。

（5）筒体隔音罩、固定隔音罩、传动齿轮罩的安装。

（6）润滑油站设备及附件的清理、检查、安装，油循环过滤及调整。

（7）二次灌浆后的复查。

（8）钢球添加装置安装，磨煤机试运及钢球添加。

（9）钢瓦螺丝二次紧固及主轴承二次研刮。

（10）随设备供货的本体平台、扶梯、栏杆及围栅的安装。

2．双进双出钢球磨煤机安装：

（1）主轴承检修平台搭拆，平台板、球面台板研磨及组装，传动机、减速机检查及组装，端盖与筒体组装，主轴承研刮及冷却水室检查、清理、水压试验。

（2）台板、罐体、传动齿轮、传动机、减速机、电动机的安装。

（3）筒体内衬瓦、原煤输入短管、煤粉分离器、煤粉输出短管、空气系统短管及密封装置的安装。

（4）罐体隔音罩、固定隔音罩、传动齿轮罩及随设备供货的平台、扶梯及栏杆的安装。

（5）油箱、油泵、滤油器、冷油器和随设备供货的油管路及附件的清洗、检查、安装，油循环过滤。

（6）二次灌浆后的复查，钢球供给系统安装，加装钢球。

（7）钢瓦螺栓的二次紧固，主轴承二次研刮。

（8）随设备供货的消防、清洗系统设备及管路、管件、阀门等附件的安装。

（9）随设备供货的气动控制系统设备及管路、管件、阀门等附件的安装。

3．中速磨煤机安装：

（1）减速机检查及组装。

（2）机座、磨盘、磨辊检查，弹簧装置调整及安装。

（3）润滑油站设备及附件的清理、检查、安装，油循环过滤及调整。

（4）减速机、电动机安装。

（5）煤粉分离器及附件安装，挡板调整。

（6）石子煤排放装置安装。

（7）随设备供货的消防装置的安装。

（8）本体平台、扶梯、栏杆的安装。

4．风扇磨煤机安装：

（1）轴承箱检查，冷却水室水压试验、机壳固定、叶轮装配。

（2）风扇间隙调整、电动机安装。

（3）冷油器水压及油系统的检查、安装。

（4）煤粉分离器及附件安装，挡板调整。

（5）本体平台、扶梯、栏杆的安装。

（二）给煤机安装

工程范围及工作内容：

（1）电磁振动式：本体设备与电磁振动器的检查、清理、安装。

（2）埋刮板式：本体设备、减速机及刮板检查，机体就位、找正、固定，刮板组装及调整。

（3）电子重力式：本体设备安装、密封管安装，间隙调整。

（三）叶轮给粉机安装

工程范围及工作内容：机体检查、测量、组装，整机就位、固定，电动机安装。

（四）螺旋输粉机安装

1．工程范围及工作内容：

（1）减速机检查、清理、组装，吊瓦研刮，机壳及螺旋叶就位、找正、固定。

（2）减速机、落粉管、闸门板、机壳盖板及电动机安装。

2．螺旋输粉机每台长度按10m考虑，实际长度不同时，可另执行长度调整定额。调整定额中螺旋输粉机的型号按综合考虑，调整单位统一为10m，不足10m按10m计算。

（五）轴流式引、送风机安装及轴流式一次风机安装

工程范围及工作内容：

（1）风机及电动机轴瓦的检查、研刮。

（2）机壳、主轴承、转子、进气室、扩压器、密封装置、动（静）叶调节器、电动机及空冷器、联轴器外套、罩壳的安装。

（3）本体平台、扶梯、栏杆的安装。
（4）润滑油系统安装，冷油器及空冷器水压检漏，润滑油管路内部处理（蒸汽吹扫或酸洗）。
（5）润滑油系统试验、调整。
（6）风机叶片结构检查、修整。
（六）离心式引、送风机安装及离心式一次风机安装、排粉风机安装、其他风机安装
工程范围及工作内容：
（1）轴承检查、测量、清理、组装。
（2）轴承冷却水室的水压试验、就位、找正、固定。
（3）机壳、叶轮、喇叭口等的安装、间隙调整。
（4）进口调节挡板校验、检查及安装。
（5）电动机安装。
（6）转子的平衡试验。
（七）空气压缩机安装
工程范围及工作内容：
（1）本体检查，曲轴瓦、活塞杆瓦研刮，阀片检查、研磨。
（2）气缸塞、冷却器的水压试验、安装。
（3）油泵、滤气器、卸荷阀的检查、安装。
（4）机体、电动机、皮带轮、皮带及罩壳的安装。
（5）空气干燥器、储气罐及其附件的安装、调试。

未包括冷却水及其连接管路安装。

（八）基础预埋框架及埋件安装

1．工程范围：锅炉钢炉架立柱与混凝土基础之间连接用的预埋框架、辅机基础的基础预埋框架或预埋件的安装。其他章节设备或辅机的基础预埋框架安装可参照执行本定额。

2．工作内容：标高测定，基础预埋框架或预埋件的找正、固定。

定额号	项 目 名 称	单位	基价（元）	其中（元）		
				人工费	材料费	机械费
2.1 磨煤机安装						
2.1.1 钢球磨煤机						
YJ2-1	钢球磨煤机 14t/h	台	42659.11	29346.00	6854.70	6458.41
YJ2-2	钢球磨煤机 16t/h	台	46037.91	31208.00	8308.71	6521.20
YJ2-3	钢球磨煤机 20t/h	台	51237.51	32298.00	10510.24	8429.27
YJ2-4	钢球磨煤机 25t/h	台	57771.63	36866.00	12423.83	8481.80
YJ2-5	钢球磨煤机 30t/h	台	67172.52	43508.00	14953.82	8710.70
YJ2-6	钢球磨煤机 35t/h	台	82611.28	45669.00	17355.81	19586.47
YJ2-7	钢球磨煤机 42t/h	台	88714.81	48235.00	20534.82	19944.99
YJ2-8	钢球磨煤机 50t/h	台	93328.31	50309.00	22989.70	20029.61
2.1.2 双进双出钢球磨煤机						
YJ2-9	双进双出钢球磨煤机 22t/h	台	49830.73	34210.00	10610.84	5009.89
YJ2-10	双进双出钢球磨煤机 60t/h	台	101582.21	61320.00	19869.56	20392.65
YJ2-11	双进双出钢球磨煤机 90t/h	台	119372.27	64193.00	26484.14	28695.13
YJ2-12	双进双出钢球磨煤机 105t/h	台	129031.46	70942.00	29056.07	29033.39
2.1.3 中速磨煤机						
YJ2-13	中速磨煤机 ≤40t/h	台	36965.76	24123.00	4442.87	8399.89

续表

定额号	项　目　名　称	单位	基价（元）	其中（元）		
				人工费	材料费	机械费
YJ2-14	中速磨煤机　≤50t/h	台	38530.41	25145.00	4920.53	8464.88
YJ2-15	中速磨煤机　≤60t/h	台	40313.10	26432.00	5351.53	8529.57
YJ2-16	中速磨煤机　≤80t/h	台	44244.62	27753.00	5700.31	10791.31
YJ2-17	中速磨煤机　≤100t/h	台	45972.86	28775.00	6249.85	10948.01
YJ2-18	中速磨煤机　＞100t/h	台	47657.28	30062.00	6490.03	11105.25
2.1.4　风扇磨煤机						
YJ2-19	风扇磨煤机　FM275・590	台	13307.53	4353.00	3331.49	5623.04
YJ2-20	风扇磨煤机　FM275・760	台	14520.16	5428.00	3415.35	5676.81
YJ2-21	风扇磨煤机　FM318・630	台	20346.36	8494.00	4200.10	7652.26
YJ2-22	风扇磨煤机　FM318・644	台	22681.89	10678.00	4297.87	7706.02
YJ2-23	风扇磨煤机　FM340・760	台	26481.07	11806.00	4993.60	9681.47
YJ2-24	风扇磨煤机　FM340・820	台	30368.12	14766.00	5920.65	9681.47
YJ2-25	风扇磨煤机　FM340・880	台	31315.39	15489.00	6126.01	9700.38
2.2　给煤机安装						
2.2.1　电磁振动式给煤						
YJ2-26	电磁振动式给煤机　20t/h	台	2595.61	965.00	465.26	1165.35

续表

定额号	项　目　名　称	单位	基价（元）	其中（元）		
				人工费	材料费	机械费
YJ2-27	电磁振动式给煤机　50t/h	台	2891.60	1254.50	471.75	1165.35
YJ2-28	电磁振动式给煤机　100t/h	台	3178.10	1351.00	655.97	1171.13
YJ2-29	电磁振动式给煤机　200t/h	台	3415.74	1544.00	693.50	1178.24
YJ2-30	电磁振动式给煤机　300t/h	台	3740.38	1833.50	721.36	1185.52
2.2.2　埋刮板式给煤机						
YJ2-31	埋刮板式给煤机　40t/h	台	2994.03	1172.00	701.24	1120.79
YJ2-32	埋刮板式给煤机　60t/h	台	3452.11	1607.20	724.12	1120.79
YJ2-33	埋刮板式给煤机　80t/h	台	3712.40	1780.90	807.06	1124.44
YJ2-34	埋刮板式给煤机　100t/h	台	4524.30	2561.60	838.26	1124.44
YJ2-35	皮带式给煤机	台	3728.38	1866.80	734.37	1127.21
2.2.3　电子重力式给煤机						
YJ2-36	电子重力式给煤机　≤25t/h	台	3252.39	1582.60	537.84	1131.95
YJ2-37	电子重力式给煤机　≤100t/h	台	3747.10	1891.40	713.06	1142.64
YJ2-38	电子重力式给煤机　≤150t/h	台	3963.20	2045.80	760.86	1156.54
YJ2-39	电子重力式给煤机　＞150t/h	台	4181.37	2200.20	804.31	1176.86

续表

定额号	项目名称	单位	基价（元）	其中（元）		
				人工费	材料费	机械费
2.3 叶轮给粉机安装						
YJ2-40	叶轮给粉机 1.5t/h	台	952.53	482.50	63.26	406.77
YJ2-41	叶轮给粉机 3t/h	台	1103.82	631.60	65.45	406.77
YJ2-42	叶轮给粉机 6t/h	台	1154.27	675.50	72.00	406.77
YJ2-43	叶轮给粉机 9t/h	台	1205.95	722.80	76.38	406.77
YJ2-44	叶轮给粉机 12t/h	台	1258.81	772.00	80.04	406.77
2.4 螺旋输粉机安装						
YJ2-45	螺旋输粉机 GX3 3～10t/h	台	2636.87	1447.50	197.00	992.37
YJ2-46	螺旋输粉机 GX4 ≤18t/h	台	2842.84	1640.50	209.97	992.37
YJ2-47	螺旋输粉机 GX5 18～35t/h	台	3175.00	1930.00	252.63	992.37
YJ2-48	螺旋输粉机 GX6 ＞35t/h	台	3478.16	2219.50	266.29	992.37
YJ2-49	螺旋输粉机 长度调整 综合	10m	1083.34	193.00	22.09	868.25
2.5 轴流式引风机安装						
YJ2-50	轴流式引风机（静调） 325m^3/s 及以下	台	50801.30	28370.00	14486.82	7944.48

续表

定额号	项 目 名 称	单位	基价（元）	其中（元）		
				人工费	材料费	机械费
YJ2-51	轴流式引风机（静调） 485～700m^3/s	台	55532.98	30395.00	15874.92	9263.06
YJ2-52	轴流式引风机（静调） 720m^3/s 及以上	台	57900.86	31330.00	16960.80	9610.06
2.6 轴流式送风机安装						
YJ2-53	轴流式送风机（动调） 112～150m^3/s	台	40721.73	23824.00	9884.57	7013.16
YJ2-54	轴流式送风机（动调） 214～350m^3/s	台	49900.34	26943.00	14703.93	8253.41
YJ2-55	轴流式送风机（动调） 369m^3/s 及以上	台	52268.24	27242.00	15701.46	9324.78
2.7 轴流式一次风机安装						
YJ2-56	轴流式一次风机（动调） 80～92m^3/s	台	32635.66	20970.00	7085.31	4580.35
YJ2-57	轴流式一次风机（动调） 100～160m^3/s	台	39346.13	23718.00	9566.06	6062.07
YJ2-58	轴流式一次风机（动调） 177m^3/s 及以上	台	44583.32	25815.00	11047.11	7721.21
2.8 离心式引、送风机安装						
2.8.1 离心式引风机						
YJ2-59	引风机 （Y4-73-11） No14D 63954～111920m^3/h	台	10633.25	5076.00	2444.59	3112.66
YJ2-60	引风机 （Y4-73-11） No16D 95466～167065m^3/h	台	12901.92	6045.00	2791.16	4065.76
YJ2-61	引风机 （Y4-73-11） No18D 135927～237872m^3/h	台	15124.99	7491.00	3055.10	4578.89

续表

定额号	项　目　名　称	单位	基价（元）	其中（元）		
				人工费	材料费	机械费
YJ2-62	引风机（Y4-73-11）No20D　186457～326300m^3/h	台	18980.96	9323.00	3470.07	6187.89
YJ2-63	引风机（Y4-73-11）No22D　248174～434305m^3/h	台	22669.28	12056.00	4478.18	6135.10
YJ2-64	引风机（Y4-73-11）No25D　364174～637304m^3/h	台	27724.92	15137.00	5105.41	7482.51
YJ2-65	引风机（Y4-73-11）No28D　435000～810000m^3/h	台	33006.59	19172.00	5785.16	8049.43
YJ2-66	引风机（Y4-73-11）No29.5D　511638～895367m^3/h	台	35214.30	19505.00	7449.76	8259.54
2.8.2　离心式送风机						
YJ2-67	送风机（G4-73-11）No14D　67467～111925m^3/h	台	10156.95	4317.00	2345.77	3494.18
YJ2-68	送风机（G4-73-11）No16D　100709～167072m^3/h	台	12071.69	5727.00	2681.72	3662.97
YJ2-69	送风机（G4-73-11）No18D　143392～237882m^3/h	台	15145.02	7154.00	3049.86	4941.16
YJ2-70	送风机（G4-73-11）No20D　196697～326312m^3/h	台	17971.62	8335.00	3736.26	5900.36
YJ2-71	送风机（G4-73-11）No22D　261804～434322m^3/h	台	21355.89	10379.00	4781.47	6195.42
YJ2-72	送风机（G4-73-11）No25D　384174～637329m^3/h	台	25238.27	12211.00	5401.21	7626.06
YJ2-73	送风机（G4-73-11）No28D　410425～680878m^3/h	台	28495.48	14467.00	6198.22	7830.26
YJ2-74	送风机（G4-73-11）No29.5D　446484～781347m^3/h	台	33942.88	17885.00	8126.48	7931.40

续表

定额号	项　目　名　称	单位	基价（元）	其中（元）		
				人工费	材料费	机械费
2.8.3　双吸双速引风机						
YJ2-75	双吸双速引风机（Y4-2×73）No28.5F　668116～1336233m^3/h	台	36945.55	21568.00	7045.70	8331.85
YJ2-76	双吸双速引风机（Y4-2×73）No37F　1385800～2836800m^3/h	台	42671.99	24017.00	8130.69	10524.30
2.9　离心式一次风机安装						
YJ2-77	离心式一次风机　70000～120000m^3/h	台	17671.72	8687.00	2378.80	6605.92
YJ2-78	离心式一次风机　170000m^3/h	台	21568.15	11541.00	3157.14	6870.01
YJ2-79	离心式一次风机　222274m^3/h	台	25906.89	14414.00	4360.16	7132.73
2.10　排粉风机安装						
YJ2-80	排粉风机　7-29-11　No13	台	5930.05	2562.00	1164.55	2203.50
YJ2-81	排粉风机　7-29-11　No14.5	台	7219.65	2895.00	1430.75	2893.90
YJ2-82	排粉风机　M9-26　No15D	台	8131.17	3334.00	1891.59	2905.58
YJ2-83	排粉风机　M9-27-11　No16.5D	台	9597.74	3773.00	2236.54	3588.20
YJ2-84	排粉风机　7-29-12　No16D	台	10101.44	3913.00	2588.56	3599.88

续表

定额号	项　目　名　称	单位	基价（元）	其中（元）		
				人工费	材料费	机械费
2.11　其他风机安装						
2.11.1　密封风机						
YJ2-85	密封风机　9-19　No10	台	2632.11	1351.00	434.75	846.36
YJ2-86	密封风机　9-26　No9-3	台	2766.30	1421.00	495.05	850.25
YJ2-87	密封风机　9-9　140-3	台	2956.47	1544.00	559.11	853.36
2.11.2　点火、扫描风机						
YJ2-88	轴流式　$Q\leqslant6000m^3/h$	台	1471.42	728.10	116.78	626.54
YJ2-89	轴流式　$Q>6000m^3/h$	台	1736.21	940.40	160.45	635.36
YJ2-90	离心式　$Q\leqslant3200m^3/h$	台	1312.49	579.00	107.73	625.76
YJ2-91	离心式　$Q>3200m^3/h$	台	1577.73	796.60	146.29	634.84
2.12　空气压缩机安装						
YJ2-92	空压机及附件　$1.5m^3/min$　0.7MPa	台	3113.06	1771.20	401.65	940.21
YJ2-93	空压机及附件　$3m^3/min$　0.8MPa	台	4030.78	2361.60	473.03	1196.15
YJ2-94	空压机及附件　$6m^3/min$　0.8MPa	台	5562.28	3247.20	592.75	1722.33
YJ2-95	空压机及附件　$10m^3/min$　0.7MPa	台	6540.45	3936.00	658.64	1945.81

续表

定额号	项 目 名 称	单位	基价（元）	其中（元）		
				人工费	材料费	机械费
YJ2-96	空压机及附件 22m^3/min 0.7MPa	台	7662.21	4624.80	720.47	2316.94
YJ2-97	空压机及附件 35m^3/min 0.8MPa	台	8712.31	5362.80	793.30	2556.21
YJ2-98	空压机及附件 46m^3/min 0.8MPa	台	9902.50	6150.00	894.96	2857.54
YJ2-99	储气罐安装 ≤2.5m^3	台	1299.13	590.40	64.89	643.84
YJ2-100	储气罐安装 ≤6m^3	台	1587.08	861.00	78.35	647.73
YJ2-101	储气罐安装 ≤10m^3	台	1727.43	984.00	91.81	651.62
2.13 基础预埋框架及埋件安装						
YJ2-102	锅炉基础预埋框架 ≤300kg/件	t	1042.71	606.38	230.95	205.38
YJ2-103	锅炉基础预埋框架 ＞300kg/件	t	934.36	531.06	219.34	183.96
YJ2-104	辅机基础埋件 ≤100kg/件	t	1240.00	720.57	260.35	259.08
YJ2-105	辅机基础埋件 ＞100kg/件	t	1106.43	644.38	236.50	225.55

第3章 烟、风、煤管道及锅炉辅助设备安装

说　　明

1．工作内容：

（1）基础验收、中心线校核、划线、测量标高、垫铁配制。

（2）设备搬运、开箱、清点、分类复核、检查、校正、加垫、组合、起吊、找正、焊接、固定。

（3）就地一次仪表及阀门的安装。

（4）设备液位计安装，液位计保护罩的制作、安装。

（5）配合二次灌浆。

2．未包括的工作内容：

（1）烟、风、煤管道的制作或烟、风道半成品（指按侧片交货）的组装。

（2）设备附件、风门、人孔门、防爆门、支吊架等的配制。

（3）设备的周围平台、梯子、栏杆、支架及防雨罩的配制。

（4）不随设备供货而与设备连接的各种管道安装。

（5）设备的保温及保温面的油漆。

（6）设备本体表面底漆修补及表面油漆。

（一）烟、风、煤管道安装

1．工程范围：各类管道、防爆门、人孔门、伸缩节、挡板、闸门、锁气器、测风装置、传动操作装置、木块及木屑分离器、配风箱、法兰、补偿器、混合器及支吊架等的安装。

2．工作内容：

（1）管道及管件（补偿器、弯头、大小头、方圆节、人孔门、防爆门等）及支吊架的组合、焊接、安装，各种门类及操作装置的检查、安装，开度指示的校核，管道安装焊缝的渗油试验。

（2）制粉管道的回粉管及管件、阀门、支吊架等的安装。

（3）送粉管道的煤粉仓放空管、落粉管、煤粉再循环管道、混合器及送粉管道上的吹扫管的安装。

3．未包括的工作内容：

（1）管道内部防磨衬里。

（2）制粉系统的蒸汽消防管道安装。

（二）测粉装置安装

1．工程范围：标尺、绞车、滑轮、浮漂等手动测粉装置的安装。

2．工作内容：手摇绞车、粉位刻度标尺、滑轮组、浮漂及支吊架的安装，平台打洞，穿绳套管固定，钢丝绳结扣，浮漂高度的调整，标尺刻度标定，保险绳安装。

未包括测粉装置的加工、配制。

（三）煤粉分离器安装

1．工程范围：设备本体、操作装置、防爆门及人孔门的安装。

2．工程内容：设备检查、组合、焊接、吊装、就位、固定，调节挡板或套筒的调整，开度指示的校核，人孔门封闭，防爆门加膜片。

未包括防爆门引出管的配制、安装。

（四）除尘器安装

1．电除尘器工程范围及工作内容：

（1）校正平台的搭拆，起吊专用工具的配制、组合，侧墙板、柱、梁、阴阳极板、上部盖板、灰斗、进出喇叭口、平台扶梯及保温箱的组合、安装，阴阳极振打装置检查、安装，漏风试验，振打试验，配合电场带电升压试验及试验后的缺陷消除。

（2）灰斗下方的锁气器、导向挡板、落灰管的安装，以及灰斗部分的平台、扶梯、栏杆、支架等的组合、安装。

（3）电除尘壳体、灰斗等部位焊缝的渗油试验，灰斗和顶部大梁热装置通电试验，冷态气流分布试验。

未包括灰斗下方的导向挡板、落灰管的配制。

2．布袋除尘器工程范围及工作内容：

（1）箱体、旁路系统、喷吹系统、预喷涂系统、喷水降温系统、灰斗及支座、进出风口、压缩气体管路（含储气罐）、袋笼及布袋的组合安装，漏风试验及试验后的缺陷消除。

（2）灰斗下方的手动插板阀安装。

（3）除尘器箱体、灰斗等部位的渗油试验及试验后的缺陷消除。

（五）扩容器安装

1．工程范围：定期排污扩容器、连续排污扩容器、疏水扩容器、汽水分离器及随本体供货的附件安装。

2．工作内容：

（1）基础划线，垫铁配制，本体吊装、就位、固定。

（2）内部清理，孔盖加垫封闭，阀门、水位计研磨安装，其他附件的安装、调整。

未包括排汽管、疏水管的安装。

（六）消声器安装

工程范围及工作内容：消声器及支架的组合、安装。

未包括消声器本体及支架的配制。

（七）其他金属结构及设备安装

工程范围及工作内容：

（1）平台、扶梯、栏杆、撑架及防雨罩的组合、安装。

（2）暖风器检查、水压试验、框架组合、安装及密封。

未包括暖风器框架的配制。

（八）启动锅炉安装

1．工程范围：

（1）锅炉本体及本体范围内的管道、阀门、管件、仪表、水位计等附件的安装。

（2）与锅炉配套的附属机械、辅助设备及相关的配件、附件的安装。

2．工作内容：

（1）钢架、汽包、水冷系统、过热系统、省煤器、空气预热器、本体管路的安装。

（2）各种金属结构、平台、扶梯和随本体供货的烟风道及其他本体附件的安装。

（3）与锅炉配套的风机、给水泵、燃油泵等设备的安装。

（4）锅炉水压试验、风压试验、烘煮炉、蒸汽严密性试验、安全阀校验，以及上述各种试验相关的安装工作。

3．未包括的工作内容：

（1）炉墙砌筑及保温。

（2）本体外汽水油管道、阀门、管件的安装，热工仪表的校验、调整、安装。

（3）不属于制造厂供货的金属构件、连接平台、烟风道等的安装。

定额号	项 目 名 称	单位	基价（元）	其中（元）		
				人工费	材料费	机械费
3.1 烟、风、煤管道安装						
3.1.1 烟、风道及制粉管道						
YJ3-1	烟、风道 钢板厚度 ≤4mm	t	809.61	309.96	130.86	368.79
YJ3-2	烟、风道 钢板厚度 ＞4mm	t	734.61	272.27	110.02	352.32
YJ3-3	制粉管道	t	786.17	344.05	133.06	309.06
3.1.2 送粉管道						
YJ3-4	直径 ϕ273mm	t	1154.88	487.08	187.86	479.94
YJ3-5	直径 ϕ325mm	t	1091.16	462.48	175.24	453.44
YJ3-6	直径 ϕ377mm	t	1040.47	448.25	160.52	431.70
YJ3-7	直径 ϕ426mm	t	1006.15	433.49	153.02	419.64
YJ3-8	直径 ϕ480mm	t	969.03	418.73	145.21	405.09
YJ3-9	直径 ϕ530mm	t	928.89	403.44	136.11	389.34
YJ3-10	直径 ≥ϕ630mm	t	894.92	387.62	129.80	377.50
3.1.3 原煤管道						
YJ3-11	每套重量 ≤3t	套	4708.83	1505.90	581.28	2621.65
YJ3-12	每套重量 ≤4t	套	5047.33	1549.80	684.62	2812.91

续表

定额号	项 目 名 称	单位	基价（元）	其中（元）		
				人工费	材料费	机械费
YJ3-13	每套重量 ≤5t	套	6228.45	1683.40	841.07	3703.98
YJ3-14	每套重量 ≤6t	套	7563.08	1904.80	989.92	4668.36
YJ3-15	每套重量 ≤7t	套	12161.18	2126.20	4252.73	5782.25
YJ3-16	每套重量 ≤10t	套	15124.09	2966.00	5105.16	7052.93
3.2 测粉装置安装						
YJ3-17	标尺比例 1:01	套	1713.33	688.80	707.95	316.58
YJ3-18	标尺比例 1:02	套	1762.53	738.00	707.95	316.58
3.3 煤粉分离器安装						
3.3.1 粗粉分离器						
YJ3-19	直径 ϕ2200mm	台	3195.63	984.00	747.87	1463.76
YJ3-20	直径 ϕ2800mm	台	3600.84	1279.20	826.83	1494.81
YJ3-21	直径 ϕ3400mm	台	5833.13	1574.40	891.43	3367.30
YJ3-22	直径 ϕ4000mm	台	7440.18	2410.80	1116.37	3913.01
YJ3-23	直径 ϕ4300mm	台	10069.24	2755.20	1273.61	6040.43
YJ3-24	直径 ϕ4700mm	台	11770.82	3394.80	1671.12	6704.90

续表

定额号	项 目 名 称	单位	基价（元）	其中（元）		
				人工费	材料费	机械费
YJ3-25	直径 ϕ5100mm	台	11000.48	4034.40	2011.11	4954.97
3.3.2 细粉分离器						
YJ3-26	直径 ϕ2650mm	台	5179.15	1131.60	750.37	3297.18
YJ3-27	直径 ϕ3000mm	台	6057.05	1328.40	792.04	3936.61
YJ3-28	直径 ϕ3250mm	台	6834.05	1426.80	831.20	4576.05
YJ3-29	直径 ϕ3500mm	台	7508.19	1426.80	865.91	5215.48
YJ3-30	直径 ϕ4000mm	台	8493.50	1672.80	949.79	5870.91
YJ3-31	直径 ϕ4250mm	台	9373.97	1771.20	1051.28	6551.49
YJ3-32	直径 ϕ4500mm	台	10264.05	1869.60	1174.95	7219.50
3.4 除尘器安装						
3.4.1 电除尘器						
YJ3-33	电除尘器 锅炉容量 670t/h	t	878.56	413.28	147.41	317.87
YJ3-34	电除尘器 锅炉容量 1025t/h	t	941.71	393.60	144.39	403.72
YJ3-35	电除尘器 锅炉容量 1900t/h	t	971.91	369.00	143.36	459.55
YJ3-36	电除尘器 锅炉容量 3050t/h	t	1004.73	344.40	142.76	517.57

续表

定额号	项 目 名 称	单位	基价（元）	其中（元）		
				人工费	材料费	机械费
3.4.2 电袋、布袋除尘器						
YJ3-37	电袋除尘器	t	1024.07	350.72	137.98	535.37
YJ3-38	布袋除尘器	t	1070.83	370.40	145.47	554.96
3.5 扩容器安装						
3.5.1 定期排污扩容器						
YJ3-39	容积 ≤5m^3	台	1594.44	482.20	134.20	978.04
YJ3-40	容积 ≤10m^3	台	1811.70	661.60	168.41	981.69
YJ3-41	容积 ≤15m^3	台	2271.02	721.40	206.61	1343.01
YJ3-42	容积 ＞15m^3	台	2441.45	842.90	251.34	1347.21
3.5.2 连续排污扩容器						
YJ3-43	容积 ≤1.5m^3	台	1541.82	601.80	102.86	837.16
YJ3-44	容积 ≤3m^3	台	1825.68	852.55	132.27	840.86
YJ3-45	容积 ≤5m^3	台	2055.42	1053.15	160.78	841.49
YJ3-46	容积 ≤10m^3	台	2813.42	1203.60	206.51	1403.31
YJ3-47	容积 ＞10m^3	台	3097.97	1454.35	239.42	1404.20

续表

定额号	项 目 名 称	单位	基价（元）	其中（元）		
				人工费	材料费	机械费
3.5.3 疏水扩容器						
YJ3-48	容积 ≤0.5m³	台	825.29	250.75	92.39	482.15
YJ3-49	容积 ≤1.5m³	台	1190.32	401.20	129.12	660.00
YJ3-50	容积 ≤5m³	台	1866.48	551.65	182.86	1131.97
YJ3-51	容积 ≤10m³	台	2376.54	702.10	243.04	1431.40
YJ3-52	容积 ≤30m³	台	3412.43	1103.30	364.34	1944.79
YJ3-53	容积 ≤70m³	台	5413.75	1805.40	601.11	3007.24
YJ3-54	容积 ≤100m³	台	7077.47	2357.05	781.46	3938.96
3.5.4 汽水分离器						
YJ3-55	容积 ≤5m³	台	2039.28	852.55	169.43	1017.30
YJ3-56	容积 ≤10m³	台	2822.90	1053.15	221.66	1548.09
YJ3-57	容积 ＞10m³	台	3381.04	1203.60	262.60	1914.84
3.6 消声器安装						
3.6.1 排气消声器						
YJ3-58	高压级	台	1757.00	344.40	169.21	1243.39

续表

定额号	项 目 名 称	单位	基价（元）	其中（元）		
				人工费	材料费	机械费
YJ3-59	超高压级	台	2176.01	492.00	206.72	1477.29
YJ3-60	亚临界级	台	2753.64	590.40	283.82	1879.42
YJ3-61	超临界级	台	3717.79	688.80	340.60	2688.39
YJ3-62	超超临界级	台	4671.23	787.20	391.72	3492.31
3.6.2 送风机入口消声器						
YJ3-63	消声器型号 DZ5	台	2289.97	590.40	202.25	1497.32
YJ3-64	消声器型号 DZ12	台	3096.18	1131.60	362.73	1601.85
YJ3-65	消声器型号 DZ20	台	4075.75	1722.00	530.56	1823.19
YJ3-66	消声器型号 DZ30	台	5263.03	2164.80	699.26	2398.97
YJ3-67	消声器型号 DZ60	台	6161.50	2755.20	876.38	2529.92
3.7 其他金属结构及设备安装						
3.7.1 其他金属结构						
YJ3-68	平台扶梯栏杆	t	1139.37	471.60	140.19	527.58
YJ3-69	设备支架组 ≤0.5t/组	t	1093.35	587.92	199.21	306.22
YJ3-70	设备支架组 ≤1t/组	t	1012.73	503.31	151.09	358.33

续表

定额号	项 目 名 称	单位	基价（元）	其中（元）		
				人工费	材料费	机械费
YJ3-71	设备支架组 ≤2t/组	t	1011.14	449.35	114.52	447.27
YJ3-72	设备支架组 ＞2t/组	t	974.36	377.53	88.20	508.63
3.7.2 NT 型暖风器						
YJ3-73	管排数 2	组	1216.50	590.40	117.44	508.66
YJ3-74	管排数 2.5	组	1400.14	688.80	146.46	564.88
YJ3-75	管排数 3	组	1582.20	787.20	174.91	620.09
3.8 启动锅炉安装						
YJ3-76	燃油锅炉 20t/h	台	124898.67	43542.00	14958.69	66397.98
YJ3-77	燃油锅炉 35t/h	台	238725.32	99577.00	27151.50	111996.82
YJ3-78	燃油锅炉 50t/h	台	292625.71	119503.00	33124.92	139997.79

第4章　筑炉、保温

说　明

1．适用范围：

（1）本章定额适用于轻型炉墙砌筑和设备、管道的保温工程。

（2）锅炉本体炉墙砌筑、保温的工程范围以锅炉制造厂的设计为准。

（3）循环流化床锅炉的旋风分离器和外置式换热器的内衬砌筑不适用于本定额。

2．保温定额中的材料说明：

（1）硬质材料，指使用时基本保持原形的硬质成型绝热制品，如微孔硅酸钙、珍珠岩制品等。

（2）矿纤材料，指矿物纤维毡状绝热制品。其半硬质制品在 2kPa 荷重下可压缩性为 6%～30%，或弯曲度在 90°以下时能恢复原状；其软质制品在相同荷重下可压缩性为 30%，或弯曲度在 90°以上时仍不损坏，如岩棉、矿棉、硅酸铝棉、玻璃棉、复合硅酸盐等制品。

（3）汽轮机打底料，指以块状保温材料为主保温层的复合式保温结构的打底材料，用于国产及引进型机组的汽轮机缸体保温。

（4）支承件，指用于烟风道、电除尘及管道垂直段的支承绝热层或保护层的金属件（如钢筋网格、钢板网、托架、支承环、支承板等）。

（5）异形件，指采用金属薄板（如镀锌铁皮）按金属护壳结构图加工成各种形式的异形配件，用于烟、风道，电除尘器等压型板（波形或槽形金属护壳板）的连接。

3．关于装置性材料的说明：

（1）本定额中未列示的构成工程量的装置性材料，其损耗率见表 4-1。部分装置性材料使用量无法采用损耗率表示的，其使用量见有关节的说明。

（2）本定额中锅炉炉墙砌筑及本体设备保温所需的自锁保温钉按制造厂供货考虑，未列入计价材料内。

（3）炉墙保温制品的配合比，参见本章附录。

表 4-1　　炉墙、保温材料损耗率

材料名称	损耗率（%）	材料名称	损耗率（%）
耐火混凝土	6.0	硅酸铝毡	4.0
磷酸盐混凝土	10.0	石棉硅藻土	15.0
耐火塑料	6.0	石棉绒剂	4.0
耐火砖	3.0	抹面材料	6.0
硅酸盐保温混凝土	4.0	硅酸钙专用抹面材料	6.0
硬质保温制品	6.0	密封涂料	5.0
珍珠岩	10.0	镀锌钢板	20.0
矿纤保温制品	4.0	波形板及外压条	25.0
岩棉毡	4.0		

（一）敷管式及膜式水冷壁炉墙砌筑

1．工程范围：直斜墙及包墙定额适用于水冷壁直斜炉墙及包墙、冷灰斗炉墙、过热器包墙。炉顶部分定额适用于平顶棚炉墙。炉墙抹面及密封涂料定额适用于全炉。

2．工作内容：

（1）耐火混凝土："L"形钩钉焊接，铁丝网下料、敷设定位。

（2）炉底磷酸盐混凝土：工作表面清扫、除垢及局部油漆防腐，膨胀缝设置五合板，闷料及搅拌，分层捣固，层间打毛，养护。

（3）膜式水冷壁保温混凝土："L"形钩钉焊接，铁丝网下料、敷设及定位，保温混凝土浇灌。

（4）炉墙抹面及密封涂料：铁丝网下料、敷设及定位，抹面及涂料涂抹压光。

3．未包括的工作内容：

（1）炉墙金属密封件安装。

（2）炉墙金属护板（波形板）、支承连接件安装。

（3）脚手架搭拆。

（二）框架式炉墙砌筑

1．适用范围：410t/h 以下锅炉尾部及 420t/h 以上锅炉省煤器部位的框架结构炉墙。

2．工作内容：

（1）预制平台铺设：材料搬运、放线下料、平台铺设。

（2）模板制作、安装、拆除。

（3）结构层浇注：框架搁置、找正定位，吊钩安装，钢筋加工点焊及绑扎，涂刷沥青，膨胀缝设置，耐火、保温混凝土配料，闷料浇灌、捣固、养护，拆模后修理，试块制作。

（4）保温制品砌筑或矿物棉板、毡铺设。

3．未包括的工作内容：

（1）框架拼装、校正、吊装就位、找正、连接及炉墙密封板施焊。

（2）平台铺设场地的平整夯实及支撑墩子砌筑。

（3）脚手架搭拆。

（三）炉墙中局部耐火混凝土浇灌

1．适用范围：

（1）耐火混凝土定额适用于各型炉墙节点中的零星部位，如灰渣斗及冷灰斗管子穿墙、炉顶及省煤器等管子穿墙、折焰角管子穿墙、空气预热器防磨及省煤器支承梁等，也适用于高温炉烟管中的耐火混凝土浇灌。

（2）耐火塑料定额适用于汽包底部及空气预热器伸缩节等投掷式施工部位。

（3）燃烧带定额适用于炉膛高温区带钩钉的水冷壁管表面敷设。

（4）保温混凝土定额适用于炉墙节点的零星部位。

2．工作内容：

（1）钢筋配制、焊接、绑扎。

（2）穿墙管表面涂刷沥青。

（3）模板制作、安装和拆除。

（4）骨料闷料、配料搅拌、投掷或浇灌、养护，拆模后的耐火混凝土表面修理。

3．未包括的工作内容：

脚手架搭拆。

（四）炉墙填料填塞

1．适用范围：

（1）石棉硅藻土、珍珠岩粉定额适用于加热面联箱外壳的填料填塞。

（2）石棉绒剂定额适用于炉墙施工图上注明部位带水混合的填料填塞。

（3）矿、岩、硅酸铝纤维棉定额用于覆盖于高硅氧纤维棉外层。

（4）高硅氧纤维棉定额适用于顶棚过热器穿墙管外的密封，也适用于施工图上注明的性质相近的填料施工。

2．工作内容：

填塞料部位清理，按压缩比或配比填塞、搅拌、修理。

3．未包括的工作内容：

（1）填塞部位的钢板密封焊接。

（2）脚手架搭拆。

4．装置性材料使用量（包括损耗量）：

（1）炉墙填料采用矿、岩、硅酸铝纤维棉时，每立方米的材料用量为110kg。

（2）炉墙填料采用高硅氧纤维棉时，每立方米的材料用量为202kg。

（五）炉墙、保温工程热态测试

1．适用范围：670t/h 及以上锅炉四侧和炉顶、主蒸汽管、再热蒸汽出口管、热风道、烟道的保温层或金属罩壳表面的热态检测。

2．工作内容：

（1）检测方案措施编写。

（2）测点埋设，数据测量记录、分析整理及编写评估报告。

（3）测点位置脚手架搭拆。

（六）炉墙砌筑脚手架及平台搭拆

1．适用范围：锅炉炉墙砌筑所需全部脚手架的搭拆。定额按锅炉容量编制，对不同炉型已作了综合考虑，使用时不作换算。

2．工作内容：材料搬运，架子搭设，铺板，搭设栏杆、围板，脚手架拆除，材料回收，场地清理。未包括安全网拉设。

本定额不适用于锅炉炉膛内的满膛脚手架、锅炉附属设备和锅炉本体有关保温施工的脚手架搭拆。

（七）设备保温

1．适用范围：

（1）汽轮机本体设备保温：高、中压缸，主蒸汽阀，导汽管，联合调门等。

（2）容器类保温：立、卧式加热器，除氧器，扩容器，热交换器等。

（3）箱类保温：除氧器水箱，软水、疏水、低位水箱，除盐水箱、储油罐等。

（4）锅炉本体设备保温：汽包、联箱、汽水连通管、空气预热器、转折罩、细灰斗等。

（5）锅炉附属机械及辅助设备保温：引风机，排粉风机，电除尘器，粗、细粉分离器等。

（6）烟、风、煤粉管道保温：锅炉烟、风、煤粉管道。

2．工作内容：

（1）设备表面污锈及尘土清除。

（2）保温钩钉的制作、安装，敷设主保温层，打灰浆及绑扎紧固铁丝和镀锌铁丝网。

（3）保温施工的脚手架搭拆。

3．未包括工作内容：

（1）汽轮机缸体保温用耐热圆钢螺杆的加工制作，主保温层的抹面保护层。

（2）烟、风、煤粉管道金属护壳（外装板）的支承、固定铁件的排板与焊接，保温结构设计带空气隔热层钢筋网格设置、焊接。

（3）补偿节铁件结构焊接。

4．装置性材料使用量（包括损耗量）：

汽轮机本体设备采用硬质材料时，每立方米所需耐热圆钢螺杆 20 套、不锈钢丝网 ϕ0.71（22 号）3m^2、汽轮机打底料 30kg。

（八）管道保温

1．适用范围：

（1）热力系统主蒸汽、再热蒸汽、主给水管道，中低压管道，疏放水管，热工仪表管道保温。

（2）汽水阀门、阀门组、法兰盘保温。

2．工作内容：

（1）敷设主保温层，打灰浆或塞缝。

（2）绑扎铁丝及镀锌铁丝网。

（3）保温施工的脚手架搭拆。

3．未包括的工作内容：

（1）管道保温外金属护壳的制作、安装。

（2）管道保温外抹面。

（3）保温支承托架的制作、安装。

4．装置性材料使用量（包括损耗量）：

（1）管道缠绕耐热编织绳，管径ϕ22 以下，每米管道使用ϕ16～ϕ 20 硅酸铝编绳 0.8kg。

（2）管道缠绕耐热编织绳，管径ϕ32 以下，每米管道使用ϕ25～ϕ 32 硅酸铝编绳 0.36kg。

（九）保温层抹面

1．适用范围：设备、管道保温结构中的抹面保护层。

2．工作内容：按抹面料级配比配料、搅拌、抹面、压实、抹光。

（十）保温层金属外护壳及铁件安装

1．适用范围：

（1）设备及管道主保温层外的金属护壳及管道保温支承托架。

（2）锅炉附属机械及辅助设备、烟风管道、容器箱类等主保温层外的金属护壳及保温支承托架。

2．工作内容：

（1）实测、划线、放样、下料、扳边、圈圆、滚线。

（2）咬口成型、紧固、找圆、找平、找正、钻孔、上自攻螺丝。

（3）支承件、连接件、压条等下料焊接。

（4）排板、放样、划线、下料、安装钻孔、上自攻螺丝或抽芯铆钉。

未包括支承件、连接件、压条等制作加工。

（十一）附录：耐火、保温材料配合比表

耐火塑料配合比

材料名称	规格	质量
矾土水泥	400号以上	310kg/m^3
耐火生黏土	小于1mm	207kg/m^3
烧黏土骨料	6～8mm	310kg/m^3
	3～6mm	310kg/m^3
	1～3mm	543kg/m^3
	1mm以下	233kg/m

炉墙用密封涂料配合比

材料名称	配比	每立方米用量
氧化镁（菱苦土）	20%	243kg/m^3
煤焦油沥青	30%	360kg/m^3
氯化镁溶液		50kg/m^3
石棉绒5级	50%	660kg/m^3

硅酸盐保温混凝土配合比

材 料 名 称	规 格	每立方米用量
膨胀珍珠岩	密度≤110kg/m^3	1.7～2.2m^3
硅酸盐水泥	425 号	180～200kg

注 珍珠岩保温混凝土的体积比为：水泥∶珍珠岩＝1∶9～11。

微孔硅酸钙专用抹面材料配合比

材料名称	每立方米需用量	0.25m^{3}搅和机每车用量	备 注
膨胀珍珠岩粉	120kg（密度 80kg/m^3）	30kg	适用于水泥膨胀珍珠岩制品、水玻璃膨胀珍珠岩制品的抹面
轻体钙石棉泥	100kg	25kg	
425 号硅酸盐水泥	400kg	100kg	
助凝剂	32kg（4 包）	8kg（1 包）	

定额号	项 目 名 称	单位	基价（元）	其中（元）		
				人工费	材料费	机械费
4.1 敷管式及膜式水冷壁炉墙砌筑						
4.1.1 混凝土砌筑						
YJ4-1	耐火混凝土　直斜墙及包墙	m^3	715.67	348.67	286.12	80.88
YJ4-2	耐火混凝土　炉顶	m^3	909.44	415.41	402.23	91.80
YJ4-3	磷酸盐混凝土　炉底	m^3	606.63	495.31	81.19	30.13
YJ4-4	敷管式炉墙保温混凝土　直斜墙及包墙	m^3	174.51	118.49	34.05	21.97
YJ4-5	敷管式炉墙保温混凝土　炉顶	m^3	214.85	145.28	34.05	35.52
YJ4-6	膜式水冷壁保温混凝土　S=50mm	m^3	455.56	210.66	213.21	31.69
YJ4-7	膜式水冷壁保温混凝土　S=180mm	m^3	230.00	143.01	60.38	26.61
4.1.2 保温制品砌筑及抹面						
YJ4-8	保温制品　直斜墙及包墙	m^3	110.76	61.74	16.16	32.86
YJ4-9	保温制品　炉顶	m^3	172.01	101.70	16.16	54.15
YJ4-10	保温制品　抹面	$100m^2$	1300.13	446.28	657.88	195.97
YJ4-11	保温制品　密封涂料	$100m^2$	1455.93	1063.27	165.82	226.84
4.2 框架式炉墙砌筑						
YJ4-12	耐火混凝土　墙体	m^3	2360.09	397.25	1761.90	200.94

续表

定额号	项 目 名 称	单位	基价（元）	其中（元）		
				人工费	材料费	机械费
YJ4-13	耐火混凝土　填塞口	m^3	593.49	409.05		184.44
YJ4-14	保温混凝土　地面组合式	m^3	167.84	95.79		72.05
YJ4-15	保温混凝土　地面灌注式	m^3	188.73	116.68		72.05
YJ4-16	保温混凝土　炉上塞口	m^3	315.89	220.19		95.70
YJ4-17	保温制品　硬质	m^3	102.43	49.49	19.19	33.75
YJ4-18	保温制品　矿纤	m^3	41.34	18.16		23.18
YJ4-19	抹面、密封涂料　厚度　≤20mm	$100m^2$	1857.25	1149.53	529.95	177.77
YJ4-20	抹面、密封涂料　厚度　≤40mm	$100m^2$	2330.98	1482.76	529.95	318.27
4.3　炉墙中局部耐火混凝土浇灌、耐火砖砌筑						
YJ4-21	耐火混凝土	m^3	873.69	366.38	423.07	84.24
YJ4-22	耐火混凝土　耐火塑料	m^3	1031.60	529.82	417.54	84.24
YJ4-23	耐火混凝土　燃烧带敷设	m^3	782.12	353.21	356.97	71.94
YJ4-24	耐火混凝土　保温混凝土	m^3	149.15	92.62		56.53
YJ4-25	耐火砖砌筑　黏土质	m^3	274.78	96.70	101.32	76.76
YJ4-26	耐火砖砌筑　高铝质	m^3	426.31	123.49	240.11	62.71

续表

定额号	项 目 名 称	单位	基价（元）	其中（元）		
				人工费	材料费	机械费
4.4 炉墙填料填塞						
YJ4-27	石棉硅藻土或珍珠岩粉	m^3	139.91	93.07		46.84
YJ4-28	石棉绒剂	m^3	265.67	218.83		46.84
YJ4-29	矿、岩、硅酸铝纤维棉	m^3	175.32	128.48		46.84
YJ4-30	高硅氧纤维棉	m^3	401.41	354.57		46.84
4.5 炉墙、保温工程热态测试						
YJ4-31	锅炉容量 670t/h	台	9652.41	6394.50	2443.65	814.26
YJ4-32	锅炉容量 1025t/h	台	12085.04	7090.50	4071.71	922.83
YJ4-33	锅炉容量 1900t/h	台	14522.22	8482.50	4926.90	1112.82
YJ4-34	锅炉容量 3050t/h	台	16359.51	9352.50	5415.67	1591.34
4.6 炉墙砌筑脚手架及平台搭拆						
YJ4-35	敷管式 锅炉容量 220t/h	台	10074.03	4131.40	2161.48	3781.15
YJ4-36	敷管式 锅炉容量 420t/h	台	15652.29	6628.40	3376.62	5647.27
YJ4-37	敷管式 锅炉容量 670t/h	台	20917.09	8898.40	4505.31	7513.38
YJ4-38	敷管式 锅炉容量 1025t/h	台	28390.18	12076.40	6983.21	9330.57

续表

定额号	项　目　名　称	单位	基价（元）	其中（元）		
				人工费	材料费	机械费
YJ4-39	敷管式　锅炉容量　1900t/h	台	34016.68	14755.00	8839.19	10422.49
YJ4-40	敷管式　锅炉容量　3050t/h	台	44642.30	20339.20	11582.77	12720.33
4.7　设备保温						
YJ4-41	汽轮机本体　硬质材料	m^3	439.21	292.83	72.17	74.21
YJ4-42	汽轮机本体　矿纤材料	m^3	512.13	218.37	253.88	39.88
YJ4-43	容器类　硬质材料	m^3	327.26	165.71	106.89	54.66
YJ4-44	容器类　矿纤材料	m^3	205.18	111.23	50.20	43.75
YJ4-45	箱类　硬质材料	m^3	270.84	115.32	100.86	54.66
YJ4-46	箱类　矿纤材料	m^3	171.72	79.00	48.97	43.75
YJ4-47	锅炉本体设备　硬质材料	m^3	358.83	171.61	111.55	75.67
YJ4-48	锅炉本体设备　矿纤材料	m^3	251.94	128.48	56.05	67.41
YJ4-49	锅炉附属机械及辅助设备　硬质材料	m^3	351.37	151.64	105.28	94.45
YJ4-50	锅炉附属机械及辅助设备　矿纤材料	m^3	256.40	106.69	78.58	71.13
YJ4-51	烟、风、煤粉管道　硬质材料	m^3	346.04	143.92	106.22	95.90
YJ4-52	烟、风、煤粉管道　矿纤材料	m^3	267.36	107.60	85.04	74.72

续表

定额号	项　目　名　称	单位	基价（元）	其中（元）		
				人工费	材料费	机械费
4.8　管道保温						
YJ4-53	四大管道　硬质材料	m^3	306.30	162.04	86.50	57.76
YJ4-54	四大管道　矿纤材料	m^3	178.08	113.50	19.00	45.58
YJ4-55	中低压管道　硬质材料	m^3	259.07	138.47	86.50	34.10
YJ4-56	中低压管道　矿纤材料	m^3	137.67	96.74	19.00	21.93
YJ4-57	疏放水、热工仪表管　硬质材料	m^3	283.83	193.82	63.24	26.77
YJ4-58	疏放水、热工仪表管　矿纤材料	m^3	177.59	159.43	1.47	16.69
YJ4-59	缠耐热编织绳　管径　ϕ22mm	100m	34.96	34.96		
YJ4-60	缠耐热编织绳　管径　ϕ32mm	100m	37.19	37.19		
4.9　保温层抹面						
YJ4-61	设备　抹面厚度　$\delta<20$mm	$100m^2$	644.87	495.31	12.16	137.40
YJ4-62	设备　抹面厚度　$\delta\geq20$mm	$100m^2$	760.90	603.82	12.63	144.45
YJ4-63	管道　抹面厚度　$\delta<20$mm	$100m^2$	773.36	623.80	12.16	137.40
YJ4-64	管道　抹面厚度　$\delta\geq20$mm	$100m^2$	988.35	831.27	12.63	144.45
YJ4-65	微孔硅酸钙制品抹面	$100m^2$	1224.36	1074.62	12.34	137.40

续表

定额号	项　目　名　称	单位	基价（元）	其中（元）		
				人工费	材料费	机械费
4.10　保温层金属外护壳及铁件安装						
YJ4-66	管道　钉口安装	$100m^2$	688.72	505.04	23.38	160.30
YJ4-67	设备　平板钉口安装	$100m^2$	626.58	446.75	19.53	160.30
YJ4-68	设备　波型板、压条安装	$100m^2$	767.18	419.34	214.49	133.35
YJ4-69	金属异形件安装	t	1174.26	756.90	51.66	365.70
YJ4-70	金属支承件安装　设备	t	1024.46	652.50	46.40	325.56
YJ4-71	金属支承件安装　管道	t	1208.99	652.50	98.88	457.61
YJ4-72	阀门保温玻璃钢罩壳安装　≤DN300	个	12.57	10.88	0.51	1.18
YJ4-73	阀门保温玻璃钢罩壳安装　≤DN800	个	26.39	21.75	2.27	2.37
YJ4-74	阀门保温玻璃钢罩壳安装　＞DN800	个	48.84	39.15	7.32	2.37

第5章 输煤、除灰、点火燃油设备安装

说　　明

1．工作内容：

（1）基础检查验收、中心线校核、铲平，基础框架安装，垫铁配制。

（2）设备开箱、清理、搬运、检查、安装、试运。

（3）设备本体及附件、管道的检查、组合、安装。

（4）电动机及减振器安装。

（5）联轴器或皮带防（保）护罩的安装。

（6）设备基础二次灌浆配合。

（7）输煤系统的空载联动试运。

2．未包括的工作内容：

（1）电动机的检查、干燥、接线及空载试转。

（2）设备本体行走轨道的安装。

（3）设备平台、扶梯、栏杆、基础预埋框架、地脚螺栓、支架、底座、防护罩、减振器的配制。

（4）设备之间非厂供连接管道及冷却水管的安装。

（5）管道支吊架的配制及安装。

（6）管材衬里。

（7）设备本体表面底漆修补及表面油漆。

轴承箱机械油按设备供货考虑。

（一）卸煤设备安装

工程范围及工作内容：

1．翻车机：

（1）回转盘轴承、小齿轮轴承、减速机、推车器、定位器、滚轮、油压缸、储能器、缓冲器、插销及液压站的检查，组装用平台搭拆。

（2）回转齿圈组装，回转盘轴承组装，回转盘轴试装，回转盘与尾部的组合、安装。

（3）传动装置、压车装置、压车梁、拖车平台、调车、牵车平台、配重及附件的安装。

2．螺旋卸车机：

门式：

（1）减速机、车轮、螺旋升降装置的检查。

（2）机体构架、传动机械、螺旋升降装置、滑道、减速机、电动机、司机室、平台扶梯及其他附件的安装。

桥式：

（1）大车传动机构、小车传动机构、螺旋升降传动机构的检查。

（2）大车构架、小车、螺旋机构、司机室、平台扶梯及其他附件的安装。

3．链斗卸煤机：

（1）大车行走车轮、传动机构，链斗提升传动机构，胶带输送机构及移动机构的检查。

（2）大车构梁、腿梁、行走传动机构、斗链、链斗的传动提升装置、胶带输送机、胶带移动装置、刮板卷扬机、电缆卷筒、司机室及平台扶梯的安装。

4．叶轮拨煤机：

减速机的检查，机体、减速机、电动机、叶轮、落煤挡板、扶梯栏杆的安装。

5．活化式给煤机：

（1）设备整体检查。

（2）基础清理。

（3）减振梁框架组合安装、找正，减振弹簧安装。

（4）活化式给煤机本体吊装、就位。

（5）金属软连接安装。

（6）试转调整。

不包括内容：活化式给煤机上部进煤装置的安装和下部落煤装置的安装。

（二）煤场机械安装

工程范围及工作内容：

1．斗轮堆取料机：

（1）取料机构的斗轮、液压马达、变量油泵，变幅机构的液压缸、齿轮油泵，回转机构的蜗轮减速箱、液压马达、变量油泵，行走机构的减速机、车轮，悬臂皮带机的电动滚筒、改向滚筒、托辊的检查。

（2）门座架、回转盘、门柱架、悬臂架、尾部配重架及进料皮带架的组合。

（3）行走机构、门座架、门柱、悬臂架、配重块、斗轮（液压马达、活动挡板、煤位指示器）及回转盘的安装。

（4）悬臂皮带机的金属构架、电动滚筒、传动与导向滚筒、各种托辊、缓冲器俯仰缸、落煤管、清扫器的安装，皮带的敷设及搭接。

（5）进料皮带机的构架、电动滚筒、传动与导向滚筒、各种托辊、平衡装置、行走机构及尾部落煤管的安装，皮带的敷设及搭接。

（6）油箱、油泵、油管的清理、安装，各种阀门及液压件的安装。

（7）组装用平台的搭拆。

2．门式滚轮堆取料机：

（1）行走机构的车轮、减速机、制动器，起升机构的卷扬机、减速机，滚轮机构的减速机、摆线针轮、斗轮的检查。

（2）胶带输送机及尾车的电动滚筒、减速机、改向滚筒、各种托辊、车轮的检查。

（3）端梁、固定梁、活动梁、行走机构、滚轮机构及滚轮小车轨道的安装。

（4）斜升、取料、配料胶带输送机的金属构架、行走机构、电动滚筒、改向滚筒、各种托辊、清扫器、落煤管、胶带及拉紧装置的安装。

（5）尾车的伸缩机构、构架、行走机构、传动改向滚筒、各种托辊、清扫器及胶带的安装。

（6）检修用吊车及其司机室、扶梯以及附件的安装。

（7）组装用平台的搭拆。

3．圆形堆取料机：

（1）柱架、回转盘、悬臂架、尾部配重架及顶部皮带机和悬臂胶带机机架的组合安装。

（2）行走机构的走轮、减速机、制动器，起升机构的卷扬机、减速机，以及斗轮的检查安装。

（3）取料、配料胶带输送机的行走机构、电动滚筒、改向滚筒、各种托辊、清扫器、落煤管、胶带及拉紧装置的检查安装。

（4）溜槽、料耙、耙齿及刮板机的检查安装。

（5）检修用吊车及其司机室、扶梯与附件的安装。

（6）组装用平台的搭拆。

（三）碎煤设备安装

工程范围及工作内容：

1．环式碎煤机：

（1）转子轴承座、锤头、锤头衬板、筛条的清扫、检查。

（2）减振装置、壳体、进料斗、联轴器、电动机及电动推杆的安装。

2．筛分设备：

滚轴筛：电动推杆、调速电动机、离合器、减速机、轴承座、滚轴、滚轴筛盘、轴承齿轮箱、切换挡板的检查、调整及整机安装。

概率筛、共振筛：底座架、筛框、轴、板弹簧、弹簧座、轴承座、橡胶缓冲器及电动机的安装。

（四）输煤转运站落煤设备安装

工程范围及工作内容：落煤管、落煤斗、切换挡板及传动装置的安装。

不包括落煤管的制作和内衬的安装。

（五）计量设备安装

工程范围及工作内容：

1．电子皮带秤及动态链码校验装置：

（1）电子皮带秤的活动架、托辊的检查，活动架、底座、称量托辊、十字弹簧片、传感器、标准砝码秤框及平衡重块的安装。

（2）动态链码校验装置的支架安装、链码校验装置设备固定、连接。

（3）未包括电子设备及其他电气装置的安装、调试。

2．电子轨道衡：

（1）减速机的检查。

（2）轨道大梁、台架、过渡桥、立柱限位器、横向限位器、纵向限位器、槽型立柱底板、传感器、传感器底板、中盖板、边盖板、轨道开关、轨道垫板、定位销、恒温装置及其他附件的安装。

3．汽车衡：

基础清理、划线，汽车衡吊装就位、固定，配合校验。

4．未包括电子设备及其他电气装置的安装、调试。

（六）皮带机安装

工程范围及工作内容：

1．皮带机：

（1）头部、尾部导向滚筒检查，减速机检查及组装。

（2）头部、尾部、减速机及电动机支架的安装，头部及尾部导向滚筒、减速机、电动机、制动器、清扫器及防尘帘的安装。

2．配仓层皮带机：

（1）减速机、电动滚筒、车轮、传动滚筒、导向滚筒、槽形托辊、平形托辊的检查、组装。

（2）拉紧丝杆、头部小车架、尾部滚筒架、中间构架的安装。

（3）车轮、小车、电动滚筒、传动滚筒、导向滚筒、槽形托辊、平形托辊、减速机、电动机、传动链轮、链条、头部小车配重、清扫器及安全罩壳的安装。

3．皮带机中间构架：

（1）中部非标准金属构架、槽形托辊、调整托辊、平形托辊的安装。

（2）拉紧装置的构架、滑槽、滚筒、小车、固定滑轮、重锤、钢丝绳、弹簧及保护栅的安装。

（3）皮带敷设及胶接，导煤槽安装。

（4）压轮装置和各种保护装置（如胶带断裂保护、胶带打滑保护等）的安装。

不包括：属电气安装的各种信号装置（如胶带跑偏开关、煤流信号、堵煤信号、双向拉绳开关等）的安装。

4．皮带机伸缩装置：

行走构架、滚筒装置、轨道、车挡、行走驱动装置的安装。

5．定额调整：

（1）皮带机和配仓皮带机系按整台机长度 10m考虑的，实际长度不同时，可另执行皮带机中间构架定额。皮带机中间构架定额每节长度按 12m考虑，不足 12m时，也按增加一节计算。

（2）当皮带机为头尾双驱动时，按相应定额乘以系数 1.4 调整。

皮带胶接用胶料和橡胶硫化专用机械按设备成套考虑。

（七）皮带机附属设备安装

工程范围及工作内容：

1．机械采样装置及除木器：

（1）减速机、滚筒、链轮制动装置的检查。

（2）构架、链子、链轮、链斗、外壳、链轮制动装置、拉紧装置、减速机及电动机的安装。

2．电动犁式卸料器：

犁煤器及落煤斗的安装，电动推杆的安装。

3．电动卸料车：

（1）减速机、滚筒的检查、轴瓦研刮。

（2）卸煤车、减速机、电动机、三通落煤管及导煤槽的安装。

（3）电动推杆的安装。

（4）卸料车扶梯、栏杆的修整。

（5）定额中卸料车按轻型卸料车考虑，如采用中型卸料车时，定额乘以系数 1.5。

4．电磁除铁器：

（1）悬挂式：单轨吊车的检查、安装，分离器本体的安装。

（2）传动式：电动滚筒、导向滚筒、上托辊、下托辊的检查，分离器整体安装。

（3）带式：电磁铁、电动机、减速机、主（从）动滚筒、冷却风机的检查、安装，弃铁皮带、支撑托辊的安装。

（八）空气炮安装

工程范围及工作内容：贮气罐、油雾器、分水滤气器本体检查、清扫，支架、本体及附件的安装、调整。

未包括空气炮的压缩空气气源管道安装。

（九）输煤系统联动

工程范围及工作内容：从卸煤至煤仓整个系统设备的空载联动。

本定额只适用于输煤系统为全套新建的工程中；输煤系统只进行局部扩建的工程，不使用本定额。

（十）油过滤器安装

工程范围及工作内容：滤油器及滤网的检查、清扫，就位及安装。

（十一）鹤式卸油装置安装

工程范围及工作内容：部件组装、滑轮组及手动绞车的安装，卸油胶皮管的连接。

（十二）油水分离装置安装

工程范围及工作内容：支架安装，分离器检查、清扫、就位及安装。

（十三）冲渣、冲灰设备安装

工程范围及工作内容：

1．捞渣机：

（1）捞渣机的减速机检查，轴瓦研刮及组装。

（2）设备本体、减速机、电动机、粗破碎设备及附件的安装。

2．干式排渣机：壳体组装、热渣处理装置安装、内部输送机安装、清扫链的组合安装，驱动机构、尾部张紧与防跑偏装置及机体转动轴承的安装。

3．钢带输送机：

（1）座架、进料钢带架的组合、减速机和电动滚筒安装，输送钢带穿装和调整、防跑偏及液压拉紧装置的安装。

（2）钢带输送机按45m长度考虑，实际长度大于定额的，按每5m增加系数0.1调整。不足5m时，也按5m考虑。

4．斗式提升机：

（1）头部及尾部滚筒检查，减速机检查及组装。

（2）头部、尾部、减速机及电动机支架的安装，头部及尾部滚筒、减速机、电动机、制动装置的安装。

（3）机壳、料斗、传送带的安装。

（4）扶梯、栏杆的安装。

5．渣仓：

（1）基础清理，钢支架的组合、吊装。

（2）仓体组合、就位、焊接，附件安装及顶盖吊装。

（3）平台扶梯安装。

不包括：仓体组件和钢支架的配制、平台扶梯制作和顶盖起吊装置的安装。

6．渣井：

（1）设备清理，钢支撑的组合安装。

（2）渣井密封水封槽、冷却水喷淋装置安装。

（3）人孔门、窥视孔、打焦孔、检查孔、渣井关断门安装。

（4）平台扶梯安装。

7．碎渣机：

（1）减速机检查，轴瓦研刮及组装。

（2）机体、减速机、电动机、水灰箱、金属分离器及附件的安装。

8．水力喷射器：喷射器检查、清理、安装。

9．箱式冲灰器：箱体检查、清扫、找正、固定、安装。

10．砾石过滤器：支架组装，罐体就位，附件安装，砾石装填。

11．空气斜槽：

（1）槽体、90°弯槽、端盖板、出料溜槽、进料溜槽、通槽及载气阀的安装。

（2）未包括鼓风机安装。

12．灰渣沟插板门、电动灰斗闸板门：检查、清扫、安装，电动机安装。

13．电动三通门：检查、清扫、安装，电动机安装。

14．锁气器：检查、清扫、气密试验、安装，电动机安装。

（十四）冲灰沟内镶砌铸石板

工程范围及工作内容：

（1）冲灰沟清理，复测，砂浆搅拌，镶砌，勾缝。

（2）铸石板清点。

未包括冲灰沟基面的平整度超标准填料或打凿修整。

定额中未列示的装置性材料铸石板的材料损耗率为 8%。

（十五）气力除灰设备安装

工程范围及工作内容：

1．负压风机：

（1）本体及附件、管道、润滑装置、空气干燥器等的清洗、检查、安装，防护罩安装。

（2）电动机安装。

2．灰斗气化风机、气化板：

（1）风机本体及附件、管道、润滑装置、空气干燥器等的清洗、检查、安装，电动机及防护罩安装。

（2）气化板检查、清扫、安装。

3．布袋收尘器、袋式排气过滤器、电加热器：

（1）布袋收尘器的检查、清理、布袋套装、空气联箱及附属阀门的安装，本体安装。

（2）袋式排气过滤器的检查、清理、布袋套装、本体安装。

（3）电加热器内部检查、清扫、整体安装。

4．回转式给料机：机体检查、组装及电动机安装。

5．加湿搅拌机：搅拌机本体、本体灰水管路安装，调整试转。

不包括本体外的灰、水管路安装。

6．干灰散装机

散装机本体及伸缩节安装。

（十六）水力除灰设备安装

工程范围及工作内容：

1．浓缩机、搅拌机：减速机、钢轨及齿条、传动架、槽、中心筒、大耙、小耙、副耙等的清理、检查、安装。

2．浓缩机钢池：

（1）浓缩池（机）钢支架的基础清理、检查、划线、垫铁配制、支架组合、找正。

（2）浓缩机钢池的部件清点、分片组合、吊装就位、找正焊接。

3．脱水仓：本体、管道及附件的安装。

4．渣缓冲罐：内部检查、清扫、安装。

（十七）除灰专用管道、阀门安装

工程范围及工作内容：

1．钢管：

（1）钢制焊接连接的除灰专用管道，可执行第 9 章低压碳钢无缝钢管的相关子目。

（2）钢制非焊接连接的除灰专用管道（如衬胶管、快速接头管道等）的安装，可执行第 9 章低压碳钢无缝钢管的相关子目，其中材料定额乘以 0.5 的系数，人工和机械定额不变。

2．阀门：

（1）检查、水压试验、研磨、加垫、安装。

（2）气动阀门的气动试验、气缸研磨、触点配制。

（3）电动阀门的电动机安装。

3．小型河流穿（跨）越：管道预制、组装焊接、穿越拖管头制作、龙头销子加工、拖运过河。

4．钢套管穿越公路：

（1）管材检查及组焊、钢套管组装焊接、滑块和盲板焊接。

（2）穿套管、钢管包扎、管体穿越、钢套管沥青麻丝封堵。

5．管线水冲洗、水压试验：

盲板封堵、临时管道敷设、加压泵安装。

充水、加压，停压检查，放水及清理。

盲板、临时管道和加压泵拆除，管线恢复。

6．厂区外除灰管道安装超出 1km 时，其超出部分人工和机械乘以系数 1.10。

（十八）除灰专用泵安装

工程范围及工作内容：

1．除灰专用泵：

（1）本体检查。

（2）本体及润滑装置、冷却装置等附件的安装。

（3）电动机安装。

2．压缩空气输灰罐（仓泵）：

（1）基础清理、部件清点、检查。

（2）内部清扫、检查，气密试验。

（3）仓泵就位、找正、固定。

（4）本体阀门、自动料位指示器的安装。

（5）饲料机清理、安装。

定额号	项 目 名 称	单位	基价（元）	其中（元）		
				人工费	材料费	机械费
5.1 卸、上煤设备安装						
5.1.1 翻车机						
YJ5-1	单翻	台	92417.35	69864.00	10599.15	11954.20
YJ5-2	双翻	台	118866.62	90823.20	14645.86	13397.56
YJ5-3	切割粉碎机	台	13526.73	4674.00	3810.24	5042.49
5.1.2 螺旋卸车机						
YJ5-4	门式 13.5m	台	16987.75	8171.00	2939.98	5876.77
YJ5-5	桥式 12.5m	台	19819.40	9734.00	2926.20	7159.20
5.1.3 链斗卸煤机						
YJ5-6	斗链式 二排斗	台	26352.04	13390.00	4022.73	8939.31
YJ5-7	斗链式 四排斗	台	34145.73	17852.00	4928.06	11365.67
5.1.4 叶轮拨煤机						
YJ5-8	桥式 QYG-1000	台	4720.79	2812.00	819.81	1088.98
YJ5-9	门式 MYG-1000	台	6584.51	3550.00	967.81	2066.70
YJ5-10	双侧 SYG-600	台	5488.99	3058.00	917.50	1513.49
5.1.5 活化式给煤机						
YJ5-11	活化式给煤机 ≤1000t/h	台	20280.26	10105.00	3722.98	6452.28

续表

定额号	项 目 名 称	单位	基价（元）	其中（元）		
				人工费	材料费	机械费
YJ5-12	活化式给煤机 ＞1000t/h	台	26785.42	15025.00	4721.91	7038.51
5.2 煤场机械安装						
5.2.1 斗轮堆取料机						
YJ5-13	斗轮堆取料机 DQ3025	台	132049.97	61500.00	17186.84	53363.13
YJ5-14	斗轮堆取料机 DQ5030	台	167336.40	76892.00	21205.25	69239.15
YJ5-15	斗轮堆取料机 DQ8030	台	195241.70	82304.00	26626.75	86310.95
YJ5-16	斗轮堆取料机 DQL1250/1250.30	台	247178.63	103812.00	33294.23	110072.40
YJ5-17	斗轮堆取料机 DQ15050	台	278226.11	106817.00	35860.79	135548.32
YJ5-18	斗轮堆取料机 DQ2400/3000.35	台	338682.32	145931.00	40326.14	152425.18
YJ5-19	斗轮堆取料机 DQ1500/3600.38	台	348516.27	153205.00	41313.18	153998.09
YJ5-20	斗轮堆取料机 DQ1500/3600.45	台	378414.28	168563.00	43985.24	165866.04
5.2.2 门式滚轮堆取料机						
YJ5-21	门式滚轮堆取料机 MDQ-1200/1200	台	105621.47	57371.00	14378.51	33871.96
YJ5-22	门式滚轮堆取料机 MDQ-1500/1500	台	137498.71	71938.00	18905.08	46655.63
YJ5-23	门式滚轮堆取料机 MDQ-1500/3000	台	166779.94	82603.00	21549.78	62627.16

续表

定额号	项 目 名 称	单位	基价（元）	其中（元）		
				人工费	材料费	机械费
5.2.3 圆形堆取料机						
YJ5-24	圆形堆取料机 1500/3600	台	256246.01	139880.00	24749.49	91616.52
5.3 碎煤设备安装						
5.3.1 碎煤机						
YJ5-25	碎煤机 100t/h	台	4199.97	1862.00	1040.82	1297.15
YJ5-26	碎煤机 200t/h	台	5175.39	2513.00	1272.22	1390.17
YJ5-27	碎煤机 400t/h	台	11637.95	5764.00	2953.16	2920.79
YJ5-28	碎煤机 600t/h	台	14952.57	7433.00	3777.99	3741.58
YJ5-29	碎煤机 800t/h	台	19004.12	9454.00	4855.45	4694.67
YJ5-30	碎煤机 1000t/h	台	24155.44	11861.00	6077.71	6216.73
YJ5-31	碎煤机 1200t/h	台	27970.41	14215.00	6859.50	6895.91
YJ5-32	碎煤机 1400t/h	台	31454.02	15831.00	7758.59	7864.43
YJ5-33	碎煤机 1800t/h	台	34911.57	17606.00	8551.03	8754.54
YJ5-34	碎煤机 2000t/h	台	40900.52	20963.00	10086.64	9850.88
5.3.2 滚轴筛						
YJ5-35	滚轴筛 GS-600	台	4234.67	2017.20	921.01	1296.46

续表

定额号	项 目 名 称	单位	基价（元）	其中（元）		
				人工费	材料费	机械费
YJ5-36	滚轴筛 GS-800	台	5116.24	2410.80	1011.16	1694.28
YJ5-37	滚轴筛 GS-1000	台	7811.65	2853.60	1191.38	3766.67
YJ5-38	滚轴筛 GS-1200	台	9563.35	3493.20	1390.95	4679.20
YJ5-39	滚轴筛 GS-1400	台	11820.02	4477.20	1635.84	5706.98
5.3.3 概率筛						
YJ5-40	概率筛 ZGS-300	台	3633.98	1672.80	851.34	1109.84
YJ5-41	概率筛 ZGS-600	台	4546.04	2066.40	1113.33	1366.31
YJ5-42	概率筛 ZGS-1000	台	5536.42	2460.00	1445.15	1631.27
YJ5-43	概率筛 GGS-1335	台	6664.07	2952.00	1784.26	1927.81
YJ5-44	概率筛 GGS-1535	台	7522.46	3247.20	2160.40	2114.86
YJ5-45	概率筛 GGS-2035	台	8977.04	3837.60	2740.01	2399.43
5.3.4 共振筛						
YJ5-46	共振筛 GLM2075	台	9562.29	3050.40	1063.87	5448.02
YJ5-47	共振筛 2GLM2075	台	10084.95	3493.20	1120.07	5471.68
YJ5-48	共振筛 2GLM4075	台	12605.19	4182.00	1439.24	6983.95

续表

定额号	项　目　名　称	单位	基价（元）	其中（元）		
				人工费	材料费	机械费
YJ5-49	共振筛　DDM1756	台	4145.40	2066.40	648.14	1430.86
YJ5-50	共振筛　DDM2056	台	4439.33	2312.40	687.17	1439.76
YJ5-51	共振筛　ZDM2056	台	4152.53	1968.00	801.66	1382.87
5.3.5　惯性振动筛						
YJ5-52	惯性振动筛　SZZ　1500×3000	台	3821.93	1623.60	667.52	1530.81
YJ5-53	惯性振动筛　SZZ　1500×4000	台	3964.88	1672.80	749.37	1542.71
YJ5-54	惯性振动筛　SZZ　1800×3600	台	4199.47	1820.40	829.22	1549.85
YJ5-55	惯性振动筛　SZZ　2000×4000	台	4630.35	1918.80	896.91	1814.64
YJ5-56	惯性振动筛　SZZ2　1500×4000	台	5641.41	2214.00	1172.96	2254.45
5.4　输煤转运站落煤设备安装						
YJ5-57	落煤装置	t	882.69	334.76	213.23	334.70
5.5　计量设备安装						
5.5.1　电子皮带秤						
YJ5-58	皮带秤	台	1061.41	738.00	75.06	248.35
YJ5-59	动态链码校验装置	台	890.98	492.00	174.92	224.06

续表

定额号	项　目　名　称	单位	基价（元）	其中（元）		
				人工费	材料费	机械费
5.5.2　电子轨道衡						
YJ5-60	电子轨道衡　100t/节	台	16144.39	5658.00	1244.28	9242.11
YJ5-61	电子轨道衡　150t/节	台	18101.91	6256.00	1428.55	10417.36
YJ5-62	电子轨道衡　＞150t/节	台	21488.29	7380.00	1865.14	12243.15
5.5.3　汽车衡						
YJ5-63	汽车衡　30t	台	2400.24	632.00	145.90	1622.34
YJ5-64	汽车衡　50t	台	2566.41	791.00	149.31	1626.10
YJ5-65	汽车衡　100t	台	5395.91	1037.00	225.64	4133.27
5.6　皮带机安装						
5.6.1　皮带机						
YJ5-66	皮带机　型号　B=650	套/10m	4580.18	2846.00	952.58	781.60
YJ5-67	皮带机　型号　B=800	套/10m	5124.35	3198.00	1060.83	865.52
YJ5-68	皮带机　型号　B=1000	套/10m	6625.98	3690.00	1598.95	1337.03
YJ5-69	皮带机　型号　B=1200	套/10m	7896.90	4235.00	1792.43	1869.47
YJ5-70	皮带机　型号　B=1400	套/10m	8810.24	4727.00	1912.65	2170.59

续表

定额号	项 目 名 称	单位	基价（元）	其中（元）		
				人工费	材料费	机械费
YJ5-71	皮带机 型号 $B=1600$	套/10m	10500.26	5412.00	2591.37	2496.89
YJ5-72	皮带机 型号 $B=1800$	套/10m	11858.70	6256.00	2731.57	2871.13
YJ5-73	皮带机 型号 $B\geqslant 2000$	套/10m	18230.98	11861.00	3022.60	3347.38
5.6.2 配仓层皮带机						
YJ5-74	皮带机 型号 $B=650$	套/10m	4884.29	2986.00	814.57	1083.72
YJ5-75	皮带机 型号 $B=800$	套/10m	5411.67	3232.00	874.67	1305.00
YJ5-76	皮带机 型号 $B=1000$	套/10m	6665.78	3830.00	1328.57	1507.21
YJ5-77	皮带机 型号 $B=1200$	套/10m	7409.07	4322.00	1377.77	1709.30
YJ5-78	皮带机 型号 $B=1400$	套/10m	8564.17	4655.00	1571.46	2337.71
5.6.3 皮带机中间构架						
YJ5-79	中间构架 宽度 $B=650$	节/12m	666.28	378.40	69.94	217.94
YJ5-80	中间构架 宽度 $B=800$	节/12m	737.01	425.70	90.74	220.57
YJ5-81	中间构架 宽度 $B=1000$	节/12m	848.27	520.30	101.85	226.12
YJ5-82	中间构架 宽度 $B=1200$	节/12m	943.52	567.60	118.01	257.91
YJ5-83	中间构架 宽度 $B=1400$	节/12m	1063.89	662.20	135.05	266.64

续表

定额号	项 目 名 称	单位	基价（元）	其中（元）		
				人工费	材料费	机械费
YJ5-84	中间构架　宽度　*B*＝1600	节/12m	1203.13	756.80	158.05	288.28
YJ5-85	中间构架　宽度　*B*＝1800	节/12m	1399.17	851.40	206.82	340.95
YJ5-86	中间构架　宽度　*B*＝2000	节/12m	1733.39	1087.90	266.70	378.79
5.6.4　皮带机伸缩装置						
YJ5-87	二工位　1000	套/10m	2509.29	1722.00	143.22	644.07
YJ5-88	二工位　1400	套/10m	3095.66	2164.80	156.12	774.74
YJ5-89	二工位　1600	套/10m	3483.14	2509.20	175.12	798.82
YJ5-90	二工位　＞1600	套/10m	3797.99	2804.40	191.52	802.07
YJ5-91	三工位　1000	套/10m	2844.20	1918.80	151.67	773.73
YJ5-92	三工位　1400	套/10m	3305.38	2361.60	168.04	775.74
YJ5-93	三工位　1600	套/10m	3880.39	2706.00	183.08	991.31
YJ5-94	三工位　＞1600	套/10m	4334.50	3001.20	210.32	1122.98
5.7　皮带机附属设备安装						
5.7.1　机械采样装置及除木器						
YJ5-95	机械采样装置　CYJ-12	台	1372.51	738.00	340.00	294.51

续表

定额号	项 目 名 称	单位	基价（元）	其中（元）		
				人工费	材料费	机械费
YJ5-96	除木器　CDM-10	台	1454.23	844.00	257.35	352.88
YJ5-97	除木器　CDM-12	台	1900.82	878.00	282.36	740.46
YJ5-98	除木器　CDM-14	台	2479.55	1177.00	361.86	940.69
5.7.2　电动犁式卸料器						
YJ5-99	卸料器　规格　500～650	台	824.93	442.80	203.67	178.46
YJ5-100	卸料器　规格　800～1000	台	1046.54	541.20	303.81	201.53
YJ5-101	卸料器　规格　1200～1400	台	1391.36	738.00	355.98	297.38
YJ5-102	卸料器　规格　1600～1800	台	1675.28	885.60	455.50	334.18
5.7.3　电动卸料车						
YJ5-103	卸料车　规格　500～650	台	3772.91	2066.40	165.82	1540.69
YJ5-104	卸料车　规格　800～1000	台	4822.60	2656.80	218.43	1947.37
YJ5-105	卸料车　规格　1200～1400	台	6101.44	3247.20	298.70	2555.54
YJ5-106	卸料车　规格　1600～1800	台	7316.89	4034.40	390.96	2891.53
5.7.4　悬挂式电磁除铁器						
YJ5-107	悬挂式电磁除铁器　CF-60	台	1186.92	492.00	281.41	413.51

定额号	项　目　名　称	单位	基价（元）	其中（元）		
				人工费	材料费	机械费
YJ5-108	悬挂式电磁除铁器　CF-90	台	1348.89	541.20	284.52	523.17
YJ5-109	悬挂式电磁除铁器　CF-130	台	1689.90	688.80	296.87	704.23
5.7.5　传动式电磁除铁器						
YJ5-110	传动式电磁除铁器　ATHSD　50 号	台	1549.39	738.00	334.34	477.05
YJ5-111	传动式电磁除铁器　ATHSD　65 号	台	1759.41	885.60	343.95	529.86
YJ5-112	传动式电磁除铁器　ATHSD　80 号	台	1921.55	934.80	357.63	629.12
YJ5-113	传动式电磁除铁器　ATHSD　100 号	台	2050.60	1033.20	377.87	639.53
YJ5-114	传动式电磁除铁器　ATHSD　120 号	台	2220.48	1082.40	392.51	745.57
5.7.6　带式电磁除铁器						
YJ5-115	带式电磁除铁器　DDC-8	台	2257.49	1377.60	404.28	475.61
YJ5-116	带式电磁除铁器　DDC-10	台	2512.05	1525.20	433.76	553.09
YJ5-117	带式电磁除铁器　DDC-12	台	2694.80	1574.40	441.03	679.37
YJ5-118	带式电磁除铁器　DDC-14	台	3097.62	1820.40	462.64	814.58
YJ5-119	带式电磁除铁器　DDC-16	台	3703.15	2066.40	481.84	1154.91
YJ5-120	带式电磁除铁器　DDC-18	台	4315.27	2312.40	602.35	1400.52

续表

定额号	项 目 名 称	单位	基价（元）	其中（元）		
				人工费	材料费	机械费
5.8 空气炮安装						
YJ5-121	储气罐	台	189.79	98.40	12.29	79.10
YJ5-122	油雾器	台	293.54	196.80	18.25	78.49
YJ5-123	分水滤气器	台	353.65	246.00	29.16	78.49
5.9 输煤系统联动						
5.9.1 卸煤系统						
YJ5-124	机组容量 2×50MW	套	7993.63	5412.00	2562.27	19.36
YJ5-125	机组容量 2×100MW	套	9650.38	5412.00	4214.51	23.87
YJ5-126	机组容量 2×125MW	套	10530.82	5412.00	5090.27	28.55
YJ5-127	机组容量 2×200MW	套	12739.87	5412.00	7291.47	36.40
YJ5-128	机组容量 2×300MW	套	16525.85	7380.00	9107.14	38.71
YJ5-129	机组容量 2×600MW	套	20453.39	7380.00	13023.95	49.44
YJ5-130	机组容量 2×1000MW	套	22386.18	7380.00	14956.15	50.03
5.9.2 上煤系统						
YJ5-131	机组容量 2×50MW	套	9812.98	5026.00	4762.74	24.24

续表

定额号	项　目　名　称	单位	基价（元）	其中（元）		
				人工费	材料费	机械费
YJ5-132	机组容量　2×100MW	套	10104.89	5026.00	5049.75	29.14
YJ5-133	机组容量　2×125MW	套	15424.70	5026.00	10358.03	40.67
YJ5-134	机组容量　2×200MW	套	19670.37	5026.00	14586.27	58.10
YJ5-135	机组容量　2×300MW	套	25463.13	6941.00	18447.18	74.95
YJ5-136	机组容量　2×600MW	套	34153.19	6941.00	27112.05	100.14
YJ5-137	机组容量　2×1000MW	套	38240.86	6941.00	31184.76	115.10
5.10　油过滤器安装						
YJ5-138	100 目/in　ϕ80	台	397.82	194.87	77.33	125.62
YJ5-139	100 目/in　ϕ150	台	577.96	292.21	117.26	168.49
5.11　鹤式卸油装置安装						
YJ5-140	卸油装置	套	912.94	584.42	119.02	209.50
5.12　油水分离装置安装						
YJ5-141	油水分离装置　$2m^3/h$	台	864.35	590.40	107.83	166.12
YJ5-142	油水分离装置　$3m^3/h$	台	979.45	688.80	124.53	166.12
YJ5-143	油水分离装置　$5m^3/h$	台	1228.19	885.60	145.79	196.80

续表

定额号	项 目 名 称	单位	基价（元）	其中（元）		
				人工费	材料费	机械费
YJ5-144	油水分离装置 $8m^3/h$	台	1394.42	1033.20	161.87	199.35
5.13 冲渣、冲灰设备安装						
5.13.1 捞渣机						
YJ5-145	螺旋捞渣机 ≤10t/h	台	3833.32	2214.00	846.03	773.29
YJ5-146	螺旋捞渣机 ≤20t/h	台	5473.20	3251.00	1212.27	1009.93
YJ5-147	刮板捞渣机 ≤30t/h	台	9070.99	3304.00	2576.41	3190.58
YJ5-148	刮板捞渣机 ≤80t/h	台	12350.59	5060.00	3635.91	3654.68
5.13.2 干式排渣机						
YJ5-149	干式排渣机 8～20t/h 30m	台	65531.44	41222.00	4533.14	19776.30
YJ5-150	干式排渣机 12～35t/h 45m	台	73023.26	47039.00	4880.15	21104.11
YJ5-151	干式排渣机安装 50～55t/h 55m	台	82986.44	53768.00	5680.42	23538.02
5.13.3 钢带输送机						
YJ5-152	钢带输送机	45m	38755.94	17414.00	6125.76	15216.18
5.13.4 斗式提升机						
YJ5-153	斗式提升机 提升高度 25m	台	12541.69	5219.00	2019.04	5303.65

续表

定额号	项 目 名 称	单位	基价（元）	其中（元）		
				人工费	材料费	机械费
YJ5-154	斗式提升机　提升高度　30m	台	13737.16	5658.00	2241.42	5837.74
YJ5-155	斗式提升机　提升高度　35m	台	24209.19	6203.00	2593.89	15412.30
YJ5-156	斗式提升机　提升高度　40m	台	26153.48	6695.00	2814.68	16643.80
YJ5-157	斗式提升机　提升高度　＞40m	台	28260.05	7274.00	3062.16	17923.89
5.13.5　渣仓、渣井						
YJ5-158	渣仓	t	1192.28	484.62	247.79	459.87
YJ5-159	渣井	t	1341.94	588.92	263.13	489.89
5.13.6　碎渣机						
YJ5-160	碎渣机　65t/h	台	2405.16	1370.00	568.82	466.34
YJ5-161	碎渣机　40t/h	台	2066.98	1177.00	486.35	403.63
YJ5-162	碎渣机　25t/h	台	1751.77	984.00	423.37	344.40
YJ5-163	碎渣机　20t/h	台	1568.47	878.00	379.64	310.83
5.13.7　水力喷射器						
YJ5-164	水力喷射器　15t/h	台	431.50	295.20	72.41	63.89
YJ5-165	水力喷射器　20t/h	台	566.89	393.60	90.76	82.53

续表

定额号	项　目　名　称	单位	基价（元）	其中（元）		
				人工费	材料费	机械费
YJ5-166	水力喷射器　30t/h	台	704.79	442.80	135.25	126.74
5.13.8　箱式冲灰器						
YJ5-167	箱式冲灰器　≤4t/h	台	152.93	78.72	31.36	42.85
YJ5-168	箱式冲灰器　≤8t/h	台	333.93	157.44	73.59	102.90
YJ5-169	箱式冲灰器　≤12t/h	台	500.75	236.16	110.29	154.30
YJ5-170	N 型箱式冲灰器　10t/h	台	167.91	78.72	37.34	51.85
5.13.9　砾石过滤器						
YJ5-171	砾石过滤器　ϕ720	台	548.57	246.00	58.49	244.08
YJ5-172	砾石过滤器　ϕ800	台	595.73	295.20	73.43	227.10
YJ5-173	砾石过滤器　ϕ1100	台	887.41	442.80	107.72	336.89
5.13.10　空气斜槽						
YJ5-174	斜槽　规格　B=250　L=18.5	台	989.86	393.60	207.29	388.97
YJ5-175	斜槽　规格　B=400　L=26.5	台	1716.04	639.60	389.90	686.54
5.13.11　灰渣沟插板门、电动灰斗闸板门						
YJ5-176	插板门　≤DN250	只	94.24	83.64	5.53	5.07

续表

定额号	项 目 名 称	单位	基价（元）	其中（元）		
				人工费	材料费	机械费
YJ5-177	插板门 ≥DN300	只	110.53	98.40	6.66	5.47
YJ5-178	闸板门 300×300	只	139.27	125.46	8.06	5.75
YJ5-179	闸板门 400×400	只	164.09	144.61	12.71	6.77
YJ5-180	闸板门 500×500	只	180.81	150.59	18.73	11.49
5.13.12 电动三通门						
YJ5-181	电动三通门 300×300	只	146.44	125.46	11.08	9.90
YJ5-182	电动三通门 400×400	只	195.62	167.28	17.30	11.04
YJ5-183	电动三通门 500×500	只	226.34	183.97	26.04	16.33
5.13.13 锁气器						
YJ5-184	电动锁气器 15m^3/h	台	278.66	125.46	60.89	92.31
YJ5-185	电动锁气器 20m^3/h	台	332.54	167.28	66.90	98.36
YJ5-186	电动锁气器 25m^3/h	台	366.02	183.97	73.19	108.86
YJ5-187	电动锁气器 30m^3/h	台	395.30	197.33	80.74	117.23
YJ5-188	电动锁气器 35m^3/h	台	430.02	209.10	91.09	129.83
YJ5-189	电动锁气器 40～60m^3/h	台	466.53	225.79	101.29	139.45

续表

定额号	项目名称	单位	基价（元）	其中（元）		
				人工费	材料费	机械费
YJ5-190	锥式锁气器　G-S150	台	64.30	41.82	13.65	8.83
YJ5-191	锥式锁气器　G-S250	台	83.77	46.21	21.99	15.57
YJ5-192	锥式锁气器　G-S300	台	126.07	75.20	29.36	21.51
YJ5-193	锥式锁气器　G-S400	台	205.67	125.46	45.91	34.30
5.14　冲灰沟内镶砌铸石板						
YJ5-194	冲灰沟内镶砌铸石板　RO125	m	46.13	40.21	4.43	1.49
YJ5-195	冲灰沟内镶砌铸石板　RO150	m	49.53	42.57	4.93	2.03
YJ5-196	冲灰沟内镶砌铸石板　RO175	m	55.51	47.30	5.88	2.33
YJ5-197	冲灰沟内镶砌铸石板　RO200	m	58.40	49.67	6.33	2.40
YJ5-198	冲灰沟内镶砌铸石板　RO225	m	61.85	52.03	6.89	2.93
YJ5-199	冲灰沟内镶砌铸石板　RO300	m	65.85	54.40	8.45	3.00
5.15　气力除灰设备安装						
5.15.1　负压风机						
YJ5-200	负压风机　15kW	台	468.65	344.40	81.02	43.23
YJ5-201	负压风机　30kW	台	843.84	688.80	98.84	56.20

续表

定额号	项 目 名 称	单位	基价（元）	其中（元）		
				人工费	材料费	机械费
YJ5-202	负压风机 50kW	台	1199.60	984.00	127.14	88.46
YJ5-203	负压风机 75kW	台	1570.11	1279.20	159.76	131.15
YJ5-204	负压风机 100kW	台	1874.49	1525.20	190.57	158.72
5.15.2 灰斗气化风机、气化板						
YJ5-205	灰斗气化风机 20	台	369.83	246.00	70.14	53.69
YJ5-206	灰斗气化风机 30	台	585.64	442.80	88.50	54.34
YJ5-207	灰斗气化风机 50	台	796.83	590.40	118.81	87.62
YJ5-208	气化板 150×300	件	73.89	49.20	23.39	1.30
5.15.3 布袋收尘器、袋式排气过滤器						
YJ5-209	布袋收尘器 100m^2	台	2574.88	1279.20	418.04	877.64
YJ5-210	布袋收尘器 260m^2	台	5383.11	1968.00	771.50	2643.61
YJ5-211	袋式排气过滤器 20m^2	台	1256.24	393.60	249.05	613.59
5.15.4 电加热器						
YJ5-212	电加热器 5m^3/min	台	574.53	344.40	145.45	84.68
YJ5-213	电加热器 10m^3/min	台	749.45	442.80	188.90	117.75

续表

定额号	项目名称	单位	基价（元）	其中（元）		
				人工费	材料费	机械费
YJ5-214	电加热器　20m³/min	台	980.60	541.20	279.69	159.71
5.15.5　回转式给料机						
YJ5-215	回转式给料机　50m³/h	台	804.42	393.60	150.95	259.87
YJ5-216	回转式给料机　100m³/h	台	1082.99	442.80	214.00	426.19
YJ5-217	回转式给料机　150m³/h	台	1453.22	639.60	280.84	532.78
YJ5-218	回转式给料机　200m³/h	台	2030.56	885.60	409.22	735.74
5.15.6　加湿搅拌机						
YJ5-219	加湿搅拌机　100t/h	台	2452.54	1426.80	303.24	722.50
YJ5-220	加湿搅拌机　200t/h	台	3311.42	1820.40	394.66	1096.36
5.15.7　干灰散装机						
YJ5-221	干灰散装机　100t/h	台	2277.94	984.00	629.34	664.60
YJ5-222	干灰散装机　200t/h	台	2764.54	1230.00	747.46	787.08
5.15.8　电动给料机						
YJ5-223	电动给料机　100t/h	台	1072.69	442.80	115.65	514.24
YJ5-224	电动给料机　200t/h	台	1259.10	590.40	152.62	516.08

续表

定额号	项目名称	单位	基价（元）	其中（元）		
				人工费	材料费	机械费
5.16 水力除灰设备安装						
5.16.1 浓缩机、搅拌机						
YJ5-225	浓缩机 DN30	台	42727.61	11857.20	3925.90	26944.51
YJ5-226	浓缩机 DN40	台	54021.62	15202.80	5221.80	33597.02
YJ5-227	浓缩机 DN50	台	65508.04	18400.80	6078.43	41028.81
YJ5-228	搅拌机 ϕ2000×2000	台	1390.27	246.00	248.43	895.84
YJ5-229	搅拌机 ϕ3000×3000	台	1630.51	393.60	334.95	901.96
YJ5-230	搅拌机 ϕ4000×4000	台	2260.98	590.40	463.88	1206.70
5.16.2 高效浓缩机						
YJ5-231	高效浓缩机 ϕ10000	台	17496.99	4132.80	3522.12	9842.07
YJ5-232	高效浓缩机 ϕ20000	台	22605.42	5264.40	4943.45	12397.57
5.16.3 浓缩机钢池						
YJ5-233	浓缩机钢池 ϕ10000	t	1514.65	167.28	626.60	720.77
YJ5-234	浓缩机钢池 ϕ20000	t	1372.87	100.86	569.89	702.12
YJ5-235	浓缩机钢池 ϕ30000	t	1287.51	105.78	499.20	682.53

续表

定额号	项　目　名　称	单位	基价（元）	其中（元）		
				人工费	材料费	机械费
YJ5-236	浓缩机钢池　ϕ40000	t	1127.99	125.46	440.27	562.26
YJ5-237	浓缩机钢池　ϕ50000	t	1052.30	140.22	387.94	524.14
5.16.4　脱水仓						
YJ5-238	脱水仓	t	1114.91	401.51	209.77	503.63
5.16.5　渣缓冲罐						
YJ5-239	渣缓冲罐　5m^3	台	583.02	177.12	82.63	323.27
YJ5-240	渣缓冲罐　10m^3	台	718.35	265.68	91.76	360.91
YJ5-241	渣缓冲罐　15m^3	台	957.83	398.52	121.60	437.71
5.17　除灰专用管道、阀门安装						
5.17.1　内衬铸石管						
YJ5-242	铸石管　DN200	100m	5867.84	1869.60	845.52	3152.72
YJ5-243	铸石管　DN225	100m	5930.23	1918.80	858.71	3152.72
YJ5-244	铸石管　DN250	100m	7217.66	2312.40	1233.80	3671.46
YJ5-245	铸石管　DN300	100m	8577.90	2706.00	1455.12	4416.78
YJ5-246	铸石管　DN400	100m	10642.40	3739.20	1756.44	5146.76

续表

定额号	项 目 名 称	单位	基价（元）	其中（元）		
				人工费	材料费	机械费
YJ5-247	铸石管 DN450	100m	12811.50	4575.60	2057.40	6178.50
YJ5-248	铸石管 DN500	100m	14738.46	5215.20	2559.01	6964.25
5.17.2 电动耐磨浆液闸阀						
YJ5-249	闸阀 DN80	只	43.98	41.82	2.16	
YJ5-250	闸阀 DN100	只	50.90	48.14	2.76	
YJ5-251	闸阀 DN150	只	87.62	83.64	3.98	
YJ5-252	闸阀 DN200	只	136.78	125.46	4.61	6.71
YJ5-253	闸阀 DN250	只	156.32	144.61	5.00	6.71
YJ5-254	闸阀 DN300	只	182.79	167.28	5.44	10.07
YJ5-255	闸阀 DN350	只	214.72	194.34	6.96	13.42
YJ5-256	闸阀 DN400	只	231.37	209.10	8.85	13.42
5.17.3 排渣阀						
YJ5-257	铸石排渣节流阀 DN250	只	133.77	125.46	4.95	3.36
YJ5-258	铸石排渣节流阀 DN350	只	182.74	167.28	8.75	6.71
YJ5-259	排渣止回阀 DN100	只	54.23	48.14	2.73	3.36

续表

定额号	项 目 名 称	单位	基价（元）	其中（元）		
				人工费	材料费	机械费
YJ5-260	排渣止回阀　DN150	只	78.64	71.34	3.94	3.36
YJ5-261	排渣止回阀　DN200	只	91.56	83.64	4.56	3.36
YJ5-262	排渣止回阀　DN250	只	133.77	125.46	4.95	3.36
YJ5-263	排渣止回阀　DN300	只	159.33	150.59	5.38	3.36
YJ5-264	排渣止回阀　DN400	只	182.74	167.28	8.75	6.71
5.17.4　衬胶止回阀、闸阀						
YJ5-265	衬胶止回阀、闸阀　DN100	只	56.78	48.14	4.98	3.66
YJ5-266	衬胶止回阀、闸阀　DN200	只	88.55	71.34	9.89	7.32
YJ5-267	衬胶止回阀、闸阀　DN400	只	193.66	162.89	19.79	10.98
5.17.5　耐磨阀						
YJ5-268	气动耐磨闸阀　DN100	只	140.97	125.46	3.26	12.25
YJ5-269	气动耐磨闸阀　DN200	只	197.40	167.28	5.61	24.51
YJ5-270	气动耐磨闸阀　DN400	只	310.28	250.92	10.34	49.02
YJ5-271	耐磨调节阀　DN100	只	54.23	48.14	2.73	3.36
YJ5-272	耐磨调节阀　DN200	只	136.73	125.46	4.56	6.71

续表

定额号	项　目　名　称	单位	基价（元）	其中（元）		
				人工费	材料费	机械费
YJ5-273	耐磨调节阀　DN400	只	273.09	250.92	8.75	13.42
5.17.6　压力阀						
YJ5-274	压力真空释放阀	只	163.10	83.64	27.42	52.04
YJ5-275	压力除灰 E 型阀	只	390.02	250.92	58.09	81.01
5.17.7　小型河流跨越						
YJ5-276	跨越管径　ϕ219mm	处	2279.30	378.40	799.14	1101.76
YJ5-277	跨越管径　ϕ273mm	处	2906.19	425.70	1171.21	1309.28
YJ5-278	跨越管径　ϕ325mm	处	3916.09	567.60	1483.25	1865.24
YJ5-279	跨越管径　ϕ377mm	处	5174.28	662.20	2402.02	2110.06
YJ5-280	跨越管径　ϕ426mm	处	5965.36	756.80	2876.48	2332.08
5.17.8　钢套管穿公路						
YJ5-281	钢套管口径　ϕ377/ϕ219mm	m	105.39	40.21	31.45	33.73
YJ5-282	钢套管口径　ϕ426/ϕ273mm	m	136.32	47.30	45.76	43.26
YJ5-283	钢套管口径　ϕ529/ϕ325mm	m	176.84	54.40	68.74	53.70
YJ5-284	钢套管口径　ϕ529/ϕ377mm	m	205.30	70.95	78.64	55.71

续表

定额号	项目名称	单位	基价（元）	其中（元）		
				人工费	材料费	机械费
5.17.9 管线水冲洗、水压试验						
YJ5-285	钢管外径 ϕ219mm	km	1947.25	283.80	1022.05	641.40
YJ5-286	钢管外径 ϕ273mm	km	2161.61	331.10	1097.82	732.69
YJ5-287	钢管外径 ϕ325mm	km	2475.58	378.40	1205.26	891.92
YJ5-288	钢管外径 ϕ377mm	km	2766.69	425.70	1286.86	1054.13
5.18 除灰专用泵安装						
YJ5-289	除灰专用泵 ≤15kW	台	1143.47	885.60	165.14	92.73
YJ5-290	除灰专用泵 ≤75kW	台	1560.09	1082.40	384.48	93.21
YJ5-291	除灰专用泵 ≤180kW	台	2927.70	2017.20	644.73	265.77
YJ5-292	除灰专用泵 ≤300kW	台	4415.74	2902.80	1163.17	349.77
YJ5-293	除灰专用泵 ≤500kW	台	4829.25	2460.00	2006.48	362.77
YJ5-294	柱塞泵 PZN 电机功率 230kW	台	9473.68	5362.80	2041.53	2069.35
YJ5-295	柱塞泵 PZN 电机功率 310kW	台	12763.85	6888.00	2663.19	3212.66
YJ5-296	压缩空气输灰罐 2.5m^3	台	2487.66	1426.80	477.90	582.96
YJ5-297	压缩空气输灰罐 4m^3	台	3196.77	1672.80	728.06	795.91
YJ5-298	压缩空气输灰罐 5m^3	台	4160.23	2214.00	930.89	1015.34

第6章 汽轮发电机设备安装

说　明

1．工作内容：

（1）设备开箱、清点、编号、清理、分类复核。

（2）基础检查、验收、复测标高、中心线复核。

（3）砂浆垫块钢制内模的配制、点焊、固定。

（4）配合二次灌浆。

2．未包括的工作内容：

（1）设备、管道的保温及保温面油漆。

（2）设备本体表面底漆修补及表面油漆。

3．定额中配制工作所需的材料，均根据其用途按使用量或摊销量计入定额。

4．汽轮发电机系统油循环用油按设备供货考虑，油循环过程中的油质检验已在定额中考虑。

（一）汽轮机本体安装

1．工程范围：汽轮机、调速系统、主蒸汽门、联合蒸汽门的安装。

2．工作内容：

（1）设备检查、清理，各道轴瓦研刮，各部间隙测量、调整，组合、就位、找平、找正。

（2）随设备供应的斜垫铁清理，现场增配的平垫铁制作和研刮。

（3）基础处理，砂浆垫块加工、配制或垫铁配制、安装。

（4）随设备供应的一次表计及阀门的安装。

（5）找正用中心线架等专用工具的制作。

（6）基础临时栏杆、设备临时堆放架的搭设与拆除。

（7）汽轮机高、中压缸周围临时工作平台及低压缸排汽口临时盖板的铺设及拆除。

（8）汽轮机罩壳的整修、安装、喷漆。

未包括汽轮机叶片频率测定。

（二）汽轮机基础预埋框架及地脚螺栓安装

工程范围及工作内容：基础预埋框架的制作、安装、找平、找正、固定，地脚螺栓的就位、找正、定位，配合浇灌、位置校正和复核，外露部分的切割、修整。

（三）汽轮机抗燃油（EH）系统安装

工程范围及工作内容：抗燃油（EH）系统集中供货装置的检查、安装，管路、支吊架的配制，油箱及管路的清理、安装。

（四）发电机本体安装（桥式起重机起吊法）

1. 工程范围：发电机、励磁机、副励磁机（无刷励磁装置）的安装。

2. 工作内容：

（1）设备的起吊、就位、组合、安装、找平、找正，联轴器的找正、铰孔及连接。

（2）间隙测量、调整。

（3）砂浆垫块加工配制，垫铁制作、安装。

（4）桥式起重机加固及负荷试验。

（5）氢冷发电机的密封瓦的检查、安装，静子、转子的风压试验，氢气冷却器检查、水压试验、安装，随设备供应的发电机本体管道安装，发电机整套风压试验。

（6）水冷发电机的静子和转子的水压试验，空气冷却器的检查、安装。

（7）水、氢冷发电机的密封瓦的检查、安装，静子水压试验，转子风压试验，氢气冷却器检查、水压试验、安装。

（8）励磁机空气冷却器检查、安装，发电机整套风压试验。

3．未包括的工作内容：

（1）发电机及励磁机电气部分的检查、干燥、接线及电气调整试验。

（2）随机供应的密封油系统、氢气及二氧化碳系统、冷却水系统设备及管道的安装。

（五）发电机本体安装（静子液压提升法）

1．工程范围：300MW发电机、600MW发电机、励磁机及副励磁机（无刷励磁装置）的安装。

2．工作内容：

（1）液压提升装置、提升架、拖运平台、轨道的安装及拆除，静子运输路线的整理、加固。

（2）液压提升系统的调整。

（3）发电机静子提升就位。

（4）其他工作内容同本章（四）发电机本体安装（桥式起重机起吊法）。

（六）汽轮机本体管道安装

1．工程范围：随汽轮机本体设备供应的导汽管、本体油管、汽封（包括门杆漏汽、轴封漏汽）、疏水管道、低压缸喷水管道及其管件、阀门的安装。

2．工作内容：

（1）管子清扫、切割、坡口加工、对口焊接、安装，法兰焊接与连接，支吊架安装、调整和固定。ϕ76 以下管子还包括管子煨弯及支吊架制作。

（2）阀门的水压试验、安装及操作装置的检查安装。

（3）合金钢管子、管件、阀门的光谱复核，焊口的焊前预热和焊后热处理。

（4）焊缝的无损检验。

（5）油管及管件的酸洗、钝化处理、压缩空气吹干，法兰研磨。

（6）管道系统水压试验。

3．未包括的工作内容：

（1）蒸汽管道的蒸汽吹洗。

（2）阀门电气部件的检查、接线及调整。

（3）由设计部门设计的非厂供的本体管道（整套设计或补充设计）的安装。

（4）随汽轮机本体设备供应的抽汽止回阀的安装。

注：导汽管和 200MW 及以上机组本体油管按制造厂成套配管供货考虑。

（七）汽轮发电机组启动试运配合

1．工程范围及工作内容：

（1）危急保安器试验和调整。

（2）润滑油系统（包括给水泵组）的灌油、油循环、油质过滤处理，各轴承油箱等清扫，油质合格后油系统的恢复，更换合格的汽轮机油。

（3）真空系统的灌水试验及试抽真空。

（4）汽轮机（包括汽动给水泵汽轮机）汽封系统及主蒸汽管道的蒸汽吹扫及系统恢复。

（5）抗燃油（EH）系统的油循环。

（6）调速系统静态试验和调整，试验后的前箱清扫封闭。

（7）发电机水冷系统的水冲洗和密封油系统的油循环（包括临时管道的连接，系统的冲洗，水质、油质合格后系统的恢复）。

（8）氢冷发电机启动前的充氢。

（9）低压缸喷水管道的水冲洗，喷水试验。

（10）配合热工进行汽轮机保护装置的试验、调整。

（11）汽轮发电机组启动试运（包括各附属机械启动投入，暖管、暖机、升速、超速试验、调速系统动态试验，配合发电机的电气试验，以及停机后的清扫、检查等）。

2. 定额中未包括：

（1）分系统调试的调试专业工作。

（2）主蒸汽管道蒸汽吹扫的临时管道和消声器的配制、安装和拆除。

定额号	项 目 名 称	单位	基价（元）	其中（元）		
				人工费	材料费	机械费
6.1 汽轮机本体安装						
YJ6-1	供热式 50MW	台	123799.86	69549.00	15859.18	38391.68
YJ6-2	供热式 100MW	台	236555.46	135116.00	22894.29	78545.17
YJ6-3	供热式 125MW	台	380117.77	227800.00	30977.19	121340.58
YJ6-4	供热式 200MW	台	481571.70	240575.00	35715.30	205281.40
YJ6-5	供热式 300MW	台	736798.37	397664.00	51867.46	287266.91
YJ6-6	凝汽式 600MW	台	1030379.68	467213.00	87989.31	475177.37
YJ6-7	凝汽式 1000MW	台	1161557.75	530876.00	102615.08	528066.67
6.2 汽轮机基础预埋框架及地脚螺栓安装						
YJ6-8	汽轮机基础预埋框架及地脚螺栓	t	1416.59	613.20	382.67	420.72
6.3 汽轮机抗燃油（EH）系统安装						
YJ6-9	机组容量 300MW	台	10984.99	5569.90	2998.14	2416.95
YJ6-10	机组容量 600MW	台	19052.67	9198.00	5834.71	4019.96
YJ6-11	机组容量 1000MW	台	22440.49	10833.20	6857.70	4749.59
6.4 发电机本体安装（桥式起重机起吊法）						
YJ6-12	发电机型号 QFQ-50-2	台	63392.64	33268.00	7929.58	22195.06

续表

定额号	项 目 名 称	单位	基价（元）	其中（元）		
				人工费	材料费	机械费
YJ6-13	发电机型号 QFS-50-2	台	56361.88	33268.00	8168.45	14925.43
YJ6-14	发电机型号 QFN-100-2	台	90553.14	44245.00	15664.07	30644.07
YJ6-15	发电机型号 QFS-125-2	台	104049.79	51312.00	20737.48	32000.31
YJ6-16	发电机型号 QFSN-200-2	台	155069.26	71328.00	25965.86	57775.40
YJ6-17	发电机型号 QFSN-300-2	台	201738.02	101178.00	35041.39	65518.63
YJ6-18	发电机型号 QFS-300-2	台	178407.02	79769.00	32937.54	65700.48
YJ6-19	发电机型号 QFSN-600-2	台	260235.49	129847.00	46738.31	83650.18
YJ6-20	发电机型号 QFSN-1000-2	台	301940.58	134340.00	53274.40	114326.18
6.5 发电机本体安装（静子液压提升法）						
YJ6-21	发电机型号 QFSN-300-2	台	408612.34	113654.00	105816.72	189141.62
YJ6-22	发电机型号 QFS-300-2	台	350243.43	83505.00	96789.11	169949.32
YJ6-23	发电机型号 QFSN-600-2	台	571766.34	134851.00	139381.20	297534.14
6.6 汽轮机本体管道安装						
6.6.1 导汽管						
YJ6-24	机组容量 50MW	台	19833.95	3066.00	3983.02	12784.93

续表

定额号	项 目 名 称	单位	基价（元）	其中（元）		
				人工费	材料费	机械费
YJ6-25	机组容量　100MW	台	28979.78	4803.40	5399.56	18776.82
YJ6-26	机组容量　125MW	台	38829.52	9198.00	7505.41	22126.11
YJ6-27	机组容量　200MW	台	68893.83	15636.60	11309.51	41947.72
YJ6-28	机组容量　300MW	台	84649.74	16811.90	18156.88	49680.96
YJ6-29	机组容量　600MW	台	122481.48	25039.00	26478.45	70964.03
YJ6-30	机组容量　1000MW	台	148834.99	27083.00	33077.68	88674.31
6.6.2　汽封、疏水管						
YJ6-31	机组容量　50MW	台	11352.25	6026.00	2539.68	2786.57
YJ6-32	机组容量　100MW	台	20252.66	12476.00	3862.33	3914.33
YJ6-33	机组容量　125MW	台	25944.53	15947.00	4731.79	5265.74
YJ6-34	机组容量　200MW	台	42650.23	24528.00	8057.30	10064.93
YJ6-35	机组容量　300MW	台	66187.15	34025.00	12631.72	19530.43
YJ6-36	机组容量　600MW	台	98745.52	42818.00	26122.07	29805.45
YJ6-37	机组容量　1000MW	台	118318.54	46342.00	33402.37	38574.17
6.6.3　本体油管						
YJ6-38	机组容量　50MW	台	14632.52	6913.83	3116.51	4602.18

续表

定额号	项 目 名 称	单位	基价（元）	其中（元）		
				人工费	材料费	机械费
YJ6-39	机组容量 100MW	台	19819.03	10455.06	3853.28	5510.69
YJ6-40	机组容量 125MW	台	23399.72	12309.99	4576.49	6513.24
YJ6-41	机组容量 200MW	台	38997.14	20685.28	6038.00	12273.86
YJ6-42	机组容量 300MW	台	56199.05	31533.81	7407.72	17257.52
YJ6-43	机组容量 600MW	台	85420.56	34625.36	14990.78	35804.42
YJ6-44	机组容量 1000MW	台	104240.20	36424.08	19693.01	48123.11
6.6.4 低压缸喷水管						
YJ6-45	机组容量 125MW	台	1319.91	715.40	313.81	290.70
YJ6-46	机组容量 200MW	台	1591.57	868.70	396.35	326.52
YJ6-47	机组容量 300MW	台	1906.14	1022.00	510.31	373.83
YJ6-48	机组容量 600MW	台	3448.69	2044.00	856.69	548.00
YJ6-49	机组容量 1000MW	台	5561.89	2912.70	1378.72	1270.47
6.7 汽轮发电机组启动试运配合						
YJ6-50	机组容量 50MW	台	51307.98	13744.00	32625.71	4938.27
YJ6-51	机组容量 100MW	台	98994.12	22026.00	71031.59	5936.53

续表

定额号	项　目　名　称	单位	基价（元）	其中（元）		
				人工费	材料费	机械费
YJ6-52	机组容量　125MW	台	129140.67	24933.00	78151.38	26056.29
YJ6-53	机组容量　200MW	台	158198.86	28828.00	101045.30	28325.56
YJ6-54	机组容量　300MW	台	197123.59	35611.00	127636.83	33875.76
YJ6-55	机组容量　600MW	台	261631.65	43541.00	176544.47	41546.18
YJ6-56	机组容量　1000MW	台	278965.18	47576.00	179366.76	52022.42

第7章 汽轮发电机附属机械设备安装

说　　明

1．工作内容：

（1）设备搬运、开箱、清点、整理、检查、安装、中心复校及试运。

（2）基础验收、中心线校核、划线、铲平，砂浆垫块或垫铁的配制，基础预埋框架安装。

（3）定位销、联轴器保护罩安装。

（4）水泵进口滤网安装。

（5）随设备供货的平台、扶梯、栏杆安装。

（6）随设备供货的油系统设备、管路及附件安装。

（7）配合二次灌浆。

2．未包括的工作内容：

（1）冷却风筒的制作、安装。

（2）平台、扶梯、栏杆、地脚螺栓的配制。

（3）不随设备供货的冷却水管路安装。

（4）设备保温及保温面油漆。

（5）设备本体表面底漆修补及表面油漆。

带有油循环系统的润滑油和辅机轴承箱用油按设备供货考虑。

（一）电动给水泵安装

1．工程范围及工作内容：

（1）转子组装检查、测量，密封环测量、检查，主轴承检查、组装，水泵本体组装，滑动轴承研刮，测量、调整推力间隙，平衡盘研刮，增速齿轮箱检查，推力瓦研刮及间隙调整。

（2）给水泵及电动机安装，增速齿轮箱安装，前置水泵、液力耦合器的安装。

（3）润滑油泵检查、安装，冷油器及空气冷却器的检查、水压试验、安装，油箱安装、清扫，润滑油管的安装。

2．未包括的工作内容：

（1）暖泵管的安装。

（2）设计单位设计的油系统管道的安装。

（3）前置泵、液力耦合器的检查。

（二）汽动给水泵安装

工程范围及工作内容：

1．散装型汽动给水泵安装：

（1）给水泵汽轮机检查、安装。

（2）给水泵汽轮机排汽管、阀门及管件安装。

（3）给水泵密封环测量、检查，主轴承检查、组装，水泵安装。

（4）润滑油站检查、安装，冷油器检查及水压试验，润滑油管路安装。

（5）汽动给水泵控制系统检查、安装，控制油管路安装。

2．组装型汽动给水泵安装：

（1）泵组轴瓦研刮，推力间隙测量、调整。

（2）整体吊装、就位、找正、固定。

（3）给水泵汽轮机排汽管、阀门及管件安装。

3. 未包括的工作内容：

（1）暖泵管的安装。

（2）设计单位设计的油系统管道的安装。

（三）分置式前置泵安装

1. 工程范围及工作内容：主轴承检查、组装，密封环测量、检查，水泵和电动机安装。

2. 分置式前置泵安装定额仅适用于汽动给水泵的前置泵安装。

（四）循环水泵安装

工程范围及工作内容：

（1）轴和转子的检查，各部间隙、瓢偏和晃度的测量，轴承的检查、研刮，各部套间隙调整，水泵组合安装，电动机安装，油管、就地仪表等附件的安装。

（2）立式循环水泵安装中的传动装置检查，油室渗漏试验，冷油器、空冷器的水压试验，长轴弯曲度检查，叶片角度调节机构的调整。

（五）凝给水泵安装

1. 工程范围及工作内容：

（1）水泵检查、组合，泵、电动机的安装。

（2）立式凝结水泵安装中的油室渗漏试验，推力瓦块检查、研刮，冷却水室水压试验。

（3）立式凝结水泵密封润滑系统、油位计的安装。

2．对凝结水精处理系统，若选用带有升压泵的低压系统时，定额乘以系数 1.80。

（六）机械真空泵安装

工程范围及工作内容：

（1）水泵检查、组合，泵、电动机的安装。

（2）推力瓦块检查、研刮，冷却水室水压试验。

（3）密封润滑系统、油位计及附件的安装。

（七）循环水泵入口设备安装

工程范围及工作内容：

1．循环水旋转滤网：

（1）上部骨架校正、安装。

（2）导轨安装。

（3）减速传动机构检查及安装，拉紧调节装置组装及调整。

（4）链条与滚轮、网板与链条的组合安装。

（5）冲洗水管上喷嘴、排水槽的安装。

（6）临时吊笼的制作和安装。

2．清污机及格栅：

（1）清污机检测、安装。

（2）轨道安装。

（3）格栅安装。

3．钢闸门：

（1）钢闸门导槽安装。

（2）钢闸门清理、吊装、就位。

（3）配套附件安装。

（八）通用泵类安装

工程范围及工作内容：

（1）泵检查、测量、调整、组合。

（2）泵、电动机的安装。

（3）螺杆泵、齿轮油泵的吻合面研刮。

（4）深井泵的进出水管及支承架的安装。

（5）不包括深井泵深井的开挖和井套的安装。

定额号	项目名称	单位	基价（元）	其中（元）		
				人工费	材料费	机械费
7.1　电动给水泵安装						
YJ7-1	电动给水泵　DG-270-140B	台	23144.46	12211.00	9218.76	1714.70
YJ7-2	电动给水泵　DG-400-180B	台	34509.83	17586.00	13683.59	3240.24
YJ7-3	电动给水泵　DG-500-200Ⅱ	台	37765.39	16564.00	17881.10	3320.29
YJ7-4	电动给水泵　DG-500-240	台	51513.56	20247.00	26505.60	4760.96
YJ7-5	电动给水泵　40CHTA/6	台	43355.15	21303.00	18141.51	3910.64
YJ7-6	电动给水泵　50CHTA/8	台	53833.30	22484.00	26553.02	4796.28
YJ7-7	电动给水泵　CHTC6/6	台	59282.51	23207.00	30355.66	5719.85
YJ7-8	电动给水泵　12X12X14-5stg　HSB 型	台	68570.17	24880.00	37290.53	6399.64
7.2　散装型汽动给水泵						
YJ7-9	小机散装型　DG-500-240	套	41741.28	35013.00	2657.78	4070.50
YJ7-10	小机散装型　50CHTA/6	套	42956.89	36228.00	2658.39	4070.50
YJ7-11	小机散装型　50CHTA/8	套	44785.11	37409.00	2823.09	4553.02
YJ7-12	小机散装型　80CHTA/4	套	53167.38	43700.00	3283.21	6184.17
7.3　组装型汽动给水泵						
YJ7-13	小机组装型　DG-500-240	套	33979.07	25198.00	2442.61	6338.46

续表

定额号	项 目 名 称	单位	基价（元）	其中（元）		
				人工费	材料费	机械费
YJ7-14	小机组装型 50CHTA/6	套	35060.50	25955.00	2454.40	6651.10
YJ7-15	小机组装型 50CHTA/8	套	36898.61	26871.00	2506.00	7521.61
YJ7-16	小机组装型 80CHTA/4	套	43014.45	30448.00	2642.94	9923.51
YJ7-17	小机组装型 CHTC6/6	套	50152.33	32704.00	2779.23	14669.10
YJ7-18	小机组装型 16X16X18-5 HDB 型	套	64802.62	46289.00	3778.84	14734.78
7.4 分置式前置泵安装						
YJ7-19	分置式前置泵 YNKn300/200	台	3828.97	1991.00	1030.41	807.56
YJ7-20	分置式前置泵 YNKn400/300	台	5026.83	2203.00	2016.27	807.56
YJ7-21	分置式前置泵 YNKn500/350	台	7129.60	3365.00	2815.21	949.39
YJ7-22	分置式前置泵 QC400/300	台	8513.07	3577.00	3804.42	1131.65
YJ7-23	分置式前置泵 KRHA400/710	台	11530.44	3736.00	6107.44	1687.00
YJ7-24	分置式前置泵 350X250KSM 型	台	13136.04	4493.00	6540.39	2102.65
7.5 卧式循环水泵						
YJ7-25	卧式循环水泵 $Q \leqslant 6000m^3/h$	台	4729.58	3066.00	1346.55	317.03
YJ7-26	卧式循环水泵 $Q \leqslant 12000m^3/h$	台	7348.28	4898.00	2083.16	367.12

续表

定额号	项 目 名 称	单位	基价（元）	其中（元）		
				人工费	材料费	机械费
YJ7-27	卧式循环水泵 $Q \leqslant 20000m^3/h$	台	12152.30	5621.00	6042.93	488.37
YJ7-28	卧式循环水泵 $Q \leqslant 30000m^3/h$	台	18778.48	6995.00	10823.69	959.79
YJ7-29	卧式循环水泵 $Q > 30000m^3/h$	台	24443.37	9410.00	14024.78	1008.59
7.6 立式循环水泵						
YJ7-30	立式循环水泵 $Q \leqslant 12000m^3/h$	台	10571.55	6344.00	2395.86	1831.69
YJ7-31	立式循环水泵 $Q \leqslant 20000m^3/h$	台	17971.00	9251.00	6374.23	2345.77
YJ7-32	立式循环水泵 $Q \leqslant 30000m^3/h$	台	25238.72	11295.00	11227.54	2716.18
YJ7-33	立式循环水泵 $Q \leqslant 50000m^3/h$	台	30661.98	13074.00	14536.09	3051.89
YJ7-34	立式循环水泵 $Q > 50000m^3/h$	台	40024.83	20122.00	15774.62	4128.21
7.7 凝结水泵安装						
YJ7-35	机组容量 50MW	台	6712.68	3365.00	2175.89	1171.79
YJ7-36	机组容量 100MW	台	8936.31	4194.00	3217.02	1525.29
YJ7-37	机组容量 125MW	台	10493.22	4546.00	4362.46	1584.76
YJ7-38	机组容量 200MW	台	13689.76	6484.00	5245.28	1960.48
YJ7-39	机组容量 300MW	台	16237.60	7453.00	6703.73	2080.87

续表

定额号	项　目　名　称	单位	基价（元）	其中（元）		
				人工费	材料费	机械费
YJ7-40	机组容量　600MW	台	24840.50	9497.00	12264.17	3079.33
YJ7-41	机组容量　1000MW	台	30072.17	11136.00	15218.90	3717.27
7.8　机械真空泵安装						
YJ7-42	机械真空泵　SE-3 型	台	4042.20	2555.00	1070.92	416.28
YJ7-43	机械真空泵　BW4-303	台	5018.47	2854.00	1745.08	419.39
YJ7-44	机械真空泵　2BW4-353-OBLC4	台	5587.32	3066.00	2014.97	506.35
YJ7-45	机械真空泵　2BW4-503-OHY4-8	台	8017.51	4088.00	3068.36	861.15
YJ7-46	机械真空泵　AT3004E 型　N=185kW	台	9706.36	5269.00	3353.94	1083.42
7.9　循环水泵入口设备安装						
7.9.1　循环水一次旋转滤网						
YJ7-47	C-2000　高度　H=10m	台	7526.40	3788.40	679.38	3058.62
YJ7-48	C-2000　高度　H=20m	台	11492.65	5707.20	890.23	4895.22
YJ7-49	C-2000　高度　H=30m	台	15468.95	7675.20	1100.70	6693.05
YJ7-50	C-2500　高度　H=10m	台	7782.19	3985.20	715.66	3081.33
YJ7-51	C-2500　高度　H=20m	台	11843.74	5953.20	928.70	4961.84

续表

定额号	项目名称	单位	基价（元）	其中（元）		
				人工费	材料费	机械费
YJ7-52	C-2500　高度　H=30m	台	15866.12	7921.20	1141.33	6803.59
YJ7-53	C-3000　高度　H=10m	台	7749.55	4034.40	745.16	2969.99
YJ7-54	C-3000　高度　H=20m	台	12043.71	6248.40	967.26	4828.05
YJ7-55	C-3000　高度　H=30m	台	16049.64	8216.40	1182.00	6651.24
YJ7-56	Zh-3000　高度　H=10m	台	7796.68	3985.20	704.69	3106.79
YJ7-57	Zh-3000　高度　H=20m	台	12018.18	6051.60	915.38	5051.20
YJ7-58	Zh-3000　高度　H=30m	台	16204.36	8118.00	1126.66	6959.70
YJ7-59	Zh-3500　高度　H=10m	台	7993.23	4132.80	729.68	3130.75
YJ7-60	Zh-3500　高度　H=20m	台	12383.49	6297.60	963.47	5122.42
YJ7-61	Zh-3500　高度　H=30m	台	16781.89	8511.60	1193.60	7076.69
YJ7-62	Zh-4000　高度　H=10m	台	8452.28	4329.60	764.65	3358.03
YJ7-63	Zh-4000　高度　H=20m	台	13123.67	6592.80	990.54	5540.33
YJ7-64	Zh-4000　高度　H=30m	台	17846.27	8905.20	1208.12	7732.95
7.9.2　清污机						
YJ7-65	清污机　清污宽度　≤2.5m	套	16387.40	6445.20	1006.22	8935.98

续表

定额号	项　目　名　称	单位	基价（元）	其中（元）		
				人工费	材料费	机械费
YJ7-66	清污机　清污宽度　≤4m	套	20174.15	9249.60	1236.59	9687.96
YJ7-67	清污机　清污宽度　>4m	套	25410.22	12644.40	1652.54	11113.28
7.9.3　格栅及钢闸门						
YJ7-68	格栅	t	237.81	123.00	30.30	84.51
YJ7-69	钢闸门	t	186.84	73.80	28.53	84.51
7.10　通用泵类安装						
7.10.1　单级离心式泵及离心式耐腐蚀泵						
YJ7-70	电机功率　≤7.5kW	台	283.44	196.80	39.19	47.45
YJ7-71	电机功率　≤15kW	台	360.73	246.00	66.43	48.30
YJ7-72	电机功率　≤25kW	台	439.79	295.20	95.54	49.05
YJ7-73	电机功率　≤35kW	台	517.57	344.40	123.61	49.56
YJ7-74	电机功率　≤45kW	台	802.09	590.40	160.70	50.99
YJ7-75	电机功率　≤55kW	台	953.65	678.20	195.90	79.55
YJ7-76	电机功率　≤75kW	台	1080.00	738.00	241.98	100.02
YJ7-77	电机功率　≤100kW	台	1285.47	885.60	280.16	119.71

续表

定额号	项目名称	单位	基价（元）	其中（元）		
				人工费	材料费	机械费
YJ7-78	电机功率 ≤135kW	台	1455.28	984.00	331.88	139.40
7.10.2 多级离心泵						
YJ7-79	电机功率 ≤10kW	台	923.00	688.80	146.54	87.66
YJ7-80	电机功率 ≤20kW	台	1514.66	1230.00	177.78	106.88
YJ7-81	电机功率 ≤50kW	台	2094.95	1525.20	274.27	295.48
YJ7-82	电机功率 ≤100kW	台	3526.44	2263.20	593.79	669.45
YJ7-83	电机功率 ≤200kW	台	4809.02	2952.00	1064.08	792.94
YJ7-84	电机功率 ≤300kW	台	6542.78	3936.00	1444.43	1162.35
7.10.3 离心式油泵						
YJ7-85	电机功率 ≤10kW	台	650.23	541.20	68.35	40.68
YJ7-86	电机功率 ≤20kW	台	789.01	639.60	107.80	41.61
YJ7-87	电机功率 ≤50kW	台	1189.75	934.80	192.87	62.08
YJ7-88	电机功率 ≤100kW	台	1801.26	1328.40	409.09	63.77
YJ7-89	电机功率 ≤150kW	台	2641.21	2066.40	488.86	85.95
YJ7-90	电机功率 ≤200kW	台	4004.83	3099.60	778.24	126.99

续表

定额号	项 目 名 称	单位	基价（元）	其中（元）		
				人工费	材料费	机械费
7.10.4 螺杆泵						
YJ7-91	电机功率 ≤5kW	台	634.89	541.20	51.77	41.92
YJ7-92	电机功率 ≤10kW	台	746.70	639.60	65.18	41.92
YJ7-93	电机功率 ≤20kW	台	847.43	688.80	97.85	60.78
YJ7-94	电机功率 ≤40kW	台	960.34	738.00	159.35	62.99
YJ7-95	电机功率 ≤60kW	台	1090.77	787.20	219.74	83.83
YJ7-96	电机功率 ≤80kW	台	1207.01	836.40	286.78	83.83
7.10.5 齿轮油泵						
YJ7-97	电机功率 ≤5kW	台	255.73	196.80	37.84	21.09
YJ7-98	电机功率 ≤10kW	台	320.04	246.00	52.95	21.09
YJ7-99	电机功率 ≤15kW	台	582.12	492.00	68.30	21.82
YJ7-100	电机功率 ≤20kW	台	802.99	688.80	92.37	21.82
7.10.6 深井泵						
YJ7-101	深井泵 6JD	台	2153.58	442.80	86.32	1624.46
YJ7-102	深井泵 10JD	台	2644.95	590.40	100.03	1954.52

续表

定额号	项 目 名 称	单位	基价（元）	其中（元）		
				人工费	材料费	机械费
YJ7-103	深井泵　14JD	台	3704.78	885.60	115.54	2703.64
YJ7-104	深井泵　16JD	台	5771.09	1328.40	140.21	4302.48

第8章 汽轮发电机辅助设备安装

说　明

1．工作内容：

（1）设备搬运、开箱、清点、编号、分类复核。

（2）基础验收、中心线校核，垫铁配制。

（3）就地一次仪表及阀门安装。

（4）设备液位计安装，液位计保护罩安装。

（5）配合二次灌浆。

2．未包括的工作内容：

（1）设备保温及保温面油漆。

（2）设备本体表面底漆修补及表面油漆。

（3）不随设备供货而与设备连接的各种管道的安装。

3．定额中配制工作所需的材料，均根据其用途按使用量或摊销量计入定额。

（一）凝汽器组合安装

1．工程范围及工作内容：

（1）冷凝面积 7000m^2 以上凝汽器的临时组合平台的搭设、拆除。

（2）冷凝面积 7000m^2 以上凝汽器外壳、颈部、管板、隔板、膨胀节等组件的拼装、焊接，壳体焊缝渗油试验。

（3）拖运平台、拖运轨道的搭设和拆除。

（4）凝汽器拖运、就位、初步找正，端盖拆装。

（5）铜管式凝汽器：管板孔的清理、检查，铜管清点、检查，铜管性能试验、水压试验，铜管打磨、穿管、胀管、切割与翻边。

（6）钛管（不锈钢）式凝汽器：管板孔的清理、检查，钛（不锈钢）管清点、检查，水压试验、试胀，酒精清洗管孔、穿管，胀管、切割、清理、焊接，焊口金相着色检查。

（7）凝汽器汽侧灌水试验，喉部临时封闭平台的搭设、拆除。

（8）弹簧座的检查、安装、调整，凝汽器最后找正并与汽缸连接。

（9）水位调整器安装及支架配制、安装，水位计连通管的配制、安装，热水井安装。

（10）减温减压器和内置加热器的清理、检查、安装。

（11）凝汽器本体上安全阀的检查、安装。

（12）随凝汽器设备供货的管道、管件、附件等的安装。

2. 未包括的工作内容：

（1）铜管或铜管头退火，以及退火工具的制作（铜管如需退火时，按设备缺陷处理）。

（2）凝汽器水位调整器的汽、水侧连通管道的安装。

（3）凝汽器水封管及放水管的安装。

（4）凝汽器的钛管和不锈钢管的涡流检验。

（二）除氧器及水箱安装

1. 工程范围及工作内容：

（1）除氧器水箱托架的清理、安装，水箱本体的组合拖运、就位、固定、附件安装。
（2）除氧器起吊、拖运、安装，与水箱连接及拉筋板的找正、焊接，除氧器本体组装，填料充填。
（3）水位调节阀检查安装，消音管及水箱内梯子安装。
（4）蒸汽压力调整阀检查、安装。
（5）水封装置或溢水装置安装，水箱人孔盖安装。
（6）安全门检查、调整、安装。
2．未包括蒸汽压力调整阀的自动调整装置安装和水箱内部油漆。
（三）热交换器安装
1．工程范围及工作内容：
（1）热交换器检查、拖运、起吊就位、安装。
（2）热交换器水压试验。
（3）疏水器及危急泄水器检查、安装，支架安装。
2．未包括的工作内容：
（1）疏水器与热交换器间汽、水侧连接管的安装。
（2）空气管的配制、安装。
（3）液压保护装置阀门及管道系统的安装。
（4）热交换器水侧出、入口自动阀的检查、安装。
（5）电磁阀、快速电动阀电气系统的接线、调整。
（四）油系统设备安装

工程范围及工作内容：

1．主油箱：

（1）油箱支座安装，油箱就位。

（2）法兰及放油阀门的检查、安装，注油器、过压阀的检查、安装，油位计的检查、安装。

（3）隔板及开孔核对，油箱内部清理，油室检查。

（4）滤网清理。

（5）排烟风机及风管的安装。

2．贮油箱：

（1）设备检查、拖运、就位、安装。

（2）法兰及放油阀门安装，贮油箱附件安装。

（3）油箱内部清扫。

3．冷油器：

（1）冷油器检查、就位、安装。

（2）法兰及放油、放空气阀门的检查、安装。

（3）冷油器水压试验。

4．油净化装置：

（1）油净化装置检查、安装。

（2）油净化装置附件安装。

（3）装置内部及滤网清扫。

5．发电机密封油装置：

（1）设备拖运、就位、安装。

（2）油泵检查，冷油器检查及水压试验。

（3）油箱清扫。

（五）发电机冷却水装置安装

工程范围及工作内容：

（1）冷却水箱拖运、就位安装。

（2）静子冷却水泵检查、安装。

（3）静子冷却水热交换器检查、安装及水压试验。

（六）发电机氢气系统装置安装

工程范围及工作内容：发电机氢气系统装置及设备附件检查、安装。

（七）闭式冷却水稳压水箱安装

工程范围及工作内容：水箱起吊、拖运、就位，水箱附件安装，内部清扫。

（八）胶球清洗装置安装

1．工程范围及工作内容：

（1）装球室、收球网检查，组合安装，液压系统安装。

（2）二次滤网检查，组合安装。

2．未包括的工作内容：

（1）胶球清洗装置的胶球泵安装。

（2）胶球清洗装置与凝汽器连接的管道安装。

（3）自动控制装置的安装、调整。

（九）高、低压旁路系统设备安装

1．工程范围及工作内容：制造厂供应的高、低压旁路阀门及装置的检查、安装，减温器、扩散管等系统设备的检查、焊接（包括焊前预热和焊后热处理）、安装。

2．未包括由设计单位设计的管道、阀门、支架的安装。

（十）其他减温减压装置安装

1．工程范围及工作内容：包括由制造厂供应的减压阀、调节阀、安全阀、减温器、扩散管，以及配套的管道、支吊架的检查、组装、对口焊接、热处理和安装。

2．未包括的工作内容：减温减压装置的调节设备安装与调试工作未包括在内。

（十一）全厂检修起吊设施安装

工程范围及工作内容：

（1）大车、小车行走机构的检查。

（2）桥架组合吊装，小车整体安装。

（3）转动机构检查、安装。

（4）驾驶室及附件的安装。

（5）电动葫芦检查、加油。

（6）单轨小车拆装。

（7）负荷试验。

（十二）电梯安装

1．工程范围及工作内容：

（1）井道设备：曳引机、制动器、限速器和导向轮等的检查、组合、安装。

（2）机房设备：导轨、对重装置和曳引绳的检查、组合、安装。

（3）轿箱及层（厅）门设备：轿箱、轿箱门、安全钳、导靴、层门及门套的检查、组合、安装。

（4）配合调整、试运行。

2．未包括的工作内容：各种支架制作、电气部分安装和电梯的喷漆未包括在内。

定额号	项 目 名 称	单位	基价（元）	其中（元）		
				人工费	材料费	机械费
8.1 凝汽器组合安装						
8.1.1 铜管式凝汽器						
YJ8-1	冷凝面积 ≤4000m^2	套	86793.59	22999.00	13190.77	50603.82
YJ8-2	冷凝面积 ≤7000m^2	套	136606.20	50922.00	19595.79	66088.41
YJ8-3	冷凝面积 ≤10000m^2	套	188407.99	81093.00	27279.25	80035.74
YJ8-4	冷凝面积 ≤14000m^2	套	248737.80	124722.00	32061.53	91954.27
YJ8-5	冷凝面积 ≤20000m^2	套	330292.33	181442.00	39881.70	108968.63
YJ8-6	冷凝面积 ≤30000m^2	套	423395.33	241871.00	48949.66	132574.67
YJ8-7	冷凝面积 ≤40000m^2	套	505278.99	291703.00	57103.04	156472.95
8.1.2 钛管式凝汽器						
YJ8-8	冷凝面积 ≤7000m^2	套	176578.02	69686.00	18698.32	88193.70
YJ8-9	冷凝面积 ≤10000m^2	套	226807.06	97537.00	25762.84	103507.22
YJ8-10	冷凝面积 ≤14000m^2	套	318855.27	170796.00	31213.45	116845.82
YJ8-11	冷凝面积 ≤20000m^2	套	402517.89	223580.00	39448.98	139488.91
YJ8-12	冷凝面积 ≤30000m^2	套	488654.26	264908.00	47405.84	176340.42
YJ8-13	冷凝面积 ≤40000m^2	套	574939.78	319414.00	54248.46	201277.32

续表

定额号	项 目 名 称	单位	基价（元）	其中（元）		
				人工费	材料费	机械费
YJ8-14	冷凝面积 ≤50000m^2	套	644446.15	355084.00	59382.43	229979.72
8.1.3 不锈钢凝汽器						
YJ8-15	冷凝面积 ≤7000m^2	套	158697.07	56508.00	31693.65	70495.42
YJ8-16	冷凝面积 ≤10000m^2	套	217858.02	87875.00	43059.52	86923.50
YJ8-17	冷凝面积 ≤14000m^2	套	287295.70	138498.00	48717.90	100079.80
YJ8-18	冷凝面积 ≤20000m^2	套	385322.08	201527.00	65912.50	117882.58
YJ8-19	冷凝面积 ≤30000m^2	套	482810.07	261901.00	77500.16	143408.91
YJ8-20	冷凝面积 ≤40000m^2	套	580278.84	323948.00	87246.30	169084.54
YJ8-21	冷凝面积 ≤50000m^2	套	647252.68	360057.00	96219.59	190976.09
8.2 除氧器及水箱安装						
8.2.1 高压式除氧器及水箱						
YJ8-22	容积 ≤70m^3	台	9757.24	4674.00	1833.10	3250.14
YJ8-23	容积 ≤100m^3	台	11243.84	5018.40	2189.66	4035.78
YJ8-24	容积 ≤140m^3	台	12486.35	5707.20	2549.33	4229.82
YJ8-25	容积 ≤160m^3	台	15956.39	6789.60	2970.36	6196.43

续表

定额号	项 目 名 称	单位	基价（元）	其中（元）		
				人工费	材料费	机械费
YJ8-26	容积 ≤180m^3	台	17154.27	7822.80	3117.07	6214.40
YJ8-27	容积 ≤200m^3	台	21385.97	8511.60	3444.06	9430.31
YJ8-28	容积 ≤300m^3	台	25048.37	9249.60	3856.44	11942.33
YJ8-29	容积 ＞300m^3	台	29219.83	9544.80	5048.06	14626.97
8.2.2 内置式除氧器						
YJ8-30	出力 800t/h	台	19433.22	7486.00	2961.12	8986.10
YJ8-31	出力 1200t/h	台	24369.06	9435.00	3701.40	11232.66
YJ8-32	出力 2100t/h	台	35017.16	10207.00	5170.61	19639.55
YJ8-33	出力 3300t/h	台	38926.66	10873.00	6061.95	21991.71
8.2.3 大气式除氧器及水箱						
YJ8-34	容积 75m^3	台	8888.19	4132.80	1867.43	2887.96
8.3 热交换器安装						
8.3.1 高压加热器						
YJ8-35	热交换面积 ≤250m^2	台	4000.47	2115.60	774.66	1110.21
YJ8-36	热交换面积 ≤400m^2	台	4739.12	2361.60	794.63	1582.89

续表

定额号	项 目 名 称	单位	基价（元）	其中（元）		
				人工费	材料费	机械费
YJ8-37	热交换面积 ≤550m^2	台	6488.32	2706.00	1043.70	2738.62
YJ8-38	热交换面积 ≤750m^2	台	9101.06	3198.00	1155.42	4747.64
YJ8-39	热交换面积 ≤1000m^2	台	9375.00	3296.40	1263.21	4815.39
YJ8-40	热交换面积 ≤1200m^2	台	10210.85	3493.20	1293.41	5424.24
YJ8-41	热交换面积 ≤1600m^2	台	10668.75	3640.80	1415.45	5612.50
YJ8-42	热交换面积 ≤2100m^2	台	15767.96	3985.20	1485.85	10296.91
8.3.2 低压加热器						
YJ8-43	热交换面积 ≤100m^2	台	3220.57	1180.80	615.40	1424.37
YJ8-44	热交换面积 ≤200m^2	台	3657.57	1476.00	637.32	1544.25
YJ8-45	热交换面积 ≤300m^2	台	3958.27	1525.20	663.82	1769.25
YJ8-46	热交换面积 ≤400m^2	台	4413.75	1771.20	750.55	1892.00
YJ8-47	热交换面积 ≤550m^2	台	5167.06	2115.60	817.18	2234.28
YJ8-48	热交换面积 ≤700m^2	台	6345.02	2361.60	880.23	3103.19
YJ8-49	热交换面积 ≤850m^2	台	6544.58	2410.80	957.77	3176.01
YJ8-50	热交换面积 ≤1100m^2	台	6862.96	2558.40	997.08	3307.48

续表

定额号	项　目　名　称	单位	基价（元）	其中（元）		
				人工费	材料费	机械费
YJ8-51	热交换面积　≤1300m^2	台	9269.48	3542.40	1027.61	4699.47
YJ8-52	热交换面积　≤1850m^2	台	9818.74	3985.20	1125.58	4707.96
8.3.3　轴封加热器						
YJ8-53	机组容量　50MW	台	1194.94	492.00	62.76	640.18
YJ8-54	机组容量　100MW	台	1352.12	590.40	78.68	683.04
YJ8-55	机组容量　125MW	台	1566.63	787.20	96.39	683.04
YJ8-56	机组容量　200MW	台	1784.03	934.80	113.59	735.64
YJ8-57	机组容量　300MW	台	1950.60	1033.20	132.86	784.54
YJ8-58	机组容量　600MW	台	2378.98	1279.20	148.79	950.99
YJ8-59	机组容量　1000MW	台	2583.69	1328.40	159.07	1096.22
8.3.4　开、闭式冷却水系统热交换器						
YJ8-60	热交换面积　≤200m^2	台	3211.35	1180.80	345.85	1684.70
YJ8-61	热交换面积　≤500m^2	台	3540.15	1426.80	419.58	1693.77
YJ8-62	热交换面积　≤800m^2	台	6338.69	1722.00	560.78	4055.91
YJ8-63	热交换面积　≤1100m^2	台	10969.68	1869.60	651.76	8448.32

续表

定额号	项　目　名　称	单位	基价（元）	其中（元）		
				人工费	材料费	机械费
YJ8-64	热交换面积　≤1400m^2	台	13322.81	2066.40	733.77	10522.64
8.4　油系统设备安装						
8.4.1　主油箱						
YJ8-65	容积　≤12m^3	只	2182.24	1328.40	284.65	569.19
YJ8-66	容积　≤15m^3	只	2852.00	1771.20	396.81	683.99
YJ8-67	容积　≤20m^3	只	3691.58	2115.60	477.76	1098.22
YJ8-68	容积　≤25m^3	只	4480.73	2460.00	544.95	1475.78
YJ8-69	容积　≤38m^3	只	5110.31	2755.20	609.49	1745.62
YJ8-70	容积　≤42m^3	只	5591.52	3050.40	675.96	1865.16
YJ8-71	容积　≤48m^3	只	6160.58	3198.00	789.95	2172.63
8.4.2　储油箱						
YJ8-72	容积　≤30m^3	只	2982.91	1377.60	279.34	1325.97
YJ8-73	容积　≤40m^3	只	3364.07	1672.80	308.78	1382.49
YJ8-74	容积　≤50m^3	只	3562.82	1771.20	358.82	1432.80
YJ8-75	容积　>50m^3	只	5116.30	1968.00	408.15	2740.15

续表

定额号	项　目　名　称	单位	基价（元）	其中（元）		
				人工费	材料费	机械费
8.4.3　冷油器						
YJ8-76	热交换面积　≤40m^2	台	2492.15	984.00	367.97	1140.18
YJ8-77	热交换面积　≤60m^2	台	2697.35	1033.20	370.91	1293.24
YJ8-78	热交换面积　≤80m^2	台	2755.88	1082.40	380.24	1293.24
YJ8-79	热交换面积　≤100m^2	台	3143.55	1279.20	383.25	1481.10
YJ8-80	热交换面积　≤180m^2	台	3843.80	1918.80	435.02	1489.98
YJ8-81	热交换面积　≤330m^2	台	4479.25	2460.00	464.61	1554.64
YJ8-82	热交换面积　≤670m^2	台	5264.79	2952.00	513.38	1799.41
8.4.4　油净化装置						
YJ8-83	组容量　50MW	台	1962.95	1082.40	194.70	685.85
YJ8-84	机组容量　100MW	台	2362.69	1279.20	214.58	868.91
YJ8-85	机组容量　125MW	台	3059.26	1525.20	240.70	1293.36
YJ8-86	机组容量　200MW	台	3594.47	1722.00	281.40	1591.07
YJ8-87	机组容量　300MW	台	3915.16	1820.40	333.01	1761.75
YJ8-88	机组容量　600MW	台	4456.63	2263.20	368.29	1825.14

续表

定额号	项 目 名 称	单位	基价（元）	其中（元）		
				人工费	材料费	机械费
YJ8-89	机组容量 1000MW	台	4989.68	2361.60	396.88	2231.20
8.4.5 发电机密封油装置						
YJ8-90	机组容量 50MW	台	2516.79	1525.20	133.47	858.12
YJ8-91	机组容量 100MW	台	2872.73	1722.00	160.45	990.28
YJ8-92	机组容量 125MW	台	3002.47	1771.20	193.19	1038.08
YJ8-93	机组容量 200MW	台	3386.99	1869.60	214.12	1303.27
YJ8-94	机组容量 300MW	台	4478.64	2312.40	302.22	1864.02
YJ8-95	机组容量 600MW	台	4922.04	2607.60	389.11	1925.33
YJ8-96	机组容量 1000MW	台	5909.55	3099.60	447.82	2362.13
8.5 发电机冷却水装置安装						
YJ8-97	设备型号 QFS-50-2	台	3622.68	2706.00	239.32	677.36
YJ8-98	设备型号 QFS-125-2	台	4107.15	2902.80	309.63	894.72
YJ8-99	设备型号 QFSN-200-2	台	5002.04	2853.60	327.82	1820.62
YJ8-100	设备型号 QFSN-300-2	台	5410.11	3148.80	388.98	1872.33
YJ8-101	设备型号 QFS-300-2	台	6092.70	3788.40	431.97	1872.33

续表

定额号	项目名称	单位	基价（元）	其中（元）		
				人工费	材料费	机械费
YJ8-102	设备型号　QFSN-600-2	台	6483.93	4083.60	463.72	1936.61
YJ8-103	设备型号　QFSN-1000-2	台	7378.12	4575.60	501.72	2300.80
8.6　发电机氢气系统装置安装						
YJ8-104	机组容量　50MW	台	1109.96	590.40	71.60	447.96
YJ8-105	机组容量　100MW	台	1209.24	590.40	97.12	521.72
YJ8-106	机组容量　200MW	台	1548.59	688.80	130.25	729.54
YJ8-107	机组容量　300MW	台	2057.01	836.40	187.58	1033.03
YJ8-108	机组容量　600MW	台	2346.82	984.00	240.31	1122.51
YJ8-109	机组容量　1000MW	台	2974.83	1131.60	546.25	1296.98
8.7　闭式冷却水稳压水箱安装						
YJ8-110	容积　≤10m^3	只	3157.51	787.20	118.00	2252.31
YJ8-111	容积　≤15m^3	只	3350.05	934.80	161.57	2253.68
YJ8-112	容积　≤20m^3	只	4463.80	1131.60	202.78	3129.42
8.8　胶球清洗装置安装						
8.8.1　装球室、收球网						
YJ8-113	装球室　E300-1	台	502.09	147.60	23.87	330.62

续表

定额号	项 目 名 称	单位	基价（元）	其中（元）		
				人工费	材料费	机械费
YJ8-114	收球网　S-800	台	645.29	196.80	45.67	402.82
YJ8-115	收球网　S-1200	台	788.76	246.00	79.58	463.18
YJ8-116	收球网　S-1400	台	1001.88	344.40	105.42	552.06
YJ8-117	收球网　S-1600	台	1157.22	442.80	130.87	583.55
YJ8-118	收球网　S-1800	台	1338.57	492.00	157.86	688.71
YJ8-119	收球网　S-2000	台	1545.51	590.40	173.43	781.68
YJ8-120	收球网　S-3000	台	1905.01	787.20	197.20	920.61
8.8.2　旋式二次滤网						
YJ8-121	设备型号　WE-800	台	505.00	196.80	55.94	252.26
YJ8-122	设备型号　WE-1200	台	743.09	344.40	85.27	313.42
YJ8-123	设备型号　WE-1400	台	869.52	393.60	114.52	361.40
YJ8-124	设备型号　WE-1600	台	1015.78	442.80	137.55	435.43
YJ8-125	设备型号　WE-1800	台	1226.75	541.20	166.88	518.67
YJ8-126	设备型号　WE-2000	台	1352.07	639.60	193.80	518.67
YJ8-127	设备型号　WE-3000	台	1844.09	984.00	225.93	634.16

续表

定额号	项 目 名 称	单位	基价（元）	其中（元）		
				人工费	材料费	机械费
8.9 高、低压旁路系统设备安装						
YJ8-128	机组容量 125MW	套	11499.59	2115.60	1310.42	8073.57
YJ8-129	机组容量 200MW	套	13863.58	2164.80	1685.79	10012.99
YJ8-130	机组容量 300MW	套	17488.38	2558.40	2168.26	12761.72
YJ8-131	机组容量 600MW	套	24453.48	3345.60	3141.95	17965.93
YJ8-132	机组容量 1000MW	套	31432.70	4723.20	4337.96	22371.54
8.10 其他减温减压装置安装						
YJ8-133	其他减温减压装置 60t/h	台	2437.83	1131.60	394.33	911.90
YJ8-134	其他减温减压装置 120t/h	台	3979.35	1820.40	436.79	1722.16
YJ8-135	其他减温减压装置 180t/h	台	5390.72	2361.60	529.36	2499.76
8.11 全厂检修起吊设施安装						
8.11.1 电动双梁桥式起重机						
YJ8-136	电动双梁桥式起重机 5t L_k=19.5m	台	4796.22	2838.00	459.11	1499.11
YJ8-137	电动双梁桥式起重机 5t L_k=31.5m	台	5249.93	3121.80	468.21	1659.92
YJ8-138	电动双梁桥式起重机 10t L_k=19.5m	台	5092.99	3027.20	482.46	1583.33

续表

定额号	项目名称	单位	基价（元）	其中（元）		
				人工费	材料费	机械费
YJ8-139	电动双梁桥式起重机　10t　$L_k=31.5m$	台	5770.07	3452.90	492.40	1824.77
YJ8-140	电动双梁桥式起重机　15/3t　$L_k=19.5m$	台	5551.12	3311.00	516.79	1723.33
YJ8-141	电动双梁桥式起重机　15/3t　$L_k=31.5m$	台	6152.51	3736.70	529.30	1886.51
YJ8-142	电动双梁桥式起重机　20/5t　$L_k=19.5m$	台	5882.76	3452.90	538.53	1891.33
YJ8-143	电动双梁桥式起重机　20/5t　$L_k=31.5m$	台	6691.06	3925.90	547.49	2217.67
YJ8-144	电动双梁桥式起重机　30/5t　$L_k=19.5m$	台	6338.86	3642.10	556.53	2140.23
YJ8-145	电动双梁桥式起重机　30/5t　$L_k=31.5m$	台	7188.89	4257.00	570.72	2361.17
YJ8-146	电动双梁桥式起重机　50/10t　$L_k=19.5m$	台	8235.55	4682.70	925.48	2627.37
YJ8-147	电动双梁桥式起重机　50/10t　$L_k=31.5m$	台	10116.44	5628.70	941.04	3546.70
YJ8-148	电动双梁桥式起重机　75/20t　$L_k=19.5m$	台	14292.90	6905.80	1337.18	6049.92
YJ8-149	电动双梁桥式起重机　75/20t　$L_k=31.5m$	台	16317.55	7804.50	1359.31	7153.74
YJ8-150	电动双梁桥式起重机　100/20t　$L_k=22m$	台	18838.93	8845.10	1674.87	8318.96
YJ8-151	电动双梁桥式起重机　100/20t　$L_k=31m$	台	21606.63	9601.90	1687.32	10317.41
YJ8-152	电动双梁桥式起重机　235/25t　$L_k=33m$	台	33070.43	11115.50	2643.61	19311.32
YJ8-153	电动双梁悬挂过轨式　12.5t　$L_k=8m$	台	38163.96	28805.70	2022.12	7336.14

续表

定额号	项　目　名　称	单位	基价（元）	其中（元）		
				人工费	材料费	机械费
8.11.2　吊钩门式起重机						
YJ8-154	吊钩门式起重机　5t　$L_k=26m$	台	8504.39	5628.70	548.82	2326.87
YJ8-155	吊钩门式起重机　5t　$L_k=35m$	台	9197.05	6054.40	563.53	2579.12
YJ8-156	吊钩门式起重机　10t　$L_k=26m$	台	10034.27	6149.00	568.36	3316.91
YJ8-157	吊钩门式起重机　10t　$L_k=35m$	台	10741.63	6574.70	582.90	3584.03
YJ8-158	吊钩门式起重机　15/3t　$L_k=26m$	台	10622.11	6432.80	591.22	3598.09
YJ8-159	吊钩门式起重机　15/3t　$L_k=35m$	台	11867.21	7284.20	613.13	3969.88
YJ8-160	吊钩门式起重机　20/5t　$L_k=26m$	台	12704.52	7473.40	621.48	4609.64
YJ8-161	吊钩门式起重机　20/5t　$L_k=35m$	台	14123.48	8419.40	641.60	5062.48
8.11.3　电动单梁起重机						
YJ8-162	电动单梁起重机　3t　$L_k=17m$	台	1241.83	804.10	141.27	296.46
YJ8-163	电动单梁起重机　10t　$L_k=17m$	台	1763.88	1229.80	195.14	338.94
YJ8-164	电动单梁起重机　20t　$L_k>20m$	台	2712.25	1797.40	278.70	636.15
YJ8-165	电动单梁起重机　30t　$L_k>20m$	台	3711.66	2743.40	327.88	640.38
YJ8-166	电动单梁起重机　40t　$L_k>20m$	台	4055.17	2979.90	356.67	718.60

续表

定额号	项 目 名 称	单位	基价（元）	其中（元）		
				人工费	材料费	机械费
8.11.4 手动单梁起重机						
YJ8-167	手动单梁起重机 3t L_k=14m	台	970.09	473.00	238.31	258.78
YJ8-168	手动单梁起重机 10t L_k=14m	台	1448.83	898.70	248.56	301.57
YJ8-169	电动单梁悬挂起重机 3t L_k=12m	台	1256.70	709.50	236.70	310.50
YJ8-170	手动单梁悬挂起重机 3t L_k=12m	台	1138.44	614.90	236.70	286.84
8.11.5 手动双梁起重机						
YJ8-171	手动双梁起重机 10t L_k=13m	台	1508.83	946.00	247.82	315.01
YJ8-172	手动双梁起重机 10t L_k=17m	台	1685.76	1087.90	248.98	348.88
YJ8-173	手动双梁起重机 20t L_k=13m	台	1888.29	1229.80	250.89	407.60
YJ8-174	手动双梁起重机 20t L_k=17m	台	1903.58	1229.80	253.71	420.07
8.11.6 电动旋臂起重机						
YJ8-175	电动臂行悬臂起重机 1t 臂长 6m	台	1404.07	756.80	201.39	445.88
YJ8-176	电动臂行悬臂起重机 5t 臂长 6m	台	2145.69	1324.40	210.49	610.80
YJ8-177	电动旋臂壁式起重机 0.5t 臂长 6m	台	873.64	425.70	194.86	253.08
YJ8-178	电动旋臂壁式起重机 1t 臂长 6m	台	993.71	520.30	200.01	273.40

续表

定额号	项　目　名　称	单位	基价（元）	其中（元）		
				人工费	材料费	机械费
YJ8-179	电动旋臂壁式起重机　3t　臂长 6m	台	999.46	473.00	204.14	322.32
YJ8-180	电动旋臂壁式起重机　5t　臂长 6m	台	1503.74	946.00	211.12	346.62
8.11.7　旋臂立柱起重机						
YJ8-181	电动旋臂立柱起重机　臂长 6m　1t	台	966.74	567.60	59.18	339.96
YJ8-182	电动旋臂立柱起重机　臂长 6m　5t	台	1582.30	993.30	170.76	418.24
YJ8-183	手动旋臂立柱起重机　臂长 6m　0.5t	台	804.67	473.00	48.49	283.18
YJ8-184	手动旋臂立柱起重机　臂长 6m　3t	台	1022.74	614.90	61.54	346.30
8.11.8　电动葫芦						
YJ8-185	电动葫芦　2t	台	440.54	141.90	122.98	175.66
YJ8-186	电动葫芦　5t	台	828.37	454.08	133.21	241.08
YJ8-187	电动葫芦　10t	台	1203.00	756.80	143.33	302.87
YJ8-188	电动葫芦　20t	台	1380.98	898.70	145.57	336.71
YJ8-189	电动葫芦　30t	台	1470.96	974.38	149.95	346.63
YJ8-190	电动葫芦　40t	台	1562.86	1023.08	161.54	378.24
8.11.9　单轨小车						
YJ8-191	单轨小车　5t	台	622.55	383.13	99.59	139.83

续表

定额号	项 目 名 称	单位	基价（元）	其中（元）		
				人工费	材料费	机械费
YJ8-192	单轨小车 10t	台	784.63	449.35	141.63	193.65
8.11.10 工字钢轨道						
YJ8-193	工字钢轨道 I 20	m	66.09	40.21	9.03	16.85
YJ8-194	工字钢轨道 I 28	m	82.74	47.30	11.23	24.21
YJ8-195	工字钢轨道 I 40	m	102.36	52.03	14.10	36.23
YJ8-196	工字钢轨道 I 50	m	133.77	68.59	17.45	47.73
YJ8-197	工字钢轨道 I 63	m	168.84	82.78	23.31	62.75
8.12 电梯安装						
YJ8-198	交流自动、直流自动快速电梯 50m 6站	部	23971.80	17564.40	2057.64	4349.76
YJ8-199	交流自动、直流自动快速电梯 70m 6站	部	30133.66	22632.00	2508.78	4992.88
YJ8-200	交流自动、直流自动快速电梯 80m 6～8站	部	36737.25	28093.20	3008.04	5636.01
YJ8-201	交流自动、直流自动快速电梯 100m 6～8站	部	40762.51	31389.60	3269.29	6103.62

第9章 管道安装

说　明

（一）适用范围

（1）螺纹连接钢管、卷制钢管（包括焊接管、螺旋管）及低、中、高压碳钢无缝钢管安装定额分别适用于表 9-1 所规定压力等级范围内的碳钢管道、管件的安装。

为适应电力工程实际，本定额在高压碳钢无缝钢管外独立设置 WB36 钢管道项目。

（2）低合金钢管安装定额适用于合金元素含量小于 5%的钢管管道、管件的安装，如 12CrMo、15CrMo、12Cr1MoV、10CrMo910、A335P22、12Cr2MoWVB 等钢种。

（3）高铬合金钢管安装定额适用于铬元素含量不大于 10%的合金钢管道、管件的安装，本定额设置 P91、P92 两类钢种。

（4）不锈钢管安装定额适用于 1Cr13、1Cr18Ni9Ti 等各类不锈钢管道、管件的安装。

（5）阀门安装定额适用于各种压力等级阀门的安装。

本定额不适用于下列管道安装：

（1）随设备供应的汽轮机本体管道和锅炉本体管道的安装。

（2）热工仪表与自动控制装置管道的安装。

（二）工作内容

1．管道安装：

（1）钢管、管件、支吊架的清点，检查，搬运，清扫；脚手架的搭拆。

（2）钢管、管件、流量测量装置法兰连接，吊装就位，固定；支吊架安装及管道水压试验和冲洗。

（3）中、高压管道的氩弧焊打底、电焊盖面，焊前预热及焊后热处理和焊缝的无损检验。

（4）合金钢钢管、管件（弯头、三通、大小头、法兰、堵头、接管座等）的光谱复检。

（5）螺纹连接钢管安装定额中的管件（活接、外接头、三通、弯头、丝堵等）已计入定额计价材料，并包括了支吊架的制作（含主材）、安装。

（6）外径 45mm 以下的中、低压无缝钢管安装定额，外径 28mm 以下的高压碳钢管与合金钢管的安装定额中均包括了弯头的加工。

（7）卷制钢管、低压无缝钢管安装定额中，已包括了各种膨胀伸缩节的安装及 DN500 以下钢管的 30°以下弯头和直插焊接三通的加工。

（8）合金钢管安装定额中，已包括蠕胀测点安装，但不包括其本身的费用。

未包括的工作内容：

（1）阀门安装。

（2）卷制钢管安装定额中，30° 以上弯头及加固圈的制作。

（3）管道支吊架的制作与安装（螺纹连接钢管安装除外）。

（4）管道的保温、油漆，管道支吊架的油漆，钢管内部除锈及钢管衬里等工作。

（5）防护壳体的制作、安装。

（6）直埋的钢管防腐，挖填土方，铺沙垫层。

2．阀门安装：

（1）阀门安装定额适用于高、中、低压管道上各种阀门的安装，并适用于各种连接方式的减压阀、疏水阀、过滤阀、除污器、套管补偿器、阻火器、水表、窥视镜等附件的安装。

（2）阀门检查、清扫、填料组装、水压试验，操纵机构清洗、检查。

（3）阀门、螺栓、螺帽的光谱复检。

（4）阀门起吊、找正，安装，法兰连接式阀门两侧法兰的焊接、加垫、紧螺栓，焊接式阀门的坡口清理、对口焊接，焊前预热及焊后热处理。

（5）阀门操作装置的检查、安装，电动装置、气动装置的检查、安装和调整。

3．支吊架安装：

（1）刚性支吊架、弹簧支吊架及恒力支吊架的检查、安装、调整、固定。

（2）定额未包括各种类型支吊架的制作。

4．高压管道冲洗及水压试验：

（1）冲洗及水压试验用临时管道、阀门、支吊架的制作、安装、拆除、清理。

（2）冲洗或水压试验工作的检查，系统的恢复。

（3）临时管线切换用阀门的检查、研磨及修复工作。

管道冲洗说明：

定额中管道冲洗所需蒸汽或除盐水以装置性材料考虑，其数量已包括在本定额的总说明附表中。

（三）定额调整

因施工环境、地点、材质、工艺要求等因素，下列管道安装定额乘以系数调整：

（1）厂房内和阀门井内循环水管道安装，其人工定额乘以系数1.3、材料定额乘以系数1.15；厂区围墙以外管道安装超过1km时，其超过部分的人工定额和机械定额乘以系数1.1。

（2）循环水管道为 10CrMoAl 时，可执行卷制钢管安装定额，其材料定额和机械定额乘以系数 1.4。

（3）低温再热管道（冷段）视为高压管道。

（4）汽轮机及附属机械的润滑油系统、操作油系统管道安装执行中压碳钢管安装定额时，人工定额和机械定额乘以系数 1.3。

（5）化学系统的衬里钢管、复合钢管等按成品供货考虑，管道的安装可执行低压碳钢无缝钢管的相关子目，其中材料费乘以系数 0.4；机械费乘以系数 0.5；人工费不变。

（6）安全阀安装（包括调试定压）按阀门安装相应定额乘以系数 2.0。

（四）管道与阀门的压力（系统设计压力）等级

管道、阀门压力（系统设计压力）等级分类见表 9-1。

表 9-1　　管道、阀门压力（系统设计压力）等级分类表

分　类	压 力 范 围
高压管道、阀门	p＞8MPa
中压管道、阀门	8MPa≥p＞1.6MPa
低压管道、阀门	p≤1.6MPa

（五）装置性材料损耗率

本章定额中未列示的构成工程量的材料，其损耗率见表 9-2。

表 9-2　　管道、阀门损耗率表

材料名称	损耗率（%）	材料名称	损耗率（%）
螺纹连接钢管	3.0	合金钢管	4.5
卷制钢管	3.5	不锈钢管	4.5
中、低压无缝钢管	3.5	螺纹阀门	1.5
高压无缝钢管	4.5	螺栓、螺母、垫圈	3.0

未列入表 9-2 的其他管件（包括铸造和锻制三通、热压弯头、法兰、堵头等）、阀门、支吊架、蠕胀测点等装置性材料均不计损耗。

定额号	项 目 名 称	单位	基价（元）	其中（元）		
				人工费	材料费	机械费
9.1 管道安装						
9.1.1 螺纹连接钢管						
YJ9-1	螺纹连接钢管 DN15	m	11.83	8.12	3.43	0.28
YJ9-2	螺纹连接钢管 DN20	m	12.53	8.82	3.43	0.28
YJ9-3	螺纹连接钢管 DN25	m	12.78	8.91	3.59	0.28
YJ9-4	螺纹连接钢管 DN32	m	13.53	9.73	3.18	0.62
YJ9-5	螺纹连接钢管 DN40	m	14.57	10.58	3.35	0.64
YJ9-6	螺纹连接钢管 DN50	m	14.96	11.37	2.95	0.64
YJ9-7	螺纹连接钢管 DN65	m	21.34	11.81	8.30	1.23
YJ9-8	螺纹连接钢管 DN80	m	22.23	12.60	8.38	1.25
YJ9-9	螺纹连接钢管 DN100	m	36.16	13.39	20.92	1.85
YJ9-10	螺纹连接钢管 DN125	m	37.06	14.16	21.03	1.87
YJ9-11	螺纹连接钢管 DN150	m	39.35	15.74	21.14	2.47
9.1.2 卷制钢管						
YJ9-12	管径及壁厚 $\phi 219\times 6$mm	m	34.02	17.75	7.26	9.01
YJ9-13	管径及壁厚 $\phi 273\times 7$mm	m	40.93	21.61	8.96	10.36

续表

定额号	项 目 名 称	单位	基价（元）	其中（元）		
				人工费	材料费	机械费
YJ9-14	管径及壁厚 φ325×7mm	m	47.19	25.66	10.03	11.50
YJ9-15	管径及壁厚 φ377×7mm	m	54.20	28.99	11.13	14.08
YJ9-16	管径及壁厚 φ426×7mm	m	61.13	31.98	12.55	16.60
YJ9-17	管径及壁厚 φ478×7mm	m	65.73	34.97	13.18	17.58
YJ9-18	管径及壁厚 φ529×7mm	m	71.27	36.37	13.86	21.04
YJ9-19	管径及壁厚 φ630×8mm	m	84.68	42.35	16.73	25.60
YJ9-20	管径及壁厚 φ720×10mm	m	101.04	48.67	20.23	32.14
YJ9-21	管径及壁厚 φ820×10mm	m	112.35	54.12	22.39	35.84
YJ9-22	管径及壁厚 φ920×10mm	m	123.71	59.57	24.71	39.43
YJ9-23	管径及壁厚 φ1020×10mm	m	131.48	64.49	26.40	40.59
YJ9-24	管径及壁厚 φ1220×12mm	m	149.23	71.34	29.55	48.34
YJ9-25	管径及壁厚 φ1420×12mm	m	163.41	77.32	32.07	54.02
YJ9-26	管径及壁厚 φ1620×12mm	m	190.91	83.64	34.79	72.48
YJ9-27	管径及壁厚 φ1840×12mm	m	211.56	97.34	37.16	77.06
YJ9-28	管径及壁厚 φ2040×14mm	m	255.58	121.60	43.07	90.91

续表

定额号	项　目　名　称	单位	基价（元）	其中（元）		
				人工费	材料费	机械费
YJ9-29	管径及壁厚　φ2240×10mm	m	224.09	105.25	38.36	80.48
YJ9-30	管径及壁厚　φ2240×14mm	m	287.42	131.78	48.94	106.70
YJ9-31	管径及壁厚　φ2440×10mm	m	240.75	113.16	38.66	88.93
YJ9-32	管径及壁厚　φ2440×14mm	m	295.99	134.24	48.77	112.98
YJ9-33	管径及壁厚　φ2440×20mm	m	358.50	162.36	58.99	137.15
YJ9-34	管径及壁厚　φ2640×10mm	m	264.15	124.06	42.58	97.51
YJ9-35	管径及壁厚　φ2640×14mm	m	322.31	154.45	50.29	117.57
YJ9-36	管径及壁厚　φ2640×20mm	m	377.12	180.98	58.99	137.15
YJ9-37	管径及壁厚　φ2840×10mm	m	281.46	132.84	45.53	103.09
YJ9-38	管径及壁厚　φ2840×14mm	m	336.94	161.83	52.85	122.26
YJ9-39	管径及壁厚　φ2840×22mm	m	405.20	194.34	63.39	147.47
YJ9-40	管径及壁厚　φ3040×16mm	m	387.35	185.37	60.40	141.58
YJ9-41	管径及壁厚　φ3240×16mm	m	403.94	193.81	63.13	147.00
YJ9-42	管径及壁厚　φ3240×24mm	m	481.76	230.90	75.35	175.51
YJ9-43	管径及壁厚　φ3440×16mm	m	425.38	204.18	66.49	154.71

续表

定额号	项 目 名 称	单位	基价（元）	其中（元）		
				人工费	材料费	机械费
YJ9-44	管径及壁厚 φ3440×24mm	m	498.02	239.49	78.09	180.44
YJ9-45	管径及壁厚 φ3640×16mm	m	447.18	214.55	69.81	162.82
YJ9-46	管径及壁厚 φ3640×24mm	m	522.39	250.92	81.98	189.49
YJ9-47	管径及壁厚 φ3840×26mm	m	572.63	274.99	89.89	207.75
9.1.3 低压碳钢无缝钢管						
YJ9-48	管径及壁厚 φ22×2mm 以下	m	16.10	5.98	8.82	1.30
YJ9-49	管径及壁厚 φ32×2.5mm	m	16.25	5.98	8.97	1.30
YJ9-50	管径及壁厚 φ38×2.5mm	m	17.64	6.85	9.42	1.37
YJ9-51	管径及壁厚 φ44.5×3mm	m	19.04	7.38	9.77	1.89
YJ9-52	管径及壁厚 φ57×3mm	m	21.05	8.44	10.50	2.11
YJ9-53	管径及壁厚 φ76×3.5mm	m	24.00	9.84	10.95	3.21
YJ9-54	管径及壁厚 φ89× 3.5mm	m	26.58	11.77	10.99	3.82
YJ9-55	管径及壁厚 φ108×4mm	m	27.54	13.36	9.03	5.15
YJ9-56	管径及壁厚 φ133×4mm	m	29.90	15.29	9.34	5.27
YJ9-57	管径及壁厚 φ159×4.5mm	m	34.28	16.69	10.40	7.19

续表

定额号	项 目 名 称	单位	基价（元）	其中（元）		
				人工费	材料费	机械费
YJ9-58	管径及壁厚 ϕ219×6mm	m	44.93	21.61	11.74	11.58
YJ9-59	管径及壁厚 ϕ273×7mm	m	59.76	26.53	13.84	19.39
YJ9-60	管径及壁厚 ϕ325×8mm	m	68.18	29.52	15.32	23.34
YJ9-61	管径及壁厚 ϕ377×10mm	m	94.17	36.90	25.99	31.28
YJ9-62	管径及壁厚 ϕ426×11mm	m	105.49	41.82	27.33	36.34
YJ9-63	管径及壁厚 ϕ470×12mm	m	117.05	47.27	28.73	41.05
YJ9-64	管径及壁厚 ϕ529×13mm	m	129.93	53.59	29.84	46.50
YJ9-65	管径及壁厚 ϕ630×14mm	m	141.61	56.58	31.37	53.66
9.1.4 中压碳钢无缝钢管						
YJ9-66	管径及壁厚 ϕ20×2.5mm 以下	m	20.23	7.91	9.34	2.98
YJ9-67	管径及壁厚 ϕ32×2.5mm	m	21.58	8.78	9.75	3.05
YJ9-68	管径及壁厚 ϕ38×3mm	m	24.05	10.37	10.18	3.50
YJ9-69	管径及壁厚 ϕ44.5×3mm	m	30.11	12.30	13.31	4.50
YJ9-70	管径及壁厚 ϕ57×3.5mm	m	35.71	14.23	16.42	5.06
YJ9-71	管径及壁厚 ϕ76×4mm	m	38.47	15.29	17.54	5.64

续表

定额号	项 目 名 称	单位	基价（元）	其中（元）		
				人工费	材料费	机械费
YJ9-72	管径及壁厚 ϕ89×4.5mm	m	42.70	15.82	19.26	7.62
YJ9-73	管径及壁厚 ϕ108×5mm	m	59.57	22.14	26.19	11.24
YJ9-74	管径及壁厚 ϕ133×6mm	m	66.95	26.00	27.86	13.09
YJ9-75	管径及壁厚 ϕ159×7mm	m	82.59	31.45	33.17	17.97
YJ9-76	管径及壁厚 ϕ219×10mm	m	97.97	39.36	37.04	21.57
YJ9-77	管径及壁厚 ϕ273×11mm	m	120.31	46.74	44.75	28.82
YJ9-78	管径及壁厚 ϕ273×13mm	m	126.57	49.20	45.33	32.04
YJ9-79	管径及壁厚 ϕ325×12mm	m	152.47	59.04	51.00	42.43
YJ9-80	管径及壁厚 ϕ325×15mm	m	160.79	62.56	52.24	45.99
YJ9-81	管径及壁厚 ϕ377×12mm	m	168.55	65.02	56.07	47.46
YJ9-82	管径及壁厚 ϕ377×15mm	m	184.30	73.27	57.07	53.96
YJ9-83	管径及壁厚 ϕ426×10mm	m	172.44	64.49	57.88	50.07
YJ9-84	管径及壁厚 ϕ426×13mm	m	179.49	67.82	58.06	53.61
YJ9-85	管径及壁厚 ϕ426×18mm	m	201.52	77.32	63.31	60.89
YJ9-86	管径及壁厚 ϕ480×12mm	m	206.52	76.79	63.76	65.97

续表

定额号	项 目 名 称	单位	基价（元）	其中（元）		
				人工费	材料费	机械费
YJ9-87	管径及壁厚 ϕ480×15mm	m	214.76	81.18	65.21	68.37
YJ9-88	管径及壁厚 ϕ480×20mm	m	236.61	91.55	69.12	75.94
YJ9-89	管径及壁厚 ϕ530×13mm	m	221.30	80.12	66.09	75.09
YJ9-90	管径及壁厚 ϕ530×17mm	m	240.13	89.09	69.47	81.57
YJ9-91	管径及壁厚 ϕ530×22mm	m	262.30	98.93	73.31	90.06
YJ9-92	管径及壁厚 ϕ630×15mm	m	245.25	86.10	70.53	88.62
YJ9-93	管径及壁厚 ϕ630×20mm	m	278.21	100.86	76.37	100.98
YJ9-94	管径及壁厚 ϕ630×26mm	m	312.87	116.15	82.51	114.21
YJ9-95	管径及壁厚 ϕ645×17.5mm	m	276.85	95.94	74.07	106.84
YJ9-96	管径及壁厚 ϕ760×20mm	m	343.45	122.47	85.81	135.17
YJ9-97	管径及壁厚 ϕ822×21mm	m	376.96	140.22	89.83	146.91
YJ9-98	管径及壁厚 ϕ864×18mm	m	364.75	138.29	87.19	139.27
YJ9-99	管径及壁厚 ϕ1067×21mm	m	440.01	165.35	100.80	173.86
9.1.5 高压碳钢无缝钢管						
YJ9-100	管径及壁厚 ϕ22×2mm	m	30.79	4.92	17.94	7.93

续表

定额号	项　目　名　称	单位	基价（元）	其中（元）		
				人工费	材料费	机械费
YJ9-101	管径及壁厚　ϕ28×2.5mm	m	33.87	5.98	18.99	8.90
YJ9-102	管径及壁厚　ϕ32×3mm	m	36.52	7.04	19.76	9.72
YJ9-103	管径及壁厚　ϕ42×4mm	m	49.37	14.76	22.26	12.35
YJ9-104	管径及壁厚　ϕ48×4mm	m	53.88	17.22	23.33	13.33
YJ9-105	管径及壁厚　ϕ57×3mm	m	68.84	15.82	38.28	14.74
YJ9-106	管径及壁厚　ϕ60×5mm	m	78.77	19.15	41.88	17.74
YJ9-107	管径及壁厚　ϕ76×4mm	m	86.32	23.54	42.41	20.37
YJ9-108	管径及壁厚　ϕ76×7mm	m	104.80	27.06	47.56	30.18
YJ9-109	管径及壁厚　ϕ89×4mm	m	95.94	28.12	44.68	23.14
YJ9-110	管径及壁厚　ϕ89×7mm	m	115.71	31.98	50.79	32.94
YJ9-111	管径及壁厚　ϕ114×5mm	m	129.04	28.99	50.42	49.63
YJ9-112	管径及壁厚　ϕ114×10mm	m	154.15	40.76	48.35	65.04
YJ9-113	管径及壁厚　ϕ133×13mm	m	179.93	49.20	53.31	77.42
YJ9-114	管径及壁厚　ϕ140×13mm	m	147.33	34.44	46.41	66.48
YJ9-115	管径及壁厚　ϕ159×7mm	m	142.46	30.58	54.12	57.76

续表

定额号	项 目 名 称	单位	基价（元）	其中（元）		
				人工费	材料费	机械费
YJ9-116	管径及壁厚 φ159×14mm	m	170.59	41.82	49.00	79.77
YJ9-117	管径及壁厚 φ168×14mm	m	175.76	44.28	50.20	81.28
YJ9-118	管径及壁厚 φ194×18mm	m	276.68	60.44	57.46	158.78
YJ9-119	管径及壁厚 φ219×10mm	m	147.77	28.99	44.14	74.64
YJ9-120	管径及壁厚 φ219×20mm	m	211.75	47.80	50.28	113.67
YJ9-121	管径及壁厚 φ245×11mm	m	163.78	31.98	48.24	83.56
YJ9-122	管径及壁厚 φ245×22mm	m	253.95	56.05	53.01	144.89
YJ9-123	管径及壁厚 φ273×12mm	m	169.58	34.44	48.58	86.56
YJ9-124	管径及壁厚 φ273×28mm	m	290.46	67.29	55.54	167.63
YJ9-125	管径及壁厚 φ325×14mm	m	202.66	41.29	52.45	108.92
YJ9-126	管径及壁厚 φ325×30mm	m	355.03	88.56	64.96	201.51
YJ9-127	管径及壁厚 φ356×32mm	m	406.66	95.07	64.14	247.45
YJ9-128	管径及壁厚 φ377×17mm	m	271.80	56.58	68.66	146.56
YJ9-129	管径及壁厚 φ406×18mm	m	251.66	47.80	66.18	137.68
YJ9-130	管径及壁厚 φ406×36mm	m	450.32	98.40	65.36	286.56

续表

定额号	项 目 名 称	单位	基价（元）	其中（元）		
				人工费	材料费	机械费
YJ9-131	管径及壁厚 φ426×11mm	m	194.29	32.51	63.48	98.30
YJ9-132	管径及壁厚 φ426×19mm	m	285.71	54.12	67.85	163.74
YJ9-133	管径及壁厚 φ457×12mm	m	219.43	40.23	64.88	114.32
YJ9-134	管径及壁厚 φ457×20mm	m	293.35	56.05	69.65	167.65
YJ9-135	管径及壁厚 φ457×45mm	m	593.03	135.83	73.96	383.24
YJ9-136	管径及壁厚 φ480×22mm	m	334.46	62.03	74.33	198.10
YJ9-137	管径及壁厚 φ508×14mm	m	250.61	44.81	70.42	135.38
YJ9-138	管径及壁厚 φ508×20mm	m	332.35	62.03	74.44	195.88
YJ9-139	管径及壁厚 φ508×50mm	m	741.21	176.59	79.56	485.06
YJ9-140	管径及壁厚 φ530×14mm	m	251.89	46.74	71.55	133.60
YJ9-141	管径及壁厚 φ530×24mm	m	406.53	76.79	77.86	251.88
YJ9-142	管径及壁厚 φ559×16mm	m	297.56	52.53	74.06	170.97
YJ9-143	管径及壁厚 φ559×55mm	m	933.97	231.77	91.64	610.56
YJ9-144	管径及壁厚 φ610×18mm	m	370.61	65.55	77.57	227.49
YJ9-145	管径及壁厚 φ610×26mm	m	524.68	98.93	84.25	341.50

续表

定额号	项目名称	单位	基价（元）	其中（元）		
				人工费	材料费	机械费
YJ9-146	管径及壁厚　φ610×55mm	m	995.46	236.16	92.14	667.16
YJ9-147	管径及壁厚　φ630×28mm	m	558.66	99.80	87.15	371.71
YJ9-148	管径及壁厚　φ660×19mm	m	417.22	76.79	83.78	256.65
YJ9-149	管径及壁厚　φ660×60mm	m	1129.66	277.98	103.81	747.87
YJ9-150	管径及壁厚　φ711×22mm	m	518.98	92.61	88.22	338.15
YJ9-151	管径及壁厚　φ762×16mm	m	413.47	72.40	86.82	254.25
YJ9-152	管径及壁厚　φ762×21mm	m	524.64	93.48	92.06	339.10
YJ9-153	管径及壁厚　φ813×18mm	m	490.89	88.56	91.60	310.73
YJ9-154	管径及壁厚　φ813×22mm	m	558.89	94.54	95.88	368.47
YJ9-155	管径及壁厚　φ813×30mm	m	744.89	141.62	102.02	501.25
YJ9-156	管径及壁厚　φ813×33mm	m	761.57	161.83	84.91	514.83
YJ9-157	管径及壁厚　φ813×48mm	m	1137.47	252.32	102.95	782.20
YJ9-158	管径及壁厚　φ864×27mm	m	731.27	131.44	103.97	495.86
YJ9-159	管径及壁厚　φ965×27mm	m	793.60	147.07	110.16	536.37
YJ9-160	管径及壁厚　φ965×35mm	m	979.17	200.13	98.35	680.69

续表

定额号	项　目　名　称	单位	基价（元）	其中（元）		
				人工费	材料费	机械费
YJ9-161	管径及壁厚　ϕ1016×27mm	m	842.97	155.32	116.52	571.13
YJ9-162	管径及壁厚　ϕ1016×30mm	m	923.19	178.52	120.45	624.22
YJ9-163	管径及壁厚　ϕ1067×22mm	m	732.68	124.59	113.26	494.83
YJ9-164	管径及壁厚　ϕ1067×29mm	m	926.24	179.58	122.07	624.59
YJ9-165	管径及壁厚　ϕ1168×32mm	m	1039.35	215.42	103.26	720.67
YJ9-166	管径及壁厚　ϕ1168×42mm	m	1313.90	305.57	119.52	888.81
YJ9-167	管径及壁厚　ϕ1168×47mm	m	1408.70	346.52	127.87	934.31
YJ9-168	管径及壁厚　ϕ1219×39mm	m	1284.53	283.43	115.98	885.12
YJ9-169	管径及壁厚　ϕ1219×45mm	m	1423.28	340.01	127.23	956.04
9.1.6　WB36 管道						
YJ9-170	管径及壁厚　ϕ32×4mm 以下	m	52.23	11.77	7.55	32.91
YJ9-171	管径及壁厚　ϕ42×5mm	m	68.93	15.82	12.54	40.57
YJ9-172	管径及壁厚　ϕ60×8mm	m	144.62	26.53	45.97	72.12
YJ9-173	管径及壁厚　ϕ76×10mm	m	169.54	28.99	53.38	87.17
YJ9-174	管径及壁厚　ϕ89×11mm	m	193.78	30.92	59.32	103.54

续表

定额号	项 目 名 称	单位	基价（元）	其中（元）		
				人工费	材料费	机械费
YJ9-175	管径及壁厚 ϕ114×14mm	m	272.72	48.67	75.26	148.79
YJ9-176	管径及壁厚 ϕ140×18mm	m	327.34	55.52	88.87	182.95
YJ9-177	管径及壁厚 ϕ168×22mm	m	349.24	67.29	105.00	176.95
YJ9-178	管径及壁厚 ϕ219×28mm	m	328.79	66.08	101.57	161.14
YJ9-179	管径及壁厚 ϕ245×20mm	m	273.72	56.58	89.08	128.06
YJ9-180	管径及壁厚 ϕ245×30mm	m	350.00	70.81	105.89	173.30
YJ9-181	管径及壁厚 ϕ273×30mm	m	372.20	80.31	114.98	176.91
YJ9-182	管径及壁厚 ϕ273×36mm	m	415.54	100.86	123.57	191.11
YJ9-183	管径及壁厚 ϕ305×32mm	m	330.78	72.40	98.33	160.05
YJ9-184	管径及壁厚 ϕ325×36mm	m	498.72	108.24	146.67	243.81
YJ9-185	管径及壁厚 ϕ325×40mm	m	553.93	120.54	158.16	275.23
YJ9-186	管径及壁厚 ϕ356×25mm	m	392.51	76.26	127.22	189.03
YJ9-187	管径及壁厚 ϕ356×32mm	m	463.60	92.08	140.36	231.16
YJ9-188	管径及壁厚 ϕ356×40mm	m	578.29	119.14	166.13	293.02
YJ9-189	管径及壁厚 ϕ356×45mm	m	671.83	147.60	193.49	330.74

续表

定额号	项 目 名 称	单位	基价（元）	其中（元）		
				人工费	材料费	机械费
YJ9-190	管径及壁厚 ϕ356×50mm	m	750.07	170.61	213.88	365.58
YJ9-191	管径及壁厚 ϕ406×40mm	m	561.53	105.78	153.25	302.50
YJ9-192	管径及壁厚 ϕ406×45mm	m	669.64	131.44	177.83	360.37
YJ9-193	管径及壁厚 ϕ406×50mm	m	740.95	151.12	197.28	392.55
YJ9-194	管径及壁厚 ϕ457×50mm	m	813.28	173.07	219.63	420.58
YJ9-195	管径及壁厚 ϕ457×55mm	m	891.83	188.89	243.13	459.81
YJ9-196	管径及壁厚 ϕ457×60mm	m	969.25	213.15	266.54	489.56
YJ9-197	管径及壁厚 ϕ508×40mm	m	711.58	135.30	183.97	392.31
YJ9-198	管径及壁厚 ϕ508×50mm	m	915.80	185.90	239.60	490.30
YJ9-199	管径及壁厚 ϕ508×55mm	m	1008.33	212.62	266.29	529.42
YJ9-200	管径及壁厚 ϕ508×65mm	m	1257.47	279.91	347.64	629.92
YJ9-201	管径及壁厚 ϕ559×60mm	m	1198.09	254.97	323.38	619.74
YJ9-202	管径及壁厚 ϕ610×60mm	m	1336.59	280.97	350.70	704.92
YJ9-203	管径及壁厚 ϕ610×65mm	m	1508.15	330.70	412.92	764.53
YJ9-204	管径及壁厚 ϕ610×74mm	m	1719.64	338.42	511.80	869.42

续表

定额号	项　目　名　称	单位	基价（元）	其中（元）		
				人工费	材料费	机械费
YJ9-205	管径及壁厚　φ660×65mm	m	1634.28	360.22	446.68	827.38
9.1.7　低铬合金钢管道						
YJ9-206	管径及壁厚　φ22×3mm	m	46.90	4.92	21.29	20.69
YJ9-207	管径及壁厚　φ32×4mm	m	63.28	11.77	23.74	27.77
YJ9-208	管径及壁厚　φ42×4mm	m	73.47	15.82	27.55	30.10
YJ9-209	管径及壁厚　φ48×5mm	m	82.32	16.16	29.57	36.59
YJ9-210	管径及壁厚　φ48×7mm	m	95.08	18.28	32.15	44.65
YJ9-211	管径及壁厚　φ60×4mm	m	104.69	20.74	48.31	35.64
YJ9-212	管径及壁厚　φ60×9mm	m	141.06	27.06	48.55	65.45
YJ9-213	管径及壁厚　φ76×4mm	m	116.36	26.00	51.27	39.09
YJ9-214	管径及壁厚　φ76×11mm	m	182.18	33.04	46.69	102.45
YJ9-215	管径及壁厚　φ78×8mm	m	164.20	35.50	44.90	83.80
YJ9-216	管径及壁厚　φ89×4.5mm	m	130.41	28.46	47.96	53.99
YJ9-217	管径及壁厚　φ89×12mm	m	206.43	35.50	50.23	120.70
YJ9-218	管径及壁厚　φ108×8mm	m	180.46	39.36	50.55	90.55

续表

定额号	项 目 名 称	单位	基价（元）	其中（元）		
				人工费	材料费	机械费
YJ9-219	管径及壁厚 φ114×6mm	m	181.62	33.04	55.72	92.86
YJ9-220	管径及壁厚 φ114×16mm	m	263.79	52.00	59.59	152.20
YJ9-221	管径及壁厚 φ133×7mm	m	208.85	41.82	66.48	100.55
YJ9-222	管径及壁厚 φ133×16mm	m	290.37	61.50	66.75	162.12
YJ9-223	管径及壁厚 φ133×20mm	m	337.72	70.81	71.64	195.27
YJ9-224	管径及壁厚 φ159×8mm	m	170.94	39.36	49.54	82.04
YJ9-225	管径及壁厚 φ159×14mm	m	240.24	46.74	55.57	137.93
YJ9-226	管径及壁厚 φ159×20mm	m	275.09	57.98	62.95	154.16
YJ9-227	管径及壁厚 φ168×9mm	m	185.68	42.88	51.36	91.44
YJ9-228	管径及壁厚 φ168×16mm	m	246.31	52.53	60.34	133.44
YJ9-229	管径及壁厚 φ168×20mm	m	286.47	61.50	64.93	160.04
YJ9-230	管径及壁厚 φ194×10mm	m	224.63	50.79	57.74	116.10
YJ9-231	管径及壁厚 φ194×18mm	m	294.00	67.29	70.06	156.65
YJ9-232	管径及壁厚 φ194×22mm	m	316.91	78.72	75.24	162.95
YJ9-233	管径及壁厚 φ194×28mm	m	374.32	92.61	83.81	197.90

续表

定额号	项 目 名 称	单位	基价（元）	其中（元）		
				人工费	材料费	机械费
YJ9-234	管径及壁厚 φ219×10mm	m	161.21	31.98	49.37	79.86
YJ9-235	管径及壁厚 φ219×20mm	m	221.70	50.26	59.13	112.31
YJ9-236	管径及壁厚 φ219×26mm	m	262.54	60.44	64.50	137.60
YJ9-237	管径及壁厚 φ219×30mm	m	285.40	72.40	68.37	144.63
YJ9-238	管径及壁厚 φ245×17mm	m	219.76	49.20	59.29	111.27
YJ9-239	管径及壁厚 φ245×28mm	m	306.17	75.20	70.87	160.10
YJ9-240	管径及壁厚 φ245×36mm	m	333.57	91.02	70.62	171.93
YJ9-241	管径及壁厚 φ273×10mm	m	168.74	34.44	50.97	83.33
YJ9-242	管径及壁厚 φ273×14mm	m	197.68	38.30	55.19	104.19
YJ9-243	管径及壁厚 φ273×25mm	m	292.40	63.96	67.12	161.32
YJ9-244	管径及壁厚 φ273×32mm	m	334.18	87.16	65.96	181.06
YJ9-245	管径及壁厚 φ273×40mm	m	393.36	98.40	73.81	221.15
YJ9-246	管径及壁厚 φ325×13mm	m	219.54	43.22	61.88	114.44
YJ9-247	管径及壁厚 φ325×16mm	m	252.16	54.65	66.18	131.33
YJ9-248	管径及壁厚 φ325×23mm	m	307.26	69.75	75.38	162.13

续表

定额号	项 目 名 称	单位	基价（元）	其中（元）		
				人工费	材料费	机械费
YJ9-249	管径及壁厚 φ325×28mm	m	367.86	89.09	81.64	197.13
YJ9-250	管径及壁厚 φ325×36mm	m	431.22	108.24	81.48	241.50
YJ9-251	管径及壁厚 φ325×50mm	m	601.78	171.14	103.63	327.01
YJ9-252	管径及壁厚 φ351×13mm	m	229.71	41.29	70.52	117.90
YJ9-253	管径及壁厚 φ351×18mm	m	263.26	53.06	77.63	132.57
YJ9-254	管径及壁厚 φ351×30mm	m	408.11	94.54	92.82	220.75
YJ9-255	管径及壁厚 φ356×40mm	m	504.89	119.14	94.63	291.12
YJ9-256	管径及壁厚 φ356×50mm	m	650.69	170.61	111.95	368.13
YJ9-257	管径及壁厚 φ356×55mm	m	702.89	185.37	120.39	397.13
YJ9-258	管径及壁厚 φ377×14mm	m	259.58	47.80	73.43	138.35
YJ9-259	管径及壁厚 φ377×32mm	m	419.78	98.40	87.48	233.90
YJ9-260	管径及壁厚 φ406×45mm	m	595.67	131.44	99.28	364.95
YJ9-261	管径及壁厚 φ406×60mm	m	740.99	185.90	123.43	431.66
YJ9-262	管径及壁厚 φ426×16mm	m	265.15	48.67	73.76	142.72
YJ9-263	管径及壁厚 φ426×22mm	m	313.34	59.57	81.20	172.57

续表

定额号	项目名称	单位	基价（元）	其中（元）		
				人工费	材料费	机械费
YJ9-264	管径及壁厚　ϕ426×36mm	m	488.37	100.33	89.03	299.01
YJ9-265	管径及壁厚　ϕ450×18mm	m	303.56	53.06	78.43	172.07
YJ9-266	管径及壁厚　ϕ450×22mm	m	345.91	63.43	83.33	199.15
YJ9-267	管径及壁厚　ϕ450×38mm	m	538.05	115.09	95.46	327.50
YJ9-268	管径及壁厚　ϕ450×50mm	m	711.55	170.08	114.91	426.56
YJ9-269	管径及壁厚　ϕ457×14mm	m	268.12	44.81	72.74	150.57
YJ9-270	管径及壁厚　ϕ457×55mm	m	777.92	188.89	125.04	463.99
YJ9-271	管径及壁厚　ϕ480×18mm	m	310.75	56.58	80.21	173.96
YJ9-272	管径及壁厚　ϕ480×25mm	m	425.71	80.31	91.60	253.80
YJ9-273	管径及壁厚　ϕ480×35mm	m	530.29	109.83	94.01	326.45
YJ9-274	管径及壁厚　ϕ480×56mm	m	822.88	204.18	130.04	488.66
YJ9-275	管径及壁厚　ϕ530×18mm	m	352.06	62.56	86.00	203.50
YJ9-276	管径及壁厚　ϕ530×26mm	m	477.79	93.48	97.30	287.01
YJ9-277	管径及壁厚　ϕ530×38mm	m	631.74	136.89	103.53	391.32
YJ9-278	管径及壁厚　ϕ530×45mm	m	752.89	176.06	118.02	458.81

续表

定额号	项 目 名 称	单位	基价（元）	其中（元）		
				人工费	材料费	机械费
YJ9-279	管径及壁厚 φ530×60mm	m	980.21	251.98	149.81	578.42
YJ9-280	管径及壁厚 φ560×18mm	m	360.67	66.76	88.28	205.63
YJ9-281	管径及壁厚 φ560×29mm	m	550.28	100.86	104.52	344.90
YJ9-282	管径及壁厚 φ560×41mm	m	732.67	164.82	116.03	451.82
YJ9-283	管径及壁厚 φ560×65mm	m	1187.41	311.02	176.94	699.45
YJ9-284	管径及壁厚 φ609×47mm	m	906.92	207.17	133.87	565.88
YJ9-285	管径及壁厚 φ653×47mm	m	977.44	223.86	141.88	611.70
YJ9-286	管径及壁厚 φ755×38mm	m	877.17	191.35	132.06	553.76
YJ9-287	管径及壁厚 φ755×53mm	m	1263.11	295.73	176.18	791.20
YJ9-288	管径及壁厚 φ775×38mm	m	884.91	196.27	134.24	554.40
YJ9-289	管径及壁厚 φ793×57mm	m	1395.00	335.96	196.00	863.04
YJ9-290	管径及壁厚 φ813×57mm	m	1409.62	344.40	199.78	865.44
YJ9-291	管径及壁厚 φ819×41mm	m	1055.49	235.63	151.24	668.62
YJ9-292	管径及壁厚 φ899×62mm	m	1609.81	391.48	253.74	964.59
YJ9-293	管径及壁厚 φ989×69mm	m	1853.48	504.30	310.13	1039.05

续表

定额号	项 目 名 称	单位	基价（元）	其中（元）		
				人工费	材料费	机械费
YJ9-294	管径及壁厚 φ1053×50mm	m	1530.50	373.92	219.38	937.20
YJ9-295	管径及壁厚 φ1060×72mm	m	2098.56	589.87	387.58	1121.11
YJ9-296	管径及壁厚 φ1109×78mm	m	2308.79	696.18	443.34	1169.27
9.1.8 A335P91 管道						
YJ9-297	管径及壁厚 φ60×5.5mm	m	145.03	23.54	50.34	71.15
YJ9-298	管径及壁厚 φ89×8mm	m	212.08	49.20	69.20	93.68
YJ9-299	管径及壁厚 φ89×19mm	m	202.66	33.91	83.06	85.69
YJ9-300	管径及壁厚 φ192×17mm	m	359.17	70.81	142.93	145.43
YJ9-301	管径及壁厚 φ219×15mm	m	233.16	41.82	92.61	98.73
YJ9-302	管径及壁厚 φ262×23mm	m	329.59	62.03	133.90	133.66
YJ9-303	管径及壁厚 φ262×32mm	m	420.10	93.48	170.31	156.31
YJ9-304	管径及壁厚 φ273×38mm	m	540.79	109.83	210.44	220.52
YJ9-305	管径及壁厚 φ290×37mm	m	551.53	113.69	216.85	220.99
YJ9-306	管径及壁厚 φ312×39mm	m	483.14	100.33	195.18	187.63
YJ9-307	管径及壁厚 φ325×18mm	m	318.42	66.08	129.74	122.60

续表

定额号	项 目 名 称	单位	基价（元）	其中（元）		
				人工费	材料费	机械费
YJ9-308	管径及壁厚 φ325×44mm	m	749.88	165.88	302.60	281.40
YJ9-309	管径及壁厚 φ333×30mm	m	518.07	100.86	204.66	212.55
YJ9-310	管径及壁厚 φ369×32mm	m	572.13	109.83	225.28	237.02
YJ9-311	管径及壁厚 φ373×50mm	m	940.06	206.11	374.56	359.39
YJ9-312	管径及壁厚 φ399×50mm	m	876.98	170.61	319.14	387.23
YJ9-313	管径及壁厚 φ409×52mm	m	919.09	184.84	343.25	391.00
YJ9-314	管径及壁厚 φ425×38mm	m	674.04	124.06	246.72	303.26
YJ9-315	管径及壁厚 φ450×41mm	m	794.25	148.66	288.28	357.31
YJ9-316	管径及壁厚 φ450×60mm	m	1192.45	242.14	447.34	502.97
YJ9-317	管径及壁厚 φ457×18mm	m	375.29	60.44	143.53	171.32
YJ9-318	管径及壁厚 φ457×24mm	m	485.67	82.05	178.67	224.95
YJ9-319	管径及壁厚 φ496×45mm	m	950.80	187.83	349.13	413.84
YJ9-320	管径及壁厚 φ500×66mm	m	1564.26	325.25	605.31	633.70
YJ9-321	管径及壁厚 φ502×16mm	m	375.88	62.03	140.99	172.86
YJ9-322	管径及壁厚 φ508×19mm	m	433.67	69.75	162.91	201.01

续表

定额号	项 目 名 称	单位	基价（元）	其中（元）		
				人工费	材料费	机械费
YJ9-323	管径及壁厚 ϕ508×26mm	m	571.56	100.86	210.05	260.65
YJ9-324	管径及壁厚 ϕ530×44mm	m	1004.49	195.40	362.04	447.05
YJ9-325	管径及壁厚 ϕ530×69mm	m	1751.56	369.00	681.38	701.18
YJ9-326	管径及壁厚 ϕ551×47mm	m	1101.82	214.89	406.78	480.15
YJ9-327	管径及壁厚 ϕ559×30mm	m	722.80	121.07	260.24	341.49
YJ9-328	管径及壁厚 ϕ559×70mm	m	1891.78	369.00	769.04	753.74
YJ9-329	管径及壁厚 ϕ575×75mm	m	2130.98	419.79	865.66	845.53
YJ9-330	管径及壁厚 ϕ579×38mm	m	921.80	176.59	334.17	411.04
YJ9-331	管径及壁厚 ϕ583×50mm	m	1278.80	249.52	462.47	566.81
YJ9-332	管径及壁厚 ϕ599×53mm	m	1406.97	279.04	510.71	617.22
YJ9-333	管径及壁厚 ϕ610×24mm	m	654.62	110.36	229.96	314.30
YJ9-334	管径及壁厚 ϕ610×32mm	m	806.88	144.61	284.28	377.99
YJ9-335	管径及壁厚 ϕ626×20mm	m	554.04	92.08	199.10	262.86
YJ9-336	管径及壁厚 ϕ638×84mm	m	2625.21	512.55	1129.60	983.06
YJ9-337	管径及壁厚 ϕ660×25mm	m	712.43	113.16	255.66	343.61

续表

定额号	项　目　名　称	单位	基价（元）	其中（元）		
				人工费	材料费	机械费
YJ9-338	管径及壁厚　φ660×35mm	m	955.54	177.65	338.10	439.79
YJ9-339	管径及壁厚　φ660×87mm	m	2814.40	560.35	1230.81	1023.24
YJ9-340	管径及壁厚　φ694×23mm	m	699.00	106.84	247.01	345.15
YJ9-341	管径及壁厚　φ711×27mm	m	826.97	135.30	292.70	398.97
YJ9-342	管径及壁厚　φ711×37mm	m	1099.27	199.60	386.06	513.61
YJ9-343	管径及壁厚　φ723×22mm	m	695.57	105.78	245.70	344.09
YJ9-344	管径及壁厚　φ762×28mm	m	907.18	152.52	325.16	429.50
YJ9-345	管径及壁厚　φ762×40mm	m	1262.05	229.65	436.47	595.93
YJ9-346	管径及壁厚　φ771×23mm	m	767.04	119.14	272.38	375.52
YJ9-347	管径及壁厚　φ799×50mm	m	1805.74	331.76	659.37	814.61
YJ9-348	管径及壁厚　φ813×30mm	m	1050.28	179.58	369.32	501.38
YJ9-349	管径及壁厚　φ813×42mm	m	1456.77	277.98	517.60	661.19
YJ9-350	管径及壁厚　φ864×32mm	m	1137.21	200.13	390.42	546.66
YJ9-351	管径及壁厚　φ864×45mm	m	1685.92	313.48	596.32	776.12
YJ9-352	管径及壁厚　φ914×36mm	m	1377.98	249.86	471.35	656.77

续表

定额号	项 目 名 称	单位	基价（元）	其中（元）		
				人工费	材料费	机械费
YJ9-353	管径及壁厚 φ914×47mm	m	1870.11	354.24	666.80	849.07
YJ9-354	管径及壁厚 φ965×36mm	m	1446.98	264.62	499.44	682.92
YJ9-355	管径及壁厚 φ965×50mm	m	2031.56	369.53	761.49	900.54
YJ9-356	管径及壁厚 φ976×31mm	m	1234.84	217.88	423.60	593.36
YJ9-357	管径及壁厚 φ1016×32mm	m	1345.67	236.69	454.96	654.02
YJ9-358	管径及壁厚 φ1016×38mm	m	1620.90	292.74	558.46	769.70
YJ9-359	管径及壁厚 φ1016×53mm	m	2235.16	425.05	867.28	942.83
YJ9-360	管径及壁厚 φ1067×39mm	m	1709.36	314.88	601.58	792.90
YJ9-361	管径及壁厚 φ1067×55mm	m	2388.32	436.29	956.73	995.30
YJ9-362	管径及壁厚 φ1118×41mm	m	1889.46	360.22	681.22	848.02
YJ9-363	管径及壁厚 φ1118×58mm	m	2598.95	495.86	1079.99	1023.10
YJ9-364	管径及壁厚 φ1168×43mm	m	2010.80	364.08	756.11	890.61
YJ9-365	管径及壁厚 φ1168×60mm	m	2765.77	546.12	1182.57	1037.08
9.1.9 A335P92 管道						
YJ9-366	管径及壁厚 φ60×5.5mm	m	157.32	31.98	55.03	70.31

续表

定额号	项 目 名 称	单位	基价（元）	其中（元）		
				人工费	材料费	机械费
YJ9-367	管径及壁厚 φ73×6.5mm	m	176.40	31.98	62.40	82.02
YJ9-368	管径及壁厚 φ76×12mm	m	219.12	35.50	94.50	89.12
YJ9-369	管径及壁厚 φ76×16mm	m	261.70	41.29	121.61	98.80
YJ9-370	管径及壁厚 φ89×8mm	m	203.48	36.03	77.20	90.25
YJ9-371	管径及壁厚 φ89×15mm	m	279.49	44.81	130.38	104.30
YJ9-372	管径及壁厚 φ114×8mm	m	256.26	46.74	90.06	119.46
YJ9-373	管径及壁厚 φ114×23mm	m	364.12	58.51	183.23	122.38
YJ9-374	管径及壁厚 φ168×13mm	m	296.76	50.79	133.94	112.03
YJ9-375	管径及壁厚 φ219×15mm	m	265.73	43.22	127.67	94.84
YJ9-376	管径及壁厚 φ219×42mm	m	632.30	114.03	346.40	171.87
YJ9-377	管径及壁厚 φ273×63mm	m	1245.79	230.18	686.24	329.37
YJ9-378	管径及壁厚 φ293×50mm	m	970.42	173.60	509.80	287.02
YJ9-379	管径及壁厚 φ325×42mm	m	895.75	156.38	466.79	272.58
YJ9-380	管径及壁厚 φ390×68mm	m	1536.93	266.21	800.88	469.84
YJ9-381	管径及壁厚 φ406×76mm	m	1884.64	318.21	996.75	569.68

续表

定额号	项 目 名 称	单位	基价（元）	其中（元）		
				人工费	材料费	机械费
YJ9-382	管径及壁厚 φ438×73mm	m	1962.19	328.77	1030.52	602.90
YJ9-383	管径及壁厚 φ459×77mm	m	2195.25	373.39	1164.65	657.21
YJ9-384	管径及壁厚 φ493×72mm	m	1992.23	332.97	1028.84	630.42
YJ9-385	管径及壁厚 φ537×33mm	m	890.80	132.31	413.51	344.98
YJ9-386	管径及壁厚 φ544×94mm	m	2778.29	420.66	1548.20	809.43
YJ9-387	管径及壁厚 φ557×31mm	m	869.99	126.33	397.83	345.83
YJ9-388	管径及壁厚 φ568×33mm	m	1103.55	168.87	533.90	400.78
YJ9-389	管径及壁厚 φ578×108mm	m	4154.24	667.19	2440.83	1046.22
YJ9-390	管径及壁厚 φ583×28mm	m	841.68	115.62	386.44	339.62
YJ9-391	管径及壁厚 φ606×100mm	m	3965.63	626.96	2301.98	1036.69
YJ9-392	管径及壁厚 φ627×34mm	m	1064.81	161.83	496.92	406.06
YJ9-393	管径及壁厚 φ638×40mm	m	1262.15	197.86	596.63	467.66
YJ9-394	管径及壁厚 φ678×31mm	m	1040.54	155.32	480.55	404.67
YJ9-395	管径及壁厚 φ700×32mm	m	1122.22	167.28	516.02	438.92
YJ9-396	管径及壁厚 φ770×42mm	m	1705.29	259.17	791.42	654.70

续表

定额号	项　目　名　称	单位	基价（元）	其中（元）		
				人工费	材料费	机械费
YJ9-397	管径及壁厚　φ770×45mm	m	1853.77	289.22	878.32	686.23
YJ9-398	管径及壁厚　φ793×46mm	m	1903.22	292.21	920.86	690.15
YJ9-399	管径及壁厚　φ825×38mm	m	1586.72	242.14	746.47	598.11
YJ9-400	管径及壁厚　φ969×43mm	m	2168.21	331.76	1042.33	794.12
YJ9-401	管径及壁厚　φ1010×45mm	m	2365.02	369.53	1153.03	842.46
9.1.10　不锈钢管道						
YJ9-402	管径及壁厚　φ16×2mm 以下	m	27.72	11.32	14.84	1.56
YJ9-403	管径及壁厚　φ25×2.5mm	m	32.32	13.78	16.98	1.56
YJ9-404	管径及壁厚　φ32×2.5mm	m	35.47	15.74	17.86	1.87
YJ9-405	管径及壁厚　φ38×3mm	m	38.16	17.22	18.92	2.02
YJ9-406	管径及壁厚　φ45×3mm	m	41.18	19.19	19.65	2.34
YJ9-407	管径及壁厚　φ57×3.5mm	m	45.38	21.65	21.08	2.65
YJ9-408	管径及壁厚　φ76×3.5mm	m	53.53	27.55	21.38	4.60
YJ9-409	管径及壁厚　φ89×4mm	m	69.43	30.92	30.95	7.56
YJ9-410	管径及壁厚　φ108×4mm	m	77.72	33.91	34.46	9.35

续表

定额号	项　目　名　称	单位	基价（元）	其中（元）		
				人工费	材料费	机械费
YJ9-411	管径及壁厚　ϕ133×4.5mm	m	96.40	39.36	36.43	20.61
YJ9-412	管径及壁厚　ϕ159×5mm	m	111.83	44.81	43.46	23.56
YJ9-413	管径及壁厚　ϕ168×6mm	m	128.48	46.21	52.12	30.15
YJ9-414	管径及壁厚　ϕ194×6mm	m	138.29	47.80	57.07	33.42
YJ9-415	管径及壁厚　ϕ219×7mm	m	158.26	58.51	61.30	38.45
YJ9-416	管径及壁厚　ϕ273×7mm	m	184.42	63.43	74.36	46.63
YJ9-417	管径及壁厚　ϕ325×8mm	m	233.62	68.88	78.68	86.06
YJ9-418	管径及壁厚　ϕ377×9mm	m	248.09	73.27	85.18	89.64
YJ9-419	管径及壁厚　ϕ426×10mm	m	276.02	78.19	95.20	102.63
9.2　阀门安装						
9.2.1　螺纹连接阀门						
YJ9-420	公称口径　DN≤25	只	5.08	4.92	0.16	
YJ9-421	公称口径　DN≤50	只	7.08	6.64	0.25	0.19
YJ9-422	公称口径　DN≤80	只	11.41	10.82	0.40	0.19
YJ9-423	公称口径　DN≤100	只	15.54	14.76	0.52	0.26

续表

定额号	项　目　名　称	单位	基价（元）	其中（元）		
				人工费	材料费	机械费
YJ9-424	公称口径　DN≤150	只	20.16	19.19	0.64	0.33
9.2.2　低压阀门						
YJ9-425	公称口径　DN≤25	只	14.96	9.84	3.45	1.67
YJ9-426	公称口径　DN≤32	只	17.58	11.81	4.10	1.67
YJ9-427	公称口径　DN≤50	只	25.31	18.70	4.92	1.69
YJ9-428	公称口径　DN≤80	只	43.56	30.50	8.66	4.40
YJ9-429	公称口径　DN≤100	只	55.87	31.98	14.72	9.17
YJ9-430	公称口径　DN125	只	58.23	37.88	12.53	7.82
YJ9-431	公称口径　DN150	只	75.12	40.34	15.11	19.67
YJ9-432	公称口径　DN200	只	111.44	60.02	19.49	31.93
YJ9-433	公称口径　DN250	只	164.26	94.46	25.99	43.81
YJ9-434	公称口径　DN300	只	195.78	106.27	37.18	52.33
YJ9-435	公称口径　DN350	只	269.18	130.91	49.42	88.85
YJ9-436	公称口径　DN400	只	305.31	146.54	56.29	102.48
YJ9-437	公称口径　DN450	只	345.51	167.28	61.98	116.25

续表

定额号	项　目　名　称	单位	基价（元）	其中（元）		
				人工费	材料费	机械费
YJ9-438	公称口径　DN500	只	394.69	180.11	66.20	148.38
YJ9-439	公称口径　DN600	只	506.40	257.77	72.83	175.80
YJ9-440	公称口径　DN700	只	629.80	331.04	87.27	211.49
YJ9-441	公称口径　DN800	只	715.35	350.72	105.73	258.90
YJ9-442	公称口径　DN900	只	858.21	442.27	121.50	294.44
YJ9-443	公称口径　DN1000	只	1063.51	457.56	138.33	467.62
YJ9-444	公称口径　DN1200	只	1286.33	544.72	177.22	564.39
YJ9-445	公称口径　DN1400	只	1595.46	649.44	226.83	719.19
YJ9-446	公称口径　DN1600	只	2014.53	747.84	294.27	972.42
YJ9-447	公称口径　DN1800	只	2292.29	889.54	339.75	1063.00
YJ9-448	公称口径　DN2000	只	2598.57	1040.09	383.10	1175.38
YJ9-449	公称口径　DN2200	只	3034.73	1219.67	452.10	1362.96
YJ9-450	公称口径　DN2400	只	3435.79	1420.90	505.95	1508.94
YJ9-451	公称口径　DN2600	只	3996.61	1677.23	568.02	1751.36
9.2.3　中压阀门						
YJ9-452	公称口径　DN≤32	只	26.52	16.24	7.63	2.65

续表

定额号	项 目 名 称	单位	基价（元）	其中（元）		
				人工费	材料费	机械费
YJ9-453	公称口径 DN≤50	只	35.91	20.17	10.13	5.61
YJ9-454	公称口径 DN≤80	只	57.28	31.98	14.40	10.90
YJ9-455	公称口径 DN100	只	71.72	39.36	18.58	13.78
YJ9-456	公称口径 DN125	只	90.48	53.14	23.07	14.27
YJ9-457	公称口径 DN150	只	124.63	54.12	28.32	42.19
YJ9-458	公称口径 DN200	只	194.31	80.20	44.23	69.88
YJ9-459	公称口径 DN250	只	277.04	111.29	61.75	104.00
YJ9-460	公称口径 DN300	只	329.09	123.49	77.24	128.36
YJ9-461	公称口径 DN350	只	402.72	166.79	88.68	147.25
YJ9-462	公称口径 DN400	只	472.35	173.18	108.28	190.89
YJ9-463	公称口径 DN450	只	563.65	216.97	121.31	225.37
YJ9-464	公称口径 DN500	只	646.52	250.92	135.40	260.20
YJ9-465	公称口径 DN550	只	727.49	282.41	152.30	292.78
YJ9-466	公称口径 DN600	只	806.41	312.91	168.80	324.70
9.2.4 高压碳钢阀门						
YJ9-467	公称口径 DN≤20	只	35.26	15.25	11.97	8.04

续表

定额号	项　目　名　称	单位	基价（元）	其中（元）		
				人工费	材料费	机械费
YJ9-468	公称口径　DN≤50	只	84.17	39.36	20.34	24.47
YJ9-469	公称口径　DN65	只	106.26	56.58	24.16	25.52
YJ9-470	公称口径　DN80	只	144.29	73.80	31.91	38.58
YJ9-471	公称口径　DN100	只	295.63	98.40	58.59	138.64
YJ9-472	公称口径　DN125	只	398.61	153.21	69.21	176.19
YJ9-473	公称口径　DN150	只	469.38	165.61	76.88	226.89
YJ9-474	公称口径　DN175	只	653.27	194.98	104.77	353.52
YJ9-475	公称口径　DN200	只	1084.66	241.62	192.40	650.64
YJ9-476	公称口径　DN225	只	1252.65	324.42	217.69	710.54
YJ9-477	公称口径　DN250	只	1470.69	409.49	267.70	793.50
YJ9-478	公称口径　DN275	只	1764.54	502.82	322.87	938.85
YJ9-479	公称口径　DN300	只	1995.96	581.15	374.50	1040.31
YJ9-480	公称口径　DN350	只	2358.47	671.48	475.16	1211.83
YJ9-481	公称口径　DN400	只	2686.55	783.61	547.85	1355.09
YJ9-482	公称口径　DN450	只	2931.01	855.10	597.60	1478.31

续表

定额号	项 目 名 称	单位	基价（元）	其中（元）		
				人工费	材料费	机械费
YJ9-483	公称口径　DN500	只	3140.14	916.10	639.08	1584.96
9.2.5　合金钢阀门						
YJ9-484	公称口径　DN≤20	只	63.66	37.39	16.01	10.26
YJ9-485	公称口径　DN≤50	只	152.14	104.70	25.51	21.93
YJ9-486	公称口径　DN65	只	417.18	113.36	47.74	256.08
YJ9-487	公称口径　DN80	只	484.10	140.52	64.39	279.19
YJ9-488	公称口径　DN100	只	638.65	186.17	104.58	347.90
YJ9-489	公称口径　DN125	只	802.44	232.22	174.61	395.61
YJ9-490	公称口径　DN150	只	1046.97	281.92	231.13	533.92
YJ9-491	公称口径　DN175	只	1434.49	338.99	339.36	756.14
YJ9-492	公称口径　DN200	只	1667.57	399.50	433.24	834.83
YJ9-493	公称口径　DN225	只	1876.22	464.94	456.88	954.40
YJ9-494	公称口径　DN250	只	2271.87	554.98	627.14	1089.75
YJ9-495	公称口径　DN275	只	2566.72	598.76	757.03	1210.93
YJ9-496	公称口径　DN300	只	3248.20	684.86	1094.65	1468.69

续表

定额号	项 目 名 称	单位	基价（元）	其中（元）		
				人工费	材料费	机械费
YJ9-497	公称口径 DN350	只	3521.01	764.08	1176.75	1580.18
YJ9-498	公称口径 DN400	只	3958.26	882.16	1296.75	1779.35
9.2.6 不锈钢阀门						
YJ9-499	公称口径 DN≤20	只	28.58	16.24	9.01	3.33
YJ9-500	公称口径 DN≤50	只	48.45	29.52	14.72	4.21
YJ9-501	公称口径 DN≤80	只	95.36	46.74	33.57	15.05
YJ9-502	公称口径 DN100	只	132.50	60.02	40.09	32.39
YJ9-503	公称口径 DN125	只	180.44	71.34	53.79	55.31
YJ9-504	公称口径 DN150	只	236.84	91.02	63.28	82.54
YJ9-505	公称口径 DN200	只	311.71	111.68	105.13	94.90
YJ9-506	公称口径 DN250	只	389.77	139.73	131.41	118.63
YJ9-507	公称口径 DN300	只	487.39	174.66	164.32	148.41
YJ9-508	公称口径 DN350	只	599.51	215.00	202.10	182.41
YJ9-509	公称口径 DN400	只	719.10	257.81	242.52	218.77
9.2.7 阀门电（气）动装置						
YJ9-510	公称口径 DN≤200	只	66.89	54.12	6.60	6.17

续表

定额号	项 目 名 称	单位	基价（元）	其中（元）		
				人工费	材料费	机械费
YJ9-511	公称口径 DN≤400	只	86.79	68.88	8.48	9.43
YJ9-512	公称口径 DN≤800	只	116.52	88.56	12.36	15.60
YJ9-513	公称口径 DN≤1400	只	149.12	108.24	16.22	24.66
YJ9-514	公称口径 DN≤2000	只	180.72	130.38	19.51	30.83
YJ9-515	公称口径 DN≤2600	只	217.07	154.98	25.10	36.99
9.2.8 阀门传动装置						
YJ9-516	阀门传动装置	t	1305.66	934.80	98.31	272.55
9.3 支吊架安装						
YJ9-517	刚性	t	1055.98	730.62	114.17	211.19
YJ9-518	弹簧	t	894.08	654.89	93.10	146.09
YJ9-519	恒作用力	t	1234.91	665.60	218.73	350.58
9.4 管道冲洗及水压试验						
9.4.1 高压给水管道冲洗						
YJ9-520	锅炉容量 220t/h	台	8523.46	2157.42	5727.47	638.57
YJ9-521	锅炉容量 420t/h	台	11907.09	3109.93	7960.88	836.28

续表

定额号	项　目　名　称	单位	基价（元）	其中（元）		
				人工费	材料费	机械费
YJ9-522	锅炉容量　670t/h	台	15628.62	3950.76	10643.31	1034.55
YJ9-523	锅炉容量　1025t/h	台	19548.22	5043.49	13217.49	1287.24
YJ9-524	锅炉容量　1900t/h	台	23733.94	6416.66	15663.45	1653.83
YJ9-525	锅炉容量　3050t/h	台	32077.01	8698.56	21145.63	2232.82
9.4.2　高压管道水压试验						
YJ9-526	公称口径　DN≤50	m	1.99	1.48	0.19	0.32
YJ9-527	公称口径　DN≤100	m	2.64	1.97	0.26	0.41
YJ9-528	公称口径　DN≤200	m	3.63	2.46	0.43	0.74
YJ9-529	公称口径　DN≤300	m	4.77	2.95	0.72	1.10
YJ9-530	公称口径　DN≤400	m	6.25	3.94	1.12	1.19
YJ9-531	公称口径　DN≤500	m	7.41	4.43	1.63	1.35

第10章 油漆、防腐

说　　明

（一）除锈

1．适用范围：

（1）设备内外壁。

（2）管道内外壁。

（3）金属构件。

2．工作内容：

（1）手工除锈：除锈、清扫。

（2）喷砂除锈：运砂、筛砂、烘砂、装砂、喷砂、清扫、砂子回收。

3．其他说明：

（1）管道、冷风道（视同管道）等未经过任何处理的金属表面的除锈，考虑为人工除锈。

（2）金属结构及设备一般考虑为局部的人工除锈。

（二）焊缝打磨

1．适用范围：用于内衬、防腐需要作打磨处理的金属焊缝。

2．工作内容：焊渣清除、打磨、清扫。

（三）油漆

1．适用范围：

（1）金属管道油漆：适用于直径 529mm 以下的管道（包括附件）、阀门。

（2）金属结构油漆：适用于构件、平台扶梯、栏杆及管道支吊架。

（3）设备及箱罐金属表面油漆：适用于各类设备、箱罐、直径大于 529mm 的管道（包括附件）、阀门及烟、风、煤管道。

（4）设备及箱罐金属表面喷漆：适用于各类设备、箱罐。

（5）刷色环、介质流向箭头：适用于热力系统水、汽、油等介质流向箭头和色环。

2．工作内容：油漆调配，结构物表面清理，样板制作，手工涂刷油漆或喷漆。

（四）防腐

1．适用范围：

（1）管道防腐：适用于埋地管道、循环水管等。

（2）玻璃钢衬里：适用于碳钢设备内部、金属箱罐和缸内表面的玻璃钢衬里。

（3）烟气脱硫装置树脂内衬：适用于吸收 SO_2 的场所及废液经过的部位，吸收塔、除雾器、再加热器及其之间的烟气通道，内部设施及壳壁开孔等处。

2．工作内容：

（1）管道防腐：清除尘土、熬沥青、调油刷油、缠绕保护层、修补。

（2）玻璃钢衬里：填料干燥过筛，设备清洗，胶料配制、腻子配制，刷涂胶料，嵌腻子，衬贴玻璃布（包括玻璃布脱脂和下料）。

（3）烟气脱硫装置内衬： 焊缝检查、焊接飞溅物清理，涂刷面清擦干净，涂料配制、树脂底漆涂刷、玻璃鳞片敷刷、耐磨涂料涂刷、测厚、修补。

烟气脱硫装置的防腐内衬材料按设备供货考虑。

3．不包括内容：

（1）混凝土表面的防腐。

（2）烟气脱硫装置内衬面焊缝打磨。

（五）调整系数：

（1）设备及箱罐内金属表面油漆时（汽包漆除外），定额乘以系数 1.10。

（2）玻璃钢衬里防腐定额中的玻璃布厚度按 0.22mm 考虑，如采用 0.30～0.65mm 厚度的玻璃布，定额乘以系数 1.22。

定额号	项 目 名 称	单位	基价（元）	其中（元）		
				人工费	材料费	机械费
10.1　人工除锈						
YJ10-1	管道	100m^2	208.38	135.63	72.75	
YJ10-2	设备	100m^2	150.25	77.50	72.75	
YJ10-3	金属结构	100kg	9.78	7.75	2.03	
10.2　喷砂除锈						
10.2.1　石英砂除锈						
YJ10-4	设备ϕ1000 以下　内壁	100m^2	2889.86	356.50	171.31	2362.05
YJ10-5	设备ϕ1000 以下　外壁	100m^2	2698.38	296.00	158.43	2243.95
YJ10-6	设备ϕ1000 以上　内壁	100m^2	2394.76	271.25	141.04	1982.47
YJ10-7	设备ϕ1000 以上　外壁	100m^2	2229.72	193.75	129.44	1906.53
YJ10-8	管道　内壁	100m^2	2805.14	372.00	206.08	2227.06
YJ10-9	管道　外壁	100m^2	2170.75	279.00	196.04	1695.71
YJ10-10	金属结构	100kg	190.91	18.90	3.29	168.72
10.2.2　砂子除锈						
YJ10-11	设备ϕ1000 以下　内壁	100m^2	2809.40	372.00	75.35	2362.05
YJ10-12	设备ϕ1000 以下　外壁	100m^2	2560.49	217.00	99.54	2243.95

续表

定额号	项 目 名 称	单位	基价（元）	其中（元）		
				人工费	材料费	机械费
YJ10-13	设备ϕ1000 以上　内壁	100m^2	2398.42	279.00	52.62	2066.80
YJ10-14	设备ϕ1000 以上　外壁	100m^2	2228.46	201.50	78.27	1948.69
YJ10-15	管道　内壁	100m^2	2683.52	403.00	95.62	2184.90
YJ10-16	管道　外壁	100m^2	2492.77	372.00	113.03	2007.74
YJ10-17	金属结构	100kg	193.84	27.60	0.90	165.34
10.3　焊缝打磨						
YJ10-18	焊缝打磨　箱罐内	t	53.20	37.80	6.96	8.44
YJ10-19	焊缝打磨　烟道内	t	67.04	40.03	13.50	13.51
10.4　油漆						
10.4.1　金属管道油漆						
YJ10-20	防锈漆　第一遍	100m^2	254.37	104.00	150.37	
YJ10-21	防锈漆　第二遍	100m^2	211.07	98.18	112.89	
YJ10-22	调和漆　第一遍	100m^2	266.47	113.98	152.49	
YJ10-23	调和漆　第二遍	100m^2	222.56	101.92	120.64	
YJ10-24	银粉漆　第一遍	100m^2	237.11	101.92	135.19	

续表

定额号	项 目 名 称	单位	基价（元）	其中（元）		
				人工费	材料费	机械费
YJ10-25	银粉漆　第二遍	$100m^2$	218.50	98.18	120.32	
YJ10-26	环氧富锌漆　第一遍	$100m^2$	735.59	124.80	610.79	
YJ10-27	环氧富锌漆　第二遍	$100m^2$	666.35	93.18	573.17	
YJ10-28	热沥青　第一遍	$100m^2$	725.75	216.32	509.43	
YJ10-29	热沥青　第二遍	$100m^2$	345.36	124.80	220.56	
10.4.2　金属结构油漆						
YJ10-30	防锈漆　第一遍	t	138.04	43.26	94.78	
YJ10-31	防锈漆　第二遍	t	105.24	35.78	69.46	
YJ10-32	调和漆　第一遍	t	127.16	39.52	87.64	
YJ10-33	调和漆　第二遍	t	106.77	35.36	71.41	
YJ10-34	银粉漆　第一遍	t	120.12	41.60	78.52	
YJ10-35	银粉漆　第二遍	t	101.52	35.78	65.74	
YJ10-36	环氧富锌漆　第一遍	t	284.97	42.43	242.54	
YJ10-37	环氧富锌漆　第二遍	t	235.08	36.19	198.89	
YJ10-38	沥青漆　第一遍	t	171.10	83.20	87.90	

续表

定额号	项　目　名　称	单位	基价（元）	其中（元）		
				人工费	材料费	机械费
YJ10-39	沥青漆　第二遍	t	151.78	77.79	73.99	
YJ10-40	醇酸调和漆　第一遍	t	134.09	42.43	91.66	
YJ10-41	醇酸调和漆　第二遍	t	114.27	36.61	77.66	
10.4.3　设备及箱罐金属表面油漆						
YJ10-42	防锈漆　第一遍	$100m^2$	267.56	101.92	165.64	
YJ10-43	防锈漆　第二遍	$100m^2$	224.56	99.84	124.72	
YJ10-44	调和漆　第一遍	$100m^2$	262.59	97.76	164.83	
YJ10-45	调和漆　第二遍	$100m^2$	227.99	95.68	132.31	
YJ10-46	银粉漆　第一遍	$100m^2$	223.59	99.84	123.75	
YJ10-47	银粉漆　第二遍	$100m^2$	196.93	88.19	108.74	
YJ10-48	耐酸漆　第一遍	$100m^2$	413.89	116.06	297.83	
YJ10-49	耐酸漆　第二遍	$100m^2$	348.50	112.32	236.18	
YJ10-50	汽包漆　第一遍	$100m^2$	513.50	124.80	264.09	124.61
YJ10-51	汽包漆　第二遍	$100m^2$	382.44	83.20	205.78	93.46
YJ10-52	沥青漆　第一遍	$100m^2$	383.17	185.12	198.05	

续表

定额号	项目名称	单位	基价（元）	其中（元）		
				人工费	材料费	机械费
YJ10-53	沥青漆　第二遍	$100m^2$	312.25	149.76	162.49	
YJ10-54	防腐涂料（IPN8710 系列）底漆	$100m^2$	943.76	232.96	710.80	
YJ10-55	防腐涂料（IPN8710 系列）面漆	$100m^2$	657.04	99.84	557.20	
10.4.4　设备及箱罐金属表面喷漆						
YJ10-56	防锈漆　第一遍	$100m^2$	239.95	41.60	182.05	16.30
YJ10-57	防锈漆　第二遍	$100m^2$	196.45	41.60	141.81	13.04
YJ10-58	调和漆　第一遍	$100m^2$	257.60	41.60	202.96	13.04
YJ10-59	调和漆　第二遍	$100m^2$	218.33	41.60	163.69	13.04
10.4.5　刷色环、介质流向箭头						
YJ10-60	机组容量　50MW	台	15394.04	10804.32	4589.72	
YJ10-61	机组容量　100MW	台	17563.69	12162.24	5401.45	
YJ10-62	机组容量　25MW	台	19217.81	13520.16	5697.65	
YJ10-63	机组容量　200MW	台	21218.83	14641.92	6576.91	
YJ10-64	机组容量　300MW	台	23698.76	15763.68	7935.08	
YJ10-65	机组容量　600MW	台	26144.89	17121.60	9023.29	

续表

定额号	项 目 名 称	单位	基价（元）	其中（元）		
				人工费	材料费	机械费
YJ10-66	机组容量 1000MW	台	29510.01	19365.12	10144.89	
10.5 防腐工程						
10.5.1 管道防腐						
YJ10-67	沥青玻璃布 一布一油	$100m^2$	1941.29	478.50	1462.79	
YJ10-68	沥青玻璃布 每增一布一油	$100m^2$	1572.95	391.50	1181.45	
YJ10-69	沥青油毡纸 一毡一油	$100m^2$	1792.47	391.50	1400.97	
YJ10-70	沥青油毡纸 每增一毡一油	$100m^2$	1416.16	304.50	1111.66	
YJ10-71	缠玻璃丝布 一层	$100m^2$	432.34	130.50	301.84	
YJ10-72	氯磺化聚乙烯防腐涂料 底漆	$100m^2$	649.98	121.80	389.69	138.49
YJ10-73	氯磺化聚乙烯防腐涂料 中漆	$100m^2$	574.86	106.58	329.79	138.49
YJ10-74	氯磺化聚乙烯防腐涂料 面漆	$100m^2$	524.90	106.58	279.83	138.49
YJ10-75	氯磺化聚乙烯防腐涂料 每增一遍	$100m^2$	524.90	106.58	279.83	138.49
YJ10-76	氰凝系列材料 底漆一遍	$100m^2$	1574.68	435.00	1001.19	138.49
YJ10-77	氰凝系列材料 衬布一层 刷漆一遍	$100m^2$	1875.87	609.00	1128.38	138.49
YJ10-78	氰凝系列材料 每增衬布一层 刷面漆一遍	$100m^2$	1875.87	609.00	1128.38	138.49

续表

定额号	项 目 名 称	单位	基价（元）	其中（元）		
				人工费	材料费	机械费
YJ10-79	环氧煤（普通） 一底一布三油	$100m^2$	2920.12	826.50	1955.13	138.49
YJ10-80	环氧煤（加强） 一底二布三油	$100m^2$	3811.52	1087.50	2585.53	138.49
YJ10-81	环氧煤特加强 一底三布四油	$100m^2$	5204.96	1522.50	3543.97	138.49
10.5.2 环氧树脂玻璃钢衬里						
YJ10-82	碳钢设备 底漆一层	$100m^2$	628.20	147.90	324.50	155.80
YJ10-83	碳钢设备 刮腻子	$100m^2$	139.13	60.90	78.23	
YJ10-84	碳钢设备 衬布一层	$100m^2$	1500.00	226.20	844.49	429.31
YJ10-85	碳钢设备 面漆一层	$100m^2$	512.35	95.70	316.25	100.40
10.5.3 环氧酚醛玻璃钢衬里						
YJ10-86	碳钢设备 底漆一层	$100m^2$	820.81	147.90	517.11	155.80
YJ10-87	钢设备 刮腻子	$100m^2$	189.55	60.90	128.65	
YJ10-88	碳钢设备 衬布一层	$100m^2$	1568.06	226.20	912.55	429.31
YJ10-89	碳钢设备 面漆一层	$100m^2$	555.58	95.70	359.48	100.40
10.5.4 环氧呋喃玻璃钢衬里						
YJ10-90	碳钢设备 底漆一层	$100m^2$	808.43	147.90	504.73	155.80

续表

定额号	项　目　名　称	单位	基价（元）	其中（元）		
				人工费	材料费	机械费
YJ10-91	碳钢设备　刮腻子	$100m^2$	187.77	60.90	126.87	
YJ10-92	碳钢设备　衬布一层	$100m^2$	1586.33	226.20	930.82	429.31
YJ10-93	碳钢设备　面漆一层	$100m^2$	565.97	95.70	369.87	100.40
10.5.5　烟气脱硫装置内衬						
YJ10-94	树脂底涂　厚度 50 μm	$100m^2$	1361.75	1000.50	56.50	304.75
YJ10-95	鳞片衬里　厚度 1mm　一层	$100m^2$	1226.69	783.00	52.71	390.98
YJ10-96	耐磨层　厚度 100μm	$100m^2$	1880.77	1348.50	60.01	472.26
YJ10-97	脚手架搭拆	$100m^2$	128.00	89.18	33.17	5.65

第 11 章 化学专用设备安装

说　　明

1．工作内容：

（1）基础检查、验收，中心线校核，垫铁配制、安装。

（2）设备开箱、清点、检查、搬运、安装。

（3）随设备供应的一次仪表及阀门的安装。

（4）配合防腐施工及基础二次灌浆。

2．未包括的工作内容：

（1）不随设备供货的平台、梯子、栏杆的制作。

（2）设备之间的管道及支吊架的配制、安装。

（3）设备、管道的保温和保温面油漆。

（4）各种填料的化学稳定性试验。

（5）设备本体表面底漆修补及表面油漆。

各种填料按设备供货考虑。

（一）钢筋混凝土池内设备安装

1．工程范围及工作内容：

（1）池体范围内的钢制平台、梯子、栏杆、反应室、导流窗、集水槽、取样槽等的安装。

（2）池体范围内的各种管子、管件、阀门的安装。

（3）加速澄清池的传动机械、刮泥机的安装与调整。

（4）水力循环澄清池的喷嘴安装与调整。

（5）填料装填。

2．未包括的工作内容：

（1）混凝土池体的施工，池体之间的连接平台、梯子、栏杆的安装。

（2）池体内部的钢制平台、梯子、栏杆、反应室、导流窗、集水槽、取样槽等的配制。

（3）池体内部加工件及池壁的防腐。

（二）水处理设备安装

工程范围及工作内容：

（1）设备及随设备供应的管子、管件、阀门等的安装，设备本体范围内的平台、梯子、栏杆的安装，滤板、滤帽（水嘴）的精选与安装，填料搬运、筛分、装填，衬里设备防腐层检验，设备试运前的灌水及水压试验。

（2）澄清器安装包括澄清器本体组装焊接、空气分离器安装，但不包括澄清器顶部小屋搭设。

（3）机械过滤器安装定额是按石英砂垫层考虑的。对不同形式的排水系统及不同的装填高度不作换算。

（4）软化器安装定额对填料的不同装填高度不作换算。

（5）衬胶离子交换器安装定额的使用：

1）阴阳离子交换器的树脂装填高度每增加 1m，定额乘以系数 1.3，增加不足 1m 时不作调整。

2）采用体内再生的阴阳混合离子交换器时， 定额乘以系数 1.1。但对体外再生的阴阳混合离子交换器、逆流再生或浮床运行的设备，定额均不作调整。

3）体外再生罐安装带有空气擦洗装置时，定额乘以系数 1.1。

（6）电渗析器安装，不包括本体塑料（或衬里）管、管件、阀门的安装，也不包括浓盐水泵以及精密过滤器的安装。

（7）覆盖过滤器安装包括滤元手工绕丝，但不包括填料箱安装，发生时可执行搅拌器安装定额。

（8）电磁除铁过滤器安装包括铁球搬运与装填，但不包括水箱及水泵的安装。

（9）反渗透装置安装包括卷膜式、中空式反渗透装置的设备及附件的安装。

（10）电除盐装置安装包括电除盐本体、电除盐模块（配合制造厂）的安装和配合厂家调试。

（11）精密过滤器安装包括精密过滤器及附件的安装。

（12）除二氧化碳器安装包括风机安装，但不包括风道和平台、梯子、栏杆的制作与安装。填料装填高度每增加 1m，定额乘以系数 1.2，增加不足 1m 时，不作调整。

（13）酸碱贮存罐（槽）安装不包括内外壁防腐。

（14）溶液箱、计量器安装不包括平台、梯子、栏杆的制作。

（15）喷射器安装适用于输送酸、碱、盐、石灰、凝聚剂、蒸汽、树脂等各种类型、材质、规格的喷射器安装，包括喷嘴调整和支架的配制及安装。

（16）吸收器安装不包括管道安装。

（17）搅拌器安装带有电动搅拌装置时，定额乘以系数 1.2。

（18）清水箱安装适用于各系统不大于 $45m^3$ 的水箱整体安装及其附件安装，不包括水箱及其附件的制作。

（三）油处理设备安装

1．工程范围及工作内容：油箱内部清理，箱体及附件的安装，设备支座、烟气热交换器、风管、鼓风机、水—气喷射器等及平台、梯子、栏杆的安装。

2．定额未包括设备内部的除锈、防腐工作。

（四）制氢站设备安装

1．工程范围及工作内容：

（1）设备清扫、检查、安装。

（2）电解槽检查、清扫组装、热紧。

（3）气体钢瓶安装。

（4）室外贮气罐及罐体压力表、安全阀、疏水器的安装。

2．未包括的工作内容：

（1）氢气管道、氧气管道的安装。

（2）气体分析仪器、仪表的安装。

（五）海水制氯设备安装

工程范围及工作内容：

（1）设备清扫、检查、安装就位。

（2）系统管道连接安装。

（3）系统调试。

（4）未包括系统管道的配制。

（六）硬聚氯乙烯管及阀门安装

工程范围及工作内容：

（1）管子清扫、检查、管件制作，弯头配制，对口焊接，加垫紧固，支吊架安装，水压试验。

（2）阀门检查，水压试验，对口焊接，加垫紧固。

环氧玻璃钢管及其复合管（孔网钢塑管等）的安装可按本定额乘 1.05 系数调整。

（七）衬里阀门安装

工程范围及工作内容：阀门清扫、检查、防腐层检验，水压试验；气动阀门的气动试验、汽缸研磨，活塞胀圈调整，行程指针及触点的配制与安装。

（八）汽水取样设备安装

1. 工程范围及工作内容：冷却器、取样阀及其连通管路的检查、水压试验、安装。

2. 定额未包括取样架除锈、油漆防腐。

（九）炉内水处理装置安装

工程范围及工作内容：溶液箱（计量箱）、搅拌器、计量泵等及附件的安装。

（十）转动机械安装

1. 工程范围：包括化学水处理系统的专用泵类和罗茨风机、加氯机安装。

2. 工作内容：

（1）基础框架安装。

（2）机械设备（包括减速箱）清洗、研刮、组装、就位、安装。

（3）联轴器或皮带防护罩的安装。

（4）电动机及减振器的安装。

（5）设备试运。

3．未包括的工作内容：

（1）基础框架及地脚螺栓的配制。

（2）电动机和电磁线圈的检查、干燥、接线。

（3）轴承冷却水管及附件的安装。

（十一）化水与制氢系统试运

1．工程范围：

（1）化水系统：原水的澄清、软化、除盐处理及合格水的储存。

（2）制氢系统：制氢站设备及其管道系统的试运、氢气储存。

（3）反渗透系统：反渗透装置设备及其管道系统的试运。

2．工作内容：系统试运所需工具、材料的准备，系统的检查、清理，试运过程中缺陷消除、加药、维护。

定额号	项 目 名 称	单位	基价（元）	其中（元）		
				人工费	材料费	机械费
11.1 钢筋混凝土池内设备安装						
YJ11-1	加速澄清池 出力 ≤400t/h	台	6410.41	3062.00	1639.77	1708.64
YJ11-2	加速澄清池 出力 ≤1000t/h	台	10168.65	4258.00	3476.58	2434.07
YJ11-3	加速澄清池 出力 ≤1500t/h	台	13502.86	5420.00	5054.48	3028.38
YJ11-4	水力循环澄清池 出力 ≤200t/h	台	1874.23	844.00	605.36	424.87
YJ11-5	水力循环澄清池 出力 ≤400t/h	台	2474.20	844.00	1030.81	599.39
YJ11-6	虹吸式滤池 出力 ≤600t/h 6格	台	11936.19	6211.00	3008.25	2716.94
YJ11-7	虹吸式滤池 出力 ≤800t/h 8格	台	14577.81	7725.00	3839.64	3013.17
YJ11-8	虹吸式滤池 出力 ≤1000t/h 6格	台	15807.92	8463.00	3917.78	3427.14
YJ11-9	虹吸式滤池 出力 ≤1300t/h 8格	台	20211.61	10840.00	4914.47	4457.14
YJ11-10	虹吸式滤池 出力 ≤1800t/h 6格	台	22241.95	12335.00	5791.68	4115.27
YJ11-11	虹吸式滤池 出力 ≤2400t/h 8格	台	28675.66	16207.00	7287.20	5181.46
YJ11-12	重力式无阀滤池 出力 ≤160t/h	台	3457.85	2199.00	344.44	914.41
YJ11-13	重力式无阀滤池 出力 ≤200t/h	台	4558.78	2657.00	507.03	1394.75
YJ11-14	重力式无阀滤池 出力 ≤300t/h	台	6296.79	3766.00	693.30	1837.49

续表

定额号	项 目 名 称	单位	基价（元）	其中（元）		
				人工费	材料费	机械费
11.2 水处理设备安装						
11.2.1 澄清设备						
YJ11-15	澄清器 出力 ≤100t/h	台	17128.93	3414.00	1880.54	11834.39
YJ11-16	澄清器 出力 200t/h	台	25762.15	6423.00	3199.47	16139.68
YJ11-17	涡流反应器 出力 140t/h	台	1475.89	738.00	206.56	531.33
YJ11-18	双阀滤池 出力 ≤80t/h	台	2611.63	1302.00	736.12	573.51
YJ11-19	双阀滤池 出力 ≤200t/h	台	5187.50	2551.00	1216.99	1419.51
YJ11-20	双阀滤池 出力 ≤455t/h	台	6498.28	3009.00	1672.59	1816.69
YJ11-21	多阀滤池 出力 ≤100t/h	台	5990.70	3062.00	998.83	1929.87
YJ11-22	多阀滤池 出力 ≤200t/h	台	7692.10	3554.00	1419.03	2719.07
YJ11-23	压力式混合器 直径 ≤1600mm	台	607.93	352.00	59.72	196.21
YJ11-24	压力式混合器 直径 1800mm	台	652.31	352.00	70.25	230.06
YJ11-25	压力式混合器 直径 2000mm	台	810.15	439.00	98.79	272.36
YJ11-26	压力式混合器 直径 2200mm	台	866.91	492.00	98.79	276.12
YJ11-27	压力式混合器 直径 2500mm	台	1052.35	545.00	98.79	408.56

续表

定额号	项　目　名　称	单位	基价（元）	其中（元）		
				人工费	材料费	机械费
YJ11-28	压力式混合器　直径　3200mm	台	1134.72	598.00	109.34	427.38
11.2.2　机械过滤器						
YJ11-29	单流式　直径　≤1600mm	台	1384.85	950.00	130.52	304.33
YJ11-30	单流式　直径　1800mm	台	1524.67	1056.00	145.53	323.14
YJ11-31	单流式　直径　2000mm	台	1731.20	1215.00	155.42	360.78
YJ11-32	单流式　直径　2200mm	台	2090.20	1408.00	168.91	513.29
YJ11-33	单流式　直径　2500mm	台	2476.72	1707.00	198.90	570.82
YJ11-34	单流式　直径　3200mm	台	3443.69	2392.00	268.11	783.58
YJ11-35	双流式　直径　≤1600mm	台	1412.48	950.00	158.06	304.42
YJ11-36	双流式　直径　1800mm	台	1533.49	1056.00	173.07	304.42
YJ11-37	双流式　直径　2000mm	台	1883.63	1268.00	193.61	422.02
YJ11-38	双流式　直径　2200mm	台	2176.72	1461.00	207.10	508.62
YJ11-39	双流式　直径　2500mm	台	2691.09	1760.00	226.26	704.83
YJ11-40	双流式　直径　3200mm	台	3605.62	2445.00	305.09	855.53
11.2.3　软化器设备						
YJ11-41	钠离子软化器　直径　≤1600mm	台	1406.21	950.00	157.77	298.44

续表

定额号	项 目 名 称	单位	基价（元）	其中（元）		
				人工费	材料费	机械费
YJ11-42	钠离子软化器 直径 1800mm	台	1480.37	1003.00	178.93	298.44
YJ11-43	钠离子软化器 直径 2000mm	台	1974.79	1268.00	199.30	507.49
YJ11-44	钠离子软化器 直径 2200mm	台	2102.03	1355.00	220.72	526.31
YJ11-45	钠离子软化器 直径 2500mm	台	2478.60	1548.00	254.16	676.44
YJ11-46	钠离子软化器 直径 3200mm	台	3442.95	2199.00	280.32	963.63
YJ11-47	食盐溶解过滤器 直径 ≤426mm	台	353.10	193.00	59.80	100.30
YJ11-48	食盐溶解过滤器 直径 670mm	台	356.58	193.00	63.28	100.30
YJ11-49	食盐溶解过滤器 直径 824mm	台	451.68	246.00	96.22	109.46
YJ11-50	食盐溶解过滤器 直径 1032mm	台	712.69	439.00	115.95	157.74
11.2.4 衬胶离子交换器						
YJ11-51	阴阳离子交换器 （树脂高 1.6m） $\phi\leq1000$	台	889.92	545.00	121.93	222.99
YJ11-52	阴阳离子交换器 （树脂高 1.6m） $\phi1250$	台	1030.17	685.00	122.18	222.99
YJ11-53	阴阳离子交换器 （树脂高 2m） $\phi\leq1600$	台	1329.61	844.00	129.62	355.99
YJ11-54	阴阳离子交换器 （树脂高 2m） $\phi1800$	台	1446.71	950.00	140.72	355.99
YJ11-55	阴阳离子交换器 （树脂高 2m） $\phi2000$	台	1752.78	1056.00	150.64	546.14

续表

定额号	项目名称	单位	基价（元）	其中（元）		
				人工费	材料费	机械费
YJ11-56	阴阳离子交换器 （树脂高 2m） φ2200	台	1987.57	1215.00	164.36	608.21
YJ11-57	阴阳离子交换器 （树脂高 2m） φ2500	台	2394.23	1461.00	173.95	759.28
YJ11-58	阴阳离子交换器 （树脂高 2m） φ2800	台	3104.62	1654.00	175.79	1274.83
YJ11-59	阴阳离子交换器 （树脂高 2m） φ3000	台	3450.97	1953.00	185.50	1312.47
YJ11-60	阴阳离子交换器 （树脂高 2m） φ3200	台	4035.84	2498.00	187.74	1350.10
YJ11-61	体外再生罐 直径 ≤1000mm	台	799.63	492.00	122.27	185.36
YJ11-62	体外再生罐 直径 1250mm	台	854.95	545.00	124.59	185.36
YJ11-63	体外再生罐 直径 1600mm	台	1026.90	685.00	128.93	212.97
YJ11-64	体外再生罐 直径 1800mm	台	1090.79	738.00	139.82	212.97
YJ11-65	体外再生罐 直径 2000mm	台	1298.22	791.00	149.26	357.96
YJ11-66	体外再生罐 直径 2200mm	台	1324.47	844.00	160.15	320.32
YJ11-67	体外再生罐 直径 3000mm	台	1941.45	1003.00	183.05	755.40
YJ11-68	树脂储存罐 直径 ≤1000mm	台	606.63	299.00	122.27	185.36
YJ11-69	树脂储存罐 直径 1250mm	台	708.21	395.50	123.36	189.35
YJ11-70	树脂储存罐 直径 1600mm	台	833.90	492.00	128.93	212.97

续表

定额号	项目名称	单位	基价（元）	其中（元）		
				人工费	材料费	机械费
YJ11-71	树脂储存罐　直径　1800mm	台	885.05	492.00	139.82	253.23
YJ11-72	树脂储存罐　直径　2000mm	台	1014.09	545.00	149.26	319.83
YJ11-73	树脂储存罐　直径　2200mm	台	1097.29	598.00	160.15	339.14
YJ11-74	树脂储存罐　直径　2500mm	台	1453.23	791.00	160.89	501.34
YJ11-75	树脂储存罐　直径　3200mm	台	2046.07	1003.00	179.76	863.31
YJ11-76	树脂清洗罐　直径　≤1000mm	台	569.58	299.00	85.22	185.36
YJ11-77	树脂清洗罐　直径　1250mm	台	709.48	439.00	85.12	185.36
YJ11-78	树脂清洗罐　直径　1600mm	台	808.19	492.00	91.93	224.26
YJ11-79	树脂清洗罐　直径　1800mm	台	871.69	545.00	102.43	224.26
YJ11-80	树脂清洗罐　直径　2000mm	台	1063.73	632.00	111.41	320.32
YJ11-81	树脂清洗罐　直径　2200mm	台	1127.51	685.00	122.19	320.32
YJ11-82	树脂清洗罐　直径　500mm	台	1421.95	844.00	122.92	455.03
YJ11-83	树脂清洗罐　直径　3200mm	台	1898.07	1056.00	141.57	700.50
11.2.5　凝结水处理设备						
YJ11-84	电渗析器　出力　≤50t/h	台	1240.44	791.00	267.98	181.46

续表

定额号	项 目 名 称	单位	基价（元）	其中（元）		
				人工费	材料费	机械费
YJ11-85	电渗析器　出力　≤100t/h	台	1943.21	1461.00	300.75	181.46
YJ11-86	覆盖过滤器　直径　≤1200mm	台	1141.01	844.00	172.36	124.65
YJ11-87	覆盖过滤器　直径　≤1500mm	台	1441.82	1003.00	232.69	206.13
YJ11-88	电磁除铁过滤器　出力　≤200t/h	台	949.98	598.00	138.70	213.28
YJ11-89	电磁除铁过滤器　出力　≤500t/h	台	1349.72	844.00	213.68	292.04
11.2.6　反渗透装置						
YJ11-90	卷膜式　每组出力　≤30t/h	台	1209.81	352.00	160.22	697.59
YJ11-91	卷膜式　每组出力　≤60t/h	台	1386.23	492.00	196.64	697.59
YJ11-92	中空式　每组出力　≤100t/h	台	1910.33	738.00	313.41	858.92
YJ11-93	中空式　每组出力　≤50t/h	台	1476.56	352.00	265.64	858.92
YJ11-94	精密过滤器　直径　≤400mm	台	637.86	352.00	105.10	180.76
YJ11-95	精密过滤器　直径　≤600mm	台	813.62	439.00	138.00	236.62
YJ11-96	精密过滤器　直径　≤800mm	台	904.66	492.00	173.44	239.22
11.2.7　电除盐装置						
YJ11-97	电除盐装置　50t/h	台	1519.37	738.00	168.80	612.57

续表

定额号	项目名称	单位	基价（元）	其中（元）		
				人工费	材料费	机械费
YJ11-98	电除盐装置　80t/h	台	1585.88	791.00	179.07	615.81
YJ11-99	电除盐装置　100t/h	台	1897.93	844.00	209.40	844.53
11.2.8　除二氧化碳器						
YJ11-100	填料高 2m　直径　≤800mm	台	820.13	439.00	115.49	265.64
YJ11-101	填料高 2m　直径　1000mm	台	907.43	492.00	122.96	292.47
YJ11-102	填料高 2.5m　直径　≤1250mm	台	1093.32	598.00	157.09	338.23
YJ11-103	填料高 2.5m　直径　1400mm	台	1187.52	632.00	177.04	378.48
YJ11-104	填料高 2.5m　直径　1600mm	台	1365.00	738.00	181.42	445.58
YJ11-105	填料高 2.5m　直径　1800mm	台	1392.23	791.00	185.60	415.63
YJ11-106	填料高 3m　直径　≤2000mm	台	1893.35	844.00	265.91	783.44
YJ11-107	填料高 3m　直径　2200mm	台	2096.96	1003.00	272.89	821.07
YJ11-108	填料高 3m　直径　2500mm	台	2377.66	1162.00	281.68	933.98
YJ11-109	填料高 3m　直径　2800mm	台	2573.14	1268.00	295.88	1009.26
YJ11-110	填料高 3m　直径　3200mm	台	3162.22	1514.00	355.23	1292.99
11.2.9　酸碱储存罐						
YJ11-111	酸碱储存罐　容积　≤8m^3	台	566.17	193.00	220.07	153.10

续表

定额号	项　目　名　称	单位	基价（元）	其中（元）		
				人工费	材料费	机械费
YJ11-112	酸碱储存罐　容积　≤16m^3	台	720.70	299.00	268.60	153.10
YJ11-113	酸碱储存罐　容积　≤20m^3	台	857.44	352.00	320.87	184.57
YJ11-114	酸碱储存罐　容积　≤32m^3	台	929.92	352.00	353.09	224.83
YJ11-115	酸碱储存罐　容积　≤52m^3	台	1167.62	492.00	445.56	230.06
11.2.10　溶液箱、计量器						
YJ11-116	溶液箱（计量箱）　容积　≤2m^3	台	239.68	106.00	47.67	86.01
YJ11-117	溶液箱（计量箱）　容积　≤5m^3	台	338.33	193.00	59.32	86.01
YJ11-118	胶囊计量器　直径　≤ϕ670mm	台	267.19	106.00	66.29	94.90
YJ11-119	胶囊计量器　直径　ϕ850mm	台	357.94	193.00	70.04	94.90
YJ11-120	喷射器	台	247.31	159.00	70.33	17.98
11.2.11　液压称、搅拌器						
YJ11-121	液压称　2t	台	972.26	545.00	153.39	273.87
YJ11-122	搅拌器　≤3	台	360.54	193.00	44.76	122.78
YJ11-123	搅拌器　≤8	台	369.67	193.00	53.89	122.78
11.2.12　吸收器						
YJ11-124	泡沫吸收器　直径　≤600mm	台	663.44	299.00	122.05	242.39

续表

定额号	项 目 名 称	单位	基价（元）	其中（元）		
				人工费	材料费	机械费
YJ11-125	泡沫吸收器　直径　1000mm	台	991.01	439.00	170.12	381.89
YJ11-126	泡沫吸收器　直径　1200mm	台	1198.76	492.00	212.81	493.95
YJ11-127	泡沫吸收器　直径　1500mm	台	1322.96	545.00	265.88	512.08
YJ11-128	吸收器　直径　≤350mm	台	78.42	53.00	25.42	
YJ11-129	吸收器　直径　≤512mm	台	138.68	106.00	32.68	
YJ11-130	吸收器　直径　≤724mm	台	240.21	193.00	47.21	
11.2.13　树脂捕捉器						
YJ11-131	树脂捕捉器　直径　≤377mm	台	180.26	106.00	45.69	28.57
YJ11-132	树脂捕捉器　直径　≤529mm	台	281.97	193.00	60.40	28.57
11.2.14　清水箱						
YJ11-133	清水箱　容积　≤10m^3	套	789.08	246.00	175.83	367.25
YJ11-134	清水箱　容积　≤20m^3	套	1195.40	393.60	304.53	497.27
YJ11-135	清水箱　容积　≤25m^3	套	1298.43	393.60	352.10	552.73
YJ11-136	清水箱　容积　≤45m^3	套	1856.71	541.20	515.64	799.87
11.3　油处理设备安装						
YJ11-137	油箱　容积　≤2m^3	台	308.13	106.00	79.91	122.22

续表

定额号	项　目　名　称	单位	基价（元）	其中（元）		
				人工费	材料费	机械费
YJ11-138	油箱　容积　≤$3m^3$	台	405.39	193.00	90.17	122.22
YJ11-139	油箱　容积　≤$6m^3$	台	450.62	193.00	124.11	133.51
YJ11-140	油箱　容积　≤$8m^3$	台	503.82	193.00	158.81	152.01
YJ11-141	油箱　容积　≤$10m^3$	台	680.50	299.00	149.96	231.54
YJ11-142	油箱　容积　≤$20m^3$	台	847.61	439.00	177.07	231.54
YJ11-143	油箱　容积　≤$30m^3$	台	1082.96	492.00	340.44	250.52
YJ11-144	油箱　容积　≤$40m^3$	台	1666.76	685.00	388.35	593.41
YJ11-145	油箱　容积　≤$60m^3$	台	1879.43	791.00	495.02	593.41
YJ11-146	油箱　容积　≤$80m^3$	台	2155.27	897.00	552.11	706.16
11.4　制氢站设备安装						
YJ11-147	制氢设备　DQ-4	套	7178.16	5314.00	1138.38	725.78
YJ11-148	制氢设备　DQ-10	套	8967.62	6669.00	1407.37	891.25
YJ11-149	制氢设备　ZHQD-32/10	套	9768.74	7214.00	1587.75	966.99
YJ11-150	室外储气罐　ϕ1524　氢	台	945.52	352.00	211.42	382.10
YJ11-151	室外储气罐　ϕ1524　氧	台	799.65	246.00	171.55	382.10

续表

定额号	项　目　名　称	单位	基价（元）	其中（元）		
				人工费	材料费	机械费
YJ11-152	室外储气罐　ϕ2036　氢、氧	台	1416.25	439.00	296.35	680.90
11.5　海水制氯设备安装						
YJ11-153	海水制氯设备	套	5548.48	2017.20	1457.15	2074.13
11.6　硬聚氯乙烯管及阀门安装						
YJ11-154	硬聚氯乙烯管　外径　≤25mm	m	8.62	5.30	1.39	1.93
YJ11-155	硬聚氯乙烯管　外径　≤40mm	m	9.82	5.83	1.58	2.41
YJ11-156	硬聚氯乙烯管　外径　≤65mm	m	12.32	7.42	2.01	2.89
YJ11-157	硬聚氯乙烯管　外径　≤76mm	m	16.17	10.07	2.25	3.85
YJ11-158	硬聚氯乙烯管　外径　≤90mm	m	17.41	11.13	2.43	3.85
YJ11-159	硬聚氯乙烯管　外径　≤114mm	m	18.71	12.19	2.67	3.85
YJ11-160	硬聚氯乙烯管　外径　≤140mm	m	21.51	14.31	2.87	4.33
YJ11-161	硬聚氯乙烯管　外径　≤166mm	m	26.75	18.02	3.43	5.30
YJ11-162	硬聚氯乙烯管　外径　≤218mm	m	34.47	24.38	3.83	6.26
YJ11-163	硬聚氯乙烯阀门　DN≤50mm	只	18.26	12.72	0.72	4.82
YJ11-164	硬聚氯乙烯阀门　DN≤100mm	只	29.34	20.67	1.45	7.22

续表

定额号	项　目　名　称	单位	基价（元）	其中（元）		
				人工费	材料费	机械费
YJ11-165	硬聚氯乙烯阀门　DN≤200mm	只	55.23	40.28	2.91	12.04
11.7　衬里阀门安装						
YJ11-166	气动隔膜阀　DN≤100	只	122.67	96.46	4.39	21.82
YJ11-167	气动隔膜阀　DN≤250	只	173.22	138.33	7.05	27.84
YJ11-168	手动衬里阀　DN≤50	只	25.54	20.67	1.11	3.76
YJ11-169	手动衬里阀　DN≤100	只	39.88	33.39	2.73	3.76
YJ11-170	手动衬里阀　DN≤150	只	61.31	53.53	4.02	3.76
YJ11-171	手动衬里阀　DN≤250	只	79.06	66.78	5.47	6.81
YJ11-172	手动衬里阀　DN≤400	只	168.40	152.11	9.48	6.81
YJ11-173	衬里止回阀　DN≤100	只	40.05	33.39	2.90	3.76
YJ11-174	衬里止回阀　DN≤200	只	69.12	59.89	5.47	3.76
11.8　汽水取样设备安装						
YJ11-175	机组容量　50MW	套	1593.48	492.00	189.00	912.48
YJ11-176	机组容量　100MW	套	1850.26	685.00	240.85	924.41
YJ11-177	机组容量　125MW	套	1854.69	685.00	245.28	924.41

续表

定额号	项 目 名 称	单位	基价（元）	其中（元）		
				人工费	材料费	机械费
YJ11-178	机组容量 200MW	套	2184.53	844.00	299.63	1040.90
YJ11-179	机组容量 300MW	套	3392.45	950.00	375.79	2066.66
YJ11-180	机组容量 600MW	套	3560.01	1056.00	429.11	2074.90
YJ11-181	机组容量 1000MW	套	4025.12	1249.00	489.31	2286.81
11.9 炉内水处理装置安装						
YJ11-182	机组容量 50MW	套	3925.03	2320.00	278.60	1326.43
YJ11-183	机组容量 100MW	套	4541.08	2778.00	323.48	1439.60
YJ11-184	机组容量 125MW	套	4866.15	3024.00	354.28	1487.87
YJ11-185	机组容量 200MW	套	5844.00	3709.00	431.37	1703.63
YJ11-186	机组容量 300MW	套	6846.58	4553.00	504.83	1788.75
YJ11-187	机组容量 600MW	套	7321.70	4712.00	636.96	1972.74
YJ11-188	机组容量 1000MW	套	8413.88	5397.00	742.03	2274.85
11.10 转动机械安装						
11.10.1 泵类						
YJ11-189	塑料泵	台	328.69	193.00	75.96	59.73

续表

定额号	项　目　名　称	单位	基价（元）	其中（元）		
				人工费	材料费	机械费
YJ11-190	玻璃钢泵	台	337.28	193.00	84.55	59.73
YJ11-191	耐酸污水泵　电机功率　≤5.5kW	台	417.81	246.00	102.05	69.76
YJ11-192	耐酸污水泵　电机功率　>5.5kW	台	686.66	492.00	121.62	73.04
YJ11-193	不锈钢泵　电机功率　≤11kW	台	489.34	246.00	152.16	91.18
YJ11-194	不锈钢泵　电机功率　≤22kW	台	673.58	352.00	223.54	98.04
YJ11-195	不锈钢泵　电机功率　>22kW	台	962.31	545.00	292.64	124.67
YJ11-196	陶瓷泵	台	435.73	299.00	85.10	51.63
YJ11-197	耐腐蚀磁力泵	台	637.08	439.00	123.19	74.89
YJ11-198	磁力泵	台	550.31	352.00	123.42	74.89
YJ11-199	计量泵	台	329.57	193.00	81.66	54.91
11.10.2　罗茨风机、加氯机						
YJ11-200	罗茨风机　功率　≤5.5kW	台	523.09	246.00	111.97	165.12
YJ11-201	罗茨风机　功率　≤7.5kW	台	775.22	439.00	133.19	203.03
YJ11-202	罗茨风机　功率　≤11kW	台	958.64	545.00	172.50	241.14
YJ11-203	罗茨风机　功率　≤15kW	台	1210.72	738.00	216.78	255.94

续表

定额号	项 目 名 称	单位	基价（元）	其中（元）		
				人工费	材料费	机械费
YJ11-204	罗茨风机 功率 ≤22kW	台	1375.14	844.00	268.09	263.05
YJ11-205	加氯机	台	320.79	193.00	80.87	46.92
11.11 化水与制氢系统试运						
11.11.1 化水系统试运						
YJ11-206	二级钠交换系统 30～60 t/h	套	15822.39	2339.00	12974.78	508.61
YJ11-207	二级钠交换系统 70～150 t/h	套	33365.79	2884.00	29744.59	737.20
YJ11-208	二级钠交换系统 160～240 t/h	套	53333.14	3323.00	49025.44	984.70
YJ11-209	并列氢钠二级钠系统 30～60 t/h	套	27101.35	3130.00	23274.55	696.80
YJ11-210	并列氢钠二级钠系统 70～150 t/h	套	56234.64	4080.00	50100.15	2054.49
YJ11-211	并列氢钠二级钠系统 160～240 t/h	套	81632.44	4818.00	74700.64	2113.80
YJ11-212	一级除盐混床系统 30～60 t/h	套	40310.84	4133.00	34158.94	2018.90
YJ11-213	一级除盐混床系统 70～150 t/h	套	71062.26	5662.00	62209.45	3190.81
YJ11-214	一级除盐混床系统 160～240 t/h	套	117329.71	6260.00	105932.93	5136.78
YJ11-215	二级化学除盐系统 30～60 t/h	套	64271.44	5821.00	55307.26	3143.18
YJ11-216	二级化学除盐系统 70～150 t/h	套	111701.61	7721.00	97409.72	6570.89

续表

定额号	项 目 名 称	单位	基价（元）	其中（元）		
				人工费	材料费	机械费
YJ11-217	二级化学除盐系统 160～240 t/h	套	182984.50	8107.00	163730.89	11146.61
11.11.2 制氢设备试运						
YJ11-218	制氢设备试运 DQ-4	套	2041.99	844.00	904.68	293.31
YJ11-219	制氢设备试运 DQ-10	套	3153.30	1109.00	1587.71	456.59
YJ11-220	制氢设备试运 ZHDQ-32/10	套	4072.08	1302.00	2203.09	566.99
11.11.3 反渗透装置试运						
YJ11-221	反渗透装置试运 出力 ≤50 t/h	套	14636.14	3429.00	1757.31	9449.83
YJ11-222	反渗透装置试运 出力 ≤100 t/h	套	17669.86	3921.00	2822.97	10925.89

第12章 脱硫设备安装

说　　明

1. 工作内容：

（1）基础检查验收、中心线校核、铲平，垫铁配制、安装。

（2）设备开箱、清理、搬运、检查、安装、单体试运转。

（3）设备本体及附件、管道的检查、组合、安装。

（4）电动机及减振器安装。

（5）联轴器或皮带防（保）护罩安装。

（6）防腐部位的焊缝打磨。

（7）设备基础二次灌浆配合。

2. 未包括的工作内容：

（1）设备之间的管道及支吊架的配制、安装。

（2）随设备供货的平台、梯子、栏杆的制作。

（3）设备的内衬防腐。

（4）设备保温及保温面油漆。

（5）设备本体表面底漆修补及表面油漆。

一、吸收塔、贮仓制作安装

1. 工程范围：

（1）地脚螺栓、支架的安装。

（2）吸收塔本体、内部钢结构支撑及其平台、扶梯、栏杆的制作安装。

（3）石灰石贮仓本体及其平台、扶梯的制作安装。

（4）石灰石粉仓本体及其平台、扶梯的制作安装。

（5）石膏贮仓本体及其平台、扶梯的制作安装。

2．工作内容：

（1）基础清理、验收、中心线校核、划线、测量标高、垫铁配制。

（2）下料、配制、分片组对、焊接。

（3）脚手架的搭设与拆除。

二、吸收塔内部装置安装

工程范围及工作内容：

（1）支撑件、塔内除雾器、喷淋层、喷嘴、氧化空气管、导流板、滤网的安装和内部连接管道的安装，人孔门的研磨、封闭。

（2）吸收塔的灌水试验。

（3）脚手架的搭设与拆除。

（4）吸收塔内部装置全部按设备供货考虑。

（5）定额子目以入塔烟气对应的锅炉容量和三层喷淋层为 1 套，当设计的喷淋层数发生变化时，每增减一层，相应定额基价按 0.2 系数增减。

三、脱硫附属机械及辅助设备安装

（一）增压风机安装

工程范围及工作内容：

（1）风机的检查、找平、找正、轴找中心。

（2）轴承检查、测量、清理、组装。

（3）轴冷却室的水压试验。

（4）机壳、叶轮、喇叭口的安装、间隙调整。

（5）进口调节挡板门校验、检查及安装。

（二）烟气换热器（GGH）安装

工程范围及工作内容：

（1）GGH 本体、传动装置、密封装置、检测装置、传热元件、进出口短管及连接法兰、油循环系统、干燥装置、冲洗装置的安装。

（2）框架安装、转子壳的组合，进出口短管的组合，吊装、找正，传热元件及传动装置安装，密封装置、干燥装置、冲洗装置的安装、调整。

（三）浆液循环泵与烟气冷却泵安装

工程范围及工作内容：泵的检查、测量、调整、安装、找中心。

（四）外置式除雾器本体制作安装

1．工程范围：除雾器入口法兰至除雾器出口法兰金属结构的制作安装。包括除雾器壳体、内部金属结构加固、支撑等下料、配制、组合、安装；与壳体连接的接管座、人孔门、平台扶梯金属结构等安装。

2．工作内容：

（1）下料、配制、分片组对、焊接、底漆涂刷。

（2）脚手架的搭设与拆除。

3．未包括的内容：除雾器内部件的安装。

（五）外置式除雾器内部件安装

工程范围及工作内容：外置式除雾器入口法兰至出口法兰间，壳体内全部设备及结构（含非金属的部件）的安装。包括除雾器内部件、冲洗系统、水槽的组合、安装；随设备供货的管道、阀门、管件、金属结构等安装。

（六）氧化风机安装

工程范围及工作内容：

（1）轴承检查、测量、清理、组装。

（2）轴承冷却水室的水压试验、就位、找正、固定。

（3）机壳、叶轮、喇叭口等的安装、间隙调整。

（4）调节挡板校验、检查及安装。

（5）电动机安装。

（七）石灰石磨机安装

工程范围及工作内容：

（1）主轴承检修平台搭拆，平台板、球面台板研磨及组装，传动机、减速机检查、组装，顶轴及盘车系统检查、安装，端盖与筒体组装。

（2）筒体内衬瓦、出入口短管及密封装置的安装。

（3）主轴承研刮及冷却水室检查、清理、水压试验。

（4）台板、筒体、传动齿轮、传动机、减速机及电动机的安装。

（5）筒体隔音罩、固定隔音罩、传动齿轮罩的安装。

（6）润滑油站设备及附件的清理、检查、安装，油循环过滤及调整。

（7）二次灌浆后的复查。

（8）钢球添加装置安装，钢球添加。

（9）钢瓦螺丝二次紧固及主轴承二次研刮。

（10）随设备供货的本体平台、扶梯、栏杆及围栅的安装。

（八）真空皮带脱水机安装

工程范围及工作内容：机架、料斗、橡胶滤带、真空装置、进料装置、调偏装置、驱动装置、洗涤装置、排液装置、信号装置及本机的连接管路安装。

（1）设备的组合安装、找平、找正、调整。

（2）管路连接。

（3）橡胶滤带的敷设和黏结。

（4）整机调整。

（九）旋流器安装

工程范围及工作内容：设备检查、清理、组合、吊装、就位、固定、调整，人孔门封闭。

（十）搅拌器安装

工程范围及工作内容：设备检查、清洗、组装、就位、安装。

（十一）石膏仓卸料装置安装

工程范围及工作内容：

（1）筒仓排放装置、平面滑动板、液压系统、传动系统等组合安装。

（2）机体检查、测量、组装，整机就位、固定，电动机安装。

（十二）离心脱水机安装

工程范围及工作内容：设备检查、清理、组装、就位、安装。

定额号	项　目　名　称	单位	基价（元）	其中（元）		
				人工费	材料费	机械费
12.1　吸收塔、贮仓制作安装						
YJ12-1	吸收塔本体制作、安装	t	2560.41	883.56	440.89	1235.96
YJ12-2	石灰石贮仓制作、安装	t	2467.27	897.75	392.17	1177.35
YJ12-3	石灰石粉仓制作、安装	t	2335.01	893.50	366.93	1074.58
YJ12-4	石膏贮仓制作、安装	t	2493.13	964.92	413.24	1114.97
12.2　吸收塔内部装置安装						
YJ12-5	吸收塔内部装置　机组容量　125MW	套	93927.39	56580.00	19580.55	17766.84
YJ12-6	吸收塔内部装置　机组容量　200MW	套	125998.20	75472.80	26129.13	24396.27
YJ12-7	吸收塔内部装置　机组容量　300MW	套	163411.34	95152.80	36848.20	31410.34
YJ12-8	吸收塔内部装置　机组容量　600MW	套	205841.20	114144.00	50719.81	40977.39
YJ12-9	吸收塔内部装置　机组容量　1000MW	套	237797.30	136972.80	57941.53	42882.97
12.3　脱硫附属机械及辅助设备安装						
12.3.1　增压风机						
YJ12-10	增压风机　机组容量　125MW	台	43521.60	34083.70	6229.10	3208.80
YJ12-11	增压风机　机组容量　200MW	台	56900.77	44559.20	8154.95	4186.62
YJ12-12	增压风机　机组容量　300MW	台	68625.48	51611.00	10813.71	6200.77

续表

定额号	项目名称	单位	基价（元）	其中（元）		
				人工费	材料费	机械费
YJ12-13	增压风机　机组容量　600MW	台	81955.39	61575.50	12964.98	7414.91
YJ12-14	增压风机　机组容量　1000MW	台	94635.11	71437.80	14387.67	8809.64
12.3.2　烟气换热器（GGH）						
YJ12-15	烟气换热器（GGH）　机组容量　125MW	套	130342.77	69076.80	18284.02	42981.95
YJ12-16	烟气换热器（GGH）　机组容量　200MW	套	162845.79	86346.00	22764.71	53735.08
YJ12-17	烟气换热器（GGH）　机组容量　300MW	套	189550.24	107649.60	23370.64	58530.00
YJ12-18	烟气换热器（GGH）　机组容量　600MW	套	251172.06	130626.00	35706.12	84839.94
YJ12-19	烟气换热器（GGH）　机组容量　1000MW	套	290749.95	151536.00	42040.85	97173.10
12.3.3　浆液循环泵						
YJ12-20	浆液循环泵　电机功率　≤420kW	台	7447.37	5272.00	1321.85	853.52
YJ12-21	浆液循环泵　电机功率　≤630kW	台	8931.48	6150.00	1872.16	909.32
YJ12-22	浆液循环泵　电机功率　≤1000kW	台	10577.13	6835.00	2757.33	984.80
YJ12-23	浆液循环泵　电机功率　＞1000kW	台	11317.04	7081.00	3215.49	1020.55
12.3.4　烟气冷却泵						
YJ12-24	离心式　Q=1150m^3/h，N=185kW 以下	台	3014.14	1525.20	1275.16	213.78

续表

定额号	项目名称	单位	基价（元）	其中（元）		
				人工费	材料费	机械费
YJ12-25	离心式 Q=2550m³/h，N=315kW 以下	台	5257.09	2017.20	2966.34	273.55
12.3.5　外置式除雾器						
YJ12-26	本体制作安装	t	2101.96	959.40	379.93	762.63
YJ12-27	内部件　机组容量　125MW	套	19488.38	10430.40	4499.46	4558.52
YJ12-28	内部件　机组容量　200MW	套	22751.01	12201.60	5229.79	5319.62
YJ12-29	内部件　机组容量　300MW	套	27656.92	14809.20	6383.60	6464.12
YJ12-30	内部件　机组容量　600MW	套	31115.31	16728.00	7238.20	7149.11
YJ12-31	内部件　机组容量　1000MW	套	35498.47	19138.80	8269.43	8090.24
12.3.6　氧化风机						
YJ12-32	离心式　Q=1900m³/h（标况），N=75kW	台	4734.31	2600.00	1520.68	613.63
YJ12-33	离心式　Q=5200m³/h（标况），N=185kW	台	5390.83	3005.00	1734.69	651.14
YJ12-34	离心式　Q=6500m³/h（标况），N=220kW	台	5695.26	3145.00	1850.00	700.26
YJ12-35	离心式　Q=8650m³/h（标况），N=700kW	台	5976.80	3251.00	1983.20	742.60
YJ12-36	离心式　Q=9600m³/h（标况），N=315kW	台	6289.04	3304.00	2215.92	769.12
YJ12-37	离心式　Q=10500m³/h（标况），N=400kW	台	6658.06	3497.00	2348.96	812.10

续表

定额号	项 目 名 称	单位	基价（元）	其中（元）		
				人工费	材料费	机械费
YJ12-38	离心式 Q=12651m^3/h（标况），N=160kW	台	7799.69	3796.00	3163.74	839.95
YJ12-39	离心式 Q=19100m^3/h（标况），N=500kW	台	9342.46	4428.00	4045.08	869.38
YJ12-40	罗茨型 Q=2900m^3/h（标况），N=119kW	台	4955.91	2706.00	1600.22	649.69
YJ12-41	罗茨型 Q=6500m^3/h（标况），N=250kW	台	5289.47	2899.00	1700.04	690.43
YJ12-42	罗茨型 Q=8650m^3/h（标况），N=315kW	台	5901.20	3145.00	2077.12	679.08
YJ12-43	罗茨型 Q=14600m^3/h（标况），N=500kW	台	9290.49	4428.00	4043.28	819.21
12.3.7 石灰石磨机						
YJ12-44	湿磨 8.2t/h	台	32940.62	18734.60	6769.75	7436.27
YJ12-45	湿磨 12.2t/h	台	39703.86	22632.00	8180.20	8891.66
YJ12-46	湿磨 15t/h	台	51387.66	29599.10	10853.09	10935.47
YJ12-47	湿磨 18t/h	台	55839.63	31723.40	11203.36	12912.87
YJ12-48	湿磨 20t/h	台	65000.83	36487.10	14902.77	13610.96
YJ12-49	干磨 N=355kW	台	32848.02	18537.80	5138.31	9171.91
YJ12-50	干磨 N=450kW	台	54260.83	30110.40	6867.61	17282.82
12.3.8 真空皮带脱水机						
YJ12-51	真空皮带脱水机 12t/h F=14m^2，N=7.5kW	台	19275.98	11414.40	3363.98	4497.60

续表

定额号	项　目　名　称	单位	基价（元）	其中（元）		
				人工费	材料费	机械费
YJ12-52	真空皮带脱水机　16t/h　F=18m^2，N=15kW	台	19330.79	11414.40	3363.98	4552.41
YJ12-53	真空皮带脱水机　19.5t/h　F=26m^2，N=15kW	台	21225.28	12595.20	3691.63	4938.45
YJ12-54	真空皮带脱水机　22t/h　F=26m^2，N=15kW	台	23298.92	13825.20	4063.74	5409.98
YJ12-55	真空皮带脱水机　40t/h　F=36m^2，N=22kW	台	25607.60	15202.80	4476.80	5928.00
YJ12-56	真空皮带脱水机　45t/h　F=36m^2，N=30kW	台	28267.47	16728.00	4912.66	6626.81
YJ12-57	真空皮带脱水机　65t/h　F=65m^2，N=37kW	台	31204.74	18400.80	5413.94	7390.00
12.3.9　旋流器						
YJ12-58	旋流器	台	3246.69	1623.60	449.27	1173.82
12.3.10　石灰浆搅拌器						
YJ12-59	侧进式　N=15kW	台	1988.31	1377.60	178.17	432.54
YJ12-60	侧进式　N=18.5kW	台	2195.37	1525.20	194.37	475.80
YJ12-61	侧进式　N=22kW	台	2338.12	1623.60	208.45	506.07
YJ12-62	侧进式　N=30kW	台	2545.10	1771.20	224.57	549.33
YJ12-63	侧进式　N=37kW	台	2633.33	1820.40	237.65	575.28
YJ12-64	侧进式　N=55kW	台	2899.71	2017.20	255.32	627.19

续表

定额号	项　目　名　称	单位	基价（元）	其中（元）		
				人工费	材料费	机械费
YJ12-65	螺旋桨式　$\phi=800$　$N=35$kW	台	1495.68	1033.20	133.97	328.51
YJ12-66	螺旋桨式　$\phi=1600$　$N=55$kW	台	2195.37	1525.20	194.37	475.80
YJ12-67	斜片涡轮式　$\phi=1000$　$N=2.5$kW	台	1909.69	1328.40	166.28	415.01
YJ12-68	斜片涡轮式　$\phi=2700$　$N=11.5$kW	台	2903.81	2017.20	255.32	631.29
YJ12-69	斜片涡轮式　$\phi=4000$　$N=18.5$kW	台	3276.92	2263.20	295.93	717.79
YJ12-70	顶进式　$N=90$kW	台	23981.18	13333.20	3571.53	7076.45
12.3.11　石膏仓卸料装置						
YJ12-71	石膏仓卸料装置　100t/h　$N=45$kW	台	6702.15	3247.20	431.50	3023.45
YJ12-72	石膏仓卸料装置　120t/h　$N=90$kW	台	8070.94	3886.80	513.66	3670.48
12.3.12　离心脱水机						
YJ12-73	离心脱水机　废水处理量　$Q=5\text{m}^3/\text{h}$	台	6052.76	3837.60	903.26	1311.90
YJ12-74	离心脱水机　废水处理量　$Q=8\text{m}^3/\text{h}$	台	6238.52	3936.00	948.08	1354.44
YJ12-75	离心脱水机　废水处理量　$Q=10\text{m}^3/\text{h}$	台	6754.11	4231.20	998.06	1524.85
YJ12-76	离心脱水机　废水处理量　$Q=12\text{m}^3/\text{h}$	台	7208.24	4624.80	1026.16	1557.28
YJ12-77	离心脱水机　废水处理量　$Q=16\text{m}^3/\text{h}$	台	8120.70	5116.80	1200.35	1803.55

续表

定额号	项目名称	单位	基价（元）	其中（元）		
				人工费	材料费	机械费
YJ12-78	离心脱水机　废水处理量　$Q=20m^3/h$	台	8895.61	5608.80	1324.30	1962.51
YJ12-79	离心脱水机　废水处理量　$Q=24m^3/h$	台	9843.14	6199.20	1460.34	2183.60

第 13 章 脱硝设备安装

说　明

1．工作内容：

（1）基础检查、验收，中心线校核，垫铁配制、安装。

（2）设备开箱、清理、搬运、检查、安装、单体试运转。

（3）随设备供应的仪表及阀门的安装。

（4）设备基础二次灌浆的配合。

2．未包括的工作内容：

（1）设备之间的管道及支吊架的配制、安装。

（2）随设备供货的平台、梯子、栏杆的制作。

（3）设备保温及保温面油漆。

（4）设备本体表面底漆修补及表面油漆。

（一）脱硝区设备安装

工程范围及工作内容：

（1）SCR 反应器本体制作安装：壳体的下料、配制、组合、拼装，吊装就位，反应器内金属梁、烟气整流装置、密封装置、隔板、滤网、人孔门、接管座等的组合安装及标识牌安装。

（2）催化剂模块安装：催化剂装运、就位，反应器内催化剂定位及密封等。

（3）氨气—热空气混合器、稀释风机安装：设备本体的安装、就位，随设备供应的混合器、加热器、烟道的连接管道、阀门和附件等的安装。

（4）脱硝区钢结构、平台扶梯、烟道、风机、起吊设施、管道及支吊架的安装执行本预算定额其他章节相关定额子目。

（二）氨区设备安装

工程范围及工作内容：

（1）液氨卸料压缩机组安装。

（2）液氨蒸发器安装。

（3）液氨储罐、氨气缓冲罐、氨气稀释罐、氮气存储罐的安装。

（4）废水泵和管道及支吊架的安装执行本预算定额其他章节相关定额子目。

定额号	项 目 名 称	单位	基价（元）	其中（元）		
				人工费	材料费	机械费
13.1 脱硝区设备安装						
YJ13-1	SCR 反应器 本体制作、安装	t	2450.35	1006.67	387.86	1055.82
YJ13-2	催化剂模块	m^3	124.20	59.04	15.77	49.39
YJ13-3	稀释风机	台	1064.40	418.20	160.44	485.76
YJ13-4	氨气—热空气混合器	台	771.16	344.40	158.64	268.12
13.2 氨区设备安装						
YJ13-5	液氨卸料压缩机组	台	1983.76	1574.40	222.63	186.73
YJ13-6	液氨储罐 60m^3	台	3828.69	1377.60	1172.23	1278.86
YJ13-7	液氨储罐 80m^3	台	4221.40	1525.20	1289.46	1406.74
YJ13-8	液氨储罐 100m^3	台	4692.71	1672.80	1406.30	1613.61
YJ13-9	液氨储罐 120m^3	台	5007.51	1820.40	1524.60	1662.51
YJ13-10	液氨储罐 150m^3	台	5400.32	1968.00	1641.92	1790.40
YJ13-11	液氨蒸发器	台	1379.03	787.20	164.77	427.06
YJ13-12	氨气缓冲罐	台	1768.85	934.80	212.83	621.22
YJ13-13	氨气稀释罐	台	1977.93	1033.20	253.19	691.54
YJ13-14	氨气存储罐	台	1195.60	639.60	105.93	450.07

第14章 燃气—蒸汽联合循环发电设备安装

说　明

1. 工作内容:

(1) 基础检查验收、纵横中心线校核、基础铲平、垫铁配制。

(2) 设备开箱、清点、编号、分类、复核、搬运，制造焊口的抽检，校正、组合，焊接或螺栓连接，吊装、找正、固定。

(3) 管材、管件及焊缝的无损检验（光谱、射线、超声波等），受热面焊缝的质量抽验。

(4) 合金钢部件及厚壁碳钢管的焊前预热及焊后热处理。

(5) 校管平台、组装平台及组合支架的搭拆、修整。

(6) 随设备供货的平台、扶梯、栏杆的安装。

(7) 配合基础二次灌浆。

2. 未包括的工作内容:

(1) 不随设备供货而与设备连接的各种管道的安装。

(2) 设备和管道保温及保温面油漆。

(3) 设备本体表面底漆修补及表面油漆。

带有油循环系统的润滑油和辅机轴承箱用油等按设备供货考虑。

(一) 燃气轮发电机组及其附属设备安装

1. 燃气轮机间（本体）安装:

（1）工程范围：燃气轮机间、辅机间、排气室、联轴器及齿轮箱安装；各种一次仪表安装；随设备供货的管道（含阀门、管件）安装及吹扫、试压和各种支架、平台、扶梯、栏杆安装。

（2）工作内容：检查清理，中心线校核，划线，铲平，地脚螺栓及其临时敷设框架安装，底板安装，垫铁的配制、安装；燃机就位找正找平，燃机底板印色试验，燃机落差试验，燃机—发电机联轴器短轴安装，辅机—燃机联轴器短轴安装，滑销配置安装，辅机—燃机联轴器找中心，辅机—燃机联轴器连接；润滑油管道和液压油管道、顶轴油管道安装，阀门连接，随本体设备供应的附件及一次仪表、信号管等安装，燃料分配管道安装，本体冷却空气管道、雾化空气管道安装。

2．燃气轮发电机间（本体）安装：

（1）工程范围：发电机、励磁机、顶轴油泵、空（氢）气冷却器安装，一次仪表安装；随本体设备供货的管道、支架、平台、扶梯、栏杆的安装。

（2）工作内容：检查清理，中心线校核，划线，铲平，地脚螺栓及其临时敷设框架安装，底板安装，垫铁的配制、安装；发电机、励磁机就位找正找平，燃机—发电机联轴器找中心，发电机底板印色试验，发电机底部密封件安装，联轴器铰孔连接，随设备供应的一次仪表及附件安装；润滑油系统和顶轴油系统安装，空（氢）气冷却系统安装和水压试验；随本体供货的各种支架及平台、扶梯、栏杆安装。

3．进气装置钢结构安装：

（1）工程范围：进气装置钢结构的立柱、横梁、垂直与水平支撑及其连接件和平台、扶梯的安装。

（2）工作内容：基础预留孔洞清理，垫铁配制，地脚螺栓紧固，临时设施的制作、安装、拆除，钢架几何尺寸复测、校正、组合、吊装、调整、找正、固定。

4．空气过滤装置安装：

（1）工程范围：进气室框架与密封板安装，进气室入口格栅板安装，空气过滤器滤芯及其支架安装，防雨板、灰斗安装；反吹装置及其管道安装。

（2）工作内容：进气室框架及进气室密封板拼装、找正、固定，进气室入口格栅板装配、启闭调试，空气过滤器滤芯支架安装；进气过滤室内部的清理、透光检验及渗水密封试验；进气反吹模块就位、找正，反吹管道及其阀门、过滤器等安装。

5．进气室安装：

（1）工程范围：进气室、进气风道、过渡段、弯头安装，进气消声器及膨胀节安装。

（2）工作内容：燃机进气室吊装、组合、螺栓紧固，进口膨胀节安装，进气弯头安装找正，进气过渡段拼装、接缝、密封，进气风道（内含消声器）吊装、组合、密封，风道膨胀节安装、调整，进气风道密封检查、内部清理、检查、封闭。

6．隔音罩安装：

工程范围和工作内容：隔音罩的钢结构（含平台、扶梯）、罩壳及隔热板的安装。

7．轻（重）油前置装置安装：

工程范围及工作内容：基础清理、检查、划线，前置供油装置吊装就位、安装找正，滤网清理、检查，设备本体附件、一次仪表、排污管道等安装。

8．轻（重）油加热装置安装：

工程范围及工作内容：基础清理、检查、划线、凿平，垫铁配置；吊装就位、安装找正；温度控制器及阀门安装；设备本体的油管道、蒸汽管道、凝结水管道及支吊架安装，水压试验；随设备供应的附件和一次仪表安装。

9．轻（重）油过滤装置安装：

工程范围及工作内容：过滤装置清理、滤芯检查，基础清理、检查、划线，过滤装置吊装就位、安装找正；蓄能器压力检查、充压；设备本体附件、一次仪表、排污管道等安装。

10．天然气前置装置安装：

工程范围及工作内容：天然气前置装置箱体及钢架垫铁与基础接触面凿平，垫铁配置，吊装就位，安装找正；气体燃料组合控制伺服装置、截止速比阀、放空电磁阀、速断阀安装，气体燃料压力报警装置、泄压装置安装，危险气体泄漏检测报警装置安装；设备本体管道及支架、阀门的安装，随设备供应的附件和一次仪表安装；水压试验、气密性试验。

11．天然气过滤装置安装：

工程范围及工作内容：气、液分离装置，天然气过滤分离器，调压、加热装置及安全泄压阀及吹扫释放设施的吊装就位、安装找正；设备本体管道及支架、阀门的安装，随设备供应的附件和一次仪表安装；水压试验，气密性试验。

12．抑钒装置安装：

工程范围及工作内容：基础清理、检查、划线，抑钒装置吊装就位、安装找正，加药泵、计量泵、加药电磁阀、变频器就位与安装，控制柜就位与安装，设备本体加药管道、阀门、液位计、附件和一次仪表等安装，水压试验。

13．双联滤网安装：

工程范围及工作内容：基础清理、检查、划线，双联滤网吊装就位、安装找正，滤网清理、检查，设备本体附件、一次仪表、排污管道等安装。

14．二氧化碳灭火保护装置安装：

工程范围及工作内容：基础清理、检查、划线；二氧化碳瓶架吊装就位、安装找正，瓶架顶棚安装；二氧化碳瓶安装；二氧化碳火灾探测器、声光报警器、启动装置安装；灭火剂输送管道、喷嘴、安全阀门安装、吹扫，支吊架安装，气压试验；二氧化碳系统模拟试验。

15．闭式冷却水装置安装：

工程范围及工作内容：闭式循环水泵基础检查、测量、划线，基础接触面凿平、垫铁配置及吊装就位、找正安装；电动机、入口滤网、进出口阀门、放气阀门、滤网阀门安装，随设备供应的冷却水管道、附件、一次仪表、平台扶梯等的安装；水压试验，加药冲洗。

闭式冷却稳压水箱安装，可执行本章清洗水箱安装定额。

16．水—水热交换装置安装：

工程范围及工作内容：基础清理、检查、划线，水—水热交换装置吊装就位、安装找正，排污管道等安装。

17．冷却风机装置安装：

工程范围及工作内容：基础检查、测量、清理、划线，离心式冷却风机组装，机壳、叶轮、风口安装、间隙调整，调节板校验、检查安装，电动机安装，钢制隔音罩垫铁与基础接触面凿平、垫铁配置、拼装、就位、找正。

18．注水及水清洗装置安装：

工程范围及工作内容：基础清理、检查、划线，注水模块吊装就位、安装找正，设备本体附件、一次仪表等安装。蒸汽加热装置调试及安装，电加热装置、流量孔板调整、安装，就地控制柜就位与安装，随设备供应的管道、阀门、附件和一次仪表等安装，水压试验。

19．燃气轮发电机组空负荷试运配合：

工程范围及工作内容：

（1）危急保安器试验和调整；

（2）润滑油系统的灌油、油循环、油质过滤处理、更换合格的汽轮机油；

（3）调速系统静态试验和调整；

（4）配合电气和热工进行汽轮机保护装置的试验和调整；

（5）燃气轮发电机组空负荷试运（包括：附属设备启动投入、暖管、暖机、升速、超速试验；调速系统动态试验和调整；配合发电机的电气试验，以及停机后的清扫检查等）。

燃气轮发电机组空负荷试运所消耗的燃料见表 14-1 和表 14-2。

表 14-1　　燃气轮发电机组空负荷试运（液体燃料时）所消耗的液体燃料及除盐水参照表

机组容量等级（MW）	单位	燃油（t）	除盐水（t）
36～56	套	43	70
115～130	套	100	85
145～165	套	126	95
230～275	套	210	155

表 14-2　　燃气轮发电机组空负荷试运（气体燃料时）所消耗的气体燃料及除盐水参照表

机组容量等级（MW）	单位	天然气（万 m^3，标况）	除盐水（t）
36～56	套	4.536	70
115～130	套	10.530	85
145～165	套	13.365	95
230～275	套	22.275	155

（二）余热锅炉及其附属设备安装

1．高温排气烟道及烟气挡板门安装：

（1）工程范围：高温烟道安装，烟道钢支脚就位固定，消声器安装，膨胀节安装；烟气挡板门及其液压启闭装置、就地电气启闭控制柜安装。

（2）工作内容：高温烟道及烟气挡板门拼装、组合、调整、固定安装；烟道钢支脚与基础接触面凿平、垫铁配置、就位焊接固定；消声器吊装、就位、连接；膨胀节安装；高温烟道接缝密封焊接；挡板的调节、开度指示的校核、密闭装置的安装，就地电气启闭控制柜的吊装就位、找正、安装调整；烟气挡板门渗水检查、密封试验、烟气严密性试验。

2．钢旁路烟囱安装：

工程范围及工作内容：钢旁路烟囱筒体的中心线校核、测量标高、吊装就位、组合安装；烟囱钢结构支撑吊装就位、组合安装；遮雨罩的安装、调试；检查观察爬梯及平台安装；渗水检查、烟气密闭试验。

旁路烟囱按厂家供货考虑。

3．钢结构安装：

（1）工程范围：炉本体立柱、横梁、斜拉支撑及其连接件连接（螺栓或焊接）的安装；受热面管箱悬吊结构（炉顶大钢梁、次梁、过渡梁、吊杆、销轴等）的安装。

（2）工作内容：基础清理、检查、验收、划线，垫铁配制，立柱、横梁、斜拉支撑、悬吊结构的编号、测量校正、组合、加固、吊装、找正及固定安装；钢炉架整体结构复查，标高及上、中、下对角线、跨距、垂直度调整固定。

4．出口钢烟道安装：

工程范围及工作内容：出口烟道拼装、组合、吊装就位、固定焊接；出口烟道与管箱和钢烟囱的找正连接；焊缝的渗油检查；膨胀节安装。

5．本体钢烟囱安装：

工程范围及工作内容：本体钢烟囱中心线校核、量测标高、吊装就位、组合安装；烟囱钢结构支撑吊装就位、组合安装；烟囱遮雨罩的安装、调试；烟囱内外检查观察爬梯及平台安装；焊缝的渗油检查。

6．平台、扶梯及其他金属结构安装：

工程范围及工作内容：随制造厂定型设计供货范围内的余热锅炉本体所属平台、扶梯、栏杆、炉顶小室、炉顶罩壳、炉体外护板、吊挂装置及其他零星金属结构的清点、工艺性测量校正、组合、安装及固定焊接。

不包括炉顶小室墙体维护结构及门窗安装。

7．受热面安装：

受热面包括过热器管箱、蒸发器管箱、省煤器管箱、凝结水加热器管箱和除氧蒸发器管箱。

（1）工程范围：管箱、前后密封管、减温器、进出口集汽箱、过渡管、支撑板、人孔门、膨胀接头、压力调节器、喷淋装置、疏水和启动排汽管路安装。

（2）工作内容：受热面管箱本体的检查、起吊、找正、就位、固定和焊接；前后密封箱、进出口集箱、喷淋装置、过渡管、疏水和启动排汽管路的调整、检查、对口焊接，膨胀接头安装；受热面管箱本体起吊框架和加固，铁钩的制作及安拆。

8．汽包安装：

包括高、中、低压汽包及其附件。

（1）工程范围：汽包及其附件（安全阀、压力表、水位表、水位平衡器、汽水分离装置、给水管、加药管、排污管、给水分配管、事故放水管等）、充氮保护接口、汽包底座、人孔门的安装。

（2）工作内容：检查、划线、起吊、安装，内部装置的拆装，汽包底座或吊架的检查、安装，人孔门的清理、封闭；汽包底座、吊架的修整；各种指示器的安装及支架的配制。

9．本体管道安装：

（1）工程范围：由制造厂定型设计的强制循环泵（给水泵）至蒸发器引入管、省煤器至汽包引出管、汽包至过热器管道、蒸发器至汽包上升管、省煤器管箱连接管、汽包至循环泵下降管、主蒸汽管、再循环管、给水泵进口管道、集汽集箱安全阀放空管、安全阀排汽管、循环泵出口管道、省煤器旁通管道、主蒸汽启动及安全阀放汽管、汽包附属管道、汽水取样、加药、放气管道、疏水管道、排污管道、除氧器紧急放水管道的安装；安全阀门、水位计、汽水阀门及传动装置、法兰孔板、压力表、水位计、电磁泄放装置等及其管路支吊架的安装；随炉供货的各种阀门及支吊架安装。

（2）工作内容：管道的煨弯、切割配制、坡口加工、对口焊接、管路及管路附件、阀门、支吊架的安装；阀门、安全门及水位计的检查、研磨、取样；冷却器检查、脉冲安全阀支架、取样冷却器水槽及支架的配制、安装；阀门传动装置及阀门电动头的检查、安装、调整；吹灰器及其管道、阀门、支吊架的安装、调整；管道吹扫、水压试验。

不包括消声器的安装和制造厂供货的给水操作台阀门及管件的安装。

10．除氧器及水箱安装：

工程范围及工作内容：除氧器水箱托架的清理、安装，水箱本体的组合拖运、就位、固定、附件安装；除氧器起吊、就位、安装，与水箱连接及拉筋连接及拉筋板的找正焊接，除氧器本体组装，填料充填；水位调节阀检查安装，消声管及水箱内梯子安装，水箱内部油漆；蒸汽压力调整阀检查、安装；水封装置或溢水装置安装，水箱人孔盖安装；安全门检查、调整、安装。

11．循环水泵及给水泵安装：

工程范围及工作内容：泵轴和转子的检查，测量各部间隙、瓢偏和晃度，轴承的检查、研刮；间隙调整，水泵垫铁与基础接触面凿平、垫铁配置、就位与安装；电动机安装；就地一次仪表等附件的安装；水泵管道与锅炉本体管道的连接。

12．吹灰器安装：

工程范围及工作内容：旋转伸缩式吹灰器设备的检查；管路、阀门启闭机构、跑车装置、托板、支吊架的安装和调整；吹灰枪找正、固定、焊接；电气控制装置、行程控制系统、电动机的安装和调试；调整起吹点位置、冷和热状态下的调试。

13．密封风机安装：

（1）工程范围：密封风机包括吹灰器密封风机和烟气挡板门密封风机。

（2）工作内容：密封风机的轴承检查、测量、清理、垫铁与基础接触面凿平、垫铁配置、就位与安装；机壳、叶轮、喇叭口、吸入口滤网等的安装、间隙调整；进口调节挡板校验、检查及安装；电动机安装。

14．风压及烟气密闭试验：

（1）工程范围：锅炉本体进口烟道、过渡烟道、受热面管箱、出口烟道、烟囱的风压试验。

（2）工作内容：锅炉本体进口烟道、过渡烟道、受热面管箱、出口烟道的内部清理；门孔的检查、封闭；风压试验以及试验中的巡视、观察、记录；试验后的缺陷处理以及缺陷处理后的补充试验。

15．水压、蒸汽严密性试验及安全门调整：

（1）工程范围：锅炉本体的高、中、低压汽包，除氧器及水箱，高、中、低压汽水管道，受热面管道，各种阀门及压力表等；水压试验临时装置的安装、拆除、恢复。余热锅炉启动、升压、蒸汽严密性试验、安全门调整。

（2）工作内容：临时管道的安装、拆除；安全门、恒力弹簧吊架的锁定；临时固定件的安装、拆除；汽水管道的临时封堵及支吊架加固、拆除；临时压力表的安装、拆除；超压状态下紧急泄压装置的安装、拆除、封闭；水压试验以及试验中的巡视、观察、记录、冲洗、升压、稳压、检查、泄压和水压试验后的缺陷处理以及缺陷处理后的补充水压试验。

受热面内部、烟道内部的清理检查；各汽包、膨胀指示器、阀门、人孔门的检查调整；锅炉焊口的检查；汽水管道的严密程度及膨胀的检查；蒸汽严密性试验中的巡视、观察、记录；启动、升压、蒸汽严密性试验、安全门锁定及恢复；安全门调整；停炉后的缺陷处理。

16．碱煮、酸洗：

余热锅炉采用碱煮还是酸洗，由设备制造厂正式出版的设计安装文件及国家相关的安装施工规范确定。

（1）工程范围：锅炉本体省煤器管箱、蒸发器管箱、凝结水加热器管箱、除氧蒸发器管箱的清洗；给水系统管道清洗。

（2）工作内容：临时的水汽管路、阀门、流量装置等安装；清洗用容器的加工制作、安装；法兰及管路附件的配制；清洗泵的检查、安装；临时系统的水压试验、升温试验、试运及缺陷消除；药液防溅设施设置；清洗、效果检查、鉴定；汽包及管箱内部的清理；临时系统的拆除，永久性设备恢复；余物清除，废液中和处理及排放。

17．余热锅炉本体油漆：

（1）工程范围：余热锅炉本体钢架和需要油漆的金属结构、平台、扶梯等的油漆。

（2）工作内容：表面清理、除污垢，调漆、底漆修补及刷面漆。

余热锅炉本体水压试验、酸洗、蒸汽严密性试验时蒸汽、除盐水使用量按表14-3的数量计列。

表14-3　　　　余热锅炉水压、碱煮、酸洗、蒸汽严密性试验时蒸汽、除盐水使用量

蒸发量等级（t/h）	单位	项　　目	蒸汽（t）	除盐水（t）
60～70	台炉	水压试验、碱煮、蒸汽严密性试验	55	1300
170～210	台炉	水压试验、碱煮、蒸汽严密性试验	150	3650
170～210	台炉	水压试验、盐酸酸洗、蒸汽严密性试验	160	4100

续表

蒸发量等级（t/h）	单位	项　　目	蒸汽（t）	除盐水（t）
170～210	台炉	水压试验、EDAT 酸洗、蒸汽严密性试验	230	2860
360～420	台炉	水压试验、盐酸酸洗、蒸汽严密性试验	235	6100
360～420	台炉	水压试验、EDAT 酸洗、蒸汽严密性试验	340	4230

（三）凝汽式蒸汽轮机发电机组安装

1．凝汽式蒸汽轮机本体安装：

（1）工程范围：汽轮机、调速系统、主汽门、联合汽门的安装；随设备供应的本体管道、阀门安装；随本体设备配置的各种支架及平台、扶梯、栏杆安装。

（2）工作内容：设备检查、清理、各道轴瓦研刮、各部间隙测量、调整、组合、就位、找平、找正；随设备供应的垫铁研刮，现场增配的垫铁制作和研刮；基础处理，砂浆垫块加工、配制；随设备供应的一次表计及阀门的安装；找正用中心线架等专用工具的制作；基础临时栏杆、设备临时堆放架的搭设与拆除；临时工作平台及临时盖板的铺设与拆除；汽轮机罩壳的维修、安装。

（3）未包括汽轮机叶片频率测定。

2．汽轮发电机本体安装：

（1）工程范围：发电机、励磁机的安装。

（2）工程内容：设备的起吊、就位、组合、安装、找平、找正，联轴器的找正、铰孔及连接；间隙测量、调整；砂浆垫块加工配制，垫铁制作、安装；桥式起重机加固及负荷试验；氢冷发电机的密封瓦的检查、安装，静子、转子的风压试验，转子风压试验，氢气冷却器检查、水压试验、安装；励磁机空气冷却器检查、安装，发电机整套气密性试验。

（3）未包括的工作内容：发电机及励磁机的电气部分的检查、干燥、接线及电气调整试验；随机供应的密封油系统、氢气及二氧化碳系统、冷却水系统设备及管道的安装。

3．汽轮机本体管道安装：

（1）工程范围：随汽轮机本体设备供应的管道、管件、阀门安装。

（2）工作内容：管子清扫、切割、坡口加工、对口焊接、安装，法兰焊接与连接，支吊架安装、调整和固定；$\phi76$ 以下管子还包括管子煨弯及支吊架制作；阀门的检查、研磨、水压试验、安装及操作装置的检查安装；合金钢管子、管件、阀门的光谱复核，焊口的焊前预热和焊后热处理；焊缝的无损检验；油管及管件的酸洗、钝化处理、压缩空气吹干，法兰研磨；管道系统水压试验。

（3）未包括的工作内容：

1）蒸汽管道的蒸汽吹洗；

2）阀门电气部件的检查、接线及调整；

3）由设计部门设计的非厂供的本体管道的安装。

4．汽轮发电机组空负荷试运配合：

工程范围及工作内容：

（1）危急保安器试验和调整；

（2）润滑油系统（包括给水泵组）的灌油、油循环、油质过滤处理，各轴承油箱等清扫，油质合格后油系统的恢复，更换合格的汽轮机油；

（3）真空系统的灌水试验及试抽真空；

（4）汽轮机汽封系统蒸汽吹扫（包括管道接口的拆除、吹管、系统恢复）；

（5）调速系统静态试验和调整，试验后的前箱清扫封闭；

（6）发电机水冷系统的水冲洗和密封油系统的油循环（包括临时管道的连接、系统的冲洗，水质、油质合格后系统的恢复）；

（7）氢冷发电机启动前的充氢；

（8）低压缸喷水管道的水冲洗，喷水试验；

（9）配合热工进行汽轮机保护装置的试验、调整；

（10）汽轮发电机组空负荷试运配合，包括各附属机械启动投入，暖管、暖机、升速、超速试验、调整系统动态试验，配合发电机的电气试验，以及停机后的清扫、检查等。

汽轮发电机组启动空负荷试运所消耗的蒸汽及除盐水按表 14-4 数量计列。

表 14-4　　汽轮发电机组空负荷试运所消耗的蒸汽及除盐水参照表

机组容量等级（MW）	单位	蒸汽（t）	除盐水（t）
10～15	套	650	35
20～30	套	1200	65

（四）重油处理、天然气调压装置设备安装

1. 重油处理设备安装：

（1）工程范围：重油输送模块、洗涤模块和水箱、加药破乳装置和储存箱、一、二级油水混合分离过滤装置、渣水分离模块、污水分离模块、抽油悬浮装置、吸油泵、抽水泵、抽渣泵、加药装置及疏水膨胀箱的安装；随设备供应的各种管道、管架、盖板、平台、扶梯及仪表控制柜的就位与安装。

（2）工作内容：设备垫铁与基础接触面凿平、垫铁配置、吊装就位、找正安装，设备管道及支撑吊架安装，水压试验，随设备供应的附件和一次仪表安装。

2．天然气调压装置安装：

（1）工程范围：变频离心式压缩机、旋风分离装置、计量装置、过滤分离装置、调压装置、精过滤装置的安装。

（2）工作内容：设备及精过滤装置气体燃料流量控制器、压力控制器、温度控制器、组合控制装置、放空速断及泄压装置检查；垫铁与基础接触面凿平、垫铁配置；吊装就位与安装；设备本体的管道及支撑吊架安装；设备本体的平台、栏杆、扶梯安装；水压试验，气密性试验以及随设备供应的附件和一次仪表安装。

定额号	项 目 名 称	单位	基价（元）	其中（元）		
				人工费	材料费	机械费
14.1 燃气轮发电机组及其附属设备安装						
14.1.1 燃气轮机本体设备						
YJ14-1	燃气轮机间 36～56MW	套	134315.01	59071.00	10439.47	64804.54
YJ14-2	燃气轮机间 115～130MW	套	201802.66	85853.00	18713.97	97235.69
YJ14-3	燃气轮机间 145～165MW	套	230497.55	92117.00	20438.56	117941.99
YJ14-4	燃气轮机间 230～275MW	套	345639.74	200248.00	23544.27	121847.47
14.1.2 发电机本体设备						
YJ14-5	燃气轮发电机间 36～56MW	套	55009.04	19558.50	7114.40	28336.14
YJ14-6	燃气轮发电机间 115～130MW	套	85565.92	27436.40	10569.40	47560.12
YJ14-7	燃气轮发电机间 145～165MW	套	97238.91	31849.60	12729.33	52659.98
YJ14-8	燃气轮发电机间 230～275MW	套	154279.16	51505.00	21660.80	81113.36
14.1.3 进气装置钢结构						
YJ14-9	进气装置钢结构 36～56MW	t	1069.39	300.90	170.94	597.55
YJ14-10	进气装置钢结构 115～130MW	t	1115.05	250.75	168.73	695.57
YJ14-11	进气装置钢结构 145～165MW	t	1071.52	250.75	168.33	652.44
YJ14-12	进气装置钢结构 230～275MW	t	967.88	200.60	159.65	607.63

续表

定额号	项 目 名 称	单位	基价（元）	其中（元）		
				人工费	材料费	机械费
14.1.4 空气过滤装置						
YJ14-13	空气过滤装置 36～56MW	t	935.78	401.20	106.22	428.36
YJ14-14	空气过滤装置 115～130MW	t	816.79	351.05	88.12	377.62
YJ14-15	空气过滤装置 145～165MW	t	792.43	351.05	80.97	360.41
YJ14-16	空气过滤装置 230～275MW	t	754.61	330.99	74.59	349.03
14.1.5 进气室						
YJ14-17	进气室 36～56MW	t	699.90	100.30	166.85	432.75
YJ14-18	进气室 115～130MW	t	635.80	100.30	141.88	393.62
YJ14-19	进气室 145～165MW	t	622.20	100.30	136.66	385.24
YJ14-20	进气室 230～275MW	t	567.78	100.30	113.95	353.53
YJ14-21	进气风道 36～56MW	t	734.24	100.30	148.72	485.22
YJ14-22	进气风道 115～130MW	t	687.44	100.30	132.90	454.24
YJ14-23	进气风道 145～165MW	t	677.42	100.30	130.91	446.21
YJ14-24	进气风道 230～275MW	t	644.68	100.30	115.99	428.39
14.1.6 隔音罩						
YJ14-25	隔音罩 36～56MW	t	836.93	501.50	149.12	186.31

续表

定额号	项　目　名　称	单位	基价（元）	其中（元）		
				人工费	材料费	机械费
YJ14-26	隔音罩　115～130MW	t	769.10	473.87	130.17	165.06
YJ14-27	隔音罩　145～165MW	t	744.68	451.35	128.27	165.06
YJ14-28	隔音罩　230～275MW	t	666.50	421.26	102.65	142.59
14.1.7　轻、重油前置装置						
YJ14-29	轻油前置装置　36～56MW	套	1914.29	551.65	646.81	715.83
YJ14-30	轻油前置装置　115～130MW	套	3171.88	902.70	1204.12	1065.06
YJ14-31	轻油前置装置　145～165MW	套	3314.15	952.85	1258.27	1103.03
YJ14-32	轻油前置装置　230～275MW	套	5167.73	1755.25	1843.96	1568.52
YJ14-33	重油前置装置　36～56MW	套	2614.84	702.10	1078.02	834.72
YJ14-34	重油前置装置　115～130MW	套	4378.83	1103.30	2006.94	1268.59
YJ14-35	重油前置装置　145～165MW	套	4563.00	1153.45	2097.08	1312.47
14.1.8　轻、重油加热装置						
YJ14-36	轻油加热装置　加热量　≤14.5t/h　36～56MW	套	2801.84	451.35	1095.63	1254.86
YJ14-37	轻油加热装置　加热量　≤32.5t/h　115～130MW	套	4707.17	802.40	2015.51	1889.26
YJ14-38	轻油加热装置　加热量　≤41.5t/h　145～165MW	套	4859.60	952.85	1974.52	1932.23

续表

定额号	项 目 名 称	单位	基价（元）	其中（元）		
				人工费	材料费	机械费
YJ14-39	轻油加热装置　加热量　≤68.5t/h　230～275MW	套	7259.00	1504.50	3042.44	2712.06
YJ14-40	重油加热装置　加热量　≤15t/h　36～56MW	套	3195.48	501.50	1119.18	1574.80
YJ14-41	重油加热装置　加热量　≤33.5t/h　115～130MW	套	5394.26	852.55	2058.84	2482.87
YJ14-42	重油加热装置　加热量　≤42.5t/h　145～165MW	套	5732.46	1053.15	2152.56	2526.75
14.1.9　轻、重油过滤装置						
YJ14-43	轻油过滤装置　加热量　≤14.5t/h　36～56MW	套	1940.84	451.35	467.51	1021.98
YJ14-44	轻油过滤装置　加热量　≤32.5t/h　115～130MW	套	3063.28	501.50	752.13	1809.65
YJ14-45	轻油过滤装置　加热量　≤41.5t/h　145～165MW	套	3231.40	501.50	806.02	1923.88
YJ14-46	轻油过滤装置　加热量　≤68.5t/h　230～275MW	套	4224.21	551.65	985.04	2687.52
YJ14-47	重油过滤装置　加热量　≤15t/h　36～56MW	套	2757.71	752.25	495.12	1510.34
YJ14-48	重油过滤装置　加热量　≤33.5t/h　115～130MW	套	4775.29	1203.60	793.47	2778.22
YJ14-49	重油过滤装置　加热量　≤42.5t/h　145～165MW	套	5064.44	1303.90	856.65	2903.89
14.1.10　天然气前置装置						
YJ14-50	天然气前置装置　流量　≤1.5 万 m^3/h(标况) 36～56MW	套	6515.02	1103.30	912.28	4499.44

续表

定额号	项　目　名　称	单位	基价（元）	其中（元）		
				人工费	材料费	机械费
YJ14-51	天然气前置装置　流量　≤3.5 万 m^3/h（标况）115～130MW	套	10703.10	2056.15	2314.42	6332.53
YJ14-52	天然气前置装置　流量　≤4.5 万 m^3/h（标况）145～165MW	套	11572.40	2256.75	2494.30	6821.35
YJ14-53	天然气前置装置　流量　≤7.5 万 m^3/h（标况）230～275MW	套	15018.48	3059.15	3551.48	8407.85
14.1.11　天然气过滤装置						
YJ14-54	天然气过滤装置　过滤量　≤1.5 万 m^3/h（标况）36～56MW	套	7100.07	1354.05	1399.62	4346.40
YJ14-55	天然气过滤装置　过滤量　≤3.5 万 m^3/h（标况）115～130MW	套	13577.75	3009.00	3503.78	7064.97
YJ14-56	天然气过滤装置　过滤量　≤4.5 万 m^3/h（标况）145～165MW	套	14464.16	3309.90	3760.68	7393.58
YJ14-57	天然气过滤装置　过滤量　≤7.5 万 m^3/h（标况）230～275MW	套	18623.74	4363.05	5207.54	9053.15
14.1.12　抑钒装置						
YJ14-58	抑钒装置　加药量　≤1m^3/h　36～56MW	套	1869.45	601.80	524.09	743.56
YJ14-59	抑钒装置　加药量　≤3m^3/h　115～130MW	套	3386.77	852.55	1237.56	1296.66

续表

定额号	项 目 名 称	单位	基价（元）	其中（元）		
				人工费	材料费	机械费
YJ14-60	抑钒装置　加药量　≤4m^3/h　145～165MW	套	3523.77	902.70	1289.10	1331.97
YJ14-61	抑钒装置　加药量　≤7m^3/h　230～275MW	套	5403.36	1303.90	1935.58	2163.88
14.1.13　双联滤网						
YJ14-62	双联滤网　36～56MW	套	1535.01	351.05	287.03	896.93
YJ14-63	双联滤网　115～130MW	套	2448.51	401.20	461.79	1585.52
YJ14-64	双联滤网　145～165MW	套	2581.86	401.20	494.88	1685.78
YJ14-65	双联滤网　230～275MW	套	3419.05	451.35	604.80	2362.90
14.1.14　二氧化碳灭火保护装置						
YJ14-66	二氧化碳灭火保护装置　灭火剂容积　≤70L　36～56MW	套	4414.57	902.70	379.45	3132.42
YJ14-67	二氧化碳灭火保护装置　灭火剂容积　≤210L　115～130MW	套	7114.73	1604.80	841.27	4668.66
YJ14-68	二氧化碳灭火保护装置　灭火剂容积　≤260L　145～165MW	套	7514.94	1755.25	903.41	4856.28
YJ14-69	二氧化碳灭火保护装置　灭火剂容积　≤450L　230～275MW	套	9688.09	1955.85	1265.52	6466.72

续表

定额号	项 目 名 称	单位	基价（元）	其中（元）		
				人工费	材料费	机械费
14.1.15 闭式冷却水装置						
YJ14-70	闭式冷却水装置 流量 ≤100m^3/h 36～56MW	套	5235.32	2056.15	880.11	2299.06
YJ14-71	闭式冷却水装置 流量 ≤280m^3/h 115～130MW	套	9063.20	3109.30	2274.91	3678.99
YJ14-72	闭式冷却水装置 流量 ≤350m^3/h 145～165MW	套	9650.56	3560.65	2400.15	3689.76
YJ14-73	闭式冷却水装置 流量 ≤620m^3/h 230～275MW	套	12089.61	4714.10	2851.77	4523.74
14.1.16 水—水热交换装置						
YJ14-74	水—水热交换装置 36～56MW	套	1686.80	351.05	344.44	991.31
YJ14-75	水—水热交换装置 115～130MW	套	2758.46	451.35	554.15	1752.96
YJ14-76	水—水热交换装置 145～165MW	套	2910.03	451.35	593.85	1864.83
YJ14-77	水—水热交换装置 230～275MW	套	3841.48	501.50	725.76	2614.22
14.1.17 冷却风机装置						
YJ14-78	冷却风机装置 流量 Q ≤2000m^3/h 36～56MW	套	3181.80	1303.90	537.95	1339.95
YJ14-79	冷却风机装置 流量 Q ≤6000m^3/h 115～130MW	套	4782.55	2006.00	875.29	1901.26

续表

定额号	项 目 名 称	单位	基价（元）	其中（元）		
				人工费	材料费	机械费
YJ14-80	冷却风机装置 流量 Q ≤7500m³/h 145～165MW	套	5064.58	2206.60	943.92	1914.06
YJ14-81	冷却风机装置 流量 Q ≤13000m³/h 230～275MW	套	6587.73	2908.70	1235.24	2443.79
14.1.18 注水及水清洗装置						
YJ14-82	注水装置 36～56MW	套	2101.15	451.35	378.87	1270.93
YJ14-83	注水装置 115～130MW	套	3369.36	501.50	609.56	2258.30
YJ14-84	注水装置 145～165MW	套	3554.33	501.50	653.24	2399.59
YJ14-85	注水装置 230～275MW	套	4717.42	551.65	798.33	3367.44
YJ14-86	水清洗装置 出水量 ≤30m³/h 36～56MW	套	4128.11	1103.30	1489.59	1535.22
YJ14-87	水清洗装置 出水量 ≤80m³/h 115～130MW	套	7209.19	1955.85	2847.95	2405.39
YJ14-88	水清洗装置 出水量 ≤100m³/h 145～165MW	套	7579.40	2056.15	3040.58	2482.67
YJ14-89	水清洗装置 出水量 ≤180m³/h 230～275MW	套	9857.90	3059.15	3518.57	3280.18
14.1.19 燃气轮机空负荷试运配合						
YJ14-90	燃气轮机组空负荷试运 36～56MW	套	19931.49	16198.45	3016.19	716.85
YJ14-91	燃气轮机组空负荷试运 115～130MW	套	33641.49	26579.50	5891.65	1170.34

续表

定额号	项 目 名 称	单位	基价（元）	其中（元）		
				人工费	材料费	机械费
YJ14-92	燃气轮机组空负荷试运 145～165MW	套	39875.87	31494.20	7181.93	1199.74
YJ14-93	燃气轮机组空负荷试运 230～275MW	套	61626.74	46689.65	12869.16	2067.93
14.2 余热锅炉及其附属设备安装						
14.2.1 高温排气烟道及烟气挡板门						
YJ14-94	高温排气烟道 36～56MW	t	717.11	283.35	124.07	309.69
YJ14-95	高温排气烟道 115～130MW	t	671.09	236.21	97.23	337.65
YJ14-96	高温排气烟道 145～165MW	t	652.97	236.21	91.79	324.97
YJ14-97	高温排气烟道 230～275MW	t	567.92	189.07	86.15	292.70
YJ14-98	烟气挡板门 36～56MW	套	12386.84	2632.40	2881.01	6873.43
YJ14-99	烟气挡板门 115～130MW	套	16747.63	4136.90	3889.33	8721.40
YJ14-100	烟气挡板门 145～165MW	套	17718.35	4513.50	4191.87	9012.98
YJ14-101	烟气挡板门 230～275MW	套	26033.36	7145.90	6194.16	12693.30
14.2.2 钢旁路烟囱						
YJ14-102	钢旁路烟囱 36～56MW	t	666.76	243.18	144.22	279.36
YJ14-103	钢旁路烟囱 115～130MW	t	629.05	236.14	128.73	264.18

续表

定额号	项　目　名　称	单位	基价（元）	其中（元）		
				人工费	材料费	机械费
YJ14-104	钢旁路烟囱　145～165MW	t	620.01	236.14	125.49	258.38
YJ14-105	钢旁路烟囱　230～275MW	t	596.30	232.62	121.22	242.46
14.2.3　钢结构						
YJ14-106	钢结构　蒸发量　60～70t/h　立式锅炉	t	919.12	220.66	119.00	579.46
YJ14-107	钢结构　蒸发量　60～70t/h　卧式锅炉	t	836.03	189.07	113.95	533.01
YJ14-108	钢结构　蒸发量　170～210t/h　立式锅炉	t	806.57	185.56	105.39	515.62
YJ14-109	钢结构　蒸发量　170～210t/h　卧式锅炉	t	754.87	183.05	101.62	470.20
YJ14-110	钢结构　蒸发量　360～420t/h　立式锅炉	t	719.49	176.03	91.13	452.33
YJ14-111	钢结构　蒸发量　360～420t/h　卧式锅炉	t	688.30	167.50	87.61	433.19
14.2.4　出口钢烟道						
YJ14-112	出口钢烟道　蒸发量　60～70t/h　立式锅炉	t	977.96	192.58	161.77	623.61
YJ14-113	出口钢烟道　蒸发量　60～70t/h　卧式锅炉	t	886.36	189.07	158.73	538.56
YJ14-114	出口钢烟道　蒸发量　170～210t/h　立式锅炉	t	970.83	181.54	135.53	653.76
YJ14-115	出口钢烟道　蒸发量　170～210t/h　卧式锅炉	t	950.71	146.44	132.76	671.51
YJ14-116	出口钢烟道　蒸发量　360～420t/h　立式锅炉	t	929.79	141.92	129.34	658.53

续表

定额号	项　目　名　称	单位	基价（元）	其中（元）		
				人工费	材料费	机械费
YJ14-117	出口钢烟道　蒸发量　360～420t/h　卧式锅炉	t	909.73	126.88	127.72	655.13
14.2.5　本体钢烟囱						
YJ14-118	本体钢烟囱　蒸发量　60～70t/h　立式锅炉	t	1139.93	207.62	156.79	775.52
YJ14-119	本体钢烟囱　蒸发量　60～70t/h　卧式锅炉	t	958.99	204.11	155.22	599.66
YJ14-120	本体钢烟囱　蒸发量　170～210t/h　立式锅炉	t	1161.88	200.60	144.05	817.23
YJ14-121	本体钢烟囱　蒸发量　170～210t/h　卧式锅炉	t	940.33	196.09	142.50	601.74
YJ14-122	本体钢烟囱　蒸发量　360～420t/h　立式锅炉	t	1066.86	193.58	138.74	734.54
YJ14-123	本体钢烟囱　蒸发量　360～420t/h　卧式锅炉	t	821.10	189.07	136.49	495.54
14.2.6　其他金属结构						
YJ14-124	平台、扶梯、栏杆　立式锅炉	t	1193.18	330.49	258.29	604.40
YJ14-125	平台、扶梯、栏杆　卧式锅炉	t	1152.22	308.92	241.32	601.98
YJ14-126	其他金属结构　立式锅炉	t	1056.46	280.34	232.53	543.59
YJ14-127	其他金属结构　卧式锅炉	t	1020.94	262.79	217.14	541.01
14.2.7　余热锅炉过热器						
YJ14-128	过热器管箱　蒸发量　60～70t/h　立式锅炉	t	1202.06	259.72	253.60	688.74

续表

定额号	项　目　名　称	单位	基价（元）	其中（元）		
				人工费	材料费	机械费
YJ14-129	过热器管箱　蒸发量　60～70t/h　卧式锅炉	t	1082.64	258.85	247.06	576.73
YJ14-130	过热器管箱　蒸发量　170～210t/h　立式锅炉	t	974.78	250.22	236.20	488.36
YJ14-131	过热器管箱　蒸发量　170～210t/h　卧式锅炉	t	929.11	244.24	232.22	452.65
YJ14-132	过热器管箱　蒸发量　360～420t/h　立式锅炉	t	872.19	240.72	232.69	398.78
YJ14-133	过热器管箱　蒸发量　360～420t/h　卧式锅炉	t	868.55	237.73	229.21	401.61
14.2.8　余热锅炉蒸发器						
YJ14-134	蒸发器管箱　蒸发量　60～70t/h　立式锅炉	t	1202.90	266.76	249.02	687.12
YJ14-135	蒸发器管箱　蒸发量　60～70t/h　卧式锅炉	t	1118.22	259.72	245.67	612.83
YJ14-136	蒸发器管箱　蒸发量　170～210t/h　立式锅炉	t	967.85	227.70	228.67	511.48
YJ14-137	蒸发器管箱　蒸发量　170～210t/h　卧式锅炉	t	928.17	221.19	224.75	482.23
YJ14-138	蒸发器管箱　蒸发量　360～420t/h　立式锅炉	t	835.57	208.17	228.59	398.81
YJ14-139	蒸发器管箱　蒸发量　360～420t/h　卧式锅炉	t	810.91	197.08	226.09	387.74
14.2.9　余热锅炉省煤器						
YJ14-140	省煤器管箱　蒸发量　60～70t/h　立式锅炉	t	1079.51	213.62	213.92	651.97
YJ14-141	省煤器管箱　蒸发量　60～70t/h　卧式锅炉	t	980.72	180.01	210.15	590.56

续表

定额号	项 目 名 称	单位	基价（元）	其中（元）		
				人工费	材料费	机械费
YJ14-142	省煤器管箱 蒸发量 170～210t/h 立式锅炉	t	883.29	206.58	196.24	480.47
YJ14-143	省煤器管箱 蒸发量 170～210t/h 卧式锅炉	t	850.03	174.03	194.48	481.52
YJ14-144	省煤器管箱 蒸发量 360～420t/h 立式锅炉	t	776.46	180.54	195.25	400.67
YJ14-145	省煤器管箱 蒸发量 360～420t/h 卧式锅炉	t	719.61	168.05	194.82	356.74
14.2.10 凝结水加热器管箱						
YJ14-146	凝结水加热器管箱 蒸发量 60～70t/h 立式锅炉	t	1128.83	246.24	217.94	664.65
YJ14-147	凝结水加热器管箱 蒸发量 60～70t/h 卧式锅炉	t	1055.47	242.73	213.63	599.11
YJ14-148	凝结水加热器管箱 蒸发量 170～210t/h 立式锅炉	t	934.09	211.13	199.78	523.18
YJ14-149	凝结水加热器管箱 蒸发量 170～210t/h 卧式锅炉	t	841.76	198.09	197.97	445.70
YJ14-150	凝结水加热器管箱 蒸发量 360～420t/h 立式锅炉	t	760.44	188.98	198.72	372.74
YJ14-151	凝结水加热器管箱 蒸发量 360～420t/h 卧式锅炉	t	723.07	182.47	198.29	342.31
14.2.11 除氧蒸发器管箱						
YJ14-152	除氧蒸发器管箱 蒸发量 60～70t/h 立式锅炉	t	1045.16	248.24	219.43	577.49

续表

定额号	项　目　名　称	单位	基价（元）	其中（元）		
				人工费	材料费	机械费
YJ14-153	除氧蒸发器管箱　蒸发量　60～70t/h　卧式锅炉	t	1013.18	241.22	216.68	555.28
YJ14-154	除氧蒸发器管箱　蒸发量　170～210t/h　立式锅炉	t	910.27	238.71	202.10	469.46
YJ14-155	除氧蒸发器管箱　蒸发量　170～210t/h　卧式锅炉	t	888.31	236.71	200.46	451.14
YJ14-156	除氧蒸发器管箱　蒸发量　360～420t/h　立式锅炉	t	805.54	234.70	201.14	369.70
YJ14-157	除氧蒸发器管箱　蒸发量　360～420t/h　卧式锅炉	t	786.43	231.69	200.77	353.97
14.2.12　高压汽包						
YJ14-158	高压汽包　蒸发量　170～210t/h　立式锅炉	套	22527.88	4613.80	1136.68	16777.40
YJ14-159	高压汽包　蒸发量　170～210t/h　卧式锅炉	套	20700.31	4563.65	1135.06	15001.60
YJ14-160	高压汽包　蒸发量　360～420t/h　立式锅炉	套	29613.86	6669.95	1270.87	21673.04
YJ14-161	高压汽包　蒸发量　360～420t/h　卧式锅炉	套	28342.88	6469.35	1274.55	20598.98
14.2.13　中压汽包						
YJ14-162	中压汽包　蒸发量　60～70t/h　立式锅炉	套	12870.07	2607.80	760.67	9501.60
YJ14-163	中压汽包　蒸发量　60～70t/h　卧式锅炉	套	11858.02	2407.20	738.61	8712.21
YJ14-164	中压汽包　蒸发量　170～210t/h　立式锅炉	套	15645.44	3711.10	827.91	11106.43
YJ14-165	中压汽包　蒸发量　170～210t/h　卧式锅炉	套	15079.96	3660.95	798.89	10620.12

续表

定额号	项　目　名　称	单位	基价（元）	其中（元）		
				人工费	材料费	机械费
YJ14-166	中压汽包　蒸发量　360～420t/h　立式锅炉	套	25206.60	5516.50	977.82	18712.28
YJ14-167	中压汽包　蒸发量　360～420t/h　卧式锅炉	套	24143.65	5416.20	904.44	17823.01
14.2.14　低压汽包						
YJ14-168	低压汽包　蒸发量　60～70t/h　立式锅炉	套	8537.21	2357.05	668.28	5511.88
YJ14-169	低压汽包　蒸发量　60～70t/h　卧式锅炉	套	7793.35	2206.60	650.73	4936.02
YJ14-170	低压汽包　蒸发量　170～210t/h　立式锅炉	套	11836.47	3660.95	805.92	7369.60
YJ14-171	低压汽包　蒸发量　170～210t/h　卧式锅炉	套	10684.91	3610.80	777.54	6296.57
YJ14-172	低压汽包　蒸发量　360～420t/h　立式锅炉	套	20489.22	5265.75	951.80	14271.67
YJ14-173	低压汽包　蒸发量　360～420t/h　卧式锅炉	套	18545.27	5065.15	880.34	12599.78
14.2.15　本体管道						
YJ14-174	本体管道　蒸发量　60～70t/h　立式锅炉	t	2639.79	1279.33	373.43	987.03
YJ14-175	本体管道　蒸发量　60～70t/h　卧式锅炉	t	2612.14	1279.33	368.94	963.87
YJ14-176	本体管道　蒸发量　170～210t/h　立式锅炉	t	2367.40	1090.26	355.14	922.00
YJ14-177	本体管道　蒸发量　170～210t/h　卧式锅炉	t	2341.68	1090.26	348.89	902.53
YJ14-178	本体管道　蒸发量　360～420t/h　立式锅炉	t	2109.43	900.19	334.93	874.31

续表

定额号	项目名称	单位	基价（元）	其中（元）		
				人工费	材料费	机械费
YJ14-179	本体管道　蒸发量　360～420t/h　卧式锅炉	t	1955.59	853.05	324.75	777.79
14.2.16　除氧器及水箱						
YJ14-180	除氧器及水箱　蒸发量　60～70t/h　有效容积≤15m³　立式锅炉	套	5622.15	1955.85	1184.41	2481.89
YJ14-181	除氧器及水箱　蒸发量　60～70t/h　有效容积≤15m³　卧式锅炉	套	5491.43	1955.85	1166.63	2368.95
YJ14-182	除氧器及水箱　蒸发量　170～210t/h　有效容积≤37.5m³　立式锅炉	套	9573.76	4112.30	2115.02	3346.44
YJ14-183	除氧器及水箱　蒸发量　170～210t/h　有效容积≤37.5m³　卧式锅炉	套	9329.79	4012.00	2083.28	3234.51
YJ14-184	除氧器及水箱　蒸发量　360～420t/h　有效容积≤55m³　立式锅炉	套	14181.03	4563.65	2619.25	6998.13
YJ14-185	除氧器及水箱　蒸发量　360～420t/h　有效容积≤55m³　卧式锅炉	套	13716.92	4513.50	2579.97	6623.45
14.2.17　循环水泵						
YJ14-186	高、中压循环水泵　蒸发量　60～70t/h　流量 Q≤350m³/h	台炉	2139.19	952.85	782.20	404.14
YJ14-187	高、中压循环水泵　蒸发量　170～210t/h　流量 Q≤1000m³/h	台炉	3080.36	1354.05	1075.98	650.33

续表

定额号	项目名称	单位	基价（元）	其中（元）		
				人工费	材料费	机械费
YJ14-188	高、中压循环水泵　蒸发量　360～420t/h　流量 $Q \leq 1400m^3/h$	台炉	3740.16	1554.65	1326.63	858.88
YJ14-189	低压循环水泵　蒸发量　60～70t/h　流量 $Q \leq 170m^3/h$	台炉	1458.29	702.10	586.54	169.65
YJ14-190	低压循环水泵　蒸发量　170～210t/h　流量 $Q \leq 470m^3/h$	台炉	2085.44	1003.00	806.98	275.46
YJ14-191	低压循环水泵　蒸发量　360～420t/h　流量 $Q \leq 700m^3/h$	台炉	2474.44	1053.15	1058.06	363.23
14.2.18　给水泵						
YJ14-192	高、中压给水泵　蒸发量　60～70t/h　流量 $Q \leq 100m^3/h$	台炉	1459.59	451.35	505.59	502.65
YJ14-193	高、中压给水泵　蒸发量　170～210t/h　流量 $Q \leq 280m^3/h$	台炉	2097.42	852.55	617.58	627.29
YJ14-194	高、中压给水泵　蒸发量　360～420t/h　流量 $Q \leq 1400m^3/h$	台炉	2621.77	952.85	805.44	863.48
YJ14-195	低压给水泵　蒸发量　60～70t/h　流量 $Q \leq 10m^3/h$	台	296.06	150.45	112.39	33.22
YJ14-196	低压给水泵　蒸发量　170～210t/h　流量 $Q \leq 28m^3/h$	台	714.45	250.75	365.90	97.80

续表

定额号	项 目 名 称	单位	基价（元）	其中（元）		
				人工费	材料费	机械费
YJ14-197	低压给水泵　蒸发量　360～420t/h　h　流量 Q≤140m^3/h	台	1181.01	401.20	607.21	172.60
14.2.19　吹灰器						
YJ14-198	旋转伸缩式吹灰器　吹灰行程≤8m　吹灰介质：过热蒸汽	套	830.21	295.89	194.57	339.75
YJ14-199	旋转伸缩式吹灰器　吹灰行程≤8m　吹灰介质：压缩空气	套	795.59	275.83	183.70	336.06
YJ14-200	旋转伸缩式吹灰器　吹灰行程每增加 1m	套	26.29	10.03	4.38	11.88
14.2.20　密封风机						
YJ14-201	吹灰器密封风机　蒸发量　60～70t/h　流量 Q≤2500m^3/h	台	1653.21	802.40	595.40	255.41
YJ14-202	吹灰器密封风机　蒸发量　170～210t/h　流量 Q≤4000m^3/h	台	2080.23	1003.00	871.97	205.26
YJ14-203	吹灰器密封风机　蒸发量　360～420t/h　流量 Q≤5500m^3/h	台	2696.48	1303.90	1151.27	241.31
YJ14-204	烟气挡板门密封风机　蒸发量　60～70t/h　流量 Q≤3500m^3/h	台	1982.21	952.85	721.68	307.68
YJ14-205	烟气挡板门密封风机　蒸发量　170～210t/h　流量 Q≤4500m^3/h	台	2554.56	1153.45	974.30	426.81

续表

定额号	项目名称	单位	基价（元）	其中（元）		
				人工费	材料费	机械费
YJ14-206	烟气挡板门密封风机　蒸发量　360～420t/h　流量 $Q \leqslant 6500m^3/h$	台	2864.87	1303.90	1054.84	506.13
14.2.21　风压及烟气密闭试验						
YJ14-207	风压试验　蒸发量　60～70t/h	台炉	5226.49	1053.15	3177.12	996.22
YJ14-208	风压试验　蒸发量　170～210t/h	台炉	6004.97	1253.75	3734.48	1016.74
YJ14-209	风压试验　蒸发量　360～420t/h	台炉	8523.15	1454.35	5788.44	1280.36
YJ14-210	烟气密闭试验　蒸发量　60～70t/h	台炉	3133.92	1103.30	1873.11	157.51
YJ14-211	烟气密闭试验　蒸发量　170～210t/h	台炉	3687.36	1303.90	2206.09	177.37
YJ14-212	烟气密闭试验　蒸发量　360～420t/h	台炉	5135.05	1504.50	3402.35	228.20
14.2.22　水压及严密性试验						
YJ14-213	蒸汽严密性试验及安全阀调整　蒸发量　60～70t/h	台炉	14602.49	4413.20	9611.71	577.58
YJ14-214	蒸汽严密性试验及安全阀调整　蒸发量　170～210t/h	台炉	17282.86	5566.65	10980.64	735.57
YJ14-215	蒸汽严密性试验及安全阀调整　蒸发量　360～420t/h	台炉	23265.43	6419.20	15885.33	960.90
YJ14-216	水压试验　蒸发量　60～70t/h	台炉	8760.27	2156.45	6013.10	590.72

续表

定额号	项 目 名 称	单位	基价（元）	其中（元）		
				人工费	材料费	机械费
YJ14-217	水压试验　蒸发量　170～210t/h	台炉	10738.61	2908.70	7074.23	755.68
YJ14-218	水压试验　蒸发量　360～420t/h	台炉	14459.98	3861.55	9550.21	1048.22
14.2.23　碱煮、酸洗						
YJ14-219	碱煮　蒸发量　60～70t/h	台炉	21334.98	1855.55	18041.98	1437.45
YJ14-220	碱煮　蒸发量　170～210t/h	台炉	27591.47	2106.30	23809.22	1675.95
YJ14-221	盐酸清洗　蒸发量　170～210t/h	台炉	115645.84	10681.95	98863.57	6100.32
YJ14-222	盐酸清洗　蒸发量　360～420t/h	台炉	159308.99	12938.70	139091.01	7279.28
YJ14-223	EDTA 清洗　蒸发量　170～210t/h	台炉	187907.79	17652.80	158422.97	11832.02
YJ14-224	EDTA 清洗　蒸发量　360～420t/h	台炉	270211.75	20912.55	235354.01	13945.19
14.2.24　本体油漆						
YJ14-225	本体油漆　蒸发量　60～70t/h	t	132.10	60.68	56.49	14.93
YJ14-226	本体油漆　蒸发量　170～310t/h	t	123.42	56.67	53.75	13.00
YJ14-227	本体油漆　蒸发量　360～420t/h	t	113.99	50.15	51.80	12.04
14.3　凝汽式汽轮发电机组安装						
14.3.1　汽轮机本体						
YJ14-228	汽轮机本体　10～18MW	台	41970.74	20310.75	8876.37	12783.62

续表

定额号	项　目　名　称	单位	基价（元）	其中（元）		
				人工费	材料费	机械费
YJ14-229	汽轮机本体　20～30MW	台	65546.36	31995.70	14006.03	19544.63
14.3.2　汽轮发电机本体						
YJ14-230	发电机本体　10～18MW	台	19442.38	9127.30	3139.36	7175.72
YJ14-231	发电机本体　20～30MW	台	35399.87	19157.30	7197.43	9045.14
14.3.3　汽轮机本体管道						
YJ14-232	导汽管　10～18MW	台	7234.46	902.70	1973.56	4358.20
YJ14-233	导汽管　20～30MW	台	9384.23	1454.35	2459.37	5470.51
YJ14-234	汽封、疏水管　10～18MW	台	8457.12	3761.25	2483.58	2212.29
YJ14-235	汽封、疏水管　20～30MW	台	10256.77	4062.15	3336.17	2858.45
YJ14-236	本体油管　10～18MW	台	9253.23	2858.55	2613.75	3780.93
YJ14-237	本体油管　20～30MW	台	13644.57	3660.95	3576.16	6407.46
14.3.4　汽轮发电机组空负荷试运配合						
YJ14-238	整套空负荷试运配合　10～18MW	台	29917.03	11785.25	15208.03	2923.75
YJ14-239	整套空负荷试运配合　20～30MW	台	34449.04	12637.80	17825.27	3985.97

续表

定额号	项目名称	单位	基价（元）	其中（元）		
				人工费	材料费	机械费
14.4 重油处理站、天然气调压站设备安装						
14.4.1 重油处理设备						
YJ14-240	静电式重油处理设备　处理量　≤40t/h	套	16789.24	6218.60	4220.41	6350.23
YJ14-241	静电式重油处理设备　处理量　≤60t/h	套	20665.75	7923.70	5043.54	7698.51
YJ14-242	静电式重油处理设备　处理量　≤80t/h	套	25425.31	10030.00	5764.31	9631.00
14.4.2 天然气调压站装置						
YJ14-243	变频离心式压缩机　容量　≤1.6 万 m^3/h（标况）36～56MW	套	14774.93	5717.10	2238.36	6819.47
YJ14-244	变频离心式压缩机　容量　≤3.9 万 m^3/h（标况）115～130MW	套	22903.71	7171.45	4469.28	11262.98
YJ14-245	变频离心式压缩机　容量　≤4.9 万 m^3/h（标况）145～165M	套	25472.70	8324.90	4953.46	12194.34
YJ14-246	变频离心式压缩机　容量　≤8.2 万 m^3/h（标况）230～275MW	套	32922.61	10080.15	6854.94	15987.52
14.4.3 旋风分离装置						
YJ14-247	旋风分离装置　容量　≤1.5 万 m^3/h（标况）36～56MW	套	2273.06	501.50	305.89	1465.67

续表

定额号	项 目 名 称	单位	基价（元）	其中（元）		
				人工费	材料费	机械费
YJ14-248	旋风分离装置 容量 ≤3.5 万 m^3/h（标况） 115～130MW	套	4043.48	952.85	772.38	2318.25
YJ14-249	旋风分离装置 容量 ≤4.5 万 m^3/h（标况） 145～165MW	套	4500.82	1003.00	832.37	2665.45
YJ14-250	旋风分离装置 容量 ≤7.5 万 m^3/h（标况） 230～275MW	套	5915.68	1404.20	1190.89	3320.59
14.4.4 计量装置						
YJ14-251	计量装置 容量 ≤1.5 万 m^3/h（标况）36～56MW	套	1176.01	210.63	136.76	828.62
YJ14-252	计量装置 容量 ≤3.5 万 m^3/h（标况） 115～130MW	套	1872.58	451.35	343.59	1077.64
YJ14-253	计量装置 容量 ≤4.5 万 m^3/h（标况） 145～165MW	套	2007.10	451.35	370.69	1185.06
YJ14-254	计量装置 容量 ≤7.5 万 m^3/h（标况） 230～275MW	套	2611.95	651.95	530.39	1429.61
14.4.5 过滤分离装置						
YJ14-255	过滤分离装置 容量 ≤1.5 万 m^3/h（标况） 36～56MW	套	2416.10	401.20	231.16	1783.74
YJ14-256	过滤分离装置 容量 ≤3.5 万 m^3/h（标况） 115～130MW	套	3069.13	702.10	582.68	1784.35

续表

定额号	项 目 名 称	单位	基价（元）	其中（元）		
				人工费	材料费	机械费
YJ14-257	过滤分离装置　容量　≤4.5 万 m^3/h（标况）145～165MW	套	3491.55	752.25	629.54	2109.76
YJ14-258	过滤分离装置　容量　≤7.5 万 m^3/h（标况）230～275MW	套	4668.23	1053.15	899.57	2715.51
14.4.6　调压装置						
YJ14-259	调压装置　容量　≤1.5 万 m^3/h（标况）36～56MW	套	1742.88	351.05	201.79	1190.04
YJ14-260	调压装置　容量　≤3.5 万 m^3/h（标况）115～130MW	套	2783.51	651.95	508.57	1622.99
YJ14-261	调压装置　容量　≤4.5 万 m^3/h（标况）145～165MW	套	3024.28	702.10	567.39	1754.79
YJ14-262	调压装置　容量　≤7.5 万 m^3/h（标况）230～275MW	套	3880.29	952.85	784.80	2142.64
14.4.7　精过滤装置						
YJ14-263	精过滤装置　容量　≤1.5 万 m^3/h（标况）36～56MW	套	1815.26	401.20	226.19	1187.87
YJ14-264	精过滤装置　容量　≤3.5 万 m^3/h（标况）115～130MW	套	2994.86	702.10	573.61	1719.15

续表

定额号	项 目 名 称	单位	基价（元）	其中（元）		
				人工费	材料费	机械费
YJ14-265	精过滤装置　容量　≤4.5 万 m^3/h（标况） 145～165MW	套	3275.44	752.25	623.44	1899.75
YJ14-266	精过滤装置　容量　≤7.5 万 m^3/h（标况） 230～275MW	套	4266.59	1003.00	887.71	2375.88

第15章 空冷系统设备安装

说　明

1．工作内容：

（1）设备基础验收、中心线校核、划线、基础铲平、垫铁配制。

（2）设备开箱、清点、整理、搬运、编号、检查、安装、单体试运。

（3）钢管、管件、阀门、补偿器、支吊架及附件安装。

（4）基础二次灌浆配合。

2．未包括的工作内容：

（1）设备本体表面底漆修补及表面油漆。

（2）管道、阀门及支吊架的油漆。

3．其他说明：

（1）带有油循环系统的润滑油和辅机轴承箱用油等按设备供货考虑。

（2）本章未计列的空冷系统其他设备、管道等的安装，执行本册预算定额其他章节相关子目或行业相关定额子目。

一、直接空冷系统设备安装

（一）冷却风机组安装

1．工程范围及工作内容：

（1）导风筒和风机防护网的组合安装、调整定位。

（2）风机环检查、清理、组合、安装。
（3）风机桥架、安全梁、栏杆、步道等组合、安装。
（4）电机、轮毂、叶片、减速机、密封板检查、清理、检修、安装。
（5）配合厂家进行叶片的二次角度调整。
2．未包括的内容：
（1）风机起吊梁组合安装。
（2）列间步道和上部检修梯子。
（二）汽轮机排汽装置安装
工程范围及工作内容：
（1）临时组合平台搭拆。
（2）基础划线、地角螺柱及支架安装。
（3）底板、壳体、内部支撑及喉部组合安装。
（4）低压加热器、汽轮机旁路系统三级减温减压器、疏水扩容器安装。
（5）波形节、导流板、附件安装。
（6）与低压缸排汽口连接。
（7）严密性试验。
（三）空冷凝汽器管束及联箱安装
工程范围及工作内容：
（1）专用组合架组合、安装。

（2）管束力筋棒安装。

（3）散热器管束检查、清理、组合、安装。

（4）管束下联箱清理、连接。

（5）管束上部封闭件安装。

（6）管束“A”型支撑架校对、组合、安装。

（7）管束检修导轨校对、组合、安装。

（四）单元分隔墙及清洗装置安装

工程范围及工作内容：

（1）单元分隔墙墙架安装：分隔墙、板下料、校对、拼接、安装。未包括单元分隔墙架的制作。

（2）清洗装置安装：可移动桁架安装，冲洗设备及喷嘴检查、安装及清洗、试验。

（五）直接空冷系统管道安装

1．排汽管、分配管安装：

工程范围及工作内容：

（1）钢管、管件的清点、清扫、检查。

（2）钢管、管件的管口加工、临时加固、吊装、就位、找正、固定、对口焊接、焊口的清理、检验探伤、管子内部清理。

（3）排汽管道制作时临时支撑的拆除。

2．阀门安装：

工程范围及工作内容：

（1）阀门检查、清扫。

（2）阀门起吊、找正、临时加固、安装，法兰连接式阀门两侧法兰的焊接、加垫、紧螺栓，焊接式阀门的坡口清理、对口焊接、检验。

（3）电动装置的检查、安装和调整。

3．补偿器安装：

工程范围及工作内容：补偿器管口加工、吊装就位、固定找正、临时加固、焊接、检验以及验收后拆除临时加固及保护层。

4．管道支撑座安装：

工程范围及工作内容：管道支撑座的检查、安装、调整、固定。

5．未包括的工作内容：

（1）管道、管件、补偿器、加固圈的制作。

（2）管道的喷砂处理。

（3）支吊架、支撑座、防护罩壳的制作。

（4）管道的保温、油漆。

（六）直接空冷系统严密性试验

工程范围及工作内容：

（1）准备工作，盲板安装，装设临时管线、充气加压，盲板的强度试验，严密性试验工作检查。

（2）严密性试验及热态冲洗调试。

（3）拆除临时性管线、盲板，现场清理。

（4）临时性管线切换阀门的清理、检查。

二、间接空冷系统设备安装

工程范围：冷却三角、清洗装置、冷却三角支架、充氮装置、膨胀水箱、储存水箱、补充水泵、清洗水泵及其他钢结构等的安装。

1．冷却三角安装：

工程范围：散热器、百叶窗、执行机构、连接件、散热器、冷却管束、上下联箱和管束钢构架。

工作内容：

（1）基础检查验收、基础清理、中心线校核、划线、垫铁配制。

（2）组装平台的搭拆、组装框架搭拆与维护。

（3）散热器管束检查、清理。

（4）冷却三角组装：冷却柱组合、钢构架拉杆组装、百叶窗叶片组合与调整、冷却三角顶与底部盖板安装、压力测试。

（5）冷却三角场内运输、安装场地堆放。

（6）冷却三角吊装、就位、固定。

（7）水压试验。

（8）电动执行机构检查、调整。

2．清洗装置安装：

工程范围及工作内容：冲洗设备、滑轨的安装。

3．冷却三角支架安装：

工程范围及工作内容：底部支撑安装。

4．空冷钢结构安装：

工程范围及工作内容：封闭平台、支撑系杆、封闭墙板、支撑架、大门、加固钢架等的安装。

定额号	项 目 名 称	单位	基价（元）	其中（元）		
				人工费	材料费	机械费
15.1 直接空冷系统设备安装						
15.1.1 冷却风机组						
YJ15-1	风机直径 8m	台	10017.82	1855.55	1864.60	6297.67
YJ15-2	风机直径 9m	台	11446.11	1855.55	2032.83	7557.73
YJ15-3	风机直径 10m	台	13879.72	1905.70	2461.36	9512.66
YJ15-4	风机直径 ＞10m	台	15801.78	2006.00	2844.87	10950.91
15.1.2 汽轮机排汽装置						
YJ15-5	机组容量 125MW	机组	76560.37	23971.70	22277.66	30311.01
YJ15-6	机组容量 200MW	机组	104217.51	34804.10	26772.10	42641.31
YJ15-7	机组容量 300MW	机组	134386.93	53008.55	30844.05	50534.33
YJ15-8	机组容量 600MW	机组	234300.46	103058.25	53542.73	77699.48
YJ15-9	机组容量 1000MW	机组	344058.84	150550.30	78199.16	115309.38
15.1.3 凝气器管束及联箱						
YJ15-10	空冷凝气器管束及联箱 单排管	片	3501.51	551.65	298.20	2651.66
YJ15-11	空冷凝气器管束及联箱 双排管	片	4251.92	651.95	384.25	3215.72

续表

定额号	项 目 名 称	单位	基价（元）	其中（元）		
				人工费	材料费	机械费
YJ15-12	空冷凝气器管束及联箱 三排管	片	4923.76	702.10	416.21	3805.45
YJ15-13	管束"A"型支撑架	t	1134.27	300.90	179.91	653.46
15.1.4 单元分隔墙及清洗装置						
YJ15-14	单元分隔墙	t	1371.64	426.28	331.05	614.31
YJ15-15	清洗装置 冲洗设备	台	697.67	140.00	58.66	499.01
YJ15-16	清洗装置 轨道	m	22.18	12.04	3.63	6.51
15.1.5 排汽管道						
YJ15-17	直径 2m	m	496.08	191.97	83.17	220.94
YJ15-18	直径 2.5m	m	584.72	229.63	93.51	261.58
YJ15-19	直径 3m	m	668.64	267.63	103.92	297.09
YJ15-20	直径 3.5m	m	790.28	306.01	116.11	368.16
YJ15-21	直径 4m	m	828.61	305.48	128.32	394.81
YJ15-22	直径 4.5m	m	978.39	382.73	146.75	448.91
YJ15-23	直径 5m	m	1080.12	421.26	165.21	493.65

续表

定额号	项目名称	单位	基价（元）	其中（元）		
				人工费	材料费	机械费
YJ15-24	直径　5.5m	m	1230.94	497.98	179.26	553.70
YJ15-25	直径　6m	m	1345.78	535.98	193.29	616.51
15.1.6　蒸汽分配管道						
YJ15-26	直径　1.5m	m	225.67	71.80	47.27	106.60
YJ15-27	直径　2m	m	285.78	107.87	53.66	124.25
YJ15-28	直径　2.5m	m	312.30	107.87	63.76	140.67
YJ15-29	直径　3m	m	378.72	143.41	73.85	161.46
15.1.7　阀门						
YJ15-30	直径　2m	个	3669.94	1554.65	307.13	1808.16
YJ15-31	直径　2.5m	个	4854.30	2156.45	401.60	2296.25
YJ15-32	直径　3m	个	6146.86	2858.55	513.58	2774.73
YJ15-33	直径　3.5m	个	7615.56	3711.10	616.29	3288.17
15.1.8　补偿器						
YJ15-34	直径　2.5m	个	2952.65	451.35	394.18	2107.12
YJ15-35	直径　3m	个	3780.55	651.95	527.00	2601.60

续表

定额号	项 目 名 称	单位	基价（元）	其中（元）		
				人工费	材料费	机械费
YJ15-36	直径 3.5m	个	4710.67	852.55	685.10	3173.02
YJ15-37	直径 5.5m	个	5923.73	1003.00	946.28	3974.45
YJ15-38	直径 6m	个	6817.94	1153.45	1075.32	4589.17
YJ15-39	管道支撑座	t	1593.31	902.70	115.61	575.00
15.1.9 严密性试验						
YJ15-40	机组容量 125MW	机组	13860.80	7372.05	3910.66	2578.09
YJ15-41	机组容量 200MW	机组	15468.59	8274.75	4345.20	2848.64
YJ15-42	机组容量 300MW	机组	18921.06	8926.70	5645.81	4348.55
YJ15-43	机组容量 600MW	机组	23215.55	9729.10	6948.83	6537.62
YJ15-44	机组容量 1000MW	机组	30572.31	12086.15	7855.00	10631.16
15.2 间接空冷系统设备安装						
15.2.1 冷却三角						
YJ15-45	钢质	万 m^2	19172.01	4513.50	2427.51	12231.00
YJ15-46	铝质	万 m^2	19716.06	5085.40	3341.10	11289.56

续表

定额号	项 目 名 称	单位	基价（元）	其中（元）		
				人工费	材料费	机械费
15.2.2 清洗装置						
YJ15-47	清洗装置	台	2349.62	227.00	39.11	2083.51
15.2.3 冷却三角支架及空冷钢结构						
YJ15-48	冷却三角支架	t	608.12	205.18	116.96	285.98
YJ15-49	空冷钢结构	t	1040.94	330.99	188.62	521.33

第三部分

加工配置品预算定额估价表

总　说　明

一、《2013年版电力建设工程定额估价表》共分六册，包括：

第一册　建筑工程　　第二册　热力设备安装工程

第三册　电气设备安装工程　　第四册　调试工程

第五册　通信工程　　第六册　输电线路工程

二、本册为第二册《热力设备安装工程》(以下简称本定额)。适用于单机容量为50～1000MW机组的火力发电厂，以及110～500kV变电站新建、扩建及改建工程中非标准设备和加工配制品的现场制作。本定额是编制火力发电、变电建设工程加工配制品预算价格的依据，也可作为施工企业核算的基础。

三、本定额分为管件、部件、非标准设备三部分。管件包括工艺管道管件、烟风煤管道管件；部件包括工艺管道部件、锅炉部件；非标准设备包括辅助生产工程中加工配制设备的制作。

四、本定额主要编制依据有：

1．DL/T 869—2004　火力发电厂焊接技术规范。

2．DL 5009.1—2002　电力建设安全工作规程(火力发电厂部分)。

3．DL/T 5210.5—2009　电力建设施工质量验收及评价规程　第5部分：管道及系统。

五、本定额是按正常的气候、地理环境条件下施工考虑。未考虑冬季、雨季、夜间等特殊条件下施工因素。

所有材料或外购协作件均经检验合格，符合设计要求。

六、本定额包括的工作内容：加工准备、原材料和外购件等在现场工地内的搬运、样板制作、放样、划线、下料、切割、平直、拼接、平整、配制、组装、渗油试验、焊缝检查、组装结尾、清理、质量检查、配合验收、成品的编号、搬运、入库、堆放至施工组织设计规定或预定的存放地点等工作，以及为搬运、起吊或设计要求而设置的临时加固件制作安装。

本定额不包括以下内容：

1．加工配制品的内衬，除表面防锈漆以外的防腐处理工作；

2．非标准设备的内部充填填料工作；

3．属于安装范围的螺栓等连接件的装配；

4．除加工配制品本身范围内结合面密封以外的密封（含材料）工作；

5．加工配制品的场外运输；

6．焊件的无损检验及热处理。

七、本定额中场内搬运的距离、次数、方式是按大多数工程情况综合考虑的，使用时不作换算。

八、本定额中的加工方式是按多数工程的正常合理机械配置、正常情况加工方式考虑的，不论实际机械配制及采用何种加工方式，均不作换算。

九、定额基价计算依据。

人工费：

1．人工用量包括施工基本用工和辅助用工（包括机械台班定额所含人工以外的机械操作用工），分为安装普通工和安装技术工。

2．工日为八小时工作制，安装普通工单价为34.00元/工日，安装技术工单价为53.00元/工日。

材料费：

1．本定额中的计价材料消耗用量包括合理的施工用量和施工损耗、场内运搬损耗、施工现场堆放损耗，使用时均不做调整。括号内的数据为配制品的主材量（含加工损耗量）。

2．胎具，脚手架，运输用枕木，组装平台，为搬运、起吊或设计要求而设置的临时加固件的制作安装，水压试验用的临时管线，加工特配专用工具等周转性的材料均已摊销计入定额中，使用时不另计。

3．计价材料为现场出库价格，按照电力行业2013年定额基准材料库价格取定。

机械费：

1．加工机械是按正常合理的机械配备和大多数施工企业的机械化程度综合取定的，如实际与定额不一致时，均不做调整。

2．机械台班用量包括场内运搬、合理施工用量和超运距、超高度、必要间歇消耗量以及机械幅度差等。

3．不构成固定资产的小型机械或仪表，未计列机械台班用量，包括在《电网工程建设预算编制与计算规定》（2013年版）、《火力发电工程建设预算编制与计算规定》（2013年版）的施工工具用具使用费中。

4．机械台班价格按照“电力行业2013年定额基准施工机械台班库”价格取定。

十、定额中凡采用“××以下”或“××以内”的，均包括“××”本身；凡采用“××以上”或“××以外”均不包括“××”本身。

第1章 工艺管道管件

说　　明

一、直缝焊接钢管

工作内容：钢板的卷制、坡口、焊接、焊缝检查及刷一道防锈漆。

说　　明：

1．用于热网供热系统承压管道配制时，定额中的制作费应乘以系数1.05。

2．定额不包括加固圈、法兰、三通、弯头、大小头等其他管件、附件及支吊架的配制。

二、循环水管道槽钢加固圈

工作内容：加固圈的组合、焊接及其安装、油漆。

说　　明：套用本定额后，槽钢加固圈不再另计安装费用。本定额也适用于其他管道的槽钢加固圈的加工制作。

三、焊接弯头

工作内容：弯头的切割下料、焊接、焊缝检查及刷一道防锈漆。

说　　明：

1．无缝钢管焊接弯头的加工原料为无缝钢管，卷制焊接弯头的加工原料为焊接钢管或用钢板卷制成的焊接钢管，这两种材料均适用于30°以上各种角度的弯头配制。对接的焊口数是按一般常用的情况考虑的。实际加工中不论用何种方法加工或焊口数多少，均不做调整。

2．30°以下各种角度的弯头作为焊缝处理，在管道安装定额中考虑。

3．用于热网供热系统承压管道弯头配制时，定额的制作费应乘以系数 1.05。

四、钢板焊制偏心大小头

工作内容：放样、下料、弯制、焊接、焊缝检查及刷一道防锈漆。

说　　明：用于热网供热系统承压管道偏心大小头时，定额中制作费应乘以系数 1.05。

定额号	项 目 名 称	单位	基价（元）	其中（元）		
				人工费	材料费	机械费
1.1 直缝焊接钢管						
YP1-1	直缝焊接钢管 φ273×3 19.96kg/m	t	1463.20	733.21	196.81	533.18
YP1-2	直缝焊接钢管 φ273×4 26.53kg/m	t	1699.99	782.28	404.12	513.59
YP1-3	直缝焊接钢管 φ273×5 33.03kg/m	t	1670.67	759.05	403.52	508.10
YP1-4	直缝焊接钢管 φ273×6 39.49kg/m	t	1603.74	710.51	392.78	500.45
YP1-5	直缝焊接钢管 φ273×7 45.89kg/m	t	1469.31	654.63	372.70	441.98
YP1-6	直缝焊接钢管 φ273×8 52.25kg/m	t	1435.60	606.96	369.86	458.78
YP1-7	直缝焊接钢管 φ273×10 64.81kg/m	t	1425.53	583.39	365.71	476.43
YP1-8	直缝焊接钢管 φ273×12 77.22kg/m	t	1450.24	565.23	371.19	513.82
YP1-9	直缝焊接钢管 φ325×3 23.81kg/m	t	1381.66	667.38	194.50	519.78
YP1-10	直缝焊接钢管 φ325×4 31.65kg/m	t	1554.79	669.65	391.18	493.96
YP1-11	直缝焊接钢管 φ325×5 39.43kg/m	t	1595.05	717.32	386.59	491.14
YP1-12	直缝焊接钢管 φ325×6 47.17kg/m	t	1542.47	679.60	378.95	483.92
YP1-13	直缝焊接钢管 φ325×7 54.85kg/m	t	1403.75	614.30	365.77	423.68
YP1-14	直缝焊接钢管 φ325×8 62.50kg/m	t	1386.78	577.45	368.70	440.63
YP1-15	直缝焊接钢管 φ325×10 77.64kg/m	t	1574.46	559.29	369.75	645.42

续表

定额号	项 目 名 称	单位	基价（元）	其中（元）		
				人工费	材料费	机械费
YP1-16	直缝焊接钢管 φ325×12 92.59kg/m	t	1422.06	548.47	381.54	492.05
YP1-17	直缝焊接钢管 φ356×3 26.11kg/m	t	1321.38	616.91	193.58	510.89
YP1-18	直缝焊接钢管 φ356×4 34.72kg/m	t	1480.28	622.51	385.34	472.43
YP1-19	直缝焊接钢管 φ356×5 43.29kg/m	t	1540.13	680.13	379.61	480.39
YP1-20	直缝焊接钢管 φ356×6 51.81kg/m	t	1439.34	597.01	367.55	474.78
YP1-21	直缝焊接钢管 φ356×7 60.24kg/m	t	1352.59	576.58	360.41	415.60
YP1-22	直缝焊接钢管 φ356×8 68.63kg/m	t	1356.32	559.29	363.29	433.74
YP1-23	直缝焊接钢管 φ356×10 85.25kg/m	t	1348.42	534.32	364.24	449.86
YP1-24	直缝焊接钢管 φ356×12 101.83kg/m	t	1388.95	528.04	375.16	485.75
YP1-25	直缝焊接钢管 φ377×3 27.62kg/m	t	1287.97	586.53	192.20	509.24
YP1-26	直缝焊接钢管 φ377×4 36.76kg/m	t	1443.27	594.74	370.79	477.74
YP1-27	直缝焊接钢管 φ377×5 45.87kg/m	t	1498.73	658.30	367.37	473.06
YP1-28	直缝焊接钢管 φ377×6 54.95kg/m	t	1397.82	572.57	356.30	468.95
YP1-29	直缝焊接钢管 φ377×7 65.96kg/m	t	1323.82	568.90	346.64	408.28
YP1-30	直缝焊接钢管 φ377×8 72.78kg/m	t	1308.09	533.45	348.56	426.08

续表

定额号	项 目 名 称	单位	基价（元）	其中（元）		
				人工费	材料费	机械费
YP1-31	直缝焊接钢管 ϕ377×10 90.50kg/m	t	1308.90	517.03	349.56	442.31
YP1-32	直缝焊接钢管 ϕ377×12 107.53kg/m	t	1346.65	515.29	359.09	472.27
YP1-33	直缝焊接钢管 ϕ426×3 31.25kg/m	t	1187.42	569.24	191.27	426.91
YP1-34	直缝焊接钢管 ϕ426×4 41.67kg/m	t	1383.29	593.00	363.70	426.59
YP1-35	直缝焊接钢管 ϕ426×5 51.63kg/m	t	1431.63	638.74	357.26	435.63
YP1-36	直缝焊接钢管 ϕ426×6 62.50kg/m	t	1369.05	591.60	344.75	432.70
YP1-37	直缝焊接钢管 ϕ426×7 72.46kg/m	t	1280.27	555.62	335.24	389.41
YP1-38	直缝焊接钢管 ϕ426×8 83.19kg/m	t	1329.91	520.36	405.97	403.58
YP1-39	直缝焊接钢管 ϕ426×10 102.56kg/m	t	1304.98	499.40	402.77	402.81
YP1-40	直缝焊接钢管 ϕ426×12 51.81kg/m	t	1308.05	497.13	385.16	425.76
YP1-41	直缝焊接钢管 ϕ478×3 35.14kg/m	t	1174.13	546.20	189.00	438.93
YP1-42	直缝焊接钢管 ϕ478×4 46.73kg/m	t	1318.90	526.64	352.57	439.69
YP1-43	直缝焊接钢管 ϕ478×5 58.31kg/m	t	1404.93	621.98	344.00	438.95
YP1-44	直缝焊接钢管 ϕ478×6 69.93kg/m	t	1353.92	580.59	331.49	441.84
YP1-45	直缝焊接钢管 ϕ478×7 81.30kg/m	t	1247.70	539.39	321.84	386.47

续表

定额号	项 目 名 称	单位	基价（元）	其中（元）		
				人工费	材料费	机械费
YP1-46	直缝焊接钢管 ϕ478×8 92.68kg/m	t	1241.88	512.15	323.85	405.88
YP1-47	直缝焊接钢管 ϕ478×10 115.34kg/m	t	1215.97	484.91	322.13	408.93
YP1-48	直缝焊接钢管 ϕ478×12 137.93kg/m	t	1245.42	478.10	332.07	435.25
YP1-49	直缝焊接钢管 ϕ529×3 38.91kg/m	t	1153.12	516.69	182.54	453.89
YP1-50	直缝焊接钢管 ϕ529×4 51.81kg/m	t	1289.86	531.18	339.53	419.15
YP1-51	直缝焊接钢管 ϕ529×5 64.60kg/m	t	1370.83	600.68	336.12	434.03
YP1-52	直缝焊接钢管 ϕ529×6 77.40kg/m	t	1325.22	566.97	321.92	436.33
YP1-53	直缝焊接钢管 ϕ529×7 90.09kg/m	t	1221.15	528.91	311.44	380.80
YP1-54	直缝焊接钢管 ϕ529×8 102.77kg/m	t	1197.41	495.73	312.81	388.87
YP1-55	直缝焊接钢管 ϕ529×10 128.21kg/m	t	1146.75	467.62	307.52	371.61
YP1-56	直缝焊接钢管 ϕ529×12 152.91kg/m	t	1174.09	460.81	314.60	398.68
YP1-57	直缝焊接钢管 ϕ630×3 46.36kg/m	t	1098.66	488.05	176.08	434.53
YP1-58	直缝焊接钢管 ϕ630×4 61.73kg/m	t	1245.42	507.61	323.33	414.48
YP1-59	直缝焊接钢管 ϕ630×5 77.04kg/m	t	1304.98	575.71	314.17	415.10
YP1-60	直缝焊接钢管 ϕ630×6 121.95kg/m	t	1290.76	534.85	301.75	454.16

续表

定额号	项 目 名 称	单位	基价（元）	其中（元）		
				人工费	材料费	机械费
YP1-61	直缝焊接钢管 ϕ630×7 107.53kg/m	t	1144.46	497.13	292.10	355.23
YP1-62	直缝焊接钢管 ϕ630×8 123.46kg/m	t	1137.76	482.11	292.67	362.98
YP1-63	直缝焊接钢管 ϕ630×10 153.85kg/m	t	1130.80	469.02	290.51	371.27
YP1-64	直缝焊接钢管 ϕ630×12 185.19kg/m	t	1131.91	446.32	297.62	387.97
YP1-65	直缝焊接钢管 ϕ720×3 53.02kg/m	t	1052.18	469.89	172.85	409.44
YP1-66	直缝焊接钢管 ϕ720×4 70.42kg/m	t	1207.86	484.38	315.69	407.79
YP1-67	直缝焊接钢管 ϕ720×5 88.18kg/m	t	1270.25	556.68	306.02	407.55
YP1-68	直缝焊接钢管 ϕ720×6 106.38kg/m	t	1219.77	518.96	296.20	404.61
YP1-69	直缝焊接钢管 ϕ720×7 123.46kg/m	t	1118.37	488.92	286.06	343.39
YP1-70	直缝焊接钢管 ϕ720×8 140.85kg/m	t	1114.03	474.43	287.59	352.01
YP1-71	直缝焊接钢管 ϕ720×10 175.44kg/m	t	1088.69	444.92	285.41	358.36
YP1-72	直缝焊接钢管 ϕ720×12 209.21kg/m	t	1108.76	435.84	290.69	382.23
YP1-73	直缝焊接钢管 ϕ820×3 60.42kg/m	t	1033.98	458.54	170.54	404.90
YP1-74	直缝焊接钢管 ϕ820×4 80.65kg/m	t	1169.60	468.49	299.79	401.32
YP1-75	直缝焊接钢管 ϕ820×5 100.40kg/m	t	1225.25	537.99	289.71	397.55

续表

定额号	项 目 名 称	单位	基价（元）	其中（元）		
				人工费	材料费	机械费
YP1-76	直缝焊接钢管 ϕ820×6 120.48kg/m	t	1176.60	498.53	279.84	398.23
YP1-77	直缝焊接钢管 ϕ820×7 140.85kg/m	t	1075.07	468.49	271.58	335.00
YP1-78	直缝焊接钢管 ϕ820×8 161.29kg/m	t	1054.03	447.19	265.65	341.19
YP1-79	直缝焊接钢管 ϕ820×10 200.00kg/m	t	1026.72	423.09	262.55	341.08
YP1-80	直缝焊接钢管 ϕ820×12 243.90kg/m	t	1126.72	414.54	286.29	425.89
YP1-81	直缝焊接钢管 ϕ920×3 68.03kg/m	t	1017.62	449.46	168.23	399.93
YP1-82	直缝焊接钢管 ϕ920×4 90.91kg/m	t	1104.79	444.92	272.19	387.68
YP1-83	直缝焊接钢管 ϕ920×5 112.91kg/m	t	1136.57	504.81	256.52	375.24
YP1-84	直缝焊接钢管 ϕ920×6 135.14kg/m	t	1077.92	473.56	247.55	356.81
YP1-85	直缝焊接钢管 ϕ920×7 158.73kg/m	t	991.94	442.65	238.44	310.85
YP1-86	直缝焊接钢管 ϕ920×8 179.86kg/m	t	984.34	424.49	235.78	324.07
YP1-87	直缝焊接钢管 ϕ920×10 222.22kg/m	t	951.57	398.12	231.20	322.25
YP1-88	直缝焊接钢管 ϕ920×12 270.27kg/m	t	950.57	383.63	230.44	336.50
YP1-89	直缝焊接钢管 ϕ1020×3 75.19kg/m	t	1000.57	438.64	163.29	398.64
YP1-90	直缝焊接钢管 ϕ1020×4 100.20kg/m	t	1072.37	425.02	264.20	383.15

续表

定额号	项 目 名 称	单位	基价（元）	其中（元）		
				人工费	材料费	机械费
YP1-91	直缝焊接钢管 ϕ1020×5 125.16kg/m	t	1107.79	487.18	248.01	372.60
YP1-92	直缝焊接钢管 ϕ1020×6 149.93kg/m	t	1073.16	458.54	246.50	368.12
YP1-93	直缝焊接钢管 ϕ1020×7 174.83kg/m	t	955.17	421.69	226.45	307.03
YP1-94	直缝焊接钢管 ϕ1020×8 199.60kg/m	t	922.71	398.65	217.17	306.89
YP1-95	直缝焊接钢管 ϕ1020×10 248.76kg/m	t	886.07	372.28	210.49	303.30
YP1-96	直缝焊接钢管 ϕ1020×12 298.51kg/m	t	871.89	354.12	206.35	311.42
YP1-97	直缝焊接钢管 ϕ1120×3 82.65kg/m	t	1158.18	481.77	280.40	396.01
YP1-98	直缝焊接钢管 ϕ1120×4 110.01kg/m	t	1060.80	420.82	256.22	383.76
YP1-99	直缝焊接钢管 ϕ1120×5 137.36kg/m	t	1096.29	479.50	241.29	375.50
YP1-100	直缝焊接钢管 ϕ1120×6 166.39kg/m	t	1079.93	450.86	229.54	399.53
YP1-101	直缝焊接钢管 ϕ1120×7 191.94kg/m	t	940.94	415.41	219.36	306.17
YP1-102	直缝焊接钢管 ϕ1120×8 219.30kg/m	t	909.22	391.84	210.49	306.89
YP1-103	直缝焊接钢管 ϕ1120×10 273.97kg/m	t	865.73	364.60	202.57	298.56
YP1-104	直缝焊接钢管 ϕ1120×12 327.87kg/m	t	845.70	344.17	196.99	304.54
YP1-105	直缝焊接钢管 ϕ1220×3 90.01kg/m	t	901.37	429.03	160.99	311.35

续表

定额号	项　目　名　称	单位	基价（元）	其中（元）		
				人工费	材料费	机械费
YP1-106	直缝焊接钢管　ϕ1220×4　119.90kg/m	t	1049.46	412.61	255.44	381.41
YP1-107	直缝焊接钢管　ϕ1220×5　149.70kg/m	t	1071.97	466.22	240.36	365.39
YP1-108	直缝焊接钢管　ϕ1220×6　179.53kg/m	t	1025.94	440.38	228.71	356.85
YP1-109	直缝焊接钢管　ϕ1220×7　209.21kg/m	t	926.10	411.74	218.44	295.92
YP1-110	直缝焊接钢管　ϕ1220×8　239.23kg/m	t	884.77	386.77	201.49	296.51
YP1-111	直缝焊接钢管　ϕ1220×10　298.51kg/m	t	857.75	357.26	201.60	298.89
YP1-112	直缝焊接钢管　ϕ1220×12　357.14kg/m	t	835.50	337.36	196.06	302.08
YP1-113	直缝焊接钢管　ϕ1420×3　104.82kg/m	t	964.98	427.29	159.60	378.09
YP1-114	直缝焊接钢管　ϕ1420×4　139.66kg/m	t	1027.45	410.34	251.31	365.80
YP1-115	直缝焊接钢管　ϕ1420×5　174.52kg/m	t	1045.80	451.73	236.38	357.69
YP1-116	直缝焊接钢管　ϕ1420×6　209.21kg/m	t	993.53	417.68	223.33	352.52
YP1-117	直缝焊接钢管　ϕ1420×7　243.90kg/m	t	902.64	395.85	213.06	293.73
YP1-118	直缝焊接钢管　ϕ1420×8　278.55kg/m	t	863.79	367.74	204.28	291.77
YP1-119	直缝焊接钢管　ϕ1420×10　347.22kg/m	t	832.32	341.90	196.27	294.15
YP1-120	直缝焊接钢管　ϕ1420×12　66.39kg/m	t	587.75	227.00	202.18	158.57

续表

定额号	项 目 名 称	单位	基价（元）	其中（元）		
				人工费	材料费	机械费
YP1-121	直缝焊接钢管 φ1420×14 485.41kg/m	t	800.19	306.98	186.06	307.15
YP1-122	直缝焊接钢管 φ1620×3 119.62kg/m	t	962.07	426.76	159.14	376.17
YP1-123	直缝焊接钢管 φ1620×5 199.20kg/m	t	1027.64	444.92	231.48	351.24
YP1-124	直缝焊接钢管 φ1620×6 238.66kg/m	t	982.59	408.07	222.00	352.52
YP1-125	直缝焊接钢管 φ1620×7 278.55kg/m	t	886.98	384.50	212.15	290.33
YP1-126	直缝焊接钢管 φ1620×8 317.46kg/m	t	869.71	365.47	208.49	295.75
YP1-127	直缝焊接钢管 φ1620×10 396.83kg/m	t	853.97	344.51	206.22	303.24
YP1-128	直缝焊接钢管 φ1620×12 476.19kg/m	t	832.21	327.75	199.46	305.00
YP1-129	直缝焊接钢管 φ1620×14 554.46kg/m	t	838.49	314.66	198.06	325.77
YP1-130	直缝焊接钢管 φ1820×3 135.87kg/m	t	953.39	424.49	158.68	370.22
YP1-131	直缝焊接钢管 φ1820×5 226.24kg/m	t	1028.83	444.92	231.01	352.90
YP1-132	直缝焊接钢管 φ1820×6 271.74kg/m	t	974.71	404.06	221.53	349.12
YP1-133	直缝焊接钢管 φ1820×7 314.46kg/m	t	902.06	366.87	212.05	323.14
YP1-134	直缝焊接钢管 φ1820×8 361.00kg/m	t	886.54	352.72	202.71	331.11
YP1-135	直缝焊接钢管 φ1820×10 450.45kg/m	t	864.94	331.95	194.81	338.18

续表

定额号	项 目 名 称	单位	基价（元）	其中（元）		
				人工费	材料费	机械费
YP1-136	直缝焊接钢管 ϕ1820×12 540.54kg/m	t	804.04	311.86	190.61	301.57
YP1-137	直缝焊接钢管 ϕ1820×14 623.50kg/m	t	811.19	299.64	189.21	322.34
YP1-138	直缝焊接钢管 ϕ1820×16 711.79kg/m	t	991.77	295.97	189.29	506.51
YP1-139	直缝焊接钢管 ϕ2020×3 150.60kg/m	t	947.86	419.95	159.60	368.31
YP1-140	直缝焊接钢管 ϕ2020×5 250.63kg/m	t	1040.24	434.97	223.96	381.31
YP1-141	直缝焊接钢管 ϕ2020×6 301.20kg/m	t	984.06	394.98	210.41	378.67
YP1-142	直缝焊接钢管 ϕ2020×7 350.88kg/m	t	878.29	358.66	202.32	317.31
YP1-143	直缝焊接钢管 ϕ2020×8 400.00kg/m	t	864.50	339.63	200.49	324.38
YP1-144	直缝焊接钢管 ϕ2020×10 500.00kg/m	t	809.00	318.67	195.06	295.27
YP1-145	直缝焊接钢管 ϕ2020×12 598.80kg/m	t	792.42	301.91	193.59	296.92
YP1-146	直缝焊接钢管 ϕ2020×14 692.55kg/m	t	797.48	289.69	192.10	315.69
YP1-147	直缝焊接钢管 ϕ2020×16 790.70kg/m	t	801.09	284.28	191.30	325.51
YP1-148	直缝焊接钢管 ϕ2020×18 888.65kg/m	t	793.22	273.80	189.80	329.62
YP1-149	直缝焊接钢管 ϕ2220×3 165.29kg/m	t	927.87	418.55	158.68	350.64
YP1-150	直缝焊接钢管 ϕ2220×5 275.48kg/m	t	980.94	430.43	220.35	330.16

续表

定额号	项　目　名　称	单位	基价（元）	其中（元）		
				人工费	材料费	机械费
YP1-151	直缝焊接钢管　ϕ2220×6　330.03kg/m	t	1084.48	512.49	209.49	362.50
YP1-152	直缝焊接钢管　ϕ2220×7　384.62kg/m	t	857.59	354.12	201.91	301.56
YP1-153	直缝焊接钢管　ϕ2220×8　440.53kg/m	t	828.77	330.89	195.73	302.15
YP1-154	直缝焊接钢管　ϕ2220×10　549.45kg/m	t	773.49	310.12	191.23	272.14
YP1-155	直缝焊接钢管　ϕ2220×12　657.90kg/m	t	754.04	293.70	189.17	271.17
YP1-156	直缝焊接钢管　ϕ2220×14　761.60kg/m	t	758.37	280.61	189.54	288.22
YP1-157	直缝焊接钢管　ϕ2220×16　869.61kg/m	t	759.79	275.54	190.17	294.08
YP1-158	直缝焊接钢管　ϕ2220×18　977.42kg/m	t	757.06	264.19	193.33	299.54
YP1-159	直缝焊接钢管　ϕ2420×3　179.86kg/m	t	913.00	416.81	157.29	338.90
YP1-160	直缝焊接钢管　ϕ2420×5　250.63kg/m	t	985.45	427.63	237.88	319.94
YP1-161	直缝焊接钢管　ϕ2420×6　359.71kg/m	t	957.11	388.70	208.10	360.31
YP1-162	直缝焊接钢管　ϕ2420×7　420.17kg/m	t	844.59	348.71	197.37	298.51
YP1-163	直缝焊接钢管　ϕ2420×8　478.47kg/m	t	827.84	329.15	193.54	305.15
YP1-164	直缝焊接钢管　ϕ2420×10　598.80kg/m	t	773.14	308.72	189.23	275.19
YP1-165	直缝焊接钢管　ϕ2420×12　719.42kg/m	t	756.48	292.83	188.14	275.51

续表

定额号	项　目　名　称	单位	基价（元）	其中（元）		
				人工费	材料费	机械费
YP1-166	直缝焊接钢管　φ2420×14　798.44kg/m	t	764.67	283.75	188.37	292.55
YP1-167	直缝焊接钢管　φ2420×16　948.52kg/m	t	765.94	276.94	190.59	298.41
YP1-168	直缝焊接钢管　φ2420×18　1066.20kg/m	t	761.51	265.06	192.15	304.30
YP1-169	直缝焊接钢管　φ2620×3　194.93kg/m	t	901.13	411.74	154.99	334.40
YP1-170	直缝焊接钢管　φ2620×5　324.68kg/m	t	995.61	422.22	219.40	353.99
YP1-171	直缝焊接钢管　φ2620×6　389.11kg/m	t	949.38	384.16	208.39	356.83
YP1-172	直缝焊接钢管　φ2620×7　454.55kg/m	t	839.09	345.04	199.01	295.04
YP1-173	直缝焊接钢管　φ2620×8　518.13kg/m	t	781.78	324.61	194.72	262.45
YP1-174	直缝焊接钢管　φ2620×10　649.35kg/m	t	755.17	301.04	186.75	267.38
YP1-175	直缝焊接钢管　φ2620×12　775.19kg/m	t	735.48	285.15	183.06	267.27
YP1-176	直缝焊接钢管　φ2620×14　899.70kg/m	t	738.68	273.80	178.85	286.03
YP1-177	直缝焊接钢管　φ2620×16　1027.40kg/m	t	728.79	264.19	177.04	287.56
YP1-178	直缝焊接钢管　φ2620×18　1154.44kg/m	t	727.67	254.24	177.80	295.63
YP1-179	直缝焊接钢管　φ2820×3　209.64kg/m	t	864.37	400.39	144.05	319.93
YP1-180	直缝焊接钢管　φ2820×5　349.65kg/m	t	1023.46	410.34	210.49	402.63

续表

定额号	项　目　名　称	单位	基价（元）	其中（元）		
				人工费	材料费	机械费
YP1-181	直缝焊接钢管　ϕ2820×6　418.41kg/m	t	919.52	371.41	200.06	348.05
YP1-182	直缝焊接钢管　ϕ2820×7　487.80kg/m	t	806.42	332.82	189.58	284.02
YP1-183	直缝焊接钢管　ϕ2820×8　558.66kg/m	t	749.64	313.26	185.42	250.96
YP1-184	直缝焊接钢管　ϕ2820×10　699.30kg/m	t	728.21	290.56	180.01	257.64
YP1-185	直缝焊接钢管　ϕ2820×12　833.33kg/m	t	710.87	276.94	176.50	257.43
YP1-186	直缝焊接钢管　ϕ2820×14　968.74kg/m	t	711.92	264.72	174.30	272.90
YP1-187	直缝焊接钢管　ϕ2820×16　1106.35kg/m	t	710.38	259.31	172.67	278.40
YP1-188	直缝焊接钢管　ϕ2820×18　1243.75kg/m	t	702.80	247.43	171.58	283.79
YP1-189	直缝焊接钢管　ϕ3020×3　224.72kg/m	t	850.59	393.58	141.74	315.27
YP1-190	直缝焊接钢管　ϕ3020×5　374.53kg/m	t	946.39	398.65	208.24	339.50
YP1-191	直缝焊接钢管　ϕ3020×6　448.43kg/m	t	888.75	355.52	197.75	335.48
YP1-192	直缝焊接钢管　ϕ3020×8　598.80kg/m	t	736.70	307.85	184.80	244.05
YP1-193	直缝焊接钢管　ϕ3020×10　714.29kg/m	t	713.41	284.62	179.81	248.98
YP1-194	直缝焊接钢管　ϕ3020×12　892.86kg/m	t	695.06	271.00	176.58	247.48
YP1-195	直缝焊接钢管　ϕ3020×14　1041.67kg/m	t	692.94	258.25	173.51	261.18

续表

定额号	项　目　名　称	单位	基价（元）	其中（元）		
				人工费	材料费	机械费
YP1-196	直缝焊接钢管　φ3020×16　1185.26kg/m	t	688.21	249.70	171.82	266.69
YP1-197	直缝焊接钢管　φ3020×18　1332.53kg/m	t	684.04	240.62	170.87	272.55
YP1-198	直缝焊接钢管　φ3020×20　1480.20kg/m	t	685.84	236.95	170.96	277.93
YP1-199	直缝焊接钢管　φ3220×3　239.23kg/m	t	839.63	390.97	139.43	309.23
YP1-200	直缝焊接钢管　φ3220×5　349.65kg/m	t	931.88	393.58	205.92	332.38
YP1-201	直缝焊接钢管　φ3220×6　478.47kg/m	t	871.99	347.84	195.35	328.80
YP1-202	直缝焊接钢管　φ3220×8　636.94kg/m	t	742.61	300.51	184.80	257.30
YP1-203	直缝焊接钢管　φ3220×10　793.65kg/m	t	719.63	283.75	179.76	256.12
YP1-204	直缝焊接钢管　φ3220×12　952.38kg/m	t	700.46	270.13	176.32	254.01
YP1-205	直缝焊接钢管　φ3220×14　1111.11kg/m	t	684.49	256.51	173.51	254.47
YP1-206	直缝焊接钢管　φ3220×16　1264.68kg/m	t	681.80	246.56	171.73	263.51
YP1-207	直缝焊接钢管　φ3220×18　1421.88kg/m	t	683.08	240.62	171.80	270.66
YP1-208	直缝焊接钢管　φ3220×20　1578.88kg/m	t	690.68	237.82	171.88	280.98
YP1-209	直缝焊接钢管　φ3420×3　254.45kg/m	t	871.37	388.17	137.12	346.08
YP1-210	直缝焊接钢管　φ3420×5　423.73kg/m	t	970.81	390.44	205.46	374.91

续表

定额号	项 目 名 称	单位	基价（元）	其中（元）		
				人工费	材料费	机械费
YP1-211	直缝焊接钢管 φ3420×6 507.61kg/m	t	911.03	344.17	194.89	371.97
YP1-212	直缝焊接钢管 φ3420×8 675.68kg/m	t	692.48	289.69	182.03	220.76
YP1-213	直缝焊接钢管 φ3420×10 847.46kg/m	t	675.94	273.27	176.99	225.68
YP1-214	直缝焊接钢管 φ3420×12 1010.10kg/m	t	658.48	259.65	173.89	224.94
YP1-215	直缝焊接钢管 φ3420×14 1176.47kg/m	t	651.96	248.83	170.74	232.39
YP1-216	直缝焊接钢管 φ3420×16 1343.63kg/m	t	726.79	242.89	169.05	314.85
YP1-217	直缝焊接钢管 φ3420×18 1510.69kg/m	t	727.97	236.95	169.03	321.99
YP1-218	直缝焊接钢管 φ3420×20 1667.56kg/m	t	677.26	234.68	169.11	273.47
YP1-219	直缝焊接钢管 φ3620×3 268.82kg/m	t	862.15	431.30	134.82	296.03
YP1-220	直缝焊接钢管 φ3620×5 448.43kg/m	t	913.74	382.23	203.62	327.89
YP1-221	直缝焊接钢管 φ3620×8 714.29kg/m	t	657.29	291.96	189.03	176.30
YP1-222	直缝焊接钢管 φ3620×10 892.86kg/m	t	639.90	274.67	181.45	183.78
YP1-223	直缝焊接钢管 φ3620×12 1075.27kg/m	t	667.35	261.92	179.64	225.79
YP1-224	直缝焊接钢管 φ3620×14 1250.00kg/m	t	666.71	252.50	177.74	236.47
YP1-225	直缝焊接钢管 φ3620×16 1422.57kg/m	t	664.43	246.03	176.11	242.29

续表

定额号	项　目　名　称	单位	基价（元）	其中（元）		
				人工费	材料费	机械费
YP1-226	直缝焊接钢管　φ3620×18　1599.51kg/m	t	669.26	240.62	176.03	252.61
YP1-227	直缝焊接钢管　φ3620×20　1776.24kg/m	t	673.50	237.48	176.26	259.76
YP1-228	直缝焊接钢管　φ3620×22　1952.78kg/m	t	688.00	238.35	177.61	272.04
YP1-229	直缝焊接钢管　φ3820×3　284.09kg/m	t	779.07	375.42	132.51	271.14
YP1-230	直缝焊接钢管　φ3820×5　471.70kg/m	t	889.30	380.49	200.89	307.92
YP1-231	直缝焊接钢管　φ3820×8　757.58kg/m	t	703.07	298.77	186.26	218.04
YP1-232	直缝焊接钢管　φ3820×10　943.40kg/m	t	676.19	274.67	178.68	222.84
YP1-233	直缝焊接钢管　φ3820×12　1136.36kg/m	t	1285.16	259.65	804.05	221.46
YP1-234	直缝焊接钢管　φ3820×14　1315.79kg/m	t	632.44	249.70	174.97	207.77
YP1-235	直缝焊接钢管　φ3820×16　1501.52kg/m	t	705.87	242.89	225.03	237.95
YP1-236	直缝焊接钢管　φ3820×18　1688.32kg/m	t	658.49	236.95	173.26	248.28
YP1-237	直缝焊接钢管　φ3820×20　1874.92kg/m	t	662.67	233.81	173.44	255.42
YP1-238	直缝焊接钢管　φ3820×22　2061.33kg/m	t	677.76	235.21	174.84	267.71
YP1-239	直缝焊接钢管　φ4020×3　298.51kg/m	t	544.18	304.18	68.48	171.52
YP1-240	直缝焊接钢管　φ4020×8　793.65kg/m	t	598.64	255.64	175.10	167.90

续表

定额号	项 目 名 称	单位	基价（元）	其中（元）		
				人工费	材料费	机械费
YP1-241	直缝焊接钢管 ϕ4020×10 1000.00kg/m	t	589.55	245.16	160.76	183.63
YP1-242	直缝焊接钢管 ϕ4020×12 1190.48kg/m	t	598.95	259.65	156.41	182.89
YP1-243	直缝焊接钢管 ϕ4020×14 1388.89kg/m	t	565.87	217.05	156.72	192.10
YP1-244	直缝焊接钢管 ϕ4020×16 1580.46kg/m	t	566.57	206.57	157.57	202.43
YP1-245	直缝焊接钢管 ϕ4020×18 1777.13kg/m	t	580.23	210.24	157.24	212.75
YP1-246	直缝焊接钢管 ϕ4020×20 1973.60kg/m	t	584.88	211.11	158.34	215.43
YP1-247	直缝焊接钢管 ϕ4020×22 2169.88kg/m	t	606.24	212.51	159.83	233.90
YP1-248	直缝焊接钢管 ϕ5040×5 621.08kg/m	t	716.09	290.03	120.16	305.90
YP1-249	直缝焊接钢管 ϕ5040×8 993.12kg/m	t	537.98	246.03	150.94	141.01
YP1-250	直缝焊接钢管 ϕ5040×10 1240.90kg/m	t	505.68	221.06	138.15	146.47
YP1-251	直缝焊接钢管 ϕ5040×14 1735.88kg/m	t	496.11	192.08	137.13	166.90
YP1-252	直缝焊接钢管 ϕ5040×18 2230.07kg/m	t	545.88	199.23	148.18	198.47
YP1-253	直缝焊接钢管 ϕ5040×20 2467.87kg/m	t	557.63	199.76	148.65	209.22
YP1-254	直缝焊接钢管 ϕ5040×22 2723.47kg/m	t	569.78	199.76	149.22	220.80
YP1-255	直缝焊接钢管 ϕ5040×24 2969.87kg/m	t	578.69	199.76	149.99	228.94

续表

定额号	项　目　名　称	单位	基价（元）	其中（元）		
				人工费	材料费	机械费
1.2　循环水管道槽钢加固圈						
YP1-256	循环水管道槽钢加固圈　φ1420　36.20kg/个	个	139.53	50.81	30.58	58.14
YP1-257	循环水管道槽钢加固圈　φ1620　51.00kg/个	个	162.90	67.23	34.92	60.75
YP1-258	循环水管道槽钢加固圈　φ1820　69.00kg/个	个	193.07	82.59	40.70	69.78
YP1-259	循环水管道槽钢加固圈　φ2020　92.30kg/个	个	213.54	90.80	46.90	75.84
YP1-260	循环水管道槽钢加固圈　φ2220　101.30kg/个	个	230.34	98.14	50.34	81.86
YP1-261	循环水管道槽钢加固圈　φ2420　131.40kg/个	个	258.55	108.09	57.40	93.06
YP1-262	循环水管道槽钢加固圈　φ2620　162.50kg/个	个	278.87	118.91	58.17	101.79
YP1-263	循环水管道槽钢加固圈　φ2820　175.00kg/个	个	296.02	125.72	62.45	107.85
YP1-264	循环水管道槽钢加固圈　φ3020　187.30kg/个	个	313.76	133.06	67.60	113.10
YP1-265	循环水管道槽钢加固圈　φ3220　200.00kg/个	个	335.41	141.61	72.13	121.67
YP1-266	循环水管道槽钢加固圈　φ3420　212.10kg/个	个	352.63	148.95	75.95	127.73
1.3　焊接弯头						
1.3.1　45°无缝钢管焊接弯头						
YP1-267	45°无缝钢管焊接弯头　DN80　φ89×3.5　0.81kg/个	个	14.14	5.94	3.07	5.13

续表

定额号	项 目 名 称	单位	基价（元）	其中（元）		
				人工费	材料费	机械费
YP1-268	45°无缝钢管焊接弯头 DN80 ϕ89×5 1.14kg/个	个	15.76	6.28	3.93	5.55
YP1-269	45°无缝钢管焊接弯头 DN100 ϕ108×3.5 1.10kg/个	个	16.86	7.34	3.97	5.55
YP1-270	45°无缝钢管焊接弯头 DN100 ϕ108×5 1.53kg/个	个	17.91	7.68	4.25	5.98
YP1-271	45°无缝钢管焊接弯头 DN125 ϕ133×3.5 1.60kg/个	个	22.47	9.61	4.80	8.06
YP1-272	45°无缝钢管焊接弯头 DN125 ϕ133×5 2.20kg/个	个	24.08	9.95	5.64	8.49
YP1-273	45°无缝钢管焊接弯头 DN150 ϕ159×4.5 2.75kg/个	个	27.49	11.35	6.41	9.73
YP1-274	45°无缝钢管焊接弯头 DN150 ϕ159×5.5 3.33kg/个	个	30.95	12.22	7.24	11.49
YP1-275	45°无缝钢管焊接弯头 DN175 ϕ194×5 4.20kg/个	个	35.33	14.49	8.13	12.71
YP1-276	45°无缝钢管焊接弯头 DN175 ϕ194×6 5.00kg/个	个	39.86	15.89	9.54	14.43
YP1-277	45°无缝钢管焊接弯头 DN200 ϕ219×6 6.30kg/个	个	45.40	18.16	10.67	16.57
YP1-278	45°无缝钢管焊接弯头 DN200 ϕ219×7.5 7.82kg/个	个	56.10	21.83	12.89	21.38
YP1-279	45°无缝钢管焊接弯头 DN225 ϕ245×6.5 8.50kg/个	个	60.11	23.57	13.94	22.60
YP1-280	45°无缝钢管焊接弯头 DN225 ϕ245×7.5 9.70kg/个	个	64.76	24.97	15.05	24.74
YP1-281	45°无缝钢管焊接弯头 DN250 ϕ273×6.5 10.60kg/个	个	71.36	27.24	17.28	26.84
YP1-282	45°无缝钢管焊接弯头 DN250 ϕ273×7.5 12.20kg/个	个	76.40	28.98	18.39	29.03

续表

定额号	项　目　名　称	单位	基价（元）	其中（元）		
				人工费	材料费	机械费
YP1-283	45°无缝钢管焊接弯头　DN300　ϕ325×8　17.50kg/个	个	84.08	31.78	20.33	31.97
YP1-284	45°无缝钢管焊接弯头　DN300　ϕ325×10　21.70kg/个	个	86.74	32.65	21.27	32.82
YP1-285	45°无缝钢管焊接弯头　DN350　ϕ377×9　26.10kg/个	个	93.19	34.58	23.32	35.29
YP1-286	45°无缝钢管焊接弯头　DN350　ϕ377×11　31.70kg/个	个	109.45	39.99	27.22	42.24
YP1-287	45°无缝钢管焊接弯头　DN400　ϕ426×9　33.20kg/个	个	106.07	39.46	26.65	39.96
YP1-288	45°无缝钢管焊接弯头　DN400　ϕ426×11　40.30kg/个	个	123.31	44.87	31.10	47.34
1.3.2　90°无缝钢管焊接弯头						
YP1-289	90°无缝钢管焊接弯头　DN80　ϕ89×3.5　1.20kg/个	个	16.44	7.68	3.63	5.13
YP1-290	90°无缝钢管焊接弯头　DN80　ϕ89×5　1.60kg/个	个	18.37	8.21	4.18	5.98
YP1-291	90°无缝钢管焊接弯头　DN100　ϕ108×3.5　1.61kg/个	个	18.71	8.55	4.61	5.55
YP1-292	90°无缝钢管焊接弯头　DN100　ϕ108×5　2.30kg/个	个	21.67	9.61	5.65	6.41
YP1-293	90°无缝钢管焊接弯头　DN125　ϕ133×3.5　2.40kg/个	个	24.50	11.35	5.52	7.63
YP1-294	90°无缝钢管焊接弯头　DN125　ϕ133×5　3.30kg/个	个	28.38	12.75	7.14	8.49
YP1-295	90°无缝钢管焊接弯头　DN150　ϕ159×4.5　4.10kg/个	个	32.74	15.02	7.99	9.73
YP1-296	90°无缝钢管焊接弯头　DN150　ϕ159×5　5.00kg/个	个	35.64	15.89	9.12	10.63

续表

定额号	项目名称	单位	基价（元）	其中（元）		
				人工费	材料费	机械费
YP1-297	90°无缝钢管焊接弯头 DN175 φ194×5 6.30kg/个	个	43.34	19.90	10.73	12.71
YP1-298	90°无缝钢管焊接弯头 DN175 φ194×6 7.50kg/个	个	47.43	21.30	12.13	14.00
YP1-299	90°无缝钢管焊接弯头 DN200 φ219×6 9.50kg/个	个	56.63	23.23	14.43	18.97
YP1-300	90°无缝钢管焊接弯头 DN200 φ219×7.5 12.00kg/个	个	65.63	25.84	16.92	22.87
YP1-301	90°无缝钢管焊接弯头 DN225 φ245×6.5 12.60kg/个	个	65.41	26.37	17.46	21.58
YP1-302	90°无缝钢管焊接弯头 DN225 φ245×7.5 14.50kg/个	个	74.90	28.64	19.96	26.30
YP1-303	90°无缝钢管焊接弯头 DN250 φ273×6.5 16.20kg/个	个	76.70	29.51	20.57	26.62
YP1-304	90°无缝钢管焊接弯头 DN250 φ273×7.5 18.70kg/个	个	87.13	32.65	23.96	30.52
YP1-305	90°无缝钢管焊接弯头 DN300 φ325×8 26.30kg/个	个	104.09	38.59	27.77	37.73
YP1-306	90°无缝钢管焊接弯头 DN300 φ325×10 32.60kg/个	个	120.40	43.66	32.49	44.25

续表

定额号	项 目 名 称	单位	基价（元）	其中（元）		
				人工费	材料费	机械费
YP1-307	90°无缝钢管焊接弯头 DN350 ϕ377×9 39.20kg/个	个	125.70	45.40	34.49	45.81
YP1-308	90°无缝钢管焊接弯头 DN350 ϕ377×11 47.70kg/个	个	154.54	54.48	42.54	57.52
YP1-309	90°无缝钢管焊接弯头 DN400 ϕ426×9 66.60kg/个	个	173.66	61.82	50.09	61.75
YP1-310	90°无缝钢管焊接弯头 DN400 ϕ426×11 81.00kg/个	个	217.54	75.44	62.59	79.51
1.3.3 45°卷制焊接弯头						
YP1-311	45°卷制焊接弯头 DN450 ϕ480×10 43.40kg/个	个	119.43	42.26	34.23	42.94
YP1-312	45°卷制焊接弯头 DN450 ϕ480×12 52.20kg/个	个	146.64	50.81	41.61	54.22
YP1-313	45°卷制焊接弯头 DN500 ϕ530×10 56.10kg/个	个	132.67	46.80	38.66	47.21
YP1-314	45°卷制焊接弯头 DN500 ϕ530×12 67.40kg/个	个	161.97	55.88	46.74	59.35
YP1-315	45°卷制焊接弯头 DN600 ϕ630×8 63.80kg/个	个	137.75	49.94	40.67	47.14
YP1-316	45°卷制焊接弯头 DN600 ϕ630×10 79.60kg/个	个	159.13	56.75	47.00	55.38
YP1-317	45°卷制焊接弯头 DN600 ϕ630×12 95.00kg/个	个	205.65	67.23	56.71	81.71

续表

定额号	项 目 名 称	单位	基价（元）	其中（元）		
				人工费	材料费	机械费
YP1-318	45°卷制焊接弯头 DN700 ϕ720×8 84.10kg/个	个	169.38	57.28	47.45	64.65
YP1-319	45°卷制焊接弯头 DN700 ϕ720×10 104.70kg/个	个	195.97	64.43	54.40	77.14
YP1-320	45°卷制焊接弯头 DN700 ϕ720×12 125.30kg/个	个	239.26	77.18	65.50	96.58
YP1-321	45°卷制焊接弯头 DN800 ϕ820×8 108.50kg/个	个	317.56	105.29	96.24	116.03
YP1-322	45°卷制焊接弯头 DN800 ϕ820×10 135.00kg/个	个	382.55	123.98	114.00	144.57
YP1-323	45°卷制焊接弯头 DN800 ϕ820×12 162.00kg/个	个	479.60	152.96	140.05	186.59
YP1-324	45°卷制焊接弯头 DN900 ϕ920×8 136.00kg/个	个	226.17	75.78	64.72	85.67
YP1-325	45°卷制焊接弯头 DN900 ϕ920×10 169.50kg/个	个	258.94	84.86	73.33	100.75
YP1-326	45°卷制焊接弯头 DN900 ϕ920×12 203.00kg/个	个	316.94	101.28	88.05	127.61
YP1-327	45°卷制焊接弯头 DN1000 ϕ1020×8 164.50	个	250.23	83.99	72.10	94.14
YP1-328	45°卷制焊接弯头 DN1000 ϕ1020×10 348.27kg/个	个	290.17	94.47	82.53	113.17
YP1-329	45°卷制焊接弯头 DN1000 ϕ1020×12 245.80kg/个	个	350.01	111.23	97.02	141.76
YP1-330	45°卷制焊接弯头 DN1100 ϕ1120×8 200.70kg/个	个	284.56	95.34	81.74	107.48
YP1-331	45°卷制焊接弯头 DN1100 ϕ1120×10 250.50kg/个	个	332.23	107.56	93.44	131.23
YP1-332	45°卷制焊接弯头 DN1100 ϕ1120×12 300.00kg/个	个	399.93	127.12	110.08	162.73

续表

定额号	项　目　名　称	单位	基价（元）	其中（元）		
				人工费	材料费	机械费
YP1-333	45°卷制焊接弯头　DN1200　φ1220×8　238.10kg/个	个	318.89	108.09	91.67	119.13
YP1-334	45°卷制焊接弯头　DN1200　φ1220×10　296.80kg/个	个	369.92	121.18	104.20	144.54
YP1-335	45°卷制焊接弯头　DN1200　φ1220×12　355.70kg/个	个	446.41	142.14	122.98	181.29
YP1-336	45°卷制焊接弯头　DN1400　φ1420×8　321.50kg/个	个	387.60	129.39	110.69	147.52
YP1-337	45°卷制焊接弯头　DN1400　φ1420×10　401.30kg/个	个	446.77	144.41	124.61	177.75
YP1-338	45°卷制焊接弯头　DN1400　φ1420×12　481.00kg/个	个	535.99	167.98	146.16	221.85
YP1-339	45°卷制焊接弯头　DN1600　φ1620×8　417.00kg/个	个	459.89	152.96	134.45	172.48
YP1-340	45°卷制焊接弯头　DN1600　φ1620×10　521.10kg/个	个	528.10	169.38	150.03	208.69
YP1-341	45°卷制焊接弯头　DN1600　φ1620×12　624.00kg/个	个	631.06	196.62	174.74	259.70
YP1-342	45°卷制焊接弯头　DN1800　φ1820×8　526.30kg/个	个	520.81	164.84	156.90	199.07
YP1-343	45°卷制焊接弯头　DN1800　φ1820×10　657.50kg/个	个	604.23	184.74	175.48	244.01
YP1-344	45°卷制焊接弯头　DN1800　φ1820×12　787.60kg/个	个	704.20	209.71	198.31	296.18
YP1-345	45°卷制焊接弯头　DN2000　φ2020×8　647.80kg/个	个	600.26	187.54	184.08	228.64
YP1-346	45°卷制焊接弯头　DN2000　φ2020×10　809.00kg/个	个	691.25	208.84	203.77	278.64
YP1-347	45°卷制焊接弯头　DN2000　φ2020×12　976.10kg/个	个	827.77	242.36	234.29	351.12

续表

定额号	项　目　名　称	单位	基价（元）	其中（元）		
				人工费	材料费	机械费
YP1-348	45°卷制焊接弯头　DN2800　ϕ2820×8　1258.10kg/个	个	939.77	309.59	262.21	367.97
YP1-349	45°卷制焊接弯头　DN2800　ϕ2820×10　1572.00kg/个	个	1076.98	338.23	289.41	449.34
YP1-350	45°卷制焊接弯头　DN2800　ϕ2820×12　1887.80kg/个	个	1277.12	385.37	331.50	560.25
YP1-351	45°卷制焊接弯头　DN3200　ϕ3220×8　1638.60kg/个	个	1196.19	413.67	333.07	449.45
YP1-352	45°卷制焊接弯头　DN3200　ϕ3220×10　2050.30kg/个	个	1357.73	447.19	365.01	545.53
YP1-353	45°卷制焊接弯头　DN3200　ϕ3220×12　2455.30kg/个	个	1593.42	501.14	413.47	678.81
1.3.4　90°卷制焊接弯头						
YP1-354	90°卷制焊接弯头　DN450　ϕ480×10　88.10kg/个	个	227.32	75.44	62.15	89.73
YP1-355	90°卷制焊接弯头　DN450　ϕ480×12　106.00kg/个	个	283.39	91.67	76.98	114.74
YP1-356	90°卷制焊接弯头　DN500　ϕ530×10　112.80kg/个	个	257.95	83.99	70.22	103.74
YP1-357	90°卷制焊接弯头　DN500　ϕ530×12　135.80kg/个	个	317.93	101.28	86.04	130.61
YP1-358	90°卷制焊接弯头　DN600　ϕ630×8　127.80kg/个	个	279.69	95.87	72.51	111.31
YP1-359	90°卷制焊接弯头　DN600　ϕ630×10　159.50kg/个	个	327.39	108.96	85.05	133.38
YP1-360	90°卷制焊接弯头　DN600　ϕ630×12　191.40kg/个	个	402.73	130.26	104.92	167.55
YP1-361	90°卷制焊接弯头　DN700　ϕ720×8　168.20kg/个	个	324.49	111.23	84.01	129.25

续表

定额号	项　目　名　称	单位	基价（元）	其中（元）		
				人工费	材料费	机械费
YP1-362	90°卷制焊接弯头　DN700　ϕ720×10　210.30kg/个	个	377.12	125.72	97.93	153.47
YP1-363	90°卷制焊接弯头　DN700　ϕ720×12　252.40kg/个	个	463.94	149.82	119.57	194.55
YP1-364	90°卷制焊接弯头　DN800　ϕ820×8　217.20kg/个	个	381.57	130.26	99.28	152.03
YP1-365	90°卷制焊接弯头　DN800　ϕ820×10　271.50kg/个	个	445.08	147.02	115.32	182.74
YP1-366	90°卷制焊接弯头　DN800　ϕ820×12　326.00kg/个	个	544.84	176.19	141.41	227.24
YP1-367	90°卷制焊接弯头　DN900　ϕ920×8　272.50kg/个	个	428.71	146.15	112.08	170.48
YP1-368	90°卷制焊接弯头　DN900　ϕ920×10　341.00kg/个	个	498.84	165.18	130.38	203.28
YP1-369	90°卷制焊接弯头　DN900　ϕ920×12　409.00kg/个	个	607.66	196.09	158.11	253.46
YP1-370	90°卷制焊接弯头　DN1000　ϕ1020×8　329.00kg/个	个	461.58	161.17	124.46	175.95
YP1-371	90°卷制焊接弯头　DN1000　ϕ1020×10　411.30kg/个	个	554.70	181.60	144.14	228.96
YP1-372	90°卷制焊接弯头　DN1000　ϕ1020×12　493.50kg/个	个	676.69	215.65	174.65	286.39
YP1-373	90°卷制焊接弯头　DN1100　ϕ1120×8　402.00kg/个	个	536.22	183.87	140.37	211.98
YP1-374	90°卷制焊接弯头　DN1100　ϕ1120×10　502.30kg/个	个	623.87	207.10	160.77	256.00
YP1-375	90°卷制焊接弯头　DN1100　ϕ1120×12　603.00kg/个	个	760.64	244.63	195.15	320.86
YP1-376	90°卷制焊接弯头　DN1200　ϕ1220×8　476.00kg/个	个	595.40	205.17	156.32	233.91

续表

定额号	项 目 名 称	单位	基价（元）	其中（元）		
				人工费	材料费	机械费
YP1-377	90°卷制焊接弯头 DN1200 ϕ1220×10 595.00kg/个	个	699.51	231.54	181.03	286.94
YP1-378	90°卷制焊接弯头 DN1200 ϕ1220×12 714.00kg/个	个	850.71	272.40	217.91	360.40
YP1-379	90°卷制焊接弯头 DN1400 ϕ1420×8 646.30kg/个	个	740.14	248.30	186.09	305.75
YP1-380	90°卷制焊接弯头 DN1400 ϕ1420×10 808.00kg/个	个	845.54	277.47	213.85	354.22
YP1-381	90°卷制焊接弯头 DN1400 ϕ1420×12 969.50kg/个	个	1023.51	325.14	256.48	441.89
YP1-382	90°卷制焊接弯头 DN1600 ϕ1620×8 834.00kg/个	个	849.27	282.35	222.41	344.51
YP1-383	90°卷制焊接弯头 DN1600 ϕ1620×10 1242.20kg/个	个	985.46	315.53	253.77	416.16
YP1-384	90°卷制焊接弯头 DN1600 ϕ1620×12 1251.00kg/个	个	1194.91	370.01	302.90	522.00
YP1-385	90°卷制焊接弯头 DN1800 ϕ1820×8 1052.50kg/个	个	961.47	311.52	253.46	396.49
YP1-386	90°卷制焊接弯头 DN1800 ϕ1820×10 1316.00kg/个	个	1119.91	348.71	288.94	482.26
YP1-387	90°卷制焊接弯头 DN1800 ϕ1820×12 1579.00kg/个	个	1354.67	409.13	343.22	602.32
YP1-388	90°卷制焊接弯头 DN2000 ϕ2020×8 1296.00kg/个	个	1107.12	352.72	295.12	459.28
YP1-389	90°卷制焊接弯头 DN2000 ϕ2020×10 1620.00kg/个	个	1287.65	394.11	334.59	558.95
YP1-390	90°卷制焊接弯头 DN2000 ϕ2020×12 1943.50kg/个	个	1554.97	462.21	395.24	697.52

续表

定额号	项　目　名　称	单位	基价（元）	其中（元）		
				人工费	材料费	机械费
YP1-391	90°卷制焊接弯头　DN2800　φ2820×8　2516.50kg/个	个	1754.02	587.93	431.62	734.47
YP1-392	90°卷制焊接弯头　DN2800　φ2820×10　3146.00kg/个	个	2028.79	644.68	484.60	899.51
YP1-393	90°卷制焊接弯头　DN2800　φ2820×12　3775.00kg/个	个	2427.90	737.75	569.35	1120.80
YP1-394	90°卷制焊接弯头　DN3200　φ3220×8　3277.50kg/个	个	2208.49	777.21	537.61	893.67
YP1-395	90°卷制焊接弯头　DN3200　φ3220×10　4097.00kg/个	个	2542.94	843.04	600.02	1099.88
YP1-396	90°卷制焊接弯头　DN3200　φ3220×12　4916.00kg/个	个	3011.77	949.73	695.63	1366.41
1.4　钢板焊制偏心大小头						
YP1-397	钢板焊制偏心大小头　PN2.5　DN150/80　2.250kg/个	个	36.32	29.51	4.62	2.19
YP1-398	钢板焊制偏心大小头　PN2.5　DN150/100　1.57kg/个	个	33.29	28.64	3.36	1.29
YP1-399	钢板焊制偏心大小头　PN2.5　DN150/125　0.94kg/个	个	29.53	27.24	1.86	0.43
YP1-400	钢板焊制偏心大小头　PN2.5　DN175/100　3.24kg/个	个	41.04	34.05	4.80	2.19
YP1-401	钢板焊制偏心大小头　PN2.5　DN175/125　2.54kg/个	个	39.62	33.52	4.39	1.71
YP1-402	钢板焊制偏心大小头　PN2.5　DN175/150　1.69kg/个	个	36.32	32.65	2.81	0.86
YP1-403	钢板焊制偏心大小头　PN2.5　DN200/100　4.50kg/个	个	48.63	39.46	6.12	3.05
YP1-404	钢板焊制偏心大小头　PN2.5　DN200/125　3.80kg/个	个	45.67	38.59	4.89	2.19

续表

定额号	项　目　名　称	单位	基价（元）	其中（元）		
				人工费	材料费	机械费
YP1-405	钢板焊制偏心大小头　PN2.5　DN200/150　2.95kg/个	个	42.76	37.19	3.86	1.71
YP1-406	钢板焊制偏心大小头　PN2.5　DN200/175　1.62kg/个	个	40.52	36.85	2.81	0.86
YP1-407	钢板焊制偏心大小头　PN2.5　DN225/125　5.22kg/个	个	53.54	43.66	6.83	3.05
YP1-408	钢板焊制偏心大小头　PN2.5　DN225/150　4.37kg/个	个	50.26	42.60	5.47	2.19
YP1-409	钢板焊制偏心大小头　PN2.5　DN225/175　3.04kg/个	个	47.35	41.73	3.91	1.71
YP1-410	钢板焊制偏心大小头　PN2.5　DN225/200　1.82kg/个	个	44.53	40.86	2.81	0.86
YP1-411	钢板焊制偏心大小头　PN2.5　DN250/125　8.45kg/个	个	61.37	49.07	7.97	4.33
YP1-412	钢板焊制偏心大小头　PN2.5　DN250/150　7.46kg/个	个	80.21	69.50	7.23	3.48
YP1-413	钢板焊制偏心大小头　PN2.5　DN250/175　5.89kg/个	个	55.37	47.14	5.61	2.62
YP1-414	钢板焊制偏心大小头　PN2.5　DN250/200　4.26kg/个	个	53.64	46.80	5.13	1.71
YP1-415	钢板焊制偏心大小头　PN2.5　DN250/225　2.81kg/个	个	51.69	45.93	4.47	1.29
YP1-416	钢板焊制偏心大小头　PN2.5　DN300/150　13.79kg/个	个	79.25	70.37	8.02	0.86
YP1-417	钢板焊制偏心大小头　PN2.5　DN300/175　11.99kg/个	个	85.07	72.11	9.06	3.90
YP1-418	钢板焊制偏心大小头　PN2.5　DN300/200　10.29kg/个	个	83.28	72.11	7.69	3.48
YP1-419	钢板焊制偏心大小头　PN2.5　DN300/225　8.40kg/个	个	80.43	70.90	6.91	2.62

续表

定额号	项目名称	单位	基价（元）	其中（元）		
				人工费	材料费	机械费
YP1-420	钢板焊制偏心大小头　PN2.5　DN300/250　6.40kg/个	个	76.79	69.84	5.24	1.71
YP1-421	钢板焊制偏心大小头　PN2.5　DN350/175　20.80kg/个	个	110.18	86.79	14.29	9.10
YP1-422	钢板焊制偏心大小头　PN2.5　DN350/200　18.88kg/个	个	106.77	85.73	13.23	7.81
YP1-423	钢板焊制偏心大小头　PN2.5　DN350/225　16.74kg/个	个	103.64	84.86	11.83	6.95
YP1-424	钢板焊制偏心大小头　PN2.5　DN350/250　16.10kg/个	个	98.64	83.12	9.90	5.62
YP1-425	钢板焊制偏心大小头　PN2.5　DN350/300　8.12kg/个	个	90.81	80.85	6.91	3.05
YP1-426	钢板焊制偏心大小头　PN2.5　DN400/200　28.53kg/个	个	133.97	105.29	16.97	11.71
YP1-427	钢板焊制偏心大小头　PN2.5　DN400/225　26.09kg/个	个	130.25	103.55	16.75	9.95
YP1-428	钢板焊制偏心大小头　PN2.5　DN400/250　25.50kg/个	个	125.64	102.15	15.25	8.24
YP1-429	钢板焊制偏心大小头　PN2.5　DN400/300　18.20kg/个	个	116.81	99.01	12.18	5.62
YP1-430	钢板焊制偏心大小头　PN2.5　DN400/350　9.40kg/个	个	107.14	95.87	8.22	3.05
YP1-431	钢板焊制偏心大小头　PN2.5　DN450/225　39.00kg/个	个	144.67	112.63	18.61	13.43
YP1-432	钢板焊制偏心大小头　PN2.5　DN450/250　35.50	个	142.14	110.36	20.07	11.71
YP1-433	钢板焊制偏心大小头　PN2.5　DN450/300　27.50kg/个	个	132.75	108.96	15.31	8.48
YP1-434	钢板焊制偏心大小头　PN2.5　DN450/350　17.60kg/个	个	120.72	105.82	9.85	5.05

续表

定额号	项 目 名 称	单位	基价（元）	其中（元）		
				人工费	材料费	机械费
YP1-435	钢板焊制偏心大小头 PN2.5 DN450/400 7.20kg/个	个	109.86	102.68	5.28	1.90
YP1-436	钢板焊制偏心大小头 PN2.5 DN500/250 54.30kg/个	个	167.02	121.71	27.98	17.33
YP1-437	钢板焊制偏心大小头 PN2.5 DN500/300 46.30kg/个	个	159.60	119.44	24.97	15.19
YP1-438	钢板焊制偏心大小头 PN2.5 DN500/350 36.40kg/个	个	154.56	118.04	22.23	14.29
YP1-439	钢板焊制偏心大小头 PN2.5 DN500/400 26.00kg/个	个	138.42	112.97	16.78	8.67
YP1-440	钢板焊制偏心大小头 PN2.5 DN500/450 18.80kg/个	个	126.51	108.96	11.93	5.62
YP1-441	钢板焊制偏心大小头 PN2.5 DN600/300 92.70kg/个	个	247.73	146.15	48.56	53.02
YP1-442	钢板焊制偏心大小头 PN2.5 DN600/350 80.80kg/个	个	230.82	144.41	41.11	45.30
YP1-443	钢板焊制偏心大小头 PN2.5 DN600/400 68.40kg/个	个	210.40	141.61	33.70	35.09
YP1-444	钢板焊制偏心大小头 PN2.5 DN600/450 59.70kg/个	个	197.74	128.52	34.88	34.34
YP1-445	钢板焊制偏心大小头 PN2.5 DN600/500 37.10kg/个	个	160.14	121.71	26.48	11.95
YP1-446	钢板焊制偏心大小头 PN2.5 DN700/350 139.00	个	271.97	172.52	49.58	49.87
YP1-447	钢板焊制偏心大小头 PN2.5 DN700/400 125.00	个	252.15	167.11	41.75	43.29
YP1-448	钢板焊制偏心大小头 PN2.5 DN700/450 115.00	个	209.13	152.09	29.66	27.38
YP1-449	钢板焊制偏心大小头 PN2.5 DN700/500 88.30	个	178.79	143.88	18.92	15.99

续表

定额号	项　目　名　称	单位	基价（元）	其中（元）		
				人工费	材料费	机械费
YP1-450	钢板焊制偏心大小头　PN2.5　DN700/600　45.00kg/个	个	159.19	141.61	12.48	5.10
YP1-451	钢板焊制偏心大小头　PN1.6　DN400/200　23.42kg/个	个	107.94	84.86	15.70	7.38
YP1-452	钢板焊制偏心大小头　PN1.6　DN400/220　21.55kg/个	个	104.15	83.46	14.17	6.52
YP1-453	钢板焊制偏心大小头　PN1.6　DN400/250　19.80kg/个	个	103.36	82.59	12.48	8.29
YP1-454	钢板焊制偏心大小头　PN1.6　DN400/300　14.20kg/个	个	96.68	80.32	9.78	6.58
YP1-455	钢板焊制偏心大小头　PN1.6　DN400/350　7.30kg/个	个	90.34	78.58	6.89	4.87
YP1-456	钢板焊制偏心大小头　PN1.6　DN450/225　27.54kg/个	个	121.22	91.67	16.82	12.73
YP1-457	钢板焊制偏心大小头　PN1.6　DN450/250　24.90kg/个	个	118.04	90.80	15.37	11.87
YP1-458	钢板焊制偏心大小头　PN1.6　DN450/300　19.20kg/个	个	113.23	89.40	13.29	10.54
YP1-459	钢板焊制偏心大小头　PN1.6　DN450/350　12.21kg/个	个	107.11	87.13	10.73	9.25
YP1-460	钢板焊制偏心大小头　PN1.6　DN450/400　5.10kg/个	个	99.16	86.26	8.03	4.87
YP1-461	钢板焊制偏心大小头　PN1.6　DN500/250　43.40kg/个	个	154.13	118.91	22.16	13.06
YP1-462	钢板焊制偏心大小头　PN1.6　DN500/300　37.00kg/个	个	151.59	116.64	18.26	16.69
YP1-463	钢板焊制偏心大小头　PN1.6　DN500/350　29.10kg/个	个	144.40	114.37	15.05	14.98
YP1-464	钢板焊制偏心大小头　PN1.6　DN500/400　20.80kg/个	个	140.25	112.97	13.21	14.07

续表

定额号	项目名称	单位	基价（元）	其中（元）		
				人工费	材料费	机械费
YP1-465	钢板焊制偏心大小头　PN1.6　DN500/450　11.75kg/个	个	126.95	109.83	9.15	7.97
YP1-466	钢板焊制偏心大小头　PN1.6　DN600/300　69.50kg/个	个	194.40	135.33	29.07	30.00
YP1-467	钢板焊制偏心大小头　PN1.6　DN600/350　60.60kg/个	个	182.13	133.06	24.94	24.13
YP1-468	钢板焊制偏心大小头　PN1.6　DN600/400　51.30kg/个	个	170.87	129.39	21.68	19.80
YP1-469	钢板焊制偏心大小头　PN1.6　DN600/450　47.80kg/个	个	165.66	127.99	18.30	19.37
YP1-470	钢板焊制偏心大小头　PN1.6　DN600/500　27.90kg/个	个	152.55	124.85	14.06	13.64
YP1-471	钢板焊制偏心大小头　PN1.6　DN700/350　109.00kg/个	个	242.53	147.02	42.97	52.54
YP1-472	钢板焊制偏心大小头　PN1.6　DN700/400　98.00kg/个	个	240.07	147.55	41.65	50.87
YP1-473	钢板焊制偏心大小头　PN1.6　DN700/450　90.00 kg/个	个	231.22	143.88	38.98	48.36
YP1-474	钢板焊制偏心大小头　PN1.6　DN700/500　69.40kg/个	个	209.31	140.74	30.88	37.69
YP1-475	钢板焊制偏心大小头　PN1.6　DN700/600　35.30kg/个	个	166.96	133.93	16.71	16.32
YP1-476	钢板焊制偏心大小头　PN1.0　DN800/400　117.00kg/个	个	613.60	143.88	50.85	418.87
YP1-477	钢板焊制偏心大小头　PN1.0　DN800/450　110.00kg/个	个	611.53	140.74	45.40	425.39
YP1-478	钢板焊制偏心大小头　PN1.0　DN800/500　93.40kg/个	个	242.26	143.01	42.19	57.06
YP1-479	钢板焊制偏心大小头　PN1.0　DN800/600　65.60kg/个	个	192.98	134.80	29.49	28.69

续表

定额号	项　目　名　称	单位	基价（元）	其中（元）		
				人工费	材料费	机械费
YP1-480	钢板焊制偏心大小头　PN1.0　DN800/700　36.70kg/个	个	174.72	130.26	20.01	24.45
YP1-481	钢板焊制偏心大小头　PN1.0　DN900/450　169.00kg/个	个	316.50	174.26	65.55	76.69
YP1-482	钢板焊制偏心大小头　PN1.0　DN900/500　150.00kg/个	个	296.54	171.65	57.91	66.98
YP1-483	钢板焊制偏心大小头　PN1.0　DN900/600　119.00kg/个	个	269.59	166.58	46.34	56.67
YP1-484	钢板焊制偏心大小头　PN1.0　DN900/700　86.70kg/个	个	254.08	166.24	35.76	52.08
YP1-485	钢板焊制偏心大小头　PN1.0　DN900/800　46.00kg/个	个	202.78	157.50	22.61	22.67
YP1-486	钢板焊制偏心大小头　PN1.0　DN1000/500　221.00kg/个	个	485.39	214.78	126.79	143.82
YP1-487	钢板焊制偏心大小头　PN1.0　DN1000/600　187.00kg/个	个	421.64	201.16	98.64	121.84
YP1-488	钢板焊制偏心大小头　PN1.0　DN1000/700　152.00kg/个	个	402.06	197.49	88.98	115.59
YP1-489	钢板焊制偏心大小头　PN1.0　DN1000/800　107.00kg/个	个	308.73	177.06	55.38	76.29
YP1-490	钢板焊制偏心大小头　PN1.0　DN1000/900　56.40kg/个	个	241.35	168.85	34.59	37.91
YP1-491	钢板焊制偏心大小头　PN1.0　DN1100/600　189.33kg/个	个	437.58	232.41	94.60	110.57
YP1-492	钢板焊制偏心大小头　PN1.0　DN1100/700　162.77kg/个	个	395.47	220.19	78.96	96.32
YP1-493	钢板焊制偏心大小头　PN1.0　DN1100/800　127.98kg/个	个	347.03	207.44	61.86	77.73
YP1-494	钢板焊制偏心大小头　PN1.0　DN1100/900　89.76kg/个	个	297.51	193.82	44.56	59.13

续表

定额号	项 目 名 称	单位	基价（元）	其中（元）		
				人工费	材料费	机械费
YP1-495	钢板焊制偏心大小头 PN1.0 DN1100/1000 49.45kg/个	个	240.32	180.73	27.57	32.02
YP1-496	钢板焊制偏心大小头 PN1.0 DN1200/600 346.00kg/个	个	618.63	261.92	164.49	192.22
YP1-497	钢板焊制偏心大小头 PN1.0 DN1200/700 308.00kg/个	个	560.53	248.30	142.72	169.51
YP1-498	钢板焊制偏心大小头 PN1.0 DN1200/800 259.00kg/个	个	502.01	235.21	119.85	146.95
YP1-499	钢板焊制偏心大小头 PN1.0 DN1200/900 204.00kg/个	个	433.18	222.46	94.91	115.81
YP1-500	钢板焊制偏心大小头 PN1.0 DN1200/1000 142.00kg/个	个	364.12	212.51	65.07	86.54
YP1-501	钢板焊制偏心大小头 PN1.0 DN1400/700 515.00kg/个	个	789.74	305.92	221.07	262.75
YP1-502	钢板焊制偏心大小头 PN1.0 DN1400/800 462.00kg/个	个	716.05	290.03	193.06	232.96
YP1-503	钢板焊制偏心大小头 PN1.0 DN1400/900 402.00kg/个	个	642.97	274.67	165.10	203.20
YP1-504	钢板焊制偏心大小头 PN1.0 DN1400/1000 336.00kg/个	个	569.17	259.31	135.92	173.94
YP1-505	钢板焊制偏心大小头 PN1.0 DN1400/1100 217.51kg/个	个	446.01	250.57	86.03	109.41
YP1-506	钢板焊制偏心大小头 PN1.0 DN1400/1200 182.00kg/个	个	400.11	238.35	70.09	91.67
YP1-507	钢板焊制偏心大小头 PN1.0 DN1600/800 723.00kg/个	个	990.37	357.79	281.86	350.72
YP1-508	钢板焊制偏心大小头 PN1.0 DN1600/900 658.00kg/个	个	903.79	340.50	249.90	313.39
YP1-509	钢板焊制偏心大小头 PN1.0 DN1600/1000 586.00kg/个	个	823.35	322.87	220.03	280.45

续表

定额号	项　目　名　称	单位	基价（元）	其中（元）		
				人工费	材料费	机械费
YP1-510	钢板焊制偏心大小头　PN1.0　DN1600/1200　421.00kg/个	个	641.71	294.23	150.51	196.97
YP1-511	钢板焊制偏心大小头　PN1.0　DN1600/1400　225.00kg/个	个	456.00	274.67	77.17	104.16
YP1-512	钢板焊制偏心大小头　PN1.0　DN1800/900　978.00kg/个	个	1217.76	418.55	354.13	445.08
YP1-513	钢板焊制偏心大小头　PN1.0　DN1800/1000　901.00kg/个	个	1120.97	398.12	318.68	404.17
YP1-514	钢板焊制偏心大小头　PN1.0　DN1800/1200　723.00kg/个	个	930.15	356.39	247.04	326.72
YP1-515	钢板焊制偏心大小头　PN1.0　DN1800/1400　514.00kg/个	个	730.54	344.17	164.96	221.41
YP1-516	钢板焊制偏心大小头　PN1.0　DN1800/1600　273.00kg/个	个	508.46	295.97	88.61	123.88
YP1-517	钢板焊制偏心大小头　PN1.0　DN2000/1000　1286.00kg/个	个	1483.21	485.78	436.94	560.49
YP1-518	钢板焊制偏心大小头　PN1.0　DN2000/1200　1097.00kg/个	个	1196.93	420.82	334.06	442.05
YP1-519	钢板焊制偏心大小头　PN1.0　DN2000/1400　873.00kg/个	个	989.83	397.78	253.54	338.51
YP1-520	钢板焊制偏心大小头　PN1.0　DN2000/1600　616.00kg/个	个	773.64	364.60	173.25	235.79
YP1-521	钢板焊制偏心大小头　PN1.0　DN2000/1800　325.00kg/个	个	548.06	336.49	89.26	122.31

第2章 烟风煤管道管件

说　　明

一、角钢焊制圆形法兰

工作内容：下料、弯制、焊接、钻孔。

说　　明：

1．本定额适用于圆形风道连接用圆形角钢法兰的加工配制。

2．本定额不包括附件的加工。

二、钢板焊制大小头

工作内容：放样、下料、钢板弯制、焊接及油漆。

说　　明：

1．油漆费用按刷一道防锈漆、一道调和漆考虑。

2．本定额不适用于汽水管道用钢板焊制大小头的加工配制。

三、方圆接头

工作内容：放样、下料、钢板弯制、剪裁、焊接及油漆。

说　　明：油漆费用按刷一道防锈漆、一道调和漆考虑。

四、风道用焊接弯头

工作内容：虾米弯头的放样、切割、焊接、焊缝检查及油漆。

说　　明：油漆费用按刷一道防锈漆考虑。弯头曲率半径按典型设计尺寸计算。

五、卷制煤粉焊接弯头

工作内容：虾米弯头的放样、下料、切割、焊接、焊缝检查及刷一道防锈漆。

说　　明：弯头曲率半径按典型设计尺寸计算。定额中不包括弯头的内衬防磨铸石工作。

六、煤粉分配弯头

工作内容：壳体、分叉短管、盖板、导流棚等的组装、焊接、焊缝检查及油漆。

说　　明：油漆费用按刷一道防锈漆考虑。定额中不包括接触面防磨铸石的加工。

定额号	项 目 名 称	单位	基价（元）	其中（元）		
				人工费	材料费	机械费
2.1 角钢焊制圆形法兰						
YP2-1	角钢焊制圆形法兰 DN600 15.40kg/个	个	76.44	36.85	31.32	8.27
YP2-2	角钢焊制圆形法兰 DN700 17.40kg/个	个	84.66	42.60	33.79	8.27
YP2-3	角钢焊制圆形法兰 DN800 19.70kg/个	个	90.00	45.40	35.66	8.94
YP2-4	角钢焊制圆形法兰 DN900 21.90kg/个	个	95.35	48.20	37.54	9.61
YP2-5	角钢焊制圆形法兰 DN1000 24.20kg/个	个	100.38	51.34	39.43	9.61
YP2-6	角钢焊制圆形法兰 DN1100 26.50kg/个	个	106.66	54.48	41.89	10.29
YP2-7	角钢焊制圆形法兰 DN1200 28.80kg/个	个	115.21	59.89	44.36	10.96
YP2-8	角钢焊制圆形法兰 DN1300 31.10kg/个	个	130.84	71.77	47.43	11.64
YP2-9	角钢焊制圆形法兰 DN1400 33.30kg/个	个	147.80	86.26	49.90	11.64
2.2 钢板焊制大小头						
YP2-10	钢板焊制大小头 DN500/400 13.60kg/个	个	56.97	51.15	4.53	1.29
YP2-11	钢板焊制大小头 DN500/400 18.10kg/个	个	63.52	53.61	7.72	2.19
YP2-12	钢板焊制大小头 DN600/500 18.90kg/个	个	67.25	58.15	7.20	1.90
YP2-13	钢板焊制大小头 DN600/500 24.20kg/个	个	72.67	60.76	9.43	2.48
YP2-14	钢板焊制大小头 DN700/600 22.40kg/个	个	76.15	65.83	8.37	1.95

续表

定额号	项　目　名　称	单位	基价（元）	其中（元）		
				人工费	材料费	机械费
YP2-15	钢板焊制大小头　DN700/600　30.80kg/个	个	82.37	68.10	11.60	2.67
YP2-16	钢板焊制大小头　DN800/700　31.90kg/个	个	112.11	72.11	12.31	27.69
YP2-17	钢板焊制大小头　DN800/700　42.50kg/个	个	113.87	74.91	15.51	23.45
YP2-18	钢板焊制大小头　DN900/800　40.00kg/个	个	127.70	83.12	13.68	30.90
YP2-19	钢板焊制大小头　DN900/800　52.00kg/个	个	123.15	85.73	11.90	25.52
YP2-20	钢板焊制大小头　DN1000/900　49.10kg/个	个	144.56	93.07	11.34	40.15
YP2-21	钢板焊制大小头　DN1000/900　62.50kg/个	个	143.95	96.74	14.91	32.30
YP2-22	钢板焊制大小头　DN1200/1000　124.00kg/个	个	237.75	112.97	28.23	96.55
YP2-23	钢板焊制大小头　DN1200/1000　165.00kg/个	个	252.72	118.91	53.30	80.51
YP2-24	钢板焊制大小头　DN1400/1200　158.00kg/个	个	284.00	130.79	48.06	105.15
YP2-25	钢板焊制大小头　DN1400/1200　219.00kg/个	个	317.62	135.33	67.39	114.90
YP2-26	钢板焊制大小头　DN1800/1400　447.00kg/个	个	474.22	165.71	110.41	198.10
YP2-27	钢板焊制大小头　DN2000/1800　283.00kg/个	个	366.24	182.47	67.21	116.56
YP2-28	钢板焊制大小头　DN2200/2000　351.00kg/个	个	462.46	212.85	82.20	167.41
YP2-29	钢板焊制大小头　DN2400/2200　467.00kg/个	个	579.94	242.89	105.68	231.37

续表

定额号	项 目 名 称	单位	基价（元）	其中（元）		
				人工费	材料费	机械费
2.3 方圆接头						
YP2-30	方圆接头 195×165/DN150 3.82kg/个	个	49.80	37.19	9.99	2.62
YP2-31	方圆接头 195×165/DN200 4.29kg/个	个	52.60	39.99	9.99	2.62
YP2-32	方圆接头 265×190/DN200 5.05kg/个	个	55.74	43.13	9.99	2.62
YP2-33	方圆接头 265×190/DN250 7.16kg/个	个	61.74	47.14	11.12	3.48
YP2-34	方圆接头 315×225/DN250 6.19kg/个	个	72.93	52.21	17.24	3.48
YP2-35	方圆接头 315×225/DN300 10.60kg/个	个	78.58	55.88	18.37	4.33
YP2-36	方圆接头 315×253/DN350 13.90kg/个	个	90.51	65.83	19.49	5.19
YP2-37	方圆接头 315×253/DN400 22.00kg/个	个	114.81	78.58	28.42	7.81
YP2-38	方圆接头 300×300/DN250 6.76kg/个	个	106.30	78.05	23.92	4.33
YP2-39	方圆接头 300×300/DN300 7.06kg/个	个	109.67	80.85	24.49	4.33
YP2-40	方圆接头 400×400/DN350 9.60kg/个	个	113.38	83.99	25.06	4.33
YP2-41	方圆接头 400×400/DN400 9.70kg/个	个	116.52	87.13	25.06	4.33
YP2-42	方圆接头 837×315/DN450 76.30kg/个	个	158.79	103.02	38.44	17.33
YP2-43	方圆接头 837×315/DN500 79.30kg/个	个	161.59	105.82	38.44	17.33

续表

定额号	项　目　名　称	单位	基价（元）	其中（元）		
				人工费	材料费	机械费
YP2-44	方圆接头　977×370/DN500　113.00kg/个	个	201.67	116.64	43.67	41.36
YP2-45	方圆接头　977×370/DN600　121.00kg/个	个	216.58	124.85	50.37	41.36
YP2-46	方圆接头　1076×405/DN600　129.00kg/个	个	219.72	127.99	50.37	41.36
YP2-47	方圆接头　1076×405/DN700　135.00kg/个	个	229.40	143.88	46.77	38.75
YP2-48	方圆接头　1247×470/DN700　171.00kg/个	个	263.97	155.23	54.87	53.87
YP2-49	方圆接头　1247×470/DN800　186.00kg/个	个	258.28	155.23	52.66	50.39
YP2-50	方圆接头　1439×550/DN800　236.00kg/个	个	297.35	168.85	60.40	68.10
YP2-51	方圆接头　1439×550/DN900　207.00kg/个	个	295.03	175.66	62.92	56.45
YP2-52	方圆接头　1571×600/DN900　260.00kg/个	个	327.14	188.94	67.09	71.11
YP2-53	方圆接头　1571×600/DN1000　272.00kg/个	个	359.71	217.92	67.67	74.12
YP2-54	方圆接头　1769×680/DN900　387.00kg/个	个	398.21	225.60	75.72	96.89
YP2-55	方圆接头　1769×680/DN1000　324.00kg/个	个	381.09	223.33	73.81	83.95
YP2-56	方圆接头　2000×770/DN1000　436.00kg/个	个	437.91	255.11	76.87	105.93
YP2-57	方圆接头　2000×770/DN1100　452.00kg/个	个	470.43	284.62	76.87	108.94
YP2-58	方圆接头　300×300/DN200　8.00kg/个	个	64.78	48.20	12.25	4.33

续表

定额号	项　目　名　称	单位	基价（元）	其中（元）		
				人工费	材料费	机械费
YP2-59	方圆接头　300×300/DN200　12.00kg/个	个	84.57	59.89	19.49	5.19
YP2-60	方圆接头　400×400/DN300　14.00kg/个	个	87.37	62.69	19.49	5.19
YP2-61	方圆接头　400×400/DN300　21.00kg/个	个	108.12	77.18	22.27	8.67
YP2-62	方圆接头　500×500/DN400　96.00kg/个	个	129.99	85.73	32.55	11.71
YP2-63	方圆接头　500×500/DN400　144.00kg/个	个	178.99	106.69	37.88	34.42
YP2-64	方圆接头　700×700/DN500　160.00kg/个	个	185.24	108.09	39.29	37.86
YP2-65	方圆接头　700×700/DN500　240.00kg/个	个	222.27	127.99	42.61	51.67
YP2-66	方圆接头　800×800/DN600　242.00kg/个	个	196.00	130.79	49.59	15.62
YP2-67	方圆接头　800×800/DN600　363.00kg/个	个	272.18	147.55	52.41	72.22
YP2-68	方圆接头　900×900/DN700　360.00kg/个	个	275.32	150.69	52.41	72.22
YP2-69	方圆接头　900×900/DN700　540.00kg/个	个	332.34	173.92	56.57	101.85
YP2-70	方圆接头　1000×1000/DN800　420.00kg/个	个	314.84	174.26	57.14	83.44
YP2-71	方圆接头　1000×1000/DN800　630.00kg/个	个	377.27	197.49	60.73	119.05
YP2-72	方圆接头　1100×1100/DN900　620.00kg/个	个	382.66	199.76	66.86	116.04
YP2-73	方圆接头　1100×1100/DN900　930.00kg/个	个	473.41	235.21	71.11	167.09

续表

定额号	项　目　名　称	单位	基价（元）	其中（元）		
				人工费	材料费	机械费
YP2-74	方圆接头　1200×1200/DN1000　700.00kg/个	个	468.71	266.99	71.11	130.61
YP2-75	方圆接头　1200×1200/DN1000　1050.00kg/个	个	553.12	290.56	75.26	187.30
YP2-76	方圆接头　1400×1400/DN1200　800.00kg/个	个	543.12	309.59	84.43	149.10
YP2-77	方圆接头　1400×1400/DN1200　1200.00kg/个	个	668.91	351.85	95.34	221.72
2.4　风道用焊接弯头						
2.4.1　风道用 45°焊接弯头						
YP2-78	风道用 45°焊接弯头　DN200　3.20kg/个	个	33.92	12.22	8.27	13.43
YP2-79	风道用 45°焊接弯头　DN250　4.80kg/个	个	34.10	16.76	11.29	6.05
YP2-80	风道用 45°焊接弯头　DN300　6.70kg/个	个	37.24	18.16	12.56	6.52
YP2-81	风道用 45°焊接弯头　DN350　7.90kg/个	个	41.92	20.43	14.11	7.38
YP2-82	风道用 45°焊接弯头　DN400　11.30kg/个	个	48.23	23.57	15.99	8.67
YP2-83	风道用 45°焊接弯头　DN450　14.00kg/个	个	53.39	25.84	18.03	9.52
YP2-84	风道用 45°焊接弯头　DN500　17.20kg/个	个	153.17	28.11	20.31	104.75
YP2-85	风道用 45°焊接弯头　DN600　24.00kg/个	个	70.38	33.52	24.29	12.57
YP2-86	风道用 45°焊接弯头　DN700　31.70kg/个	个	78.90	37.72	27.32	13.86

续表

定额号	项　目　名　称	单位	基价（元）	其中（元）		
				人工费	材料费	机械费
YP2-87	风道用 45°焊接弯头　DN800　41.00kg/个	个	92.08	44.00	32.03	16.05
YP2-88	风道用 45°焊接弯头　DN900　52.00kg/个	个	103.48	49.07	36.22	18.19
YP2-89	风道用 45°焊接弯头　DN1000　63.00kg/个	个	119.30	53.61	40.14	25.55
YP2-90	风道用 45°焊接弯头　DN1100　75.70kg/个	个	224.20	62.16	45.57	116.47
YP2-91	风道用 45°焊接弯头　DN1200　89.70kg/个	个	155.51	69.50	49.68	36.33
YP2-92	风道用 45°焊接弯头　DN1300　105.00kg/个	个	173.85	77.18	55.28	41.39
YP2-93	风道用 45°焊接弯头　DN1400　121.00kg/个	个	198.19	84.86	61.19	52.14
YP2-94	风道用 45°焊接弯头　DN1800　198.00kg/个	个	243.35	98.48	78.89	65.98
YP2-95	风道用 45°焊接弯头　DN2000　243.00kg/个	个	276.19	108.09	89.61	78.49
YP2-96	风道用 45°焊接弯头　DN2200　294.00kg/个	个	374.43	136.20	100.53	137.70
YP2-97	风道用 45°焊接弯头　DN2400　348.80kg/个	个	383.05	162.57	112.76	107.72
YP2-98	风道用 45°焊接弯头　DN2800　472.80kg/个	个	461.15	194.35	136.31	130.49
YP2-99	风道用 45°焊接弯头　DN3200　615.70kg/个	个	578.25	261.05	162.98	154.22
YP2-100	风道用 45°焊接弯头　DN3600　777.50kg/个	个	942.81	402.66	285.29	254.86
2.4.2　风道用 90°焊接弯头						
YP2-101	风道用 90°焊接弯头　DN200　6.40kg/个	个	47.44	21.83	16.09	9.52

续表

定额号	项 目 名 称	单位	基价（元）	其中（元）		
				人工费	材料费	机械费
YP2-102	风道用 90°焊接弯头 DN250 9.60kg/个	个	60.89	26.37	21.95	12.57
YP2-103	风道用 90°焊接弯头 DN300 13.40kg/个	个	66.76	29.51	24.25	13.00
YP2-104	风道用 90°焊接弯头 DN350 15.80kg/个	个	73.19	31.78	27.12	14.29
YP2-105	风道用 90°焊接弯头 DN400 22.60kg/个	个	85.74	37.72	30.69	17.33
YP2-106	风道用 90°焊接弯头 DN450 28.00kg/个	个	93.90	40.86	34.42	18.62
YP2-107	风道用 90°焊接弯头 DN500 34.40kg/个	个	171.48	44.53	38.78	88.17
YP2-108	风道用 90°焊接弯头 DN600 48.00kg/个	个	125.33	53.61	46.15	25.57
YP2-109	风道用 90°焊接弯头 DN700 63.40kg/个	个	139.22	60.76	51.17	27.29
YP2-110	风道用 90°焊接弯头 DN800 82.00kg/个	个	160.66	69.50	59.54	31.62
YP2-111	风道用 90°焊接弯头 DN900 104.00kg/个	个	216.87	98.48	67.04	51.35
YP2-112	风道用 90°焊接弯头 DN1000 126.00kg/个	个	238.82	108.09	73.32	57.41
YP2-113	风道用 90°焊接弯头 DN1100 151.40kg/个	个	273.06	124.85	82.60	65.61
YP2-114	风道用 90°焊接弯头 DN1200 179.40kg/个	个	305.32	139.34	90.02	75.96
YP2-115	风道用 90°焊接弯头 DN1300 210.00kg/个	个	338.04	153.49	99.09	85.46
YP2-116	风道用 90°焊接弯头 DN1400 242.00kg/个	个	373.06	170.25	110.00	92.81

续表

定额号	项　目　名　称	单位	基价（元）	其中（元）		
				人工费	材料费	机械费
YP2-117	风道用 90°焊接弯头　DN1800　396.00kg/个	个	466.02	196.62	137.88	131.52
YP2-118	风道用 90°焊接弯头　DN2000　487.20kg/个	个	522.04	216.18	154.91	150.95
YP2-119	风道用 90°焊接弯头　DN2200　588.00kg/个	个	553.32	272.40	172.84	108.08
YP2-120	风道用 90°焊接弯头　DN2400　697.60kg/个	个	716.72	325.14	190.78	200.80
YP2-121	风道用 90°焊接弯头　DN2800　945.60kg/个	个	870.22	389.04	226.61	254.57
YP2-122	风道用 90°焊接弯头　DN3200　1231.40kg/个	个	1095.91	520.70	266.83	308.38
YP2-123	风道用 90°焊接弯头　DN3600　1555.00kg/个	个	1827.42	804.11	514.07	509.24
2.5　煤粉焊接弯头						
2.5.1　45°煤粉焊接弯头						
YP2-124	45°煤粉焊接弯头　DN350　85.00kg/个	个	194.88	65.83	55.63	73.42
YP2-125	45°煤粉焊接弯头　DN400　105.00kg/个	个	207.21	72.64	61.56	73.01
YP2-126	45°煤粉焊接弯头　DN450　137.00kg/个	个	232.64	80.32	68.91	83.41
YP2-127	45°煤粉焊接弯头　DN500　162.00kg/个	个	254.10	87.13	74.93	92.04
YP2-128	45°煤粉焊接弯头　DN600　229.00kg/个	个	353.98	118.04	103.67	132.27
YP2-129	45°煤粉焊接弯头　DN700　153.00kg/个	个	197.74	74.04	60.70	63.00

续表

定额号	项 目 名 称	单位	基价（元）	其中（元）		
				人工费	材料费	机械费
YP2-130	45°煤粉焊接弯头 DN800 198.00kg/个	个	227.08	83.99	69.30	73.79
YP2-131	45°煤粉焊接弯头 DN900 249.00kg/个	个	259.76	94.47	77.28	88.01
YP2-132	45°煤粉焊接弯头 DN1000 296.00kg/个	个	294.70	105.82	88.41	100.47
YP2-133	45°煤粉焊接弯头 DN1000 369.00kg/个	个	330.37	119.44	98.82	112.11
YP2-134	45°煤粉焊接弯头 DN1200 426.00kg/个	个	379.49	132.53	117.61	129.35
YP2-135	45°煤粉焊接弯头 DN1300 573.00kg/个	个	422.42	145.28	129.79	147.35
YP2-136	45°煤粉焊接弯头 DN1400 593.00kg/个	个	472.06	160.30	143.69	168.07
2.5.2 90°卷制煤粉焊接弯头						
YP2-137	90°卷制煤粉焊接弯头 DN350 170.00kg/个	个	356.56	125.72	105.02	125.82
YP2-138	90°卷制煤粉焊接弯头 DN400 210.00kg/个	个	397.67	139.34	114.34	143.99
YP2-139	90°卷制煤粉焊接弯头 DN450 274.00kg/个	个	455.87	158.03	128.39	169.45
YP2-140	90°卷制煤粉焊接弯头 DN500 324.00kg/个	个	498.68	171.12	142.18	185.38
YP2-141	90°卷制煤粉焊接弯头 DN600 458.00kg/个	个	609.18	205.17	170.26	233.75
YP2-142	90°卷制煤粉焊接弯头 DN700 306.00kg/个	个	383.78	147.55	113.67	122.56
YP2-143	90°卷制煤粉焊接弯头 DN800 396.50kg/个	个	411.73	167.98	129.21	114.54

续表

定额号	项　目　名　称	单位	基价（元）	其中（元）		
				人工费	材料费	机械费
YP2-144	90°卷制煤粉焊接弯头　DN900　498.00kg/个	个	512.69	190.68	147.33	174.68
YP2-145	90°卷制煤粉焊接弯头　DN1000　593.00kg/个	个	571.08	209.71	161.68	199.69
YP2-146	90°卷制煤粉焊接弯头　DN1100　738.00kg/个	个	655.12	236.95	179.75	238.42
YP2-147	90°卷制煤粉焊接弯头　DN1200　853.00kg/个	个	712.66	261.05	193.81	257.80
YP2-148	90°卷制煤粉焊接弯头　DN1300　1026.00kg/个	个	788.96	286.89	211.57	290.50
YP2-149	90°卷制煤粉焊接弯头　DN1400　1185.00kg/个	个	889.09	321.47	236.25	331.37
2.6　煤粉分配弯头						
YP2-150	煤粉分配弯头　DN250　269.00kg/个	个	2367.40	799.04	216.99	1351.37
YP2-151	煤粉分配弯头　DN300　400.00kg/个	个	2948.88	951.66	579.27	1417.95
YP2-152	煤粉分配弯头　DN350　475.00kg/个	个	2975.45	1066.37	254.78	1654.30
YP2-153	煤粉分配弯头　DN400　629.00kg/个	个	3332.28	1292.50	270.23	1769.55
YP2-154	煤粉分配弯头　DN450　735.00kg/个	个	3795.12	1439.18	285.68	2070.26

第3章 工艺管道部件

说　　明

一、汽水管道支吊架

工作内容：管部、根部和连接件的加工配制及组装。

说　　明：

1．油漆费用按刷一道防锈漆、一道调和漆考虑。定额对各类型支吊架的管部、根部做了综合考虑，对主材的规格也进行了综合考虑。

2．计算支吊架配制重量时，支架包括管部、根部及支撑板的重量；吊架包括管部、根部及吊杆的重量；弹簧支吊架包括管部、根部、弹簧组件及吊件的重量。

3．弹簧支吊架中的弹簧按外购件考虑；若为自行加工，则定额不做调整。

4．本定额适用于除恒作用于力支吊架以外的各种工艺管道系统用支吊架的加工配制。

二、整段弹簧式恒作用力吊架组件

工作内容：管部、根部、支撑板、吊杆、恒作用力箱的组装、检验、油漆、标记。

说　　明：

1．油漆按刷一道防锈漆、一道调和漆考虑。定额为单项组件定额。

2．定额中的弹簧按加工件考虑，已包括了弹簧的加工制作；实际加工中若采用外购弹簧时，则定额不做调整。

定额号	项　目　名　称	单位	基价（元）	其中（元）		
				人工费	材料费	机械费
3.1　汽水管道支吊架						
YP3-1	汽水管道支吊架　固定支架	t	3115.56	787.16	540.35	1788.05
YP3-2	汽水管道支吊架　滑动支架	t	2995.24	811.26	468.83	1715.15
YP3-3	汽水管道支吊架　滚动支架	t	4763.68	1910.47	558.14	2295.07
YP3-4	汽水管道支吊架　普通吊架	t	3074.21	952.53	432.12	1689.56
YP3-5	汽水管道支吊架　弹簧支吊架	t	4895.61	1371.95	513.56	3010.10
YP3-6	汽水管道支吊架　合金钢弹簧支吊架	t	6200.48	1678.93	578.71	3942.84
3.2　整段弹簧式恒作用力吊架组件						
YP3-7	整段弹簧式恒作用力吊架组件　HT-P1-1　112.00kg/套	套	1319.77	355.52	61.82	902.43
YP3-8	整段弹簧式恒作用力吊架组件　HT-P1-2　175.00kg/套	套	1482.32	603.82	73.78	804.72
YP3-9	整段弹簧式恒作用力吊架组件　HT-P1-3　338.00kg/套	套	2019.13	929.30	91.25	998.58
YP3-10	整段弹簧式恒作用力吊架组件　HT-P1-4　482.00kg/套	套	2636.39	1263.52	115.28	1257.59

第4章 锅炉部件

说　　明

一、方形管道

工作内容：方形管道护板、加固筋、支撑筋（管）、角部密封板、矩形法兰、方形管弯头、连接管的下料、配制、检查、油漆。

说　　明：

1．油漆按刷一道防锈漆考虑。定额中方形管道各零件的加工连接均为焊接，加工范围至加工成可吊装件为止。

2．本定额适用于锅炉冷风、热风、烟道中方形管道的加工配制，对于其中圆形焊接钢管，套用本定额第一章直缝焊接钢管相关子目。

3．本定额不包括风门、补偿器、挡板、支吊架等的加工配制。

二、风机进风箱

工作内容：箱体、加固筋及各零件组装。

说　　明：油漆按刷一道防锈漆考虑。

三、落煤管

工作内容：方、圆形管道，焊制弯头端口法兰及小落煤斗的加工焊接，检验、油漆及标记。

说　　明：

1．本定额适用于原煤管道从双曲线煤斗下部接口开始，到磨煤机进口段的管道加工（包括焊制管件）。

2．本定额不包括煤闸门及双曲线煤斗的加工配制。

四、木块分离器

工作内容：壳体、筛子、格栅、重锤、手轮、传动装置、钻孔等的制作、焊接、组装及渗油试验。

说　　明：定额中不包括外部支架、支座等的加工。

五、木屑分离器

工作内容：壳体、盖板、筛子、转盘、手轮、钻孔等的制作、焊接、组装及渗油试验。

说　　明：定额中不包括外部支架、支座等的加工。

六、六道支吊架

工作内容：管部、根部、支撑板、吊杆、整定弹簧组件（弹簧为外购）的加工配制及检查。

说　　明：

1．本定额分普通支吊架和弹簧支吊架的加工配制，对各种规格的支吊架均已进行了综合，不论实际加工何种规格的支吊架，定额均不做调整。

2．在计算支吊架的重量时，包括管部、根部、支撑板、吊杆、整定弹簧组件的重量。

3．本定额适用于烟风煤管道的所有方、圆形管道支吊架的加工配制。

4．油漆按刷一道防锈漆、一道调和漆考虑。

七、矩形导煤槽

工作内容：放样、下料、切割、成形、焊接及检查。

说　　明：

1．定额中不包括挡板换向装置、煤闸门等部件的配制。

2．油漆按刷一道防锈漆和一道调和漆考虑。

定额号	项目名称	单位	基价（元）	其中（元）		
				人工费	材料费	机械费
4.1 方形管道						
4.1.1 锅炉冷、热风方形风道						
YP4-1	方形管道 锅炉冷、热风方形风道 220t/h 炉	t	1718.70	809.52	380.39	528.79
YP4-2	方形管道 锅炉冷、热风方形风道 420t/h 炉	t	1577.22	715.58	351.46	510.18
YP4-3	方形管道 锅炉冷、热风方形风道 670t/h 炉	t	1423.20	636.13	314.20	472.87
YP4-4	方形管道 锅炉冷、热风方形风道 1025t/h 炉	t	1379.63	587.93	282.09	509.61
YP4-5	方形管道 锅炉冷、热风方形风道 1900t/h 炉	t	1360.72	560.69	254.66	545.37
YP4-6	方形管道 锅炉冷、热风方形风道 3050t/h 炉	t	1306.10	537.99	244.48	523.63
4.1.2 烟道						
YP4-7	方形管道 烟道 220t/h 炉	t	1702.94	770.93	387.25	544.76
YP4-8	方形管道 烟道 420t/h 炉	t	1575.17	690.95	360.91	523.31
YP4-9	方形管道 烟道 670t/h 炉	t	1440.75	625.65	324.28	490.82
YP4-10	方形管道 烟道 1025t/h 炉	t	1317.93	574.31	283.43	460.19
YP4-11	方形管道 烟道 1900t/h 炉	t	1581.62	675.59	366.30	539.73
YP4-12	方形管道 烟道 3050t/h 炉	t	1532.41	654.29	354.94	523.18
4.1.3 六道空气分配箱						
YP4-13	方形管道 六道空气分配箱 综合规格	t	1719.89	961.95	365.64	392.30

续表

定额号	项 目 名 称	单位	基价（元）	其中（元）		
				人工费	材料费	机械费
4.2 风机进风箱						
YP4-14	风机进风箱 DN420 50.80kg/套	套	178.09	95.87	48.28	33.94
YP4-15	风机进风箱 DN560 85.30kg/套	套	267.80	153.49	67.80	46.51
YP4-16	风机进风箱 DN700 130.00kg/套	套	359.71	189.81	98.58	71.32
YP4-17	风机进风箱 DN840 189.00kg/套	套	455.29	246.56	117.67	91.06
YP4-18	风机进风箱 DN1085 314.00kg/套	套	525.05	282.35	130.70	112.00
YP4-19	风机进风箱 DN1400 506.00kg/套	套	687.54	384.50	154.25	148.79
4.3 落煤管						
YP4-20	落煤管 矩形 综合规格	t	1432.80	650.09	336.87	445.84
YP4-21	落煤管 圆形 综合规格	t	1236.70	545.67	275.08	415.95
YP4-22	落煤管 三通形 综合规格	t	1520.51	653.76	369.81	496.94
4.4 木块分离器						
YP4-23	木块分离器 DN800 546.40kg/套	套	2070.13	789.09	397.32	883.72
YP4-24	木块分离器 DN900 619.90kg/套	套	2306.08	989.19	485.69	831.20
YP4-25	木块分离器 DN1000 697.00kg/套	套	3051.77	1181.80	562.90	1307.07

续表

定额号	项 目 名 称	单位	基价（元）	其中（元）		
				人工费	材料费	机械费
YP4-26	木块分离器 DN1200 1126.80kg/套	套	4955.00	1343.84	667.77	2943.39
YP4-27	木块分离器 DN1300 1250.20kg/套	套	5055.31	1508.68	746.13	2800.50
YP4-28	木块分离器 DN1400 1373.00kg/套	套	5605.89	1723.80	801.77	3080.32
4.5 木屑分离器						
YP4-29	木屑分离器 DN250 118.20kg/套	套	1247.47	460.81	173.86	612.80
YP4-30	木屑分离器 DN300 134.00kg/套	套	1313.68	492.06	191.54	630.08
YP4-31	木屑分离器 DN350 167.10kg/套	套	1503.52	553.88	221.43	728.21
YP4-32	木屑分离器 DN400 185.70kg/套	套	1680.84	583.39	290.08	807.37
4.6 六道支吊架						
YP4-33	六道支吊架 普通支吊架	t	2048.02	813.53	354.86	879.63
YP4-34	六道支吊架 弹簧支吊架	t	4079.78	1165.38	441.26	2473.14
4.7 矩形导煤槽						
YP4-35	矩形导煤槽 综合规格	t	1637.86	733.21	326.89	577.76

第5章 供水系统

说　　明

一、滤网

工作内容：框架、骨架、支撑的制作、组合，铁丝网的敷设及油漆。

说　　明：

1．本定额为综合定额，适用于供水系统各种规格单重在 100kg 以上滤网的制作。

2．本定额不适用于其他系统滤网的制作。

二、格栅

工作内容：下料、调直、点焊、焊接、矫正。

说　　明：

1．本定额为综合定额，适用于单件重量在 200kg 以上格栅的制作。

2．本定额不包括预埋件的加工制作。

三、闸门

工作内容：下料、调直、点焊、焊接、矫正。

说　　明：

1．本定额为综合定额，分为挂钩式钢闸门及平板式钢闸门，适用于同类型不同规格闸门的制作。

2．本定额不包括预埋件的加工制作。

定额号	项　目　名　称	单位	基价（元）	其中（元）		
				人工费	材料费	机械费
5.1　滤网						
YP5-1	平板滤网　综合规格	t	2972.01	1710.18	731.95	529.88
YP5-2	平面滤网　综合规格	t	4810.78	1849.18	558.17	2403.43
5.2　格栅						
YP5-3	拦污栅、细格栅	t	1601.05	1060.09	328.23	212.73
YP5-4	节流栅	t	1629.16	775.47	376.69	477.00
5.3　闸门						
YP5-5	挂钩式钢闸板门　综合规格	t	2499.13	778.08	428.20	1292.85
YP5-6	平板钢闸门　综合规格	t	2179.90	660.57	448.47	1070.86

第6章 箱罐制作安装

说　明

工作内容：箱体、进出口短管、排放管、溢流管等的接口短节（到第一个法兰以内）、人孔、检查孔、透光孔排污孔、内部爬梯、浮球式液位计、吊耳、临时加固等的配制。

说　明：

1. 定额中包括箱罐制作及安装，水箱外部油漆，但不包括水箱的内部衬胶及衬玻璃钢防腐等工作。

2. 定额中不包括外部平台、梯子、栏杆、支架、底座等加工配制及安装。

定额号	项　目　名　称	单位	基价（元）	其中（元）		
				人工费	材料费	机械费
YP6-1	箱罐制作安装　45～100m^3	t	2321.02	818.94	423.32	1078.76
YP6-2	箱罐制作安装　100～500m^3	t	2221.61	748.23	392.17	1081.21
YP6-3	箱罐制作安装　500～1000m^3	t	2145.59	736.88	373.38	1035.33
YP6-4	箱罐制作安装　>1000m^3	t	2060.03	688.68	341.84	1029.51

第7章 设备框架、支架及平台扶梯

说　明

一、设备框架、支架

工作内容：框架、支架的下料、加工制作、组合。

说　　明：

1. 定额中不包括与设备的连接螺栓、基础螺栓及地脚螺栓的配制。
2. 本章定额均已包括加工件的镀锌费。

二、平台扶梯

工作内容：金属支承构件、支架和金属踢脚挡板的加工制作。

说　　明：

1. 定额中包括平台、扶梯周围护栏的加工制作。
2. 油漆按刷一道防锈漆和一道调和漆考虑。
3. 定额中不包括安装用连接件及地脚螺栓的配制。
4. 本定额适用于各种大型设备平台、扶梯的配制，不适用于电镀栏杆的配制。

定额号	项　目　名　称	单位	基价（元）	其中（元）		
				人工费	材料费	机械费
7.1　设备框架、支架						
YP7-1	设备基础框架　型钢式	t	3123.33	661.00	1652.45	809.88
YP7-2	设备基础框架　钢板式	t	3433.30	683.70	1664.00	1085.60
YP7-3	设备支架　单重≤1t	t	3651.34	893.30	1694.07	1063.97
YP7-4	设备支架　单重＞1t	t	3536.52	856.60	1682.93	996.99
7.2　平台						
YP7-5	钢板平台　单重≤0.5t	t	1529.18	712.24	389.87	427.07
YP7-6	钢板平台　单重≤1t	t	1460.83	681.36	370.22	409.25
YP7-7	钢板平台　单重≤2t	t	1402.00	638.08	364.66	399.26
YP7-8	钢板平台　单重≤3t	t	1341.67	593.28	359.11	389.28
7.3　扶梯						
YP7-9	钢板扶梯　花纹式踏步	t	1816.32	613.33	350.06	852.93
YP7-10	钢板扶梯　扁钢式踏步	t	1793.69	613.33	342.68	837.68
YP7-11	角钢扶梯　花纹式踏步	t	1822.26	593.28	357.45	871.53
YP7-12	角钢扶梯　扁钢式踏步	t	1813.32	593.28	353.75	866.29

附录A　营改增后火力发电工程建筑安装工程取费系数

建筑安装工程费＝直接费＋间接费＋利润＋编制基准期价差＋税金。

一、直接费

直接费＝直接工程费＋措施费。

1. 直接工程费

直接工程费＝人工费＋材料费＋施工机械使用费。

营改增后人工费、材料费、施工机械使用费采用《2013年版电力建设工程定额估价表　热力设备安装工程》计算。

2. 措施费

措施费＝冬雨季施工增加费＋夜间施工增加费＋施工工具用具使用费＋特殊工程技术培训费＋大型施工机械安拆与轨道铺拆费＋特殊地区施工增加费＋临时设施费＋施工机构迁移费＋安全文明施工费。

（1）冬雨季施工增加费。冬雨季施工增加费＝取费基数×费率，费率取值见表A.1及表A.2。

表 A.1　　冬雨季施工增加费费率

工程类别		取费基数	地区及费率（%）				
			Ⅰ	Ⅱ	Ⅲ	Ⅳ	Ⅴ
燃煤发电	建筑	直接工程费	0.63	0.90	1.38	1.96	2.45
	安装	人工费	6.24	8.84	13.43	17.72	19.77
燃气—蒸汽联合循环	建筑	直接工程费	0.57	0.82	1.25	1.78	2.22
	安装	人工费	5.30	7.51	11.41	15.07	16.80

表 A.2　　地 区 分 类 表

地区分类	省、自治区、直辖市名称
Ⅰ	上海、江苏、安徽、浙江、福建、江西、湖南、湖北、广东、广西、海南
Ⅱ	北京、天津、山东、河南、河北（张家口、承德以南地区）、重庆、四川（甘孜、阿坝州除外）、云南（迪庆州除外）、贵州
Ⅲ	辽宁（盖县及以南地区）、陕西（不含榆林地区）、山西、河北（张家口、承德及以北地区）
Ⅳ	辽宁（盖县以北）、陕西（榆林地区）、内蒙古（锡林郭勒盟锡林浩特市以南各盟、市、旗，不含阿拉善盟）、新疆（伊犁、哈密地区以南）、吉林、甘肃、宁夏、四川（甘孜、阿坝州）、云南（迪庆州）
Ⅴ	黑龙江、青海、新疆（伊犁、哈密及以北地区）、内蒙古除四类地区以外的其他地区

（2）夜间施工增加费。夜间施工增加费＝取费基数×费率，费率取值见表 A.3。

表 A.3　　夜间施工增加费费率

工程类别	建筑	安装
取费基数	直接工程费	人工费
费率（%）	0.43	1.97

（3）施工工具用具使用费。施工工具用具使用费＝取费基数×费率，费率取值见表 A.4。

表 A.4　　施工工具用具使用费费率

工程类别	燃煤发电		燃气—蒸汽联合循环电厂	
	建筑	安装	建筑	安装
取费基数	直接工程费	人工费	直接工程费	人工费
费率（%）	0.48	8.85	0.42	6.89

（4）特殊工程技术培训费。本费用只在安装工程热力系统各单位工程中计列。

特殊工程技术培训费＝人工费×费率，费率取值见表 A.5。

表 A.5　　特殊工程技术培训费费率

工程类别	燃煤发电单机容量					燃气—蒸汽联合循环电厂
	150MW 及以下	200MW	300MW	600MW	1000MW	
费率（%）	9.06	8.67	7.78	9.46	9.77	7.71

注：分系统调试、整套启动调试、特殊调试工程不计取本费用。

（5）大型施工机械安拆与轨道铺拆费。本费用只在建筑工程和安装工程的热力系统各单位工程中计列。大型施工机械安拆与轨道铺拆费＝取费基数×费率，费率取值见表 A.6。

表 A.6　　大型施工机械安拆与轨道铺拆费费率

工程类别	取费基数	单机容量及费率（%）	
		600MW 及以下	600MW 以上
建筑	直接工程费	1.13	1.02
安装	人工费	15.38	14.18

注　1．本费率适用于 2 机 2 炉。如果本期为 1 机 1 炉时。本费率乘以 1.6 系数；4 机 4 炉时乘以 0.6 系数。

2．燃煤发电工程的烟囱计入建筑工程取费基数，但不提取该项费用。

3．燃气—蒸汽联合循环电厂工程执行单机 600MW 及以下费率。

4．分系统调试、整套启动调试、特殊调试工程不计取本费用。

（6）特殊地区施工增加费。特殊地区施工增加费＝取费基数×费率，费率取值见表 A.7。

表 A.7　　特殊地区施工增加费费率

工程类别	高海拔地区		高纬度寒冷地区		酷热地区	
	建筑	安装	建筑	安装	建筑	安装
取费基数	直接工程费	人工费	直接工程费	人工费	直接工程费	人工费

续表

工程类别	高海拔地区		高纬度寒冷地区		酷热地区	
	建筑	安装	建筑	安装	建筑	安装
费率（%）	0.78	6.40	0.61	5.38	0.55	4.67

注 1．高海拔地区指厂址平均海拔高度在3000m以上的地区。

2．高纬度寒冷地区指北纬45°以北地区。

3．酷热地区指面积在1万km^2以上的沙漠地区以及新疆吐鲁番地区。

（7）临时设施费。临时设施费＝直接工程费×费率，费率取值见表A.8。

表A.8　临时设施费费率

工程类别		地区及费率（%）				
		Ⅰ	Ⅱ	Ⅲ	Ⅳ	Ⅴ
燃煤发电	建筑	2.74	3.15	3.46	3.73	3.92
	安装	4.51	5.01	5.22	5.42	5.72
燃气-蒸汽联合循环电厂	建筑	2.32	2.68	2.94	3.17	3.35
	安装	4.25	4.54	4.82	5.03	5.18

注 1．燃煤发电工程费率适用于本期建设规模为2机2炉工程，若为1机1炉时，乘以1.1系数。

2．燃煤发电厂扩建工程乘以0.9系数。

（8）施工机构迁移费。施工机构迁移费＝取费基数×费率，费率取值见表A.9及表A.10。

表 A.9　　燃煤发电工程施工机构迁移费费率

工程类别	取费基数	单机容量及费率（%）				
		150MW 及以下	200MW	300MW	600MW	1000MW
建筑	直接工程费	0.51	0.46	0.44	0.35	0.25
安装	人工费	7.07	6.47	5.96	5.30	4.05

表 A.10　　燃气—蒸汽联合循环电厂工程施工机构迁移费费率

工程类别	取费基数	本期建设容量及费率（%）			
		100MW 及以下	200MW 及以下	400MW 及以下	800MW 及以下
建筑	直接工程费	0.50	0.44	0.41	0.35
安装	人工费	6.97	6.66	6.09	5.01

（9）安全文明施工费。安全文明施工费＝直接工程费×2.63%。

二、间接费

间接费＝规费＋企业管理费＋施工企业配合调试费。

1. 规费

规费＝社会保险费＋住房公积金＋危险作业意外伤害保险费。

（1）社会保险费。

1）建筑工程社会保险费＝直接工程费×0.20×缴费费率。

2）安装工程社会保险费＝人工费×1.6×缴费费率。

缴费费率是指工程所在省、自治区、直辖市社会保障机构颁布的以工资总额为基数计取的基本养老保险、失业保险、基本医疗保险、生育保险、工伤保险费费率之和。

（2）住房公积金。

1）建筑工程住房公积金＝直接工程费×0.20×1.10×缴费费率。

2）安装工程住房公积金＝人工费×1.6×缴费费率。

缴费费率按照工程所在地政府部门公布的费率执行。

（3）危险作业意外伤害保险费。

建筑工程危险作业意外伤害保险费＝直接工程费×0.17%。

安装工程危险作业意外伤害保险费＝人工费×2.31%。

2. 企业管理费

企业管理费＝取费基数×费率，费率取值见表 A.11。

表 A.11　　企业管理费费率

工程类别	燃煤发电		燃气-蒸汽联合循环电厂	
	建筑	安装	建筑	安装
取费基数	直接工程费	人工费	直接工程费	人工费
费率（%）	7.95	79.20	6.13	64.23

3. 施工企业配合调试费

施工企业配合调试费＝直接费×费率，费率取值见表 A.12 及表 A.13。

表 A.12　　燃煤发电工程施工企业配合调试费费率

单机容量（WM）	150 及以下	200	300	600	1000
费率（%）	1.79	1.33	1.00	0.80	0.75

表 A.13　　燃气—蒸汽联合循环电厂工程施工企业配合调试费费率

本期建设容量（WM）	100 以下	200 以下	400 以下	800 以下
费率（%）	1.26	1.04	0.89	0.68

三、利润

利润＝（直接费＋间接费）×利润率，利润率取值见表 A.14。

表 A.14　　利　润　率

工程类别	建筑工程	安装工程
利润率（%）	6.36	7.42

四、钢结构工程、灰坝工程及大型土石方取费

发电工程的钢结构工程和灰坝工程的取费（含措施费、间接费、利润）实行综合费率，大于1万m^3的独立土石方工程按照灰坝工程的取费规定执行。

综合取费费用额=直接工程费×费率，费率取值见表A.15。

表A.15　　钢结构工程、灰坝工程综合费率表

工程类别	钢结构工程	灰坝工程
费率（%）	9.90	19.24

注　1．钢结构工程是指主要承重构件是由钢材组成的框架式结构工程，其范围包括钢结构本体及其附属钢构件。发电厂中的钢结构工程包括钢结构主厂房、空冷钢桁架平台、烟囱钢结构内衬、干煤棚钢结构等。

2．特殊材质钢材按照普通钢材价格取费，超出普通钢材价格部分按照价差处理。

五、编制基准期价差

根据电力行业定额（造价）管理部门规定计算。

六、税金

税金=（直接费+间接费+利润+编制基准期价差）×税率。

税金是指增值税销项税额，税率按照国家“营业税改增值税”相关政策规定计算，当采用一般计税法时，税率为11%。

附录B　营改增后电网工程建筑安装工程取费系数

建筑安装工程费＝直接费＋间接费＋利润＋编制基准期价差＋税金。

一、直接费

直接费＝直接工程费＋措施费。

1. 直接工程费

直接工程费＝人工费＋材料费＋施工机械使用费。

营改增后人工费、材料费、施工机械使用费采用《2013年版电力建设工程定额估价表　热力设备安装工程》计算。

2. 措施费

措施费＝冬雨季施工增加费＋夜间施工增加费＋施工工具用具使用费＋特殊地区施工增加费＋临时设施费＋施工机构迁移费＋安全文明施工费。

（1）冬雨季施工增加费。冬雨季施工增加费＝取费基数×费率，费率取值见表B.1及表B.2。

表B.1　　冬雨季施工增加费费率

工程类别		取费基数	地区及费率（%）				
			Ⅰ	Ⅱ	Ⅲ	Ⅳ	Ⅴ
变电	建筑	直接工程费	0.75	1.05	1.59	2.27	2.83

续表

工程类别		取费基数	地区及费率（%）				
			I	II	III	IV	V
变电	安装	人工费	5.74	8.13	12.43	16.28	17.85
架空线路		人工费	3.73	5.27	8.07	10.54	13.01
电缆线路		人工费	2.87	4.07	6.22	8.15	8.96
系统通信	通信站建筑	直接工程费	1.17	1.67	2.52	3.61	4.51
	通信站安装	人工费	7.31	10.35	15.84	20.76	22.73
	光缆线路	人工费	6.12	8.65	13.22	17.27	19.31

表 B.2　　地 区 分 类 表

地区分类	省、自治区、直辖市名称
I	上海、江苏、安徽、浙江、福建、江西、湖南、湖北、广东、广西、海南
II	北京、天津、山东、河南、河北（张家口、承德以南地区）、重庆、四川（甘孜、阿坝州除外）、云南（迪庆州除外）、贵州
III	辽宁（盖县及以南地区）、陕西（不含榆林地区）、山西、河北（张家口、承德及以北地区）
IV	辽宁（盖县以北）、陕西（榆林地区）、内蒙古（锡林郭勒盟锡林浩特市以南各盟、市、旗，不含阿拉善盟）、新疆（伊犁、哈密地区以南）、吉林、甘肃、宁夏、四川（甘孜、阿坝州）、云南（迪庆州）
V	黑龙江、青海、新疆（伊犁、哈密及以北地区）、内蒙古除四类地区以外的其他地区

（2）夜间施工增加费。夜间施工增加费＝取费基数×费率，费率取值见表B.3。

表B.3　　夜间施工增加费费率

工程类别	变电		架空线路大跨越	电缆线路
	建筑	安装		
取费基数	直接工程费	人工费	人工费	人工费
费率（%）	0.12	1.02	1.16	1.31

注　架空线路工程（大跨越工程除外）、系统通信工程不计此项费用。

（3）施工工具用具使用费。施工工具用具使用费＝取费基数×费率，费率取值见表B.4。

表B.4　　施工工具用具使用费费率

工程类别	变电		架空线路	电缆线路	系统通信		
	建筑	安装			通信站建筑	通信站安装	光缆线路
取费基数	直接工程费	人工费	人工费	人工费	直接工程费	人工费	人工费
费率（%）	0.68	6.43	4.98	4.78	0.76	7.08	5.16

（4）特殊地区施工增加费。特殊地区施工增加费＝取费基数×费率，费率取值见表B.5。

表 B.5　　特殊地区施工增加费费率

工程类别	高海拔地区		高纬度寒冷地区		酷热地区	
	建筑	安装	建筑	安装	建筑	安装
取费基数	直接工程费	人工费	直接工程费	人工费	直接工程费	人工费
费率（%）	1.27	6.42	1.05	5.40	0.93	4.68

注　1．高海拔地区指平均海拔高度在 3000m 以上的地区。

2．高纬度寒冷地区指北纬 45° 以北地区。

3．酷热地区指面积在 1 万 km^2 以上的沙漠地区以及新疆吐鲁番地区。

（5）临时设施费。临时设施费＝直接工程费×费率，费率取值见表 B.6。

表 B.6　　临时设施费费率

工程类别		地区及费率（%）				
		I	II	III	IV	V
变电	建筑	2.03	2.46	2.82	2.99	3.18
	安装	2.35	2.69	2.84	3.18	3.47
架空线路		1.83	1.90	1.99	2.13	2.49
电缆线路		6.25	6.89	7.74	8.40	9.16
系统通信	通信站建筑	2.13	2.57	2.95	3.14	3.33

续表

工程类别		地区及费率（%）				
		Ⅰ	Ⅱ	Ⅲ	Ⅳ	Ⅴ
系统通信	通信站安装	1.37	1.57	1.71	1.90	2.12
	光缆线路	2.04	2.43	2.72	3.00	3.35

（6）施工机构迁移费。施工机构迁移费＝取费基数×费率，费率取值见表B.7。

表B.7　　施工机构迁移费费率

工程类别		取费基数	电压等级及费率（%）					
			110kV及以下	220kV	330kV	500kV	750kV	1000kV
变电	建筑	直接工程费	0.43	0.41	0.37	0.35	0.34	0.33
	安装	人工费	10.97	10.55	9.58	8.39	7.86	7.47
架空线路		人工费	3.26	3.06	2.58	2.46	2.21	2.06
电缆线路		人工费	2.11					
系统通信	通信站建筑	直接工程费	0.31					
	通信站安装	人工费	6.36					
	光缆线路	人工费	1.91					

（7）安全文明施工费。安全文明施工费＝直接工程费×2.93%

二、间接费

间接费＝规费＋企业管理费＋施工企业配合调试费。

1．规费

规费＝社会保险费＋住房公积金＋危险作业意外伤害保险费。

（1）社会保险费

1）建筑工程社会保险费＝直接工程费×0.20×缴费费率。

2）安装工程社会保险费＝人工费×1.6×缴费费率。

3）架空线路工程社会保险费＝人工费×1.12×缴费费率。

4）电缆线路及光缆线路工程社会保险费＝人工费×1.2×缴费费率。

缴费费率是指工程所在省、自治区、直辖市社会保障机构颁布的以工资总额为基数计取的基本养老保险、失业保险、基本医疗保险、生育保险、工伤保险费费率之和。

跨省（自治区、直辖市）线路工程应分段计算或按照线路长度计算加权平均费率。

（2）住房公积金。

1）建筑工程住房公积金＝直接工程费×0.20×缴费费率。

2）安装工程住房公积金＝人工费×1.6×缴费费率。

3）架空线路工程住房公积金＝人工费×1.12×缴费费率。

4）电缆线路及光缆线路工程住房公积金＝人工费×1.2×缴费费率。

缴费费率按照工程所在地政府部门公布的费率执行。

（3）危险作业意外伤害保险费。危险作业意外伤害保险费＝取费基数×费率，费率取值见表B.8。

表B.8　　危险作业意外伤害保险费费率

工程类别	变电		架空线路	电缆线路	光缆线路
	建筑	安装			
取费基数	直接工程费	人工费	人工费	人工费	人工费
费率（%）	0.16	2.31	2.53	2.31	2.53

2. 企业管理费

企业管理费＝取费基数×费率，费率取值见表B.9。

表B.9　　企业管理费费率

工程类别	变电		架空线路	电缆线路	系统通信		
	建筑	安装			通信站建筑	通信站安装	光缆线路
取费基数	直接工程费	人工费	人工费	人工费	直接工程费	人工费	人工费
费率（%）	9.17	73.00	45.05	47.31	8.62	66.78	23.40

3. 施工企业配合调试费

施工企业配合调试费＝直接费×费率，费率取值见表B.10。

表 B.10　　施工企业配合调试费费率

工程类别	电压等级及费率（%）					
	110kV 及以下	220kV	330kV	500kV	750kV	1000kV
变电	0.66	0.87	1.15	1.40	1.71	1.95
架空线路	0.27			0.21		0.12

注　1. 35kV 及以下架空线路工程不列此项费用。

2. 电缆线路工程、通信工程不列此项费用。

三、利润

利润＝（直接费＋间接费）×利润率，利润率取值见表 B.11。

表 B.11　　利　润　率

工程类别	变电		输电线路	系统通信
	建筑	安装		
利润率（%）	6.11	6.67	5.55	5.55

四、大型土石方取费

电网工程的大型土石方工程实行综合费率（含措施费、间接费和利润）。大型土石方工程是指土石方开挖与回填量大于 1 万 m^3 的独立土石方工程。

（1）变电工程综合取费费用额＝直接工程费×19.09%。

（2）输电线路工程综合取费费用额＝直接工程费×20.99%。

五、编制基准期价差

根据电力行业定额（造价）管理部门规定计算。

六、税金

税金＝（直接费＋间接费＋利润＋编制基准期价差）×税率。

税金是指增值税销项税额，税率按照国家“营业税改增值税”相关政策规定计算，当采用一般计税法时，税率为 11%。

另附：

《2013 年版电网工程建设预算编制与计算规定使用指南》的第 86 页，“（14）如果业主要求对施工图预算文件进行审查时，该项费用应在‘施工图文件审查费’当中开支，其费率为‘施工图文件审查费’的 30%。”中的 30%改为 40%。

附录C 定 额 勘 误

本部分针对国家能源局以“国能电力〔2013〕289 号”发布、由中国电力出版社出版的 2013 年版《电力建设工程预算定额　第二册　热力设备安装工程》的相关内容进行勘误和修正。

1．第 323 页 定额子目 YJ5-159 中单位“台”改为“t”。